한국어
교육의
이론과 실제
②

한국어
교육의
이론과 실제

②

최신개정 3판

서울대학교
한국어문학연구소·국어교육연구소·언어교육원 공편

아카넷

차례

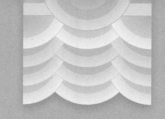

3
영역

외국어로서의
한국어 교육론

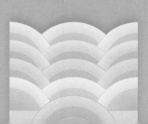

한국어 교육 개론

민병곤
서울대학교 사범대학 국어교육과

| 학습 목표 |

- 국내외 한국어 교육의 전반적인 현황을 이해한다.
- 한국어 교육의 설계와 실행 과정을 개략적으로 이해한다.
- 한국어 교원의 자격을 알고 한국어 교원으로서의 태도를 함양한다.

차례

머리말

한국어 교육은 한국어 비모어 화자 또는 한국어 모어 화자 중 비능통자에게 한국어를 가르치는 일이다. 한국인은 대부분 한국어를 모어로 습득하는데 외국인이 아닌 내국인 모어 화자를 대상으로 하는 자국어 교육은 한국어 교육과 구별하여 '국어 교육'이라고 부르는 것이 관례이다. 따라서 기본적인 한국어 교육의 대상은 외국인이나 재외 동포라고 할 수 있다. 외국인은 자국의 언어를 모어로 습득하므로 한국어 비모어 화자인 이들에게 한국어는 외국어 또는 제2, 제3의 언어로서 지위를 갖는다. 재외 동포는 대체로 한국어 모어 화자로서 그중에서 한국어 사용에 능통하지 못한 경우가 한국어 교육의 대상이 될 것이다. 그런데 최근에는 외국인이나 재외 동포 외에도 국제결혼 등으로 형성된 다문화 가족이나 탈북 이주민과 그 자녀도 한국어 교육의 대상으로 부각되고 있다. 한국어 교육의 대상이 누구인지 그리고 이들이 어떤 특성을 갖고 있는지를 아는 것은 한국어 교육을 바르게 이해하는 데 매우 중요한 요소이다.

최근 한국어에 대한 국내외의 관심은 폭발적으로 증가하고 있다. 이는 외국인을 위한 한국어능력시험(TOPIK) 응시자 수가 시행 첫 해인 1997년 2,274명에서 2015년 174,883명으로 18년 만에 약 76배나 증가했음에서 단적으로 확인된다(교육부, 2016ㄴ). 또한 2016년 현재 국내 외국인 유학생이 63,104명에 이르고(전문대학 이상 학위과정에 재학 중인 외국인 유학생 포함)(교육부, 2016ㄱ), 2015년 현재 국내 출생 자녀, 중도 입국 자녀, 외국인 가정 자녀를 포함한 초·중·고 다문화학생도 82,536명(전체 학생의 1.3%)이나 된다는 사실도 주목할 만하다(교육부, 2016ㄴ). 이에 따라 국립국어원에서 국어 기본법에 따라 운영하는 한국어 교원 자격 발급 건수도 지속적으로 증가하고 있다. 심사 결과를 살펴보면 2006년부터 2015년까지 3, 2, 1급 교원 자격 발급 누적 건수가 총 23,232명으로 최근에는 연간 5,000명 이상의 교원 자격자를 배출하고 있는 것으로 확인되며(국립국어원, 2016), 2016년 11월 현재, 한국어 교원을 양성하는 학위과정(대학 및 대학원, 학점은행제 포함)이 186개, 비학위과정이 202개에 이른다(http://kteacher.korean.go.kr). 이러한 통계는 한국어에 대한 관심과 한국어 교육에 대한 수요가 어느 정도인지 짐작할 수 있게 해준다.

한국어에 대한 이러한 관심의 고조는 표면적으로 보면 2000년대 이후 한국의 대중문화에 대한 아시아권의 관심에서 출발한 한류의 영향이나, 1988년 서울올림픽 개최, 2002년 한일 월드컵과 같은 국제 행사를 통하여 한국이 전 세계에 알려진 것과 무관하지 않을 것이다. 그러나 이것만으로는 한국어 교육 수요 증가를 다 설명하기 어렵다. 국제결혼과 외국인 유입의 급격한 증가는 기본적으로 국제사회에서 한국의 경제적 위상이 높아진 데서 비롯한 것이다. 국가 간 교역량의 증가와 교류의 확대가 노동력의 이동을 촉진함으로써 생활과 직업과 교육을 위한 의사소통의 수단인 한국어의 수요를 촉진하게 된다는 것이다. 이는 한국어 교육에 대한 미래의 수요에 대한 전망도 한국의 경제 상황과 지속적으로 관련될 것임을 시사한다. 2007년 골드만삭스는 전세계경제동향보고서에서, 통일 한국의 1인당 GDP가 2025년 5만 1천 달러로 미국, 일본에 이어 세계 3위, 2050년 8만 1천 달러로 미국에 이어 세계 2위를 기록할 것으로 예측한 바 있다(오마이뉴스, 2007. 1. 25.). 이러한 장밋빛 전망과 달리 OECD에서는 한국의 잠재성장률이 저출산과 노동 인구 감소로 인하여 2031~2050년에 1%로 주저앉으면서 34개 회원국 중 33위로 추락한다는 우울한 전망을 내놓기도 하였다(동아일보 2012. 5. 26.). 이러한 극단적인 전망을 참조한다면 한국어 교육에 대한 수요는 한국 경제의 장기적인 성장 또는 하락세와 궤를 같이 하면서 그 규모에 부침이 있을 것으로 보인다.

한국어 교육의 붐은 비교적 최근의 일이지만 한국어 교육의 역사는 짧게 잡으면 반세기, 길게 잡으면 고대 국가 시기까지 거슬러 올라간다. 민현식(2005)에서는 이를 전통 교육기(고대~1860년대), 근대 교육기(1870년대~1945년 광복 전), 현대 교육기(1945 광복 후~현재)의 세 시기로 구분한 바 있다. 일본의『속일본기(續日本記)』에서 8세기 중엽 신라어를 가르쳤다는 기록이나, 명나라의『회동관(會同館)』(1492)에서 역관 양성을 위하여 사용하였다는 조선어 학습서『조선관역어(朝鮮館譯語)』등을 통하여 이미 고대에 역학 기관을 중심으로 한국어 교육이 이루어졌음을 알 수 있다. 근대에는 선교 목적으로 서구의 선교사들이 한국어 성경, 사전, 교재, 문법서 등을 발행한 일이나 일제의 조선 강점을 목적으로 한 한국어 교육 등이 이루어졌다. 해방 이후에는 미국, 중국, 일본 등 외국의 한국어 교육뿐만 아니라, 연세어학당(1959), 서울대 어학연구소(1963) 등이 설립되어 외국인을 대상으로 한 본격적인 한국어 교육이 이루어져 왔고, 2016년 현재 국내 대학에 부속된 한국어 교육기관 수는 한국어 교육기관 대표자협의회(http://www.klic.or.kr)에 소속한 기관만도 147개에 이를 정도로 한국어 교육이 활발하게 이루어지고 있다.

한국어 교육은 일차적으로 교육 실천의 영역으로 이해할 수 있다. 위에서 살펴본 바와 같이 한국어를 배우고자 하는 대상에게 공식적·비공식적으로 한국어를 가르치는 일이라는 관점에서 접근하는 것이다. 이와 관련해서는 교육과정을 어떻게 구성할 것이냐가 관건이 된다. 한국어 교육의 목표를 어떻게 설정하고, 무엇을 가르칠 것인지, 어떻게 가르치고 평가할 것인지, 어떤 교재를 만들고 활용할 것인지 등이 문제가 된다. 한국어 교육을 정책의 측면에서도 이해할 필요가 있다. 정책 차원에서는 한국어 교육 지원 관련 법률의 입안, 예산의 배정, 담당 기관의 설립과 운영, 교육과정의 제·개정과 교재의 편찬, 한국어능력시험의 운영, 한국어 교사의 자격 관리 등 한국어 교육의 실천과 관련된 다양한 국면이 관여한다. 문화체육관광부, 교육부, 외교부 등 관련 부처에서 한국어 교육과 관련된 역할을 분담하고 있는 상황에서, 국내외 한국어 교육 환경이 지속적으로 변화하기 때문에 그러한 요구를 체계적으로 반영하기 위한 정책의 역할이 매우 중요할 것이다. 한국어 교육을 학문적 차원에서 이해하는 것도 중요하다. 학문으로서 한국어 교육의 위상을 확고히 하는 것은 이 분야의 발전을 위한 외적 조건 못지않게 중요한 내적 조건이다. 한국어 교육은 외국어 또는 제2언어 교육 이론에 학문적 기반을 둘 수 있지만, 한국어가 여러 외국어 중 하나일 뿐 아니라 한국의 언어와 문화에 대한 이해를 증진하는 데 도구적인 역할을 한다는 점에서 보면 한국학 연구 성과에 기반을 두기도 한다. 이와 같이 한국어 교육은 교육적 측면, 사회적 측면, 학문적 측면에서 그 성격을 이해할 수 있다.

이러한 한국어 교육의 제반 측면을 반영하여 한국어 교원 자격 검정에서는 한국어학, 일반언어학 및 응용언어학, 외국어로서의 한국어 교육론, 한국 문화, 한국어 교육실습 등의 영역에서 일정한 학점이나 시수를 이수하도록 규정한다(http://kteacher.korean.go.kr). 이는 한국어 교사가 되고자 하는 이에게 한국어와 한국 문화에 대한 기초적인 이해, 언어학에 대한 이해와 외국어 교육 이론에 대한 이해, 한국어 교육 실행 능력과 같은 소양을 전반적으로 요구하고 있음을 의미한다. 그러나 한국어 교사가 되는 데 필요한 이러한 과목 이수 조건은 한국어 교사가 갖추어야 할 최소한의 소양에 불과할 것이다. 이 외에도 다양한 학습자의 언어·문화적 배경과 인지적·정의적 특성에 대한 이해는 물론이고, 무엇보다도 한국어 교육에 대한 열의와 애정, 자부심이 중요할 것이다.

1장

■:

한국어 교육의 현황

1.1. 국내 한국어 교육

1.1.1. 한국어 교육 담당 기관

(1) 정부 및 관련 기관

국내에서 한국어 교육을 담당하는 기관은 크게 정부 산하 기관 및 정부 출연 기관과 대학 및 민간 기관으로 나누어 볼 수 있다. 주요 정부 기관으로는 문화체육관광부, 교육부, 외교부 등을 들 수 있다.

문화체육관광부 산하 기관인 국립국어원에서는 한국어 교원 자격의 심사와 자격증 발급, 국외 한국어 교원 초청 연수, 국내외 한국어 교육 자료 개발과 보급 등의 업무를 담당한다. 문화체육관광부 소관 재단법인인 세종학당재단은 세계 한국어 교육의 중심 기관인 '세종학당'을 지원하는 기관으로서 세종학당 지정·지원, 누리-세종학당 개발·운영, 세종학당 한국어 표준 교육과정·교재 보급, 세종학당 한국어 교원 양성, 교육과 파견 지원, 세종학당을 통한 문화 교육·홍보 사업 등을 담당한다. 세종학당은 2016년 11월 현재 전 세계에 57개국 144개소가 지정되어 있으며, 홈페이지(http://www.sejonghakdang.org)에서는 한국어 교수·학습 관련 콘텐츠와 프로그램을 제공한다.

교육부 산하 기관인 국립국제교육원(NIIED, 전 '국제교육진흥원')은 재외 동포 교육과 국제

교육 교류·협력을 위하여 설립된 기관으로서 외국인 유학생의 초청·유치·지원, 외국어 및 재외 국민·국제 교육 담당 교원 연수, 한국어능력시험 운영 업무를 담당한다. 국립국제교육원에서는 한국어능력시험 정보 사이트(http://www.topik.go.kr)와 한국어 학습 사이트 'KOSNET' (http://kosnet.go.kr)을 운영한다.

외교부 산하에는 한국국제교류재단(Korea Foundation), 한국국제협력단(KOICA, Korea International Cooperation Agency), 재외동포재단(Overseas Koreans Foundation)이 있는데, 한국국제교류재단의 관련 사업으로는 한국학 관련 사업 지원, Korea Festival·공원·전시 등 해외 문화예술행사 개최사업 등이 있고, 한국국제협력단에서는 한국어 및 한국 문화 교육 봉사단 파견 및 한국어 연수생 초청 사업 등을 하고 있으며, 재외동포재단에서는 재외 한글학교 지원, 한글학교 교사 연수 지원, 전문 강사 파견, 재외 동포의 한국어 및 한국 문화 교육을 지원하기 위한 원격 교육 사이트인 '스터디코리안'(http://study.korean.net)을 운영한다.

이 외에 다문화 배경의 한국어 학습자를 지원하는 정부의 관련 기관으로는, 고용노동부의 외국인근로자지원센터, 문화체육관광부의 국어문화원, 여성가족부의 다문화가족지원센터, 교육부의 다문화 교육센터 등이 있다. 이러한 기관들에서는 한국어 교육을 지원하기 위한 각종 사업을 시행하면서 홈페이지를 통하여 한국어 학습 관련 사이트를 운영하는 방식으로 한국어 교육을 지원한다.

(2) 대학의 한국어 교육 기관

국내 대학에 부설된 한국어 교육기관은 1959년 연세대학교에서 한국어학당을 개설한 이래, 1969년 서울대학교 어학연구소, 1986년 고려대학교 민족문화연구소 한국어문화연수부 등이 개설되는 등 2016년 현재 한국어 교육기관대표자협의회에 가입되어 있는 기관은 147개이다(http://www.klic.or.kr). 이 기관들에서 운영하는 교육과정은 기관마다 다소 차이가 있을 수 있으나 대체로 6등급으로 한국어 수준을 설정하고 각 등급별로 200시간의 수업 시간을 운영하는 경우가 많다. 정규 과정의 경우 대체로 한 학기 10주를 기준으로 하여, 한 주당 20시간(하루 4시간, 주 5일) 정도로 운영하는 것이 일반적이다. 또 주당 수업 시수를 줄여서 운영하거나, 단기 연수나 온라인으로 운영되는 특별 과정이 있고, 기관에 따라서는 다양한 위탁 교육과정이나 특별 프로그램을 운영하기도 한다. 서울대 언어교육원 한국어교육센터(http://lei.snu.ac.kr/klec)의 경우, 정규 과정에서 6급 수준 이상을 대상으로 주로 대학과 대학원 수업에 필요한 한국어 능력을 길러줄 목적으로 '연구반'을 운영하며, 다음과 같은 다양한 위탁 교육과정을 운영한다.

- 말레이시아 프로그램: 고등학교 과정을 마친 말레이시아 정부 장학생을 대상으로 하여 한국 소재 공과대학 진학에 필요한 한국어 능력을 배양하는 1년 8개월 과정의 교육 프로그램.
- 외교관 대상 한국언어 문화 연수과정: 한국국제교류재단(Korea Foundation)의 초청으로 한국에 온 각국 외교부 직원을 대상으로 한국어 학습 및 한국 문화 체험을 할 수 있게 한 연수 프로그램.
- 문화동반자 프로그램: 아시아, 아프리카, 남미, 동유럽 등 ODA 수원국의 문화예술, 관광, 체육 분야 전문가를 초청하여 한국어 교육과 문화체험을 제공하는 연수과정으로, 약 5개월간 주2회씩 학습함.
- DLI(Defence Language Institute) 한국어 집중 연수 프로그램: 미국 국방외국어대학교(DLI)에서 일정 기간의 한국어 학습 과정을 마친 학생들이 한국에 와서 생활하며 한국어와 한국 문화를 체험하는 6주 과정의 연수 프로그램.
- 이 외에, 게이오대 단기 연수 프로그램, 강남구립국제교육원 한국어강좌 등이 있음.

1.1.2. 한국어 교육의 대상

국내 한국어 학습자를 유형별로 살펴보면 연령에 따라서는 크게 성인 학습자와 아동·청소년 학습자로 구분할 수 있다. 성인 학습자의 유형으로는 유학생, 이주 노동자, 국제결혼 가족, 외교관 등을 들 수 있는데, 앞의 다양한 한국어 프로그램을 통해서 알 수 있듯이 이들의 한국어 학습 목적은 일상적 의사소통뿐만 아니라 학문 목적의 의사소통과 직업 관련 의사소통 등 다양하다. 그리고 아동·청소년의 경우는 다문화 배경 학습자라 할 수 있는데, 한국어 학습이 절대적으로 필요한 대상은 외국인 가정 자녀와 국제결혼 가정 중도 입국 자녀이다. 국제결혼 가정 자녀 중 국내 출생 자녀의 경우에는 학습 부진이나 학교생활 부적응 문제가 있는 경우가 많은데, 이는 한국어의 문제라기보다는 해당 학생의 교육 환경과 직접적으로 관련되는 문제로 볼 수 있다.

성인 학습자 중 유학생 현황을 학위 과정 및 연도별로 살펴보면 〈표 1〉과 같다.

<표 1> 국내 학위과정의 외국인 유학생 수

(단위: 명, %)

구분 / 연도	총계		전문학사/학사		석사		박사	
	학생 수	비율	학생 수	비율	학생 수	비율	학생 수	비율
2016	63,104	100.0	38,944	61.7	17,282	27.4	6,878	10.9
2015	55,739	100.0	32,972	59.2	16,441	29.5	6,326	11.3
2014	53,636	100.0	32,101	59.9	15,826	29.5	5,709	10.6
2013	56,715	100.0	35,503	62.6	16,115	28.4	5,097	9
2012	60,589	100.0	40,551	69.9	15,399	25.4	4,639	7.7
2011	63,653	100.0	44,641	70.1	14,516	22.8	4,496	7.1
2010	60,000	100.0	43,709	72.8	12,480	20.8	3,811	6.4
2009	50,591	100.0	36,525	72.2	10,697	21.1	3,369	6.7

※ 학위과정 외국인 유학생수에는 전문대학, 일반대학, 산업대학, 교육대학, 방송통신대학, 기술대학, 각종학교, 원격대학, 사이버대학, 사내대학, 전공대학, 기능대학, 대학원의 학위과정에 있는 외국인 유학생이 포함됨. 자료: http://www.moe.go.kr

〈표 1〉에 따르면 전체 유학생 수는 2009년 이후 다소간의 등락은 있지만 5만 명 이상을 유지하고 있으며, 석·박사 과정 학생 비율이 점차 증가하고 있음을 알 수 있다. 2016년도를 기준으로 전공 및 출신 지역별 유학생 현황을 살펴보면 〈표 2〉와 같다(교육부, 2016ㄱ).

<표 2> 2016년 국내 외국인 유학생 출신 지역 및 과정별 통계(2016.4.1.기준)

지역 \ 전공	인문사회	공학계	자연 과학계	예체능계	의학계	계
남아메리카	327	136	61	45	2	571
북아메리카	1,610	186	310	140	145	2,391
아시아	37,018	9,701	4,309	5,145	536	56,709
아프리카	1,095	558	187	22	22	1,884
오세아니아	175	21	34	17	11	258
유럽	998	158	53	79	3	1,291
합 계	41,223	10,760	4,954	5,448	719	63,104

국내 외국인 유학생을 출신 지역별로 보면 아시아 지역이 약 90%를 차지하고 그 다음으로 북미 지역 출신이 많은 수를 차지하고 있음을 알 수 있다. 이 표에는 제시되지 않았지만 국가별로는 중국 출신의 유학생이 61.7%로 다수를 차지하며, 그 다음으로는 베트남 5.5%,

몽골 3.6%, 일본 2.5% 등의 순이었다. 전공 과정별로는 인문사회계가 65.3%로 비율이 가장 높고, 이공계(공학, 자연과학, 의학)가 26.0%, 예체능계는 8.6% 정도로 로 전반적으로 인문사회계의 비율이 높게 나타났다.

한편 국내 체류 중인 외국인 현황을 살펴보면 〈표 3〉과 같다.

〈표 3〉 연도별 체류 외국인 현황

(단위: 명)

구분	2008	2009	2010	2011	2012	2013	2014	2015
체류 외국인	1,158,866	1,168,477	1,261,415	1,395,077	1,445,103	1,576,034	1,797,618	1,899,519
– 장기 체류	895,464	920,887	1,002,742	1,117,481	1,120,599	1,219,192	1,377,945	1,467,873
– 단기 체류	263,402	247,590	258,673	277,596	324,504	356,842	419,673	431,646
불법체류자	200,489	177,955	168,515	167,780	177,854	183,106	208,778	214,168

※ 체류 외국인 통계는 매년 말 기준으로 국내 체류 중인 외국인 현황임. 자료: http://www.index.go.kr

체류 외국인 수는 2015년 말 기준 1,889,519명으로 전년도 대비 5.7%(101,901명) 증가하였고, 최근 5년간 매년 8.6%의 증가율을 보이고 있다. 법무부의 통계 분석에 따르면, 체류 외국인 국적은 한국계 중국인을 포함한 중국이 50.3%(955,871명), 미국 7.3%(138,660명), 베트남 7.2%(136,758명), 타이 4.9%(93,348명), 필리핀 2.9%(54,977명), 일본 2.5%(47,909명) 순이었다. 중국은 방문 취업제 및 관광, 일본은 관광객, 베트남, 필리핀은 단기방문 및 고용허가제, 타이는 사증면제 및 고용허가제로 입국한 외국인 수가 높은 비율을 차지한다. 국제결혼 비율은 다소 낮아지는 추세에 있는데, 주로 한국인 남자와 외국인 여자 사이에 이루어지는 경우가 다수를 차지한다. 저출산·고령화 사회로 인한 외국 노동력 증가, 국제결혼 증가로 인한 결혼이민자 증가, 외국 국적 동포 유입, 유학생 증가 등으로 국내 체류 외국인 수는 지속적인 증가가 예상되고, 이에 따른 한국어 교육 수요도 당분간 지속될 것으로 예상된다.[1]

〈표 4〉는 최근 5년간의 국제결혼 현황을 배우자 국적별로 살펴본 것이다.

....
1) http://www.index.go.kr/potal/main/EachDtlPageDetail.do?idx_cd=2756#quick_02;

<표 4> 국가별 국제결혼 건수

(단위: 건)

연도	2007	2008	2009	2010	2011	2012	2013	2014	2015
국제결혼 총 건수	37,560	36,204	33,300	34,235	29,762	28,325	25,963	23,316	21,274
한국 남자＋외국 여자	28,580	28,163	25,142	26,274	22,265	20,637	18,307	16,152	14,677
－ 중국	14,484	13,203	11,364	9,623	7,549	7,036	6,058	5,485	4,545
－ 베트남	6,610	8,282	7,249	9,623	7,636	6,586	5,770	4,743	4,651
－ 필리핀	1,497	1,857	1,643	1,906	2,072	2,216	1,692	1,130	1,006
－ 일본	1,206	1,162	1,140	1,193	1,124	1,309	1,218	1,345	1,030
－ 캄보디아	1,804	659	851	1,205	961	525	735	564	524
－ 태국	524	633	496	438	354	323	291	439	543
－ 미국	376	344	416	428	507	526	637	636	577
－ 기타	1,334	1,502	1,597	1,532	1,796	1,899	1,640	1,810	1,801
한국 여자＋외국 남자	8,980	8,041	8,158	7,961	7,497	7,688	7,656	7,164	6,597
－ 일본	3,349	2,743	2,422	2,090	1,709	1,582	1,366	1,176	808
－ 중국	2,486	2,101	2,617	2,293	1,869	1,997	1,727	1,579	1,434
－ 미국	1,334	1,347	1,312	1,516	1,632	1,593	1,755	1,748	1,612
－ 캐나다	374	371	332	403	448	505	475	481	465
－ 호주	158	164	159	194	216	220	308	249	254
－ 기타	922	939	936	1,050	1,188	1,331	1,572	1,931	2,024

자료: http://www.index.go.kr

〈표 4〉에 따르면 2015년 기준 한국 남성과 외국 여성 간의 국제결혼이 69.0%로 다수를 차지하였고, 외국 여성의 국적은 베트남(31.7%), 중국(31.0%), 일본(7.0%), 필리핀, 미국, 태국, 캄보디아 등의 순이었다. 이와 달리 한국 여성과 외국 남성 간의 국제결혼에서 외국 남성의 국적은 미국(24.4%), 중국(21.7%), 일본(12.2%), 캐나다, 호주 등의 순으로 나타나, 중국과 일본은 남성과 여성 모두 많은 편이고, 그 외에는 한국인 남성과 아시아계 여성, 한국인 여성과 서양인 남성 간의 국제결혼이 많은 경향을 살펴볼 수 있다. 국내 한국어 교육에서 다문화 가족을 대상으로 하는 한국어 교육을 계획할 때 이와 같이 다양한 국적 분포를 고려할 필요가 있을 것이다.

한편 아동·청소년을 위한 국내 한국어 교육은 주로 다문화 가정 학생을 대상으로 하는데, 이들의 현황을 연도별로 살펴보면 〈표 5〉와 같다(교육부, 2016ㄷ).

<표 5> 다문화 가정 학생 증가 추이

(단위: 명)

인원 수 〈연도〉	2010	2011	2012	2013	2014	2015
다문화 학생 수(A)	31,788	38,678	46,954	55,780	67,806	82,536
전체 학생 수(B)	7,236,248	6,986,853	6,732,071	6,529,196	6,333,617	6,097,297
다문화 학생 비율(A/B*100)	0.44%	0.55%	0.70%	0.86%	1.07%	1.35%

위 표에 따르면 전체 학생은 매년 20만 명 이상씩 감소하나, 다문화가정 학생은 최근에는 1만 명 이상씩 지속적으로 증가하여, 2015년에는 전체 학생의 약 1.35%를 차지하고 있음을 알 수 있다. 이를 학교급 및 다문화 가정 학생 유형별로 살펴보면 〈표 6〉과 같다.

<표 6> 학교급별 다문화 가정 학생 수

(단위: 명)

구분	2014년도				2015년도			
	초	중	고	계	초	중	고	계
한국 출생	41,575	10,325	5,598	57,498	50,279	11,075	6,745	68099
중도 입국	3,268	1,389	945	5,602	3,988	1,393	880	6261
외국인 자녀	3,454	811	441	4,706	6,016	1,397	763	8176
계	48,297	12,525	6,984	67,806	60,283	13,865	8,388	82,536
(비율)	71.2%	18.5%	10.3%	100%	73.0%	16.8%	10.2%	100%

다문화 가정 학생 중 제2언어로서 한국어 교육을 받아야 할 주 대상은 한국 출생을 제외하고 중도 입국 자녀와 외국인 자녀로 볼 수 있는데, 이들의 비율은 상대적으로 높지 않음을 알 수 있다. 그러나 이들 역시 지속적으로 증가하는 추세에 있고, 이들의 한국어 수준이 일상적인 의사소통을 할 수 없는 정도라는 점을 감안하면 이들에 대한 적극적인 지원이 요구된다고 하겠다. 교육부에서는 2012년에 다문화 배경 초·중등학생을 위한 한국어(KSL) 교육과정을 발표하고, 이어 국립국어원에서 이 교육과정에 따른 초·중·고학생을 위한 한국어 초·중급 교재를 각각 개발하여, 이들에 대한 한국어 교육 요구에 어느 정도 부응할 수 있을 것으로 보인다.

1.2. 국외 한국어 교육

1.2.1. 재외 동포 및 재외 국민을 위한 한국어 교육

2014년 12월 31일 현재 재외 동포(재외국민 247만2천여 명 포함)는 〈표 7〉과 같이 총 718만
5천 명으로 추산된다(외교부, 2015).

〈표 7〉 재외 동포 추이

(단위: 천 명)

	1997	1999	2001	2003	2005	2007	2009	2011	2013	2015
계	5,541	5,645	5,654	6,337	6,638	7,044	6,823	7,176	7,012	7,185
동북아시아	2,798	2,811	2,671	3,044	3,340	3,655	3,249	3,618	3,467	3,442
– 일본	700	660	640	899	901	893	913	913	893	856
– 중국	1,986	2,044	1,888	2,145	2,439	2,762	2,337	2,705	2,574	2,586
남아시아태평양	–	–	–	196	249	384	461	453	486	511
북미	2,209	2,271	2,376	2,327	2,285	2,233	2,326	2,307	2,297	2,463
– 미국	2,000	2,058	2,123	2,157	2,087	2,017	2,102	2,076	2,091	2,239
– 캐나다	110	111	141	170	198	216	223	231	206	224
중남미	–	–	–	106	107	108	107	113	111	105
유럽	–	–	–	652	640	645	656	657	616	627
중동	7	6	7	7	7	9	14	16	25	26
아프리카	3	4	5	5	8	8	9	11	11	12

국가별로는 중국(36.0%), 미국(31.2%), 일본(11.9%)이 전체의 약 80%를 차지하고, 나머지
20% 정도가 유럽, 남아시아태평양, 캐나다, 중남미, 중동, 아프리카 등에 거주하고 있다(외
교부, 2015). 남북한 전체 인구(약 7천만 명) 대비 약 10% 정도에 해당하는 재외 동포의 한국
어 및 한국 문화 교육을 위하여 설립된 학교는 2016년 현재 한국학교 15개국 30개교, 한국
교육원 14개국 34개원, 한글학교 118개국 1,855개 기관에 이른다. 〈표 8〉은 재외동포를 위
한 재외교육기관 현황이다(교육부, 2016ㄹ,ㅁ; 스터디코리안, 2016).

<표 8> 재외교육기관 운영현황

구분	한국학교	한국교육원	한글학교
설치 현황	15개국 32개교	17개국 39개원	118개국 1,855개 기관
성격	정규학교(학력인정)	교육행정기관	비정규학교
학생 및 인력 현황	− 학생: 13,761명 − 전임교원: 1,322명 　(파견공무원 39명 포함)	− 파견공무원: 42명	− 학 생: 99,629명 − 교원수: 14,518명
수 요 자	− 재외국민으로서 초·중·고등학교 과정 이수 대상자	− 재외국민(학령 무관) − 한국어·한국문화 등에 관심이 있는 현지인	− 재외국민(학령 무관)
기능	− 일시 체류민 및 영주동포 자녀에 대한 국내 연계교육과 지역특성을 반영한 현지 교육과정 병행 운영	− 한국어·한국사·한국문화 등의 교육 실시 − 유학지원 및 교육정보수집 등 행정업무 담당	− 재외국민에게 한국어·한국문화 등 민족교육 실시
지원 내용	− 학교장파견 − 시설비·운영비 지원 − 교과서 무상지원	− 원장(교육공무원)파견 − 운영비 지원 − 교재 개발 및 보급	− 운영비 지원 − 교사연수 − 교재 개발 및 보급(교과부)
수업 시간	− 「초·중등교육법」 제23조의 규정에 따라 교과부장관이 고시한 교육과정에 준하여 운영	− 교육원별로 한국어·한국사·한국문화 등과 관련한 과정을 개설하고, 과정별로 주당 2−4시간 운영	− 주로 주말학교(토·일) 형태로 운영되고 있으며, 주당 2−6시간 운영
소관부처	교육부	교육부	외교부 재외동포재단

1.2.2. 외국인을 위한 한국어 교육

국외에서 외국인을 위한 한국어 교육은 외교부 산하 세종학당재단에서 운영하는 세종학당과 외국의 각 대학에서 운영하는 한국어 강좌의 두 가지 유형으로 나누어 볼 수 있다.

세종학당은 2016년 11월 현재 57개국 144개소가 지정되어 있다. '세종학당'은 외국어나 제2언어로서 한국어를 배우고자 하는 자를 대상으로 한국어와 한국 문화를 알리고 교육하는 기관을 일컫는데(http://www.sejonghakdang.org), 2000년대 초 한류 바람을 타고 나타난 외국인들의 한국어 수요에 부응하고 한국어 세계화를 추진하기 위하여 설립하기 시작하였다. 세종학당은 외교부에서 운영하는 재외 한국 문화원을 중심으로 현지 대학이나 민간 기관과 협조하여 한국어 교육 관련 프로그램을 운영하며, '한국어 학습자와 교원을 대상으로 한국어·한국문화 통합 정보를 제공하는 온라인 배움터'인 '누리−세종학당'(www.

sejonghakdang.org)을 함께 운영하고 있다.

세종학당의 유형은 독립형, 재외공관 연계형, 국내 기관 연계형, 문화원 운영형 등 네 가지로 구분한다. 예를 들어 영국의 경우 두 곳이 세종학당으로 지정되어 있는데, 하나는 영국 한국문화원 세종학당이고 다른 하나는 런던대학교 SOAS(School of Oriental and African Studies) Language Center 내 런던 세종학당이다. 세종학당의 교육과정은 국립국어원에서 마련한 '국제 통용 한국어 교육 표준 모형'을 기반으로 하며, 수준에 따라 1~2급(초급), 3~4급(중급), 5~6급(고급), 7급(최상급)의 7단계로 나뉘어 있고, 이 중 1~4급은 표준 교재(세종한국어) 개발하여 활용하고 있다.

한국국제교류재단(KF)에 따르면 해외 한국어·한국학 강좌 개설 대학 수는 90년대 초 32개국 152개교에 불과했으나 작년 말에는 94개국 977개교로 급증했다. 지역별로 보면 아시아 지역에는 18개국 586개교에 한국어·한국학 강좌가 개설되어 있고, 동유럽·CIS(옛 소련권 독립국가연합) 23개국 106개교, 서유럽 16개국 78개교에서도 한국학 강좌가 운영되고 있다. 또 미국과 캐나다 등 북미 2개국 125개 학교에 한국학 강좌가 개설되어 있고, 아프리카·중동 지역에도 한국학 강좌 개설 학교 수가 18개국 32개교에 달하며, 중남미와 대양주에는 각각 15개국 39개교, 2개국 11개교에서 한국학 강좌를 운영하고 있다. 한국학이 활기를 띠면서 한국국제교류재단의 지원으로 해외 대학에 설치된 한국어·한국학 교수직은 12개국 80개 대학 115석에 달한다(연합뉴스, 2014. 4. 8.)

초중등학교에서 한국어반을 개설하고 있는 경우는 24개국 882개교(방과후 포함)에 이르고, 학생 수는 82,886명에 이르는 것으로 보고되고 있다. 구체적인 자료는 〈표 9〉와 같다(교육부, 2015).

〈표 9〉 해외 국가별 초·중등학교 한국어반 개설 현황(2013.12.31.기준)

지역	국가별	학교 수(개)			학교 수(개)		
		정규	방과후	계	정규	방과후	계
아시아	중 국	6	0	6	270	0	270
	일 본	276	36	312	10,873	1,450	12,323
	대 만	58	0	58	3,186	0	3,186
	태 국	69	0	69	22,153	0	22,153
	인도네시아	0	31	31	0	3,316	3,316
	필리핀	m	m	m	m	m	m
아메리카	미 국	103	19	122	10,007	581	10,588
	캐나다	0	38	38	0	2,505	2,505
중남미	파라과이	12	2	14	1,598	76	1,674
	아르헨티나	0	4	4	0	315	315
	브라질	0	4	4	0	143	143
CIS	키르키즈스탄	1	27	28	40	2,557	2,597
	카자흐스탄	0	18	18	0	677	677
	우즈베키스탄	20	0	20	7,102	0	7,102
	타지키스탄	2	0	2	469	0	469
	러시아 이르쿠츠크(총)	26	12	38	3,981	207	4,188
	우크라이나	4	0	4	441	0	441
	벨라루스	2	0	2	26	0	26
유럽	프랑스	10	14	24	893	1,897	2,790
	독 일	1	11	12	63	144	207
	노르웨이	1	0	1	35	0	35
	불가리아	2	0	2	99	0	99
	영 국	0	6	6	0	88	88
오세아니아	호 주	57	0	57	6,992	0	6,992
	뉴질랜드	10	0	10	702	0	702
아프리카	케 냐	m	m	m	m	m	m
	카메룬	m	m	m	m	m	m
계		660	222	882	68,930	13,956	82,886

※ "m"은 매년도 통계자료가 없음(그 외 한국어 채택 국가 중 자료 미제출국은 제외함)

2장

한국어 교육의 계획과 실행

2.1. 한국어 교육의 목표와 내용 구성

교육은 교육의 대상에게 바람직한 변화를 꾀하기 위한 기획과 실천이다. 이런 의미에서 한국어 교육은 학습자가 한국어를 잘할 수 있게 하기 위한 계획과 실행의 과정이라 할 수 있다.

한국어 학습자의 다양한 유형에 대해서는 위에서 대략적으로 살펴보았거니와 학습자 특성에 맞는 한국어 교육 목표, 내용, 방법을 적용해야 한다는 점은 매우 중요한 사실이다. 예컨대 성인을 위한 한국어 교육과 아동·청소년을 위한 한국어 교육의 목표, 내용, 방법이 동일할 수 없을 것이다. 기존의 한국어 교육이 주로 성인만을 대상으로 한 것이었다면 최근에는 다문화 배경 학습자, 특히 국제결혼에 의한 중도 입국 자녀와 외국인 가정 자녀와 같이 한국어 의사소통 능력이 현저히 떨어지는 초·중등 학습자를 대상으로 한 한국어 교육에도 많은 관심을 기울이고 있다.

또한 한국어 교육의 계획과 실행을 위해 중요한 것은 목적을 고려하는 것이다. 한국어 교육의 목적은 대개 일반 목적과 특수 목적으로 나눌 수 있다. 일반 목적은 일상적 의사소통을 위한 한국어 교육을 의미하며, 특수 목적은 학문이나 직업과 관련한 한국어 교육을 의미한다. 최근 국내 유학생의 증가 추세는 학문 목적 한국어의 교육과 연구를 활성화할 필요성을 제기하고 있다. 이 외에도 한국어 교육의 배경이 되는 다양한 상황, 맥락, 요구를 분석하여 이를 반영하는 것도 중요할 것이다.

그러나 이와 더불어 고민해야 할 것은 이러한 다양한 학습자에게 적용할 수 있는 외국어 또는 제2, 제3 언어로서 한국어와 한국어 능력의 본질과 특성을 바탕으로 교육목표를 설정하고 내용을 마련하는 것이다. 하임스(Hymes, 1972), 커넬과 스웨인(Canale and Swain, 1980), 배크먼(Bachman, 1990) 등에서는 언어능력을 '의사소통 능력'의 측면에서 접근하는데, 언어 교육에서는 이러한 언어관을 언어 교육의 목표를 기술하는 데 참고해왔다. 언어에 대한 후기 구조주의적 관점에 따르면 언어는 체계(system)뿐만 아니라 실제(reality)로서도 이해되어야 한다. 이러한 관점을 적용하면 언어능력이란 문장 범위 내의 문법 지식뿐만 아니라 문장 범위를 넘어선 담화와 텍스트에 대한 지식이 필요하며, 언어가 수행하는 기능(機能)에 대한 지식, 사회적 맥락과 문화에 대한 이해를 포함하는 사회언어학적 지식들로 이루어지는 것으로 이해된다. 그리고 의사소통적 언어능력이란 이러한 언어능력과 전략적 능력의 결합으로 설명할 수 있다(Bachman and Palmer, 1996). 한국어 교육의 목표도 기본적으로는 한국어를 통한 의사소통 능력의 신장에 두어야 한다. 이러한 목표가 함의하는 바는 한국어 교육을 통하여 학습자가 한국어 문법과 담화 구성에 대한 이해, 다양한 한국어 사용 상황에서 이러한 언어 자원을 활용하여 의사소통 목적을 실현하는 방법에 대한 이해, 이러한 지식을 초인지적으로 활용하는 능력을 길러야 한다는 것이다.

최근에는 외국어 교육의 목표를 위와 같은 의사소통적 관점을 넘어 상호 문화적 관점에서 타 문화에 대한 이해를 증진하는 것까지 포함하는 경향을 볼 수 있다. 가령 미국에서 외국어 교육목표로 제시하는 5C(communication, culture, connection, comparison, community)는 외국어 교육의 목표로 의사소통을 넘어서서 문화 이해, 지식 확장, 언어 공동체에 대한 참여 등을 강조한다. 이러한 교육 목표의 확장은 내용 영역을 설계하는 것과도 밀접하게 관련된다. 가령 김중섭 외(2010)에서는 유럽공통참조기준을 비롯한 선행의 등급 기술 범주를 참조하여, 국제 통용 한국어 교육 표준 모형을 제시하면서, 한국어 교육의 표준 교육과정을 〈표 10〉과 같이 네 영역으로 나누고 영역별 하위 요소를 제시한다.

그리고 이러한 범주 설정은 "언어 교수·학습에 있어 고려되어야 할 언어 지식과 언어기술이 포괄적으로 드러나도록" 하고 "동시에 문화 요소를 독립 영역으로 두고 언어 학습과 문화 학습이 함께 이루어지도록 안배"하며, 문화 영역은 "문화 상호주의에 입각한 쌍방향 문화 교류가 이루어질 수 있도록 구성하여 문화 교류를 촉진할 수 있도록" 한 것임을 밝혔다. 한국어 교육의 목표를 기본적인 의사소통을 넘어서 상호 문화적 관점까지 포괄

〈표 10〉 표준 교육과정의 영역별 하위 요소

등급 기술 영역	영역별 하위 요소	기술 방법
주제	화제	세부적 기술
언어기술	말하기, 듣기, 읽기, 쓰기, 과제	추상적 기술
언어지식	어휘, 문법, 발음, 텍스트	세부적 기술
문화	문화지식, 문화실행, 문화관점	추상적 기술

적으로 기술하고 있음을 알 수 있다.

　한국어 교육 목표 및 내용 기술의 실제에 대한 이해를 위하여 국제 통용 한국어 교육 표준 모형 1급을 예로 들어 총괄 목표와 영역별 하위 요소 기술의 예를 인용하면 다음과 같다 (이하 김중섭 외 2010에서 발췌).

● 총괄 목표

　인사하기, 소개하기 등 일상적인 화제로 의사소통할 수 있으며, 요일, 시간, 장소 등의 기본적인 화제로 구성된 과제를 해결할 수 있다. 일상생활에 관한 간단한 대화를 듣고 이해할 수 있으며, 구, 절 단위 혹은 짧은 문장 단위의 매우 간단한 문장들을 이해하고 쓸 수 있다. 자신의 생활이 중심이 되는 주변 사물과 장소 등과 관련된 어휘를 이해하고 사용할 수 있으며, 자모의 음가, 한국어의 음절 구조, 한국어 기본 문장의 억양을 원어민 화자가 알아들을 수 있을 정도로 발음할 수 있다. 더 나아가 가장 기본적인 한국의 일상생활 문화를 이해할 수 있다.

● 영역별 목표

(1) 주제	내용
화제	1. 일상적인 화제(인사하기, 소개하기 등)로 의사소통할 수 있다. 2. 자신의 관심사(일상적 영역 등)에 대해 최소한의 의사소통을 할 수 있다.

(2) 언어기술	내용
말하기	1. 정형화된 관용구로 인사와 자기소개를 할 수 있다. 2. 짧은 문장으로 자신과 타인의 관심사, 일상 등에 대해 말할 수 있다. 3. 간단하고 직접적인 정보 교환을 할 수 있다.
듣기	1. 일상생활에 관한 간단한 대화를 듣고 이해할 수 있다. 2. 반복적으로 일어나는 일에서 자주 사용되는 표현이나 문장을 듣고 이해할 수 있다
읽기	1. 자주 접하는 표지를 읽고 이해할 수 있다. 2. 일상생활과 관련된 문장을 읽고 내용을 이해할 수 있다.
쓰기	1. 소리를 듣고 쓸 수 있다. 2. 간단한 메모(목록 작성)를 할 수 있다. 3. 구, 절 단위 혹은 짧은 문장 단위의 일상적인 글을 쓸 수 있다.
과제	1. 일상적인 화제(인사하기, 소개하기 등)로 구성된 과제를 해결할 수 있다. 2. 기본적인 화제(요일, 시간, 장소 등)로 구성된 과제를 해결할 수 있다.

(3) 언어지식	내용
어휘	1. 일상생활에 필요한 기초적인 어휘를 이해하고 사용할 수 있다. 2. 자신의 생활이 중심이 되는 주변 사물과 장소 등과 관련된 어휘를 이해하고 사용할 수 있다.
문법	1. 한국어의 기본문장 구조를 이해하고 사용할 수 있다. 2. 정형화된 문장 표현들을 목록화하여 이해할 수 있다.
발음	1. 자모의 음가를 변별할 수 있다. 2. 자모의 음가를 어느 정도 정확하게 발음할 수 있다. 3. 한국어의 음절 구조를 이해할 수 있다. 4. 한국어의 음절을 어느 정도 정확하게 발음할 수 있다. 5. 평서형, 의문형, 명령형 등의 억양을 어느 정도 구분하여 말할 수 있다. 6. 일상적인 어휘나 표현을 원어민 화자가 알아들을 수 있을 정도로 발음할 수 있다. 7. 기본적인 음운 변화(연음법칙, 자음동화 등)를 이해할 수 있다.
텍스트	대화문, 독후감상문, 짧은 서술문, 일상대화, 픽토그램

(4) 문화	내용
문화	1. 가장 기본적인 한국의 일상생활 문화를 이해할 수 있다. 2. 나이가 많고 적음에 의한 기본적인 위계가 있는 사회라는 것을 이해할 수 있다.

위와 같은 영역별 목표에 따른 내용 기술의 예를 몇 가지만 제시하면 다음과 같다.

2.1.1. 주제 영역의 '화제'

1. 인사 2. 자기소개 3. 개인 정보 4. 가족 소개 5. 감사와 사과 표현 6. 전화 7. 주말 계획 8. 약속 9. 시간 10. 날짜 11. 하루 일과 12. 위치 13. 길찾기 14. 교통수단 15. 숫자 16. 돈 17. 직업(자기소개 관련) 18. 물건 사기 19. 날씨 20. 가족 21. 신체 증상

2.1.2. 언어기술 영역의 '말하기'

1. 자기 자신을 소개한다.

2. 다른 사람을 소개한다.

3. 주변의 친숙한 대상이나 사물을 말한다.

4. 정형화된 표현(인사, 자기소개에서 사용되는 표현 등)을 사용하여 말한다.

5. 실물이나 그림을 보고 단어나 한 문장으로 말한다.

6. 일상생활에 관해 짧게 묻고 답한다.

7. 한두 문장으로 지시나 명령을 한다.

8. 쉽고 간단한 역할 놀이에 참여하여 적절한 말과 행동을 한다.

9. 시간(현재, 과거, 미래)에 따른 일들을 말한다.

10. 주변의 사물과 사람에 관해 다섯 문장 내외로 말한다.

2.1.3. 언어 지식 영역의 '문법'

1. 기본적인 문장구조(주어-목적어-서술어)의 순서를 이해하고 바르게 사용한다.

2. 문장의 종류(서술문, 의문문, 청유문, 명령문 등)를 이해하고 바르게 사용한다.

3. 의문문(누가, 언제, 어디, 무엇, 왜 등)으로 구성된 의미를 이해하고 바르게 사용한다.

4. 자주 쓰이는 접속사(그리고, 그러나 등)를 바르게 사용한다.

5. 기본적인 조사(이/가, 은/는, 을/를, 에 등)의 쓰임에 대해 이해하고 바르게 사용한다.

6. 한국어의 부정문 형태('안'과 '-지 않다')를 이해하고 바르게 사용한다.

7. 수량 명사, 숫자의 쓰임에 대해 이해하고 바르게 사용한다.

8. 기본적인 시제 표현을 안다.

9. 시간, 장소, 방위 표시에 대한 표현을 이해하고 바르게 사용한다.

2.1.4. 문화 영역의 '문화 지식'

이와 같은 각 등급의 영역 및 하위 요소별 목표와 내용은 교수·학습 대상과 교수·학습 환경에 따라 적절하게 변형하여 적용할 수 있을 것이다. 김중섭 외(2010)에서는 교수·학습 대상을 '일반 목적(취미), 학문 목적(진학), 취업 목적(이주노동자 등), 사회 적응(결혼 이민자 등)'으로 유형화하고, 교수·학습 환경은 국내(대학 기관, 사회통합 프로그램 운영 기관, 다문화센터, 이주노동자센터, 사설 학원 등)와 국외(세종학당, 한국교육원, 한국문화원, 한글학교, 대학 교양과정 일부 등)로 나누어 알맞게 적용할 것을 권고한다. 〈표 11〉은 위 보고서에서 예시한 다문화가족센터, 사회통합 프로그램, 세종학당 교육과정 모형이다(191).

〈표 11〉 국제 통용 한국어 교육과정 표준 모형 적용 예시

구분			표준	200시간	다문화 72	다문화 144	사회통합 100	사회통합 200	세종학당 72	세종학당 144
시간			200	200	72	144	100	200	72	144
등급	최상급	7급	7급	7급						
	고급	6급	6급	6급						
		5급	5급	5급						
	중급	4급	4급	4급	4급	4급	4급	4B / 4A	4급	4B / 4A
		3급	3급	3급	3급	3급	3급	3B / 3A	3급	3B / 3A
	초급	2급	2급	2급	2급	2B / 2A	2급	2B / 2A	2급	2B / 2A
		1급	1급	1급	1급	1B / 1A	1급	1B / 1A	1급	1B / 1A
영역 비중	언어 지식				72	72	72	72	72	72
	언어기술					52	18	88		52
	문화					20	10	40		20
문화 비중	문화 지식	초				35%	50%	20%		20%
		중				30%	40%	30%		30%
	문화 실행	초				50%	50%	80%		80%
		중				35%	40%	50%		50%
	문화 관점	초				15%				
		중				35%	20%	20%		20%
주제/어휘					가정, 일상생활 중심		직장, 사회생활 중심		일반적 주제	
문법					단원당 2~3개		단원당 2~3개		단원당 2~3개	
과제 활동					구어〉문어	통합	구어≧문어	통합→분리	구어≦문어	통합→분리

2.2. 한국어 교육의 교수·학습 및 평가

한국어 교수·학습은 한국어 교육의 방법적 측면을 다루는데, 이는 기본적으로 한국어 교육의 목표와 내용, 교수자와 학습자, 교수·학습 환경과 자료 등의 영향을 받는다. 교육 이론과 실천의 장에서 전통적으로는 가르치는 일에 중점을 두어 '수업', '교수', '교수법' 등의 용어를 주로 사용해왔으나, 근래에는 교육의 과정에서 가르침뿐만 아니라 배움도 함께 중요하다는 점을 고려하여 '교수·학습', '교수·학습 방법'이라는 개념이 더 즐겨 사용된다. 이는 교육 내용을 표상하는 지식이나 의미가 전달되는 것이 아니라 구성된다는 점, 그것도 사회적 상호작용에 의해서 구성된다는 인식론적 관점을 교육에 적용한 결과로 볼 수 있다.

이러한 경향은 언어학이 언어를 맥락에서 분리하여 기술하고자 한 구조주의 언어학에서, 언어를 언어가 사용되는 맥락과 함께 기술하고자 하는 사회언어학, 인지주의 언어학, 기능주의 언어학, 화용론, 코퍼스 언어학, 담화 및 텍스트 언어학 등으로 발전해온 역사와도 궤를 같이 한다. 외국어 교육에서 대표적인 교수·학습 방법의 하나인 청각구두식 교수법(audiolingual method)은 언어에 대한 구조주의적 관점에 행동주의 심리학의 원리를 결합하여 만들어진 것이다. 그리고 1970년대 이후 의사소통 접근법(communicative approach)은 언어 사용의 실제를 강조하는데, 이는 화용론, 인지주의, 기능주의 언어학 등의 영향을 받은 것으로 볼 수 있다.

한국어 교육에서는 90년대 중반 이후 의사소통 접근법이 교수·학습 방법으로서 정착되었는데 최근에는 교수자 역할보다 학습자 간 상호작용을 중시하는 경향이 있고, 과제 중심 교수법(task-based instruction), 내용 중심 교수법(content-based instruction) 등의 다양한 교수·학습 방법론이 적용되고 있다. 김재욱 외(2010)에서는 다양한 한국어 교수법의 원리와 실제를 자세히 소개하는데, 여기에 소개된 것들로는 '문법 번역식 교수법, 직접식 교수법, 청각구두식 교수법, 침묵식 교수법, 공동체 언어 학습법, 전신 반응 교수법, 암시 교수법, 의사소통식 교수법, 과제 중심 교수법, 내용 중심 교수법' 등이 있다. 한국어 교수·학습의 설계와 실행을 위해서는 교수·학습 목표, 참여자, 상황 등을 종합적으로 고려하여 적절하고 효과적인 교수·학습 방법을 선택·적용할 필요가 있을 것이다.

한국어 교육 평가는 교수·학습의 과정에서 필요한 의사결정을 위한 평가와 일반적인 한국어 능력에 대한 평가의 두 가지로 목적을 나눌 수 있다. 전자의 경우는 학습자의 배치, 즉 수준별 학급의 편성을 위한 진단 평가, 교수·학습의 과정에서 학습자의 목표 성취 정도를 점검하고 후속 교수·학습을 계획하는 데 활용하기 위한 형성 평가, 과정을 이수한 후의 종합적인 성취 정도를 측정하기 위한 총괄 평가 등으로 나눌 수 있다. 이 경우 평가의 내용은 평가 목표를 세분화한 성취 기준 항목을 반영하며, 평가 방법 역시 평가의 목표와 내용을 반영하여 타당하고 신뢰할 만한 결과를 도출할 수 있도록 설계되어야 할 것이다. 예를 들어 언어 기능에 따라 듣기, 말하기, 읽기, 쓰기를 평가하는 적절한 방법이 다를 것이다. 기본적으로 수행 능력이 중요하겠으나 읽기, 쓰기의 지필 검사가 가능하겠고, 읽기는 객관식 검사도 유의미하지만, 쓰기의 경우는 반드시 직접 글쓰기를 하게 함으로써 그 수준을 파악할 수 있을 것이다. 자세히 논의하기는 어렵지만 기능에 따른 다양한 평가 방법을 활용하여 학습자의 성취 정도를 측정하고 이를 해석할 수 있는 능력을 갖추는 것은 한국어 교사가 갖추어야 할 매우 중요한 교수 능력 중 하나이다.

한국어를 모어로 하지 않는 외국인과 재외 동포 등을 대상으로 하여 실시하는 대표적인 한국어 능력 시험으로 TOPIK(Test of Proficiency in Korean)을 들 수 있다. 이 시험은 교육부에서 주관하며 1997년 한국학술진흥재단에서 시행하기 시작한 이래, 한국교육과정평가원을 거쳐 2011년부터는 국립국제교육원에서 시행하고 있다. 2014년 4월까지 총 34회에 걸쳐 시험을 실시하였고, 2014년 7월 시험 체제를 TOPIK I과 TOPIK II로 개편하여 시행하고 있다. TOPIK 응시 지역 및 응시자 수는 지속적으로 증가해 왔다. 1997년에는 응시자가 2,274명에 불과했지만, 2015년에는 17만4883명으로 규모가 확대되었다.

한국어 능력 시험은 1급부터 6급까지 모두 여섯 등급으로 평가 등급을 보고하는데, TOPIK I에서는 1급과 2급을, TOPIK II에서는 3급부터 6급까지를 판정할 수 있도록 〈표 12〉와 같이 설계되었다.

〈표 12〉 한국어 능력 시험(TOPIK) 수준별 등급 결정 기준 점수

구분	TOPIK I		TOPIK II			
	1급	2급	3급	4급	5급	6급
등급결정	80점 이상	140점 이상	120점 이상	150점 이상	190점 이상	230점 이상

평가 영역은 듣기, 읽기, 쓰기의 세 영역으로 TOPIK I은 듣기와 읽기 각 100점씩 총 200점 만점이고, TOPIK II는 듣기, 읽기, 쓰기 각 100점씩 총 300점 만점이다. 현재는 말하기가 시험 영역에 포함되어 있지 않아 시험 결과가 구어 표현 능력을 검증해 주지 못한다는 점에서 다소 주의가 필요한 것으로 보이는데, 현재 말하기 평가를 시행하기 위한 기초 연구가 진

행되고 있어, 조만간 이 부분을 보완할 수 있을 것으로 보인다. 시험 수준, 영역별 문항 유형, 문항 수, 배점 등은 〈표 13〉과 같다.

〈표 13〉 한국어능력시험(TOPIK)의 문항 구성

시험 수준	교시	영역(시간)	유형	문항 수	배점	총점
TOPIK Ⅰ	1교시	듣기(40분)	선다형	30	100	200
		읽기(60분)	선다형	40	100	
TOPIK Ⅱ	1교시	듣기(60분)	선다형	50	100	300
		쓰기(50분)	선다형	4	100	
	2교시	읽기(70분)	선다형	50	100	

3장

한국어 교원의 자격

3.1. 자격 요건

'국어기본법' 제19조 제2항 및 동 시행령 제13조에서는 '한국어 교원'에 관한 자격을 다음과 같이 규정한다.

● **국어기본법**

　　제19조(국어의 보급 등) ① 국가는 국어를 배우려는 외국인과 「재외동포의 출입국과 법적 지위에 관한 법률」에 따른 재외동포(이하 "재외동포"라 한다)를 위하여 교육과정과 교재를 개발하고 전문가를 양성하는 등 국어의 보급에 필요한 사업을 시행하여야 한다.

　　② 문화체육관광부장관은 재외동포나 외국인을 대상으로 국어를 가르치려는 사람에게 자격을 부여할 수 있다.

　　③ 제2항에 따른 자격 요건 및 자격 부여의 방법 등에 관하여 필요한 사항은 대통령령으로 정한다.

● **국어기본법시행령**

　　제13조(한국어교원 자격 부여 등) ① 법 제19조제2항에 따라 재외동포나 외국인을 대상으로 국어를 가르치는 사람(이하 "한국어교원"이라 한다)의 자격은 다음 각 호와 같다.

1. 한국어교원 1급

제2호 각 목의 어느 하나에 해당하여 한국어교원 2급 자격을 취득한 후에 제2항에 따른 기관 또는 단체 등에서 5년 이상 근무하면서 총 2천시간 이상 외국어로서의 한국어를 가르친 경력(이하 "한국어 교육경력"이라 한다)이 있는 사람

2. 한국어교원 2급

가. 외국어로서의 한국어 교육 분야를 주전공 또는 복수전공으로 하여 별표 1에서 정한 영역별 필수이수학점을 취득한 후 학사 이상의 학위를 취득한 사람. 이 경우 외국 국적을 가진 사람은 문화체육관광부장관이 시험 종류, 시험의 유효기간 및 급수 등을 정하여 고시하는 시험에 합격한 사람일 것

나. 2005년 7월 28일 전에 대학에 입학한 사람으로서 외국어로서의 한국어 교육 분야를 주전공 또는 복수전공으로 하여 별표 1 제3호에 따른 영역에 속한 과목과 같은 표 제5호에 따른 영역에 속한 과목을 합산하여 18학점 이상을 이수하되, 같은 표 제3호에 따른 영역에 속한 과목을 2학점 이상 이수한 후 학사 학위를 취득한 사람

다. 2005년 7월 28일 전에 「고등교육법」 제29조에 따른 대학원(이하 "대학원"이라 한다)에 입학한 사람으로서 외국어로서의 한국어 교육 분야를 전공으로 하여 별표 1 제3호에 따른 영역에 속한 과목과 같은 표 제5호에 따른 영역에 속한 과목을 합산하여 8학점 이상을 이수하되, 같은 표 제3호에 따른 영역에 속한 과목을 2학점 이상 이수한 후 석사 이상의 학위를 취득한 사람

라. 제3호 가목 및 다목부터 마목까지의 어느 하나에 해당하여 한국어교원 3급 자격을 취득한 후에 제2항에 따른 기관 또는 단체 등에서 3년 이상 근무한 사람으로서 총 1천200시간 이상의 한국어 교육 경력이 있는 사람

마. 제3호 나목, 바목 및 사목의 어느 하나에 해당하여 한국어교원 3급 자격을 취득한 후에 제2항에 따른 기관 또는 단체 등에서 5년 이상 근무한 사람으로서 총 2천 시간 이상의 한국어 교육 경력이 있는 사람

3. 한국어교원 3급

가. 외국어로서의 한국어 교육 분야를 부전공으로 하여 별표 1에서 정한 영역별 필수이수학점을 취득한 후 학사 학위를 취득한 사람. 이 경우 외국 국적을 가진 사람은 문화체육관

광부장관이 시험 종류, 시험의 유효기간 및 급수 등을 정하여 고시하는 시험에 합격한 사람일 것

나. 별표 1에서 정한 영역별 필수이수시간을 충족하는 한국어교원 양성과정을 이수한 후 제14조에 따른 한국어 교육능력 검정시험에 응시하여 합격한 사람

다~사. (중략)

② 제1항에 따른 한국어교원의 자격 취득에 필요한 한국어 교육 경력이 인정되는 기관 또는 단체 등은 다음 각 호와 같다.

1. 외국어로서의 한국어 강의가 개설된 국내 대학 및 대학 부설기관, 국내 대학에 준하는 외국의 대학 및 대학 부설기관

2. 외국어로서의 한국어 수업이 개설된 국내외 초·중·고등학교

3. 외국어로서의 한국어를 가르치는 국가, 지방자치단체 또는 외국 정부기관

4. 「재한외국인 처우 기본법」 제21조에 따라 외국인정책에 관한 사업을 위탁받은 비영리법인 또는 비영리단체

5. 「외교부와 그 소속기관 직제」 제55조에 따른 문화원 및 「재외국민의 교육지원 등에 관한 법률」 제28조에 따른 한국교육원

6. 그 밖에 문화체육관광부장관이 제3항에 따른 한국어교원 자격 심사위원회의 심의를 거쳐 한국어 교육 경력이 인정되는 기관 등으로 정하여 고시하는 기관 등

③~⑥ (하략)

위 법령에 따라 문화체육부 장관이 인정하는 한국어 교원 자격을 양성 과정 이수자 기준으로 정리해보면 다음과 같다(http://kteacher.korean.go.kr).

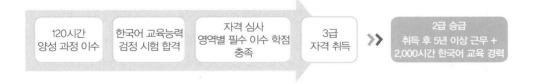

- 한국어 교원 3급: 양성 과정 이수 후 한국어 교육능력 검정 시험 합격자
- 한국어 교원 2급: 한국어 교원 3급 자격 취득 후 한국어 교육 기관에 5년 이상 근무, 총 2천 시간 이상의 한국어 교육 경력자

- 한국어 교원 1급: 한국어 교원 2급 자격 취득 후 한국어 교육 기관에 5년 이상 근무, 총2천 시간 이상의 한국어 교육 경력자

그리고 한국어 교원 양성 과정에서 충족해야 할 필수 이수 시간은 총 120시간으로 영역별 필수 이수 시간의 세부 내역은 [별표 1](참고문헌 뒤 참조)과 같다.

3.2. 자격 취득 절차

한국어 교원 자격 취득의 세부 절차는 '국어기본법 시행규칙'에 명시되어 있는데, 이를 그림으로 나타내면 다음과 같다(http://kteacher.korean.go.kr).

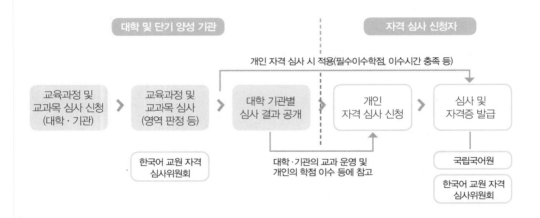

여기에서 한국어 교원 양성 과정 이수자가 개인 자격 심사를 신청할 때에는 '한국어교원 양성과정 이수증명서'와 '한국어 교육능력 검정시험 합격확인서'를 제출해야 한다. 한국어 교육능력 검정 시험은 '국어기본법 시행령' 제14조에 따라 문화체육관광부에서 한국산업인력공단에 위탁하여 실시하는 것으로 1차 시험(필기시험)일 이전에 양성 과정을 반드시 이수해야 한다. 시험의 내용과 합격 기준은 〈표 14〉와 같다(http://kteacher.korean.go.kr).

국립국어원(http://kteacher.korean.go.kr)에 따르면 2005년 7월 28일 제도 시행 이후2006년 제1차 심사부터 2016년 제1차 심사까지 1, 2, 3급 누적 한국어교원 자격증 발급 건수는 총 25,571건에 이른다. 이중 1급 자격증 발급은 525건, 2급 17,045건, 3급 8,001건으로 폭

〈표 14〉 한국어 교육능력 검정 시험의 내용 및 합격 기준

1차 시험(필기)	2차 시험(면접)
· 4개 영역 　－ 한국어학(90점) 　－ 일반언어학 및 응용언어학(30점) 　－ 외국어로서의 한국어 교육론(150점) 　－ 한국 문화(30점)	· 면접 내용 　－ 한국어 교사로서의 태도 및 교사상 　－ 교사의 적성 및 교직관 　－ 인격 및 소양 　－ 한국어능력 평가
· 1차 합격 기준 　－ 4개의 각 영역에서 40% 이상 득점하고 　　총점 (300점)의 60%인 180점 이상 득점 시 합격	

※ 자세한 사항 및 기출문제 정보는 한국산업인력공단 한국어 교육능력시험 홈페이지 참조. 자료: http://www.q-net.or.kr/site/koreanedu

발적인 증가세를 보이고 있다. 이는 한국어교원 지망자 및 한국어교원 양성 기관의 급격한 증가(2016년 11월 현재 대학(원) 및 학점은행제 학위과정 186개, 비학위과정이 202개)의 자연스러운 결과로 보이는데, 한국어 교원 및 양성 기관의 질 관리 문제에도 관심을 기울일 필요가 있을 것이다.

맺음말

앞에서 살핀 바와 같이 국내외 한국어 교육에 대한 수요는 폭발적으로 증가하고 있다. 그리고 이에 대한 법률적·제도적·정책적 대응도 속도감 있게 이루어지고 있다. 2005년 국어기본법 제정을 전후로 하여 시작된 한국어능력시험의 시행, 한국어 교원에 대한 자격 관리, 국제 통용 한국어 교육과정 모형과 교재 개발, 다문화 배경 초·중등 학습자를 위한 KSL 교육과정과 한국어 교재 개발, 세종학당의 설치와 운영 등이 그 대표적인 것들이다. 이제 한국어교육은 한국어의 보급을 지속적으로 확대하기 위한 기반을 어느 정도 다진 셈이다.

그러나 이러한 일들은 대개 출발점에 불과한 것들이다. 하나하나 자세히 들여다보면 미비한 점이 많고 개선해야 할 점도 적지 않으며 아직 그 성과를 예단할 수 없는 것들도 있다. 예컨대 한국어능력시험의 경우 말하기를 시험 영역에 포함시키는 문제, 문제 은행에 기반한 웹 기반 검사의 시행 문제, 평가 목적에 따른 검사 유형의 다양화 문제, 등급 판정의 안정성 문제 등 개선해야 할 과제가 많다. 한국어 교원 양성과 자격 관리 문제 역시 지속적인 관심이 필요하다. 양성 기관과 한국어 교원의 질을 체계적으로 관리할 필요가 있다. 범용 교육과정과 교재의 마련은 그 자체로 의미 있는 일이지만 다양한 한국어 교육 요구를 반영하여 교육과정과 교재를 다양화하는 것도 매우 중요한 일이다. 세종학당은 상호 문화적 관점에서 한국어의 세계화를 추진하는 데 핵심 역할을 할 것으로 기대된다. 그러나 이러한 노력이 성과를 거두기 위해서는 인적·물적 자원을 체계적으로 지원하고 제공하는 것이 무엇보다 중요할 것이다.

한국어 교육의 발전을 위해서는 한국어 교육의 내용인 한국어 자체의 정련이 무엇보다 중요한 일이다. 한국어 모어 화자의 코퍼스 구축은 물론 외국인 화자의 다양한 언어 자료를 구축하여 다양한 한국어 교육의 목적과 요구에 맞는 한국어 교육의 자료와 방법을 마련하는 데 활용할 필요가 있을 것이다. 성인 학습자뿐만 아니라 아동 청소년 학습자를 위한 한국어 자료를 체계화하는 것은 국어 교육과 한국어 교육 양 측면에서 모두 관심을 기울여야 할 부분이다. 한국어를 배워야 하는 다문화 배경 학습자가 급증하는 상황에서 이들을 위한 한국어 기술의 체계화가 매우 시급한 문제이다.

한국어 교육을 지원하기 위한 인프라를 효율화하는 것도 매우 중요한 일이다. 교육부, 문화관광부, 외교통상부, 보건복지부 등 정부 기관과 그 산하 기관의 업무를 효율적으로 조정하고, 국내외 대학과 민간 교육 기관 간 협조 체제를 구축함으로써 한국어 교육 자원을 효율적으로 구축하고 배분·활용할 수 있게 하여야 할 것이다. 최근의 디지털 매체와 통신 기술의 발달은 국내 한국어 교육은 물론 전 세계를 대상으로 하는 한국어 교육에서도 웹 기반 및 스마트 기술 기반의 한국어 교육 설계를 가능하게 해준다. 이러한 인프라의 구축은 한국어 교수·학습의 설계와 실행에서 서책형 교재의 매체적 한계나 교실의 공간적 한계를 극복할 수 있는 계기를 제공할 것이다. 이와 더불어 한국어 교원들이 이러한 교수·학습 환경에 숙달할 수 있도록 양성 과정을 개선하고 연수 프로그램을 마련해야 할 것이다.

한국어 교육의 이론과 실제에 대한 지속적인 연구 개발은 한국어 교육의 내용과 방법을 공고히 하는 데 필수적인 요소이다. 이를 위해서는 한국어 교수 요원뿐만 아니라 전문 연구 인력의 확보가 절대적으로 필요하며 이들이 연구에 전념할 수 있는 기반을 제공해야 한다. 한국어 교육 전공을 개설한 학과에 한국어 교육을 전공한 교원을 확보하지 못한 경우도 많다. 한국어 교육이 학문으로서 자리매김한 지가 얼마 되지 않았고 대학 사회가 새로운 학문을 수용하는 데 보수적인 경향이 있다는 점을 감안하면 이러한 현실이 쉽게 개선되기는 어려울 것이다. 한국어 교육 시장의 지속적인 발전 가능성을 확신할 수 없는 상황에서는 더욱 그러할 것이다. 그러나 한국 경제와 문화의 미래가 그 한 축을 한국어 교육의 역량에 의존하는 면도 있다는 점을 고려한다면 긍정적인 전망도 해 봄 직하다.

강승혜(2011), 「한국어 교원 양성 과정의 현황과 과제」, 《새국어생활》 21(3), 국립국어원.

교육부(2015), 최근 3년간 해외(국가별) 초·중등학교 한국어반 개설 현황(2013.12.31.기준), http://www.moe. go.kr/web/110501/ko/board/view.do?bbsId=348&boardSeq=56903 검색일자: 2016. 11. 26.

교육부(2016ㄱ), 2016년도 국내 외국인 유학생 통계, http://www.moe.go.kr/boardCnts/fileDown.do?m=040103 &s=moe&fileSeq=6fc27eede49e8b20109a220864ac9b51 검색일자: 2017. 1. 2.

교육부(2016ㄴ), 연도별 한국어능력시험(TOPIK) 지원자, 응시자, 합격자 현황, http://www.moe.go.kr/web/ 110501/ko/board/view.do?bbsId=348&boardSeq=62633 검색일자: 2016. 11. 2.

교육부(2016ㄷ), 보도자료: 2016년 다문화 교육 지원 계획 발표: 다문화 학생을 위한 맞춤형 교육 및 다문화 이해교육 지속적 확대, http://www.moe.go.kr/web/100026/ko/board/view.do?bbsId=294&boardSeq= 64074 검색일자: 2016. 11. 2.

교육부(2016ㄹ), 재외한국학교현황('16.3.1.기준) .http://www.moe.go.kr/web/100070/ko/board/view. do?bbsId=336&boardSeq=63508 검색일자: 2016. 11. 26.

교육부(2016ㅁ), 재외한국교육원 현황('16.3.1.기준), http://www.moe.go.kr/web/100070/ko/board/view. do?bbsId=336&boardSeq=63509 검색일자: 2016. 11. 26.

국립국어원(2016), 한국어교원 개인자격심사 결과(2016.05.기준), 국립국어원 한국어교원 홈페이지. http:// kteacher.korean.go.kr/board/view.do?gb=03&idx=333 검색일자: 2016. 11. 26.

김재욱 외(2010), 『한국어교수법』, 형설.

김정숙 외(2008), 「해외 한국어 보급 활성화에 관한 연구」, 교육과학기술부.

김중섭 외(2010), 「국제 통용 한국어 교육 표준 모형 개발」, 국립국어원.

김중섭 외(2011), 「국제 통용 한국어 교육 표준 모형 개발 2단계」, 국립국어원.

김진호(2008), 「한국어 교육 관련 주체별 현황 및 개선 방향: 국내 대학 관련 단체 및 정부 기관을 중심으로」, 《한말연구》 23, 한말연구학회.

동아일보(2012.5.26.), "20년뒤 한국, 무성장 국가 전망…'충격'", http://news.donga.com/Econo my/3/01/20120526/46534128/1 검색일자: 2016. 11. 30.

민현식(2005), 「제1장 1. 한국어 교육학 개관」, 국제한국어 교육학회 편, 『한국어 교육론』 1, 한국문화사.

박갑수(2013), 『한국어 교육의 원리와 방법』, 역락.

박영순(2006), 『외국어로서의 한국어 교육론(개고판)』, 월인.

스터디코리안(2016), 한글학교 지역·국가별 현황, http://study.korean.net/servlet/action.cmt.NetAction?p_ menuCd=m40201 검색일자: 2016. 11. 26.

신현숙(2009), 「한국어 교육의 어제와 오늘」, 《한국어문학연구 53》, 한국어문학연구학회.

연합뉴스(2014.4.8.), "한류 등 여파로 해외 한국학 '활기',", http://news.naver.com/main/read.nhn?mode=LSD& mid=sec&sid1=100&oid=001&aid=0006850350) 검색일자: 2016. 11 .26.

오마이뉴스(2017.1.25.), "골드만삭스 '2050년 한국인 소득 세계2위'", http://www.ohmynews.com/NWS_Web/ View/at_pg.aspx?CNTN_CD=A0000388380 검색일자: 2016. 11. 30.

외교부(2015), 2015 재외동포현황(2014. 12월 기준). http://www.index.go.kr/potal/main/EachDtlPageDetail.
　　do?idx_cd=1682 검색일자: 2015. 11. 26.

윤희원(2012), 「한국어 교육개론」, 서울대학교 한국어문학연구소 · 국어교육연구소 · 언어교육원 공편, 「한국어 교
　　육의 이론과 실제 2」, 아카넷.

조수진(2010), 「한국어 말하기 교육의 이론과 실제」, 소통.

최용기(2009), 「한국어 교육 정책의 현황과 과제」, 《인문과학연구》 15, 동덕여자대학교 인문과학연구소

최진희(2013), 「미국 대학에서의 한국 문화 교육에 대한 비판적 고찰: 워싱턴메트로지역을 중심으로」, 《국어교
　　육》 141, 한국어 교육학회.

Bachman, L. F. and Palmer, A. S.(1996), *Language Testing in Practice: Designing and Developing Useful
　　Language Tests*. 최인철 · 김영규 · 정향기 역(2004), 「언어테스팅의 설계와 개발」, 범문사.

TOPIK 홈페이지 http://www.topik.go.kr

국립국어원 한국어교원 홈페이지. http://kteacher.korean.go.kr

서울대학교 언어교육원 한국어교육센터 홈페이지 http://lei.snu.ac.kr/mobile/kr/klec

외교부 홈페이지. http://www.mofa.go.kr

통계청 국가지표체계 홈페이지. http://www.index.go.kr

한국어 교육기관대표자협의회 홈페이지 http://www.klic.or.kr

[별표 1]

한국어교원 자격 취득에 필요한 영역별 필수이수학점 및 필수이수시간(제13조제1항 관련) 〈개정 2012.8.22〉

번호	영역	과목 예시	대학의 영역별 필수이수학점		대학원의 영역별 필수이수학점	한국어 교원 양성과정 필수이수시간
			주전공 또는 복수 전공	부전공		
1	한국어학	국어학 개론, 한국어 음운론, 한국어 문법론, 한국어 어휘론, 한국어 의미론, 한국어 화용론(話用論), 한국어사, 한국어 어문규범 등	6학점	3학점	3~4학점	30시간
2	일반 언어학 및 응용 언어학	응용 언어학, 언어학 개론, 대조 언어학, 사회 언어학, 심리 언어학, 외국어 습득론 등	6학점	3학점		12시간
3	외국어로서의 한국어 교육론	한국어 교육 개론, 한국어 교육과정론, 한국어 평가론, 언어 교수 이론, 한국어 표현 교육법(말하기, 쓰기), 한국어 이해 교육법(듣기, 읽기), 한국어 발음 교육론, 한국어 문법 교육론, 한국어 어휘 교육론, 한국어 교재론, 한국 문화 교육론, 한국어 한자 교육론, 한국어 교육 정책론, 한국어 번역론 등	24학점	9학넘	9~10학점	46시간
4	한국 문화	한국 민속학, 한국의 현대 문화, 한국의 전통문화, 한국 문학 개론, 전통문화 현장 실습, 한국 현대 문화 비평, 현대 한국 사회, 한국문학의 이해 등	6학점	3학점	2~3학점	12시간
5	한국어 교육 실습	강의 참관, 모의 수업, 강의 실습 등	3학점	3학점	2~3학점	20시간
	합계		45학점	21학점	18학점	120시간

※ 한국어교원 자격의 취득에 필요한 영역별 과목의 적합 여부, 필수이수학점 및 필수이수시간에 대한 세부 심사기준은 문화체육관광부령으로 정한다.

한국어 교육과정론

최은규

서울대학교 언어교육원 한국어교육센터

| 학습 목표 |

- 한국어 교육과정의 개념에 대해 이해한다.
- 한국어 교육과정의 개발 절차에 대해 알아본다.
- 교육과정의 구성 요소와 설계 방법에 대해 살펴본다.

차례

1장

한국어 교육의 발달과 교육과정

한국어 교육은 현장을 기반으로 하는 경험적 교육을 중심으로 이루어져 오다가 한국의 성장에 따른 국제적 관심의 증가로 교육 수요가 급증하면서 양적으로뿐만 아니라 질적 성장도 거듭해 온 분야이다. 이러한 과정 속에서 학습자 집단이 다변화하면서 한국어 교육과정도 다양하게 발달해 왔다.

현대적인 의미의 한국어 교육이 시작된 1950~60년대에는 연세대학교 한국어학당, 명도원, 서울대학교 어학연구소, 재외국민교육원 등의 기관을 중심으로 주로 일반 목적의 교육과정이 운영되었다. 그러다가 1980년대 중반에 이르러 한국어 교육 수요가 증가하면서 주요 대학에 부설 한국어 교육기관이 생겨났으며 일반 목적의 교육과정 외에 재외동포 대상의 교육과정이 개발되기 시작했다. 1990년대 중반 이후부터는 국내외에서 한국어 학습자의 수요가 급증한 시기로 이에 따라 한국어 교육기관의 수도 급격히 늘어났다. 2000년대 이후에는 대학 및 대학원 수학을 목적으로 하는 학문 목적 학습자가 증가하면서 이들을 위한 교육과정 설계에 관심이 집중되어 왔다. 또한 일반 목적 학습자를 위한 교육과정을 토대로 하여 직업 목적 학습자, 이주 노동자, 여성결혼이민자 등을 위한 교육과정이 개발·운영되고 있으며 이에 대한 연구도 증가하고 있다.

국외 한국어 교육 기관 및 프로그램의 수도 꾸준히 증가해 왔다. 특히 한국어 교육계에서 재외동포 학습자의 비중은 아주 높은데 이는 국외에서 재외동포 대상 한국어 교육이 계속되어 왔기 때문이다. 한국문화원·한국교육원·세종학당의 재외동포 및 현지인 대상 한국어 프로그램, 재외동포 아동 대상의 한글학교, 고등학교 외국어 과목으로서의 한국어, 대학의 전공 및 선택과목으로서의 한국어, 주로 일본을 중심으로 한 시민 강좌 등이 국외에서 이루어지는 한국어 프로그램들이다. 이렇게 국외에서 이루어지는 한국어 교육은 해당 국가와 교육기관의 교육 목표, 프로그램 및 학습자 집단의 특성, 교육이 이루어지는 상황 및 배경 등에 따라 국내와 차별화된 교육과정이 진행된다.

학습자 집단의 다변화에 따라 프로그램도 다양해졌는데 이는 곧 교육과정의 다양화로 연결되었다. 학문 목적 학습자의 증가에 따라 2000년대를 전후하여 서울 지역 대학을 중심으로 고급 과정 학생의 수요에 따라 개설된 연구반 프로그램[1]이나 주로 여름방학 기간에 개설되는 재외동포 대학생 또는 청소년 대상 단기 연수 프로그램, 외국 대학 또는 국제교류재단, 국립국제교육원과 같은 기관의 위탁 프로그램, 다문화가족지원센터를 중심으로 운영되는 여성결혼이민자를 위한 한국어 프로그램, 법무부 출입국·외국인정책본부에서 운영하는 이주민을 위한 사회통합 프로그램 등은 일반 어학 연수생을 위한 정규 프로그램과는 구별되는 학습자 집단을 대상으로 함으로써 차별화된 교육과정 개발을 이끌게 되었다.

이와 같이 한국어 교육은 교육 수요자와 교육 수요의 측면에서 본질적으로 단일한 교육과정을 가질 수 없는 다양하고 다층적인 성격을 가지고 있다. 한국어가 교수 학습되는 상황이 실로 천차만별이므로 '하나의 교육과정'을 개발하기란 불가능한 일일지도 모른다. 현재 한국어 교육 현장에는 다양한 프로그램이 개설되고 있으며 여러 가지 교수법이 시도되고 새로운 교재의 개발이 활발해지고 있는데, 그것이 실현되도록 하기 위한 교육과정이 체계화되지 않으면 바람직한 교육 효과를 기대하기 어렵다. 교육과정은 교사가 가르치고 학생들이 배우는 교육 내용의 설계도로서 교육의 중심에 위치하고 있다. 본고에서는 한국어 교육과정의 개념, 교육과정 개발에 필요한 구성 요소 및 개발 절차를 살펴보고 이것이 실제 한국어 교육 프로그램에서 어떻게 구체화되고 있는지 알아보고자 한다.

---

1)   서울대 한국어교육센터의 연구반은 2001년 여름학기부터 개설이 되었고, 고려대 한국어 문화 교육센터의 연구반은 1990년대 말부터 부정기적으로 개설되다가 2004년부터 재개되었다.

2장

교육과정의 개념

'교육과정'을 가리키는 영어 단어 'curriculum'의 어원은 라틴어 'currere(뛰다)'에서 찾을 수 있다. 이는 마차 경주에서 말이 따라 달려야 하는 정해진 길, 또는 각 말이 정해진 길을 달리면서 갖는 개별적인 경험을 의미한다. 이를 교육의 관점에서 본다면 학생이 일정한 교육 목표를 향해 가는 경로, 또는 그 과정에서 경험하거나 학습하는 내용을 가리키는 것으로 볼 수 있다. 교육과정에 대한 정의는 교육과정 구성 방식에 따라 달라져 왔는데 크게 네 가지로 나누어 볼 수 있다(함수곤 외, 2003:14-19).

❶ 교육 내용으로 보는 입장

교육과정을 교사가 학생들을 위해 제시한 교과목, 교과의 체계, 교수요목과 같은 교육 내용으로 보는 것으로 역사적으로 가장 오래된 입장이다. 이러한 관점은 학교와 교사의 역할이 매우 제한적이며 교과 외적인 내용이 교육과정에 포함되지 못한다는 한계가 있다.

❷ 학습 경험으로 보는 입장

학생들이 궁극적으로 배우게 될 내용과 그것을 배우게 되는 과정을 모두 중요하게 생각해야 한다는 논거에 따라 학습 과정에서 학생들이 실제로 경험하거나 학습한 것을 교육과정으로 보는 입장이다. 1950년대 말까지 지속된 입장이었으나 경험이란 개인의 내적인 과정이므로 이를 교육과정으로 보는 것은 그 범위를 모호하게 만들고 계획이 어렵다는 문제점이 있다.

❸ 의도된 학습 성과로 보는 입장

교육과정을 수업에 해당하는 학습 경험의 계획이라기보다는 학습 경험을 통해 성취해야할 결과로 보는 입장이다. 교육 내용과 이의 전달을 위한 교육 방법 등이 무엇을 성취하기위한 것인지를 분명히 해 주는 장점이 있는 반면, 수행 목표에 치중하다 보면 전통적으로 중요하게 여겨 온 과정(내용 선정, 학습 활동 명세화 등)이 약화될 수 있다는 문제점이 있다.

❹ 문서 속의 교육 계획으로 보는 입장

교육과정을 문서로 보는 견해와 문서화되지 않은 계획으로 보는 견해가 있다. 전자는 교육과정을 실재하는 구체물로 여긴다는 의미로 수업 계획안, 교육과정 지침서, 평가 방안 등을 포함한다. 후자는 교사들이 수업에서 떠오르는 아이디어나 예상치 못한 수업 외적 요인으로 인해 계획을 변경할 때 이렇게 변경된 계획까지 교육과정으로 보아야 한다는 입장이다. 그러나 문서화된 것이든 비문서적인 것이든 공통점은 교육과정은 학습을 위한 계획이라고 보는 점이다.

이상에서 본 바와 같이 교육과정은 그 구성 요소 및 중시하는 내용을 보는 관점에 따라 다양하게 정의된다. 사물이 각도에 따라 달리 보이는 것과 같이 이러한 정의는 그 나름대로 근거가 있다.[2] 이상의 논의를 종합한다면 교육과정은 '왜, 무엇을, 어떻게, 어느 수준과 범위로 가르치고 평가하느냐를 문서로 계획한 교육 설계도'라고 할 수 있다. 표준국어대사전에서는 교육과정을 '교육 목표를 달성하기 위하여 그 내용을 체계적으로 조직한 교육의 전체 계획'이라고 했고, 다른 관점에서는 '교육 목표, 내용, 방법, 운영 방안, 평가에 관한 종합적인 계획이 담긴 문서'(함수곤 외, 2003:20)로 본다. 이러한 정의를 근거로 할 때, 한국어 교육과정이란 '한국어 프로그램을 학습하는 데 필요한 교육 목표, 교육 내용, 교수 학습 방법, 평가 등에 관한 전체 계획'을 의미한다.

교육과정의 설정은 교육에 기본적인 틀을 제공하고 교육과정의 체제 안에서 교육의 계획과 실행이 이루어지게 하며 교육의 체계성을 확보하는 데 필요하다(김정숙, 2004). 그러므로 교육의 질적 수준과 프로그램의 성공 여부는 교육의 내적 설계도인 교육과정에 달려 있다고 해도 과언이 아니다.

....

2) 이러한 관점에서 본다면 교육과정은 어떤 교육기관의 교육 프로그램 전체를 의미할 수도 있다. 즉, 한국어 교육기관에서 개설하는 여러 종류의 프로그램이 한국어 교육과정에 해당한다고 보는 것인데 강승혜(2005)에서 이러한 입장을 취하여 교육과정과 프로그램을 같은 의미로 사용한다. 본고에서는 교육과정과 프로그램을 구별한다.

3장

교육과정의 개발

3.1. 개발 절차

교육과정 개발의 본질과 과정에 대한 핵심적인 초기의 기술은 타일러(Tyler, 1949)에서 확인할 수 있는데 그에 따르면 교육과정은 다음과 같은 질문의 답을 포함하고 있어야 한다.

1. 학교가 어떤 교육 목적에 도달하고자 하는가.
2. 교육 목적에 도달하기 위해 어떤 교육 경험이 제공될 수 있는가.
3. 교육 경험이 어떻게 효율적으로 조직될 수 있는가.
4. 교육 목적에 도달했는지 어떻게 판단할 수 있는가.

①~④를 보면 타일러는 교육과정의 구성 요소에 '교육 목적, 교육 내용, 교육 내용의 조직, 평가'가 포함되어야 한다고 보았음을 알 수 있다. 이는 현대에 이르기까지 교육과정의 주요 구성 요소로 간주된다.

교육과정 구성 요소나 설계 절차에 대해서는 브라운(J. D. Brown, 1989)과 리처즈(Richards, 2001)를 참고할 수 있다. 브라운은 교육과정 구성 요소에 요구 분석(needs analysis), 목적과 목표(goals and objectives), 언어 시험(language testing), 교육 자료 개발(materials development), 언어 교수(language teaching), 프로그램 평가(program evaluation)가 포함되는 것으로 보았다.

또한 리처즈(2001:41)는 교육과정 개발을 계획 및 시행 과정과 관련시켜 요구 분석(needs analysis), 상황 분석(situational analysis), 학습 결과 계획(planning learning outcomes), 코스 조직(course organization), 교육 자료 선택과 준비(selecting and preparing teaching materials), 효과적인 교육 제공(providing for effective teaching), 평가(evaluation)의 일련의 절차로 보았다.

이와 같이 교육과정은 단계적 절차를 포함하면서 개발되는데 개발 과정의 흐름과 외부 요인과의 상호작용을 브라운(H. D. Brown, 2007:151)이 도식화한 '제2언어 교육과정 개발 과정'에서 확인해 볼 수 있다(권오량 외 2008:170).

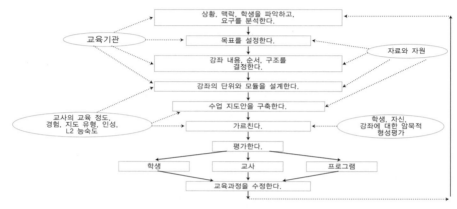

〈그림 1〉 브라운(Brown, 2007)의 제2언어 교육과정 개발 과정

〈그림 1〉과 같이 교육과정은 설정된 목표에 따라 교육 내용, 순서, 구조가 정해지고 그에 따라 강좌가 설계되면 교수 학습 과정이 뒤따르고 마지막으로 학생, 교사, 프로그램에 대한 평가 결과가 다시 교육과정 수정에 반영되는 순환적 구조를 가진다. 또한 교육과정 설계 과정에는 교육기관, 지원 가능한 자료와 자원, 교사의 경험과 능력, 학생의 형성평가 등이 상호작용하면서 영향을 끼친다. 이러한 과정을 거쳐 개발되는 교육과정은 정해진 문서나 형식으로 고정된 완결 형태일 수도 있지만 교육 내적, 외적 변인들을 반영하면서 지속적으로 변화하는 미완의 형태라는 특성도 동시에 지닌다.3) 이상과 같은 교육과정의 개발 절차를 상황

---

3) 브라운(H. D. Brown, 2007:148~161)은 대학생을 위한 영어 단기 연수 프로그램 개발 사례를 제시한다. 저자는 프로그램 의뢰자를 통한 요구분석 과정을 거쳐 교수요목을 설계했으나 개강 후 바로 교육과정이 세운 목표와 교육 내용이 학습자에게 적합하지 않음을 발견한다. 따라서 학습자의 숙달도와 실제 요구 조사를 바탕으로 교육과정을 수정하는 작업과 연수 프로그램 운영을 동시에 진행한다. 각종 한국어 교육과정 개발 그 프로그램 운영에서도 이와 유사한 예를 흔히 볼 수 있다. 이는 교육과정이란 개발 과정을 거쳐 문서화될 수도 있지만 동시에 교육 상황에 따라 언제든 변화되기도 하는 유동적 특성이 있음을 보여주는 것이다.

분석, 요구 분석, 목적 및 목표 기술, 교육 자료의 선정과 조직, 교수 학습 방법, 평가로 나누어 살펴보기로 한다.

3.2. 상황 분석

모든 언어 프로그램은 특정 맥락(context)이나 상황(situation) 속에서 설계되고 운영된다는 특성이 있다. 실제로 맥락이나 상황을 전제하거나 포함하지 않는 언어 프로그램은 존재하지 않는다. 클라크(Clark, 1987)에 따르면 언어 교육과정은 정치사회적·철학적 문제, 교육적 가치 체계, 교육과정 설계의 이론과 실제, 교사의 경험적 지혜, 학습 동기 등과 상호 관련성이 있다. 그러므로 교육과정을 설계할 때는 우선 교수 학습 계획에 영향을 끼치는 이러한 상황 요인들을 분석할 필요가 있는데 이를 상황 분석이라 한다. 리처즈(Richards, 2001:93-105)에 따르면 상황 요인에는 사회 요인, 프로젝트 요인, 기관 요인, 교사 요인, 학습자 요인, 채택 요인 등이 있다. 이 중 사회 요인, 기관 요인, 교사 요인, 학습자 요인을 중심으로 상황 요인을 정리하면 다음과 같다.[4)]

❶ 사회 요인: 언어 교육 정책, 프로그램 지원 주체와 지원 이유, 사회 여러 분야에 미칠 영향, 해당 국가의 언어 교육 경험과 전통, 제2언어와 제2언어 교육에 대한 공공의 견해, 관련 교육 전문가들의 견해, 전문가 단체의 의견, 학부모와 학생의 견해, 고용주와 사업체의 견해, 교육 시설의 지원
❷ 기관 요인: 변화를 지원하는 학교 내부의 지도부, 학교의 물리적 환경과 시설, 교재와 다른 교육 자료의 역할, 교사의 사기, 교사가 당면한 문제, 행정 지원, 기관에 대한 평판, 기관의 노력
❸ 교사 요인: 교사의 배경·훈련·경험·동기, 언어 숙달도, 교육관, 교육 부담, 교수 방법, 변화에 대한 태도, 재교육 경험, 새 교육과정이 교사에게 제공하는 혜택

---

4) 프로젝트 요인(project factor)은 교육과정 개발이 개발 팀의 협력으로 이루어질 때 팀 구성원과 관련된 사항이며, 채택 요인(adoption factor)은 새롭게 채택되는 교육과정의 변화 요소가 교육 현장에서 사용될 때의 난이도에 대한 검토 사항이다. 이 두 요인은 교육과정 개발자 측면의 상황 요인이라고 볼 수 있으므로 여기에서는 이를 제외한 요인을 중심으로 제시한다.

❹ 학습자 요인: 과거의 언어 학습 경험, 학습 동기, 프로그램에 대한 기대, 언어 교육에 대한 견해, 학습자 집단의 구성, 선호하는 학습 유형, 선호하는 내용 유형, 교사·교육 자료에 대한 기대, 학습 시간, 자주 사용하는 학습 자원

3.3. 요구 분석

최근에는 언어 교육이 의사소통의 필요성에 근거해야 한다는 요구가 많아지면서 학습자 중심적 교육과정의 필요성이 높아지고 있다. 학습자가 흥미를 가지고 필요와 관심에 따라 배울 수 있도록 하기 위해서 학습자의 요구에 따라 교육 내용과 교재를 구성하고 교수법의 다양화를 꾀해야 한다. 이를 위해서는 학습자의 요구를 분석하고 그에 따라 목표를 설정하고 교육 내용과 방법을 선정할 필요가 있다. 요구 분석은 학습자들이 무엇을 배우고 싶어 하는가, 어떻게 배우고 싶어 하는가 등에 대한 요구를 조사하고 분석하는 일이다. 즉, 누난(Nunan, 1999:149)에 따르면 요구 분석은 특정 학습자 집단을 위한 언어 내용 및 학습 과정을 결정하는 도구, 기술 및 절차이다. 학습자 이외에도 교사, 학부모나 프로그램 의뢰자, 정책 입안자, 교육 전문가 등이 요구 조사의 대상이 된다.

브라운(J. D. Brown, 1995:40-41)은 요구를 상황적 요구와 언어적 요구, 객관적 요구와 주관적 요구, 언어 내용 요구와 학습 과정 요구로 나눈다. 상황적 요구는 행정, 재정, 인력, 교육 기관 등과 관련된 정보들이고, 언어적 요구는 학습자가 학습할 목표 언어와 관련되는 것으로 언어 사용 환경, 포함된 언어 능력, 학습자의 동기, 학습자의 현재 언어 능력 등이 해당된다. 객관적 요구는 학습자의 연령, 국적, 모국어, 교육 배경, 숙달도 수준, 외국어 학습 경험, 거주 기간, 직업 등과 같이 쉽게 구체화하거나 계량화할 수 있는 사실적 정보이다. 주관적 요구는 학습자의 학습 방법, 선호하는 학습 활동 유형, 중요시하는 언어 기능, 도달하고자 하는 목표, 요구하는 학습 기간 등으로 학습자에 따라 필요와 기대가 다르다. 객관적 요구는 교육 내용을 상세화하는 데 필요하고 주관적 요구는 교수 학습 방법을 상세화하는 데 필요한 정보를 제공한다. 언어 내용 요구는 학습해야 하는 내용에 대한 요구로 목표 언어(음소, 형태소, 문법 구조, 발화, 기능, 개념 등)에 대해 객관적으로 분석된 요구이며, 학습 과정 요구는 상황 요구의 관점에서 밝혀진 요구로 학습 동기, 자존감 등의 정의적 영역에서 분석된 주관적 성격을 가진다.

요구 분석 방법으로는 설문조사(questionnaires), 자가진단(self-ratings), 인터뷰(interviews), 모임(meetings), 관찰(observation), 학습자의 언어자료 수집(collecting learner language sample), 과제 분석(task analysis), 사례 연구(case studies), 이용 가능한 정보 분석(analysis of available information) 등이 있다(Richards 2001:60-63).[5]

3.4. 목적 및 목표 기술

상황 분석과 요구 분석이 끝나면 여기에서 얻은 결과를 바탕으로 교육과정의 목적과 목표를 기술하게 된다. 교육 목적(goals, aim)과 목표(objectives)는 자주 혼용되는 용어인데,[6] 교육 목적이 의도된 계획과 행동의 결과를 가리키는 추상적인 개념이라면 교육 목표는 교육 목적을 구현하는 구체적인 지향점을 의미한다.

　교육과정의 목적과 목표 기술은 학습자의 언어 능력을 어떻게 설정할 것인가와 연관되어 있다. 역사적으로 언어 능력을 보는 관점은 언어학의 변천과 함께 달라져 왔다. 1960년대에 촘스키(Chomsky, 1965)는 언어 능력을 '언어 능력(linguistic competence)'과 '언어 수행(linguistic performance)'으로 보았고, 하임스(Hymes, 1972)는 촘스키의 언어 능력에 언어 사용을 포함하여 '의사소통 능력'이라는 개념을 규정하였다. 커넬과 스웨인(Canale & Swain, 1980)에서는 이 의사소통 능력을 '문법적 능력(grammatical competence), 사회언어학적 능력(sociolinguistic competence), 담화적 능력(discourse competence), 전략적 능력(strategic competence)'으로 구체화시켰다. 또한 바흐만(Bachman, 1990)에서는 인지주의적 관점에서 언어 능력을 '언어 능력(language competence)'과 '전략적 능력(strategic competence)'으로 나누었는데 여기서의 '언어 능력'은 커넬과 스웨인(1980)의 '의사소통 능력'에 해당한다. 언어 능력 또는 의사소통 능력에 대한 이러한 관점들은 언어 교육의 목적과 목표를 기술하는 데 참조 기준이 된다.

　민현식(2004:288)은 교육 목적과 교육 목표를 기술할 때 다음과 같이 구분해야 한다고 제안했다.

....

5) 학습자 대상 설문조사의 예는 [부록 1] 참조.
6) 한국어 교육과정을 분석한 민현식(2004)은 대학 부설 한국어 교육기관의 교육과정을 분석하면서 목적과 목표를 혼동하고 있음을 지적한 바 있다. 한국어 교육기관에서는 교육 목적에 대해 '총목표' 또는 '총괄 목표'라는 용어를 쓰는데, 한국어 교육 표준 교육과정을 제안한 김중섭 외(2010:140)에서도 '총괄 목표'로 쓰고 있다.

❶ 교육 목적
- 교육 목적은 교육 프로그램이 지향할 보편적, 일반적 목적을 서술하여야 한다.
- 학생들이 프로그램 이수 후 최종적으로 도달, 성취하게 될 사항에 초점을 맞추어 기술하여야 한다.
- 관찰 및 예측 가능한 도달 목표들을 제시하고 뒷받침하는 데 교육 목적이 기본 토대가 되어야 한다.
- 교육 목적은 영구불변의 것으로 고착되어서는 안 되며 가변적 변화를 가능하게 해야 한다.

❷ 교육 목표
- 교육 목표는 교육 목적을 구현하기 위해 구체적 언급을 해야 한다.
- 구체적 언급이란 언어 교육 프로그램에서 학습자가 도달하게 될 수준에 대한 특정의 지식, 행동, 기술 등에 대해 구체적 명시를 하는 것이다.

1999년에 미국에서 외국어 교육의 목적으로 제시한 기준인 5Cs도 교육 목적을 기술하는 데 좋은 참고가 된다(민현식 2008:282-283).[7]

❶ 의사소통(Communication): 영어 외의 언어, 즉 구어·문어로 이해하고 표현할 수 있는 소통 수단.
❷ 문화(Cuture): 다른 문화를 이해하며 연구한 것을 표현할 수 있는 통로.
❸ 연계(Connection): 다른 언어 문화에 대한 지식의 연계 강화.
❹ 비교(Comparison): 다른 언어 문화의 대조 이해.
❺ 공동체(Community): 다언어 문화공동체 행사에 적극 참여하고 평생 학습으로 수용.

여기에서는 외국어 학습의 기준으로 의사소통(Communication), 문화(Cultures), 연계(Connections), 비교(Comparisons), 공동체(Communities)라는 통합적 목적을 설정하고 있는

....
7) 민현식(2008:282)에 따르면 1996년에 발표된 '외국어 교육의 기준: 21세기를 준비하며'(The Standards for Foreign Language Learning: Preparing for the 21st Century)는 1999년에 '21세기 외국어 교육의 국가 기준'(National Standards for Foreign Language Learning in the 21st Century)으로 수정 발간되었고 부록에 중국어, 고전어, 불어, 독어, 이탈리아어, 일본어, 포르투갈어에 대한 내용이 추가되었으며 2006년에 나온 개정판에는 아랍어가 추가되었다.

데 이 항목 중 ❷~❺가 모두 문화와 관련을 맺고 있다. 언어 교육에서 의사소통 능력의 학습과 함께 문화 교육의 중요성을 강조하는 이러한 관점은 한국어 교육과정의 구성에도 많은 영향을 끼쳐 최근에는 교육과정의 목적 및 목표 설정뿐만 아니라 교육 내용 구성, 교재 개발 등에도 문화 관련 사항이 적극 반영되고 있다.

스턴(Stern, 1992)은 언어 교육의 목적을 숙달도 목적, 지식 목적, 정의 목적, 전이 목적으로 보았고, 클라크(Clark, 1987)는 의사소통 목적, 사회 문화적 목적, 학습 방법의 학습 목적, 언어와 문화적 인식 목적으로 구분하였다.[8] 이와 같이 목적 기술에는 언어 능력의 측면과 문화적 측면이 주요 목적으로 포함되고 있다.[9]

한편 교육 목표 기술에 대해 리처즈(Richards, 1999:3-8)는 다음과 같은 내용을 포함해야 한다고 하였다(민현식 2008:279).

❶ 행동 목표(behavioral objectives): 학습 후 도달할 구체적 수행 목표 제시
❷ 기술 목표(skill-based objectives): 언어 기능 목표에 따른 세부 목표
❸ 내용 목표(content-based objectives): 주제 관련 기술
❹ 숙달도 목표(proficiency scale): 성취 목표 척도 제시

이러한 논의를 바탕으로 하여 민현식(2008:283-285)은 재외 한국어 학교 1급 교육과정의 목표를 학습 후의 수행 목표와 함께 수준, 상황, 주제, 문화, 언어 기술, 문법(발음, 표기, 문장, 담화)으로 나누어 기술한다. 한국어 교육 표준 교육과정을 개발한 김중섭 외(2010)에서는

....

8) 스턴(Stern, 1992)의 언어 교육의 목적 구성은 다음과 같다(심영택 외, 2002:529-533).
  ① 숙달도 목적: 말하기, 듣기, 읽기, 쓰기의 네 가지 언어 기술, 즉 구체적 언어 행위에 통달하는 것.
  ② 지식 목적: 언어 지식과 문화 지식에 통달하는 것.
  ③ 정의 목적: 목표어에 대한 긍정적 태도 및 감정, 자신감을 갖는 것.
  ④ 전이 목적: 학습 방법을 터득함으로써 미래에 새로운 내용을 학습할 때 그 방법을 활용할 수 있도록 하는 것.
  클라크(Clark, 1987)의 목적 구성은 다음과 같다(배두본, 2000:219).
  ① 의사소통 목적: 개인적 관계를 설정하고 유지하며, 이를 통해 정보, 생각, 의견, 태도, 느낌 등을 교환하고 일이 이루어지게 하는 것.
  ② 사회 문화적 목적: 목표 언어를 사용하는 공동체의 일상생활(집, 학교, 레저 활동 등)을 이해하는 것.
  ③ 학습 방법의 학습 목적: 일정 기간에 걸쳐 일을 확인하고 계획하며, 실재적 목표를 세우고 그에 도달하기 위해 어떤 수단을 마련할지 학습하는 것.
  ④ 언어와 문화적 인식 목적: 언어의 체계적 본질과 그 사용법을 이해하는 것.
9) 한국어 교육의 목적 기술 예는 [부록 2] 참조.

주제, 언어 기술, 언어 지식, 문화 영역으로 대범주를 나누고 각 영역별 하위 요소로 구분하여 등급별 목표를 기술한다.[10) 또한 서울대학교 한국어교육센터의 개정 교육과정에서는 의사소통 능력 범주를 지식 범주인 언어 능력 목표와 행동 범주인 언어수행 목표로 나누고 언어 능력 목표를 다시 언어구성능력과 언어사용능력으로 구분하여 각각 하위 범주로 세분하여 목표를 상세화한다(전영철 외, 2009:27).[11)

이상과 같이 교육 목적은 일반적인 방향성을 제시하고 교육 목표는 목적의 도달을 위해 구체적으로 기술함으로써 교육과정의 지향점을 분명히 하는 것이다. 따라서 교육 목적과 교육 목표는 교수요목의 설계와 교재 구성, 교사의 수업 진행의 방향을 정해주는 역할을 한다. 그러므로 교육과정이나 교수요목을 설계할 때는 어떤 목적을 어느 정도까지 설정할 것인지 결정해야 하며 그 목적에 도달하기 위한 세부적인 목표들을 먼저 구체화해야 한다.[12)

....

10) 등급 기술 영역과 영역별 하위 요소는 다음과 같다(김중섭 외, 2010:139).

등급 기술 영역	영역별 하위 요소
주제	화제
언어 기술	말하기, 읽기, 듣기, 쓰기, 과제
언어 지식	어휘, 문법, 발음, 텍스트
문화	문화지식, 문화실행, 문화관점

11) 전영철 외(2009:27)의 '한국어 교육과정의 목표 틀'을 구조화하면 다음과 같다.

언어 능력 목표		언어수행 목표
언어구성능력	언어사용능력	듣기, 말하기
문자표기 · 발음 어휘, 문법, 담화	기능, 사회언어학	읽기, 쓰기

12) 한국어 교육의 목표 기술의 예는 [부록 3] 참조.

3.5. 교육 자료의 선정과 조직

3.5.1. 교수요목의 개념

교수요목(syllabus)은 교육과정과 유사한 의미로 사용되기도 하지만,[13] 교육과정이 학생이 참여하는 학교의 모든 활동, 즉 학생이 배우는 것과 배우는 방법, 교사가 가르치는 방법, 교육 자료, 평가의 유형과 방법 등을 가리키는 광의의 개념이라면, 교수요목은 로저스(Rodgers, 1989:26)에 따르면, 정해진 프로그램에서 다루는 내용을 규정한 것으로 전체 프로그램의 일부분에 해당한다(Richards, 2001:39). 맥케이(McKay, 1978:11)는 "실러버스란 무엇을 배울 것인가의 핵심 내용과 배울 내용을 어떻게 선정하고 배열할 것인가에 대한 원리를 제공한다."고 했다(J. D. Brown, 1995:7). 즉, 교수요목은 교육과정 내에 주어진 교과의 전 과정에 대한 학습 항목을 배열하여 구체화시켜 놓은 계획으로 교육과정 구성의 근간을 이루는 것이다. 전통적 교수요목에는 단순히 교육 내용만이 포함되었으나 과정 중심의 교수요목이 등장하면서 교수요목에는 교육 내용뿐만 아니라 교육 방법까지 포함되었다. 결국 교수요목은 무엇을 어떻게 가르칠 것인가를 보여 주는 교육과정의 설계도이므로 교육과정의 목적과 목표의 실천은 교수요목 구성을 통해 이루어진다고 할 수 있다.

3.5.2. 교수요목의 유형

브라운(J. D. Brown, 1995:7~14)은 교수요목의 종류를 구조 교수요목, 상황 교수요목, 주제 교수요목, 기능 교수요목, 개념 교수요목, 기술 교수요목, 과제 중심 교수요목으로 나누어 제시하는데 주요 교수요목을 중심으로 그 개념을 정리하면 다음과 같다.[14]

❶ 구조 교수요목(Structural Syllabuses)

교수요목이 문법적 형태에 초점을 두고 있으므로 문법적 교수요목(Grammatical Syllabuses)이라고도 한다. 문법적 난이도(difficulty)와 빈도(frequency)를 기준으로 언어 구조 중심으로 설계한 교수요목이다. 영어 교육에서 난이도에 따라 '현재 시제, 미래 시제, 과거 시

---

13) 교수요목이나 교육과정이라는 용어는 국가에 따라 의미가 다르다. 미국에서는 교수요목과 교육과정을 같은 의미로 보고 교수요목보다는 교육과정이라는 용어를 더 많이 사용한다. 영국에서는 교수요목과 교육과정을 구분하여 교수요목은 교과 내용의 상세화와 순서에 관련된 교육과정 활동의 일부를 가리킨다(배두본, 2000:47). 본고에서는 후자의 입장에서 구별하여 사용한다.

14) J. D. Brown(1995:7-14), 민현식(2002:297-301)의 논의를 중심으로 정리하였다.

제, 과거 완료' 등으로 배열하거나 빈도에 따라 '관사, 전치사, 대명사, 시제' 등의 순으로 제시할 수 있는데 이러한 배열의 순서는 직관이나 경험에 기반한 것이다. 이 교수요목은 문법 번역식 교수법, 청각 구두식 교수법, 인지주의적 접근법에서 사용한 교수요목으로 언어 학습이 문법의 내재화와 언어 기술의 연습으로 이루어진다는 점, 언어의 형식적인 면을 내재화한 후에 자동적으로 교실 밖에서 의사소통에 사용할 수 있게 된다는 관점에 근거를 둔다. 그러나 구조나 문법을 중심으로 구성된 교재에는 맥락이 결여된 고립된 문장만이 나열되어 있어 실제 의사소통 능력을 기르는 데 도움을 주지 못하고, 문법 항목의 배열에 기준이 되는 난이도나 빈도 등은 실제 학습자가 인식하는 정도에서 차이가 있을 수 있으며 특정 맥락에서 사용하기 위한 문법 항목이 학습자에 따라 필요한 시기가 다를 수도 있다는 점 등이 문제점으로 지적된다.

❷ 상황 교수요목(Situational Syllabuses)

언어는 다양한 맥락(context)이나 상황(situation) 속에서 실현된다는 생각을 기반으로 공항, 터미널, 은행, 슈퍼마켓 등 학습자가 보통 마주치게 되는 상황을 중심으로 구성한 교수요목이다. 항목은 '공항–택시–호텔–식당–해변–관광용품점' 등 시간 순서나 학습자가 그 상황에 접할 상대적 가능성에 입각해 배열을 한다. 상황 교수요목은 생존을 위한 언어 학습에서는 효율적일 수 있으나 지속적인 언어 학습을 위해서는 학습자가 접할 것이라고 생각하는 상황이 한정적이고 체계적으로 조직될 수 없다는 단점이 있다.

❸ 주제 교수요목(Topical Syllabuses)

상황 교수요목과 유사하나 상황보다는 화제나 주제에 따라 구성되어 있다. 주제는 교재 집필자가 학습자의 생활에서 중요한 의미를 가지는 화제나 주제라고 판단되는 것을 중심으로 선정한다. 주제의 중요성, 독해 자료의 상대적 난이도 등을 기초로 주제를 배열한다.

❹ 기능 교수요목(Functional Syllabuses)

기능은 언어 활동을 통해 수행하는 의사소통의 목적을 가리킨다. 정보 구하기, 말 끼어들기, 화제 바꾸기, 작별 인사하기, 정보 제공하기, 소개하기, 인사하기 등과 같은 언어 기능을 중심으로 구성되는 교수요목이다. 기능은 학습자의 유용성을 기반으로 선정되며, 시간 순서, 빈도, 유용성(usefulness)을 기초로 배열된다.

⑤ 개념 교수요목(Notional Syllabuses)

개념은 언어를 통해 표현되는 개념적 의미(conceptual meaning)를 가리킨다. 거리, 시간, 수량, 질, 위치, 크기 등과 같은 추상적인 개념 범주를 중심으로 구성되는 교수요목이다. 시간 순서, 빈도, 효용성(utility) 등에 따라 배열한다.[15]

기능 및 개념 교수요목은 1970년대 들어 언어 사용에 대한 관심이 높아지면서 언어의 의사소통적 본질에 관심을 두고 기능과 개념을 목록화한 것이다. 다른 교수요목과 달리 학습자와 의사소통 목적을 교육의 중심에 두는 장점이 있다. 그러나 구조 교수요목에서 문법 목록을 제시하듯이 기능과 개념 목록을 나열한 것에 불과하고 항목의 선정과 배열을 결정할 만한 기준을 찾기 어렵다는 약점이 있다.

⑥ 기술 중심 교수요목(Skill-based Syllabuses)

학습자에게 필요한 언어 및 학문적 기술(academic skills)에 따라 자료를 구성하는 교수요목이다. 읽기 과정이라면 자세히 읽기, 찾아 읽기, 추론하기, 중심 생각 찾기 등의 기술이 포함되며, 학문 목적 학습자를 위해서는 들으면서 노트 필기하기, 질문에 대답하기, 발표하기, 요약하기 등의 기술이 포함된다. 시간 순서, 빈도, 기술의 유용성에 따라 배열한다.

⑦ 과제 중심 교수요목(Task-based Syllabuses)

과제 중심 교수요목은 학습자가 수업 중 수행하게 될 과제나 활동을 중심으로 구성된 교수요목이다. 사원모집 공고문 읽기, 약속 정하기, 이력서 쓰기, 면접하기, 문제 해결하기 등과 같이 학습자가 목표 언어로 수행하게 될 다양한 과제를 포함하여 구성한다. 언어 학습과 사용의 구체적인 목적을 제시하기 때문에 보다 효과적인 학습으로 유도할 수 있다. 학습자가 실생활에서 수행할 가능성이 높은 과제를 중심으로 교육 내용을 구성하므로 학습자의 의사소통 욕구를 내적으로 동기화하는 데 큰 도움을 주며 실제적 의사소통 능력을 향상시킬 수 있다는 장점이 있다. 그러나 수행을 목적으로 하는 과제를 중심으로 구성되므로 기본적으로 언어적 정확성을 기르는 데는 관심을 두지 않는다. 그러나 한국어는 형태적 특성이 강한 언어이므로 이러한 교수요목을 도입할 경우 문법 교육의 보완이 있거나 형태에 초점을

---

15) 윌킨스(Wilkins, 1976)는 339개 의미 범주를 의미-문법적 범주와 의사소통 기능 범주로 나누고, 의미-문법적 범주에는 격, 시간, 수량, 공간 등을 포함시키고, 의사소통 기능 범주에는 판단하기, 동의하기, 반대하기와 같은 도덕적 기술과 평가하기, 설득하기, 논쟁하기, 설명하기 등을 포함시켰다(김정숙, 2002:33).

맞춘(focus on form) 교육이 실시될 필요가 있다.

⑧ 혼합 또는 다중 교수요목(Mixed or Layered Syllabuses)

둘 이상의 교수요목을 혼합하거나 위계화하는 방식으로 구성하는 교수요목인데 대부분의 교재들이 이러한 방식으로 구성되어 있다. 상황을 중심으로 개별 단원을 구성하고 주제에 따라 읽기 자료를 조직하는 혼합 교수요목, 상황 교수요목을 상위로 하고 구조 교수요목이 하위에 배치된다든지 표면적으로는 기술 교수요목으로 구성하되 주제 교수요목이 부수된다든지 하는 다중 교수요목이 가능하다. 대부분의 교육과정이나 교재들은 단일한 교수요목보다는 이러한 다층적 고려를 함으로써 의사소통 능력 습득이라는 목적을 효율적으로 성취하도록 하고 있다.

이상의 교수요목 유형은 교수요목에서 중심으로 하는 교육 내용에 따라 구분한 것이다. 누난(Nunan, 1988)은 학습자가 교수의 결과로 얻어야 하는 지식과 기술에 초점을 맞춘 결과 중심 교수요목, 학습 경험 자체에 초점을 맞춘 과정 중심 교수요목으로 유형을 나누어 교수요목을 설명하는데, 이에 따르면 구조 교수요목, 기능 교수요목, 개념 교수요목, 내용 중심 교수요목[16]은 결과 중심 교수요목, 과제 중심 교수요목은 과정 중심 교수요목[17]에 속한다.

....

16) 내용 중심 교수(content-based instruction)는 학문 목적의 학습자에게 언어보다는 대학에서 배우는 학술적인 내용에 초점을 두어 교육함으로써 대학 수학이 가능하게 하는 교육 방법으로 주제 중심 교수(theme-based language instruction), 내용 보호 교수(sheltered content instruction), 병존 언어 교수(adjunct language instruction), 팀 교수 접근법(team-teach approach), 기술 기반 접근법(skill-based approach) 등으로 구분된다 (Snow 2001, 박준언 2005).

17) Jordan(1997:60-63)에서는 다음과 같이 세 유형으로 구분하기도 한다.
① 내용(Content)이나 결과(Product)
• 문법/구조/언어 형식(Grammatical/Structural/Language Form)
• 개념-기능(Notional-Functional)
• 상황(Situational)
• 주제(Topic)
• 내용 중심(Content-based)
② 기술(Skills)
③ 방법(Method)이나 과정(Process)
• 과정(Process)
• 절차/과제 중심(Procedural/Task-based)
• 학습 중심/협상(Learning-centered/Negotiated)

또한 교수요목은 내용을 제시하는 방법에 따라 선형(linear type), 조립형(modular type), 나선형(spiral type), 기본 내용 제시형(matrix type), 줄거리 제시형(story-line type)으로 나뉘기도 한다. 선형 교수요목은 문법이나 구조와 같은 언어 요소를 순서와 등급에 따라 제시하는 유형으로 제시 순서에 따라 어떤 항목을 가르치지 않고 다음으로 넘어갈 수는 없다. 초급 학습자에게 구조와 문법을 가르치는 경우에 적합한 유형이다. 조립형 교수요목은 주제나 상황에 관련된 언어 내용과 언어 기능을 통합한 유형으로 학습하게 될 단원을 집단으로 구성하고 각 단원에서는 언어 기능을 순서대로 제시하여 교수요목을 구성한다. 나선형 교수요목은 한 과정에서 학습자가 한 주제를 한 번만 학습하는 것이 아니라 한 언어 항목, 개념, 주제 등을 두 번 이상 다루도록 반복적으로 구성한 것이다. 기본 내용 제시형은 학습해야 할 과제와 여러 상황을 표로 제시하고 사용자가 주제를 선택하여 학습할 수 있도록 융통성을 최대한으로 제공하는 유형의 교수요목이다. 줄거리 제시형은 주제의 일관성과 계속성을 유지하고 앞의 이야기의 흐름을 알고 순서에 따라 문제를 해결하는 데 도움이 되도록 교수요목을 구성하는 유형이다. 실용적인 이야기를 중심으로 회화 교재를 제작하거나, 동화나 단편소설을 중심으로 읽기 교재를 제작하는 경우 이러한 유형을 이용할 수 있다.

언어 교육 분야는 지속적으로 변화가 계속되는 역동적인 분야이다. 과제(task)는 의사소통 중심적 접근, 언어 사용이 강조되면서 중요한 개념으로 대두했고 주제(topic)는 내용 중심 교수(content-based instruction)의 중요성이 강조되면서 새로 주목을 받는 개념이 되었다. 그러므로 어떤 교수요목이 절대적이라고 할 수는 없으며 학습 목적이나 필요에 따라 현재 제시된 유형들이 적절히 혼합되어 사용될 수도 있고 앞으로 교육 자료 개발과 교수 학습을 위한 새로운 교수요목 형태가 등장할 수도 있다.

3.5.3. 교수요목의 설계

❶ 교육 내용의 범주 결정

교육 목적과 목표가 정해지면 그에 따라 교육 내용의 범주를 결정하게 된다. 그레이브스(Graves, 1996)는 전통적 교수요목에서의 교육 내용 범주에서 출발하여 교육 목표가 변화함에 따라 추가되는 새로운 교육 내용의 범주를 덧붙임으로써 〈표 1〉과 같이 교수요목의 내용 범주를 설정하였다(김정숙, 2002:38).

참여 과정 Participatory processes 예) 문제 제기, 경험적 학습 기술	학습 전략 Learning strategies 예) 자가 모니터링, 문제 파악하기, 노트 필기		내용 Content 예) 학과목, 기술과목
문화 Culture 예) 문화 인식, 문화 행위, 문화 지식	과제 및 활동 Tasks and activities 예) 정보 결함 활동, 프로젝트, 스피치 · 프레젠테이션 등의 기술 혹은 화제 지향의 과제		일상적 · 업무적 기술 Competencies 예) 직장에 지원하기, 아파트 빌리기
듣기 기술 Listening skills 예) 요점 찾기, 특정 정보 찾기, 화제 추론하기, 적절한 반응 선택하기	말하기 기술 Speaking skills 예) 발화 교체하기, 이해 부족 부분 보완하기, 응집 장치 사용하기	읽기 기술 Reading skills 예) 특정 정보 빠르게 찾기, 요점 찾기 위해 빠르게 읽기, 수사적 장치 이해하기	쓰기 기술 Writing skills 예) 적절한 수사적 문체 사용하기, 응집 장치 사용하기, 문단 구성하기
기능 Functions 예) 사과하기, 거절하기, 설득하기	개념과 화제 Notions and topics 예) 시간, 양, 건강, 개인 신원		의사소통 상황 Communicative situations 예) 음식점에서 주문하기, 우체국에서 우표 사기
문법 Grammar 예) 구조(시제, 상), 패턴(질문)	발음 Pronunciation 예) 분절음(음운, 음절), 초분절음(강세, 리듬, 억양)		어휘 Vocabulary 예) 단어 형성 규칙 (접미사, 접두사), 연어, 어휘 목록

　〈표 1〉의 문법, 발음, 어휘 등은 언어 구조에 대한 지식을 언어 교육의 목표로 삼던 시기에 주요 내용 범주에 해당하였다. 의사소통 능력 향상이 언어 교육의 목표로 인식되기 시작한 이후에는 기능, 개념과 화제, 의사소통 기술, 과제 등이 새로운 범주로 부각되었다. 또한 교육의 대상인 학습자가 교수 학습 과정에서 강조되고 중시되면서 학습 전략, 참여 과정, 내용 등의 범주가 덧붙여지게 되었다.

　교육 내용 범주는 언어의 필수적 요소가 무엇이고 이것이 어떻게 언어 학습을 위해 조직될 수 있는가에 대한 관점에 따라 결정된다. 즉, 쓰기에서는 문법, 기능, 주제, 기술, 과정, 텍스트 유형 등이 내용에 포함될 수 있고 말하기에서는 기능, 상호작용 기술, 주제 등이 교육 내용 범주에 포함될 수 있다. 최근에 개발되는 한국어 교육과정에서는 주제, 기능, 상황, 언어 지식(발음, 어휘, 문법), 의사소통 기술(듣기, 말하기, 읽기, 쓰기), 문화 등을 내용 범주에 포함하고 있다. 이와 같이 교육과정의 내용을 구성하는 데 필요한 범주를 선택함으로써 교수요목의 유형이 정해지게 된다.

교육 목표를 기술하는 단계에서 학습자가 프로그램을 마치고 도달하게 될 특정 지식, 행동, 기술 등을 영역별로 구분하여 기술하였다면, 그 영역 구분을 기준으로 내용 범주를 정할 수 있을 것이다. 최근에는 교육 목표 설정 단계에서 이미 교육 내용 기술을 위한 범주를 고려하여 영역 범주를 정하고 그에 따라 목표 기술을 구체화하기도 한다.[18]

❷ 교육 내용 선정 및 조직

교수요목 유형 및 교육 내용 범주가 정해지면 그에 따라 교육 내용을 선정하게 된다. 교육 내용 선정을 위해서는 교육 내용 범주의 목록이 전제되어야 한다. 한국어 교육에서 다루어야 하는 주제, 기능, 상황, 언어 지식, 의사소통 기술, 문화 교육 내용이 정해져 있다면 교육과정의 목적 및 목표, 내용 범주, 숙달도, 학습 목적, 요구 분석 결과, 교육 시간 등을 기준으로 교육 내용을 선정할 수 있을 것이다.

한국어 교육의 내용 구성과 관련하여 등급별 교육 내용을 선정하여 기술하고 이를 목록화하는 연구들이 꾸준히 이루어지고 있으므로 교육과정 개발 시에 이러한 연구 결과들을 참고할 수 있다. 김중섭 외(2010), 김중섭 외(2011)에서는 한국어 표준 교육과정의 목적과 목표, 내용 범주별 교육 내용을 제시한 바 있다. 교육 내용은 주제 영역(화제), 언어 기술 영역(말하기, 듣기, 읽기, 쓰기, 과제), 언어 지식 영역(어휘, 문법, 발음), 문화 영역(문화 지식, 문화 실행, 문화 관점)으로 나누어 기술하고 이를 등급화하여 배열하고 있다. 국립국어원(2005), 백봉자(2006), 강현화 외(2016)는 한국어 교육용 문법 항목을 사전의 형태로 수록하였다. 강현화 외(2012), 강현화 외(2013), 강현화 외(2014)는 초중고급용 어휘 목록을 선정하고 어휘 교육을 위한 범주화 및 수업 모형 개발을 제시한다. 문화 교육 내용 요소인 문화 항목을 범주화한 논의로는 박영순(2002), 민현식(2003), 조항록(2004), 황인교(2010) 등이 있다. 학습자 대상별 교육과정 개발도 꾸준히 이루어지고 있다. 류재택 외(2004)에서는 재외동포 아동을 위한 한국어 교육과정을 개발하면서 교육 내용을 등급별 주제/소재, 기능, 문형 및 문법, 문화 항목으로 범주화하여 제시한 바 있고, 이미혜 외(2007)에서는 다문화 가정 구성원을 위한 초중고급용 교수요목을 개발하였다.

교육 내용을 선정하면 이를 어떻게 조직할 것인가의 문제가 뒤따른다. 이는 교육 내용의

---

18) 교육 목표와 함께 제시된 내용 범주의 예는 [부록 4] 참조.

순서를 결정하는 것으로 등급별 조직과 함께 동일 등급 내에서의 배열도 고려된다. 리처즈(Richards, 2001:149-151)에 따르면 보통 다음과 같은 기준을 고려할 수 있다.

첫째, 난이도에 따라 배열한다. 이는 교육 내용을 배열하는 일반적이고 전통적인 기준으로 단순한 항목에서 복잡한 항목으로, 난이도가 낮은 항목에서 난이도가 높은 항목 순으로 배열하는 것이다.

둘째, 시간 순서에 따라 배열한다. 교육 내용을 실세계에서 사건이 일어나는 순서에 따라 배열하는 것으로 쓰기에서는 작가가 브레인스토밍, 초고 작성, 교정, 편집의 순서를 글을 쓰는 방식을 참고할 수 있을 것이다.

셋째, 요구에 따라 배열한다. 학습자가 교실 밖에서 필요한 내용에 따라 배열한다.

넷째, 학습 순서에 따라 배열한다. 다음 단계의 학습을 위해 필수적인 것이 무엇인가에 따라 교육 내용을 배열한다.

다섯째, 전체에서 부분, 부분에서 전체로 배열한다. 학습 내용에 따라서는 전체적인 것을 먼저 학습하고 나서 개별적인 부분에 대한 학습으로 이행하거나 그 반대의 경우도 가능하다. 과정 중심적 쓰기라면 글을 쓸 때 단락 쓰기를 먼저 연습하고 단락들을 한 편의 글로 만드는 순서로 글을 완성하게 된다.

여섯째, 나선형 구조로 배열한다. 학습한 내용을 순환적으로 반복 제시하여 학습 내용을 내재화하고 강화할 수 있도록 한다.

3.6. 교수 학습 방법

일반적으로 한국어 교육과정에는 교수 학습 및 평가에 대한 기술이 포함되지 않은 경우가 많다. 이는 교수법을 개괄적으로 기술하는 것은 그 효용성이 낮고, 구체적인 교수 학습 방법이나 평가는 교육기관별로 보통 교사 교육과정을 통해 공유되므로 교육과정 개발자들이 이를 교육과정에 공시할 필요성을 인식하지 못하기 때문일 것이다.[19] 그러나 교육기관이나 프로그램의 주요 교수 학습 방법과 평가에 대한 기술 및 모형, 표준적 교수 학습 지도안 등의 제시는 교육과정으로서의 구성 요건을 갖춘다는 측면뿐만 아니라 교사 및 기관 관계

---

19) 한국어 표준 교육과정 모형을 제시하는 김중섭 외(2010)에서도 교수 학습 방법과 평가에 대한 기술은 포함하지 않는다.

자, 학습자 등의 내부 구성원, 교육기관 외부의 관계자, 교육 전문가 등에게 프로그램 관련 정보를 제공한다는 점에서도 필요하다. 민현식(2004:85-86)은 교수 학습에 교수법이 반영된 영역별·등급별 교수 학습 지도안의 표준 모형, 학습자 지도 시 고려 요인, 교사용 지도서, 교사 평가, 교사 발화, 바람직한 교수법의 조건 등이 포함되어야 한다고 제안한다.

3.7. 평가

학습자를 대상으로 하는 평가뿐만 아니라 교육과정 대상의 평가도 포함된다. 학습자 대상의 평가에는 교육과정 시작 전에 학습자를 적절한 등급에 배치하기 위해 실시하는 배치 평가, 학습자 언어 능력의 특정 측면을 진단하여 학습자에 알맞은 교육을 결정하기 위한 진단평가, 교육 목표의 성취 정도를 측정하기 위한 성취도 평가, 학습자의 언어 사용 능력을 측정하기 위한 숙달도 평가 등이 있다. 해당 교육과정에서 실시할 평가 유형, 평가 영역, 평가 방법, 시험의 구성 및 채점 기준 등이 포함되어야 한다.

교육과정 평가는 교육의 효율성을 측정하고 개선점을 찾아서 교육과정을 발전시키고 향상시키려는 목적이 있다. 그러므로 프로그램의 운영과 관련된 다양한 양상(교육과정 설계, 교수요목과 프로그램 내용, 교실 운영, 교육 자료, 교사, 교사 연수, 학습자, 학습 결과의 평가, 학습 동기, 교육기관, 학습 환경, 행정 지원, 관리자의 운영 등)의 정보를 모으는 데 초점을 둔다. 리처즈(Richards, 2001:288-294)에 따르면 교육과정 평가는 목적에 따라 형성적 평가(formative evaluation), 조명적 평가(illuminative evaluation), 부가적 평가(summative evaluation)로 나뉜다. 형성적 평가는 프로그램 개발 과정 중에 수행되며 문제점을 발견해서 이를 개선하는 데 주안점이 있다. 조명적 평가는 프로그램의 다양한 양상이 어떻게 작동하는지를 밝히는 것으로 교육과정의 변화 없이 교수 학습 과정에 대한 심화된 이해를 제공하고자 하는 것이다. 부가적 평가는 교사나 기관 운영자 등에게 잘 알려진 평가로 프로그램이 운영된 이후에 프로그램의 효율성, 용인 가능성 등에 중점을 두고 교육과정의 가치를 판단하는 것이다. 교육과정의 평가에는 교사, 학습자, 교육과정 개발자, 기관 운영자, 프로그램 후원자 등 프로그램 관계자들이 평가자로 참여하게 된다.

강승혜(2005), 「교육과정의 연구사와 변천사」, 국제한국어 교육학회 편, 『한국어 교육론 1』, 한국문화사.

강현화(2007), 「한국어 교재의 문형유형 분석 – 문형 등급화를 위해」, 《한국어 교육》 18–1, 국제한국어 교육학회.

강현화·김선정·이미혜·최은규(2009), 「여성 결혼 이민자 대상 한국어 교육과정」, 국립국어원.

강현화·김현정·박정아·심혜령·원미진·정희정·정희원·한송화(2013), 「한국어 교육 어휘 내용 개발(2단계)」, 국립국어원.

강현화·이현정·남신혜·장채린·홍연정·김강희(2016), 『한국어 문법: 자료편』, 한글파크.

강현화·정희정·심혜령·한송화·원미진·김현정·조태린·박정아(2012), 「한국어 교육 어휘 내용 개발(1단계)」, 국립국어원.

강현화·정희정·심혜령·한송화·원미진·김현정·구지민(2014), 「한국어 교육 어휘 내용 개발(3단계)」, 국립국어원.

국립국어원(2005), 『외국인을 위한 한국어 문법 2』, 커뮤니케이션북스.

김은주(2005), 「미국의 한국어 교육과정」, 국제한국어 교육학회 편, 『한국어 교육론 1』, 한국문화사.

김정숙(2002), 「언어 교육과정의 구성요소와 교수요목의 유형」, 박영순 편, 『21세기 한국어 교육학의 현황과 과제』, 한국문화사.

김정숙(2011), 「한국어 교육과정 연구 성과와 향후 과제 연구」, 《이중언어학》 47, 이중언어학회.

김중섭·김정숙·이해영·김선정·이정희(2010), 「국제 통용 한국어 교육 표준 모형 개발」, 국립국어원.

김중섭·김정숙·강현화·김재욱·김현진·이정희(2011), 「국제 통용 한국어 교육 표준 모형 개발 2단계」, 국립국어원.

류재택·조용기·백승희(2004), 「재외동포용 한국어 교육과정 및 교재 체제 개발 연구」, 한국교육과정평가원.

민현식(2002), 「언어 교육과정의 구성요소와 교수요목(syllabus)의 유형」, 박영순 편, 『21세기 한국어 교육학의 현황과 과제』, 한국문화사.

민현식(2003), 「국어교육과 한국어 교육에서의 문화 교육」, 《외국어교육》 10–2, 한국외국어 교육학회.

민현식(2004), 「한국어 표준교육과정 기술 방안」, 《한국어 교육》 15–1, 국제한국어 교육학회.

민현식(2008), 「한국어 교육을 위한 문법 기반 언어 기능의 통합 교육과정 구조화 방법론 연구」, 《국어교육연구》 22, 서울대학교 국어교육연구소.

박영순(2002), 『한국어 교육을 위한 한국 문화론』, 한국문화사.

박준언(2005), 「특수 목적 외국어 교육의 연구 주제들」, 제24차 추계학술대회 자료집, 국제한국어 교육학회.

배두본(2000), 『외국어 교육과정론』, 한국문화사.

백봉자(2006), 『외국어로서의 한국어 문법 사전』, 도서출판 하우.

안경화·김정화·최은규(2000), 「학습자 중심적 한국어 교육과정 개발」, 《한국어 교육》 11–1, 국제한국어 교육학회.

이미혜·강현화·김현진·방성원·안경화·최주열(2007), 「방송매체를 이용한 다문화 가정 한국어 교육 체계 구축을 위한 연구」, 국립국어원.

전영철·김민애·김은애·박지영·안경화·장은아(2009), 「서울대학교 언어교육원 한국어교육센터 교육과정과 교재 개발을 위한 연구」, 서울대학교 언어교육원.

조항록(2004), 「한국어문화 교육론의 내용 구성 시론」, 《한국언어 문화학》 1–1, 국제한국언어 문화학회.

조항록(2005), 「국내 한국어 교육 발달 과정과 특징」, 우리말학회 2005년도 전국학술대회 특강 논문, 우리말학회.

최은규(2009), 「학문 목적 한국어 교육의 현황과 과제」, 《어문연구》 141, 한국어문연구회.

최은규 · 김정화 · 김청자 · 김민애 · 유선일 · 박지현(1999), 「서울대 언어교육원 한국어 교육과정」, 서울대학교 언어교육원.

함수곤 · 김종식 · 권응환 · 왕경순(2003), 『교육과정 개발의 이론과 실제』, 교육과학사.

황인교(2010), 「한국어 교육에서의 문화 교육과정」, 서강대학교 개교 50주년 한국어 교육원 개원 20주년 기념 국제학술대회 발표집.

Bachman, L. F.(1990), *Fundamental considerations in language testing*, Oxford University Press.

Brown, H. D.(2007), *Teaching by principles: An interactive approach to language pedagogy*, 권오량 · 김영숙 역(2008), 『원리에 의한 교수: 언어 교육에의 상호작용적 접근법』(제3판), 피어슨에듀케이션코리아.

Brown, J. D.(1989), Language program evaluation: A synthesis of existing possibilities, In K. Johnson(ed.), *The second language curriculum*, Cambridge University Press.

Brown, J. D.(1995), *The elements of language curriculum: A systematic approach to program development*, Newbury House Teacher Development.

Canale, M. & Swain, M.(1980), Theoretical bases of communicative approaches to second language teaching and testing, Applied Linguistics 1–1.

Chomsky, N.(1965), *Aspects of the theory of syntax*, The MIT Press.

Clark, J.(1987), *Curriculum renewal in school foreign language learning*, Oxford University Press.

Graves, K.(1996), *Teachers as course developers*, Cambridge University Press.

Hymes, D.(1972), On communicative competence, In J. Pride & J. Holmes (eds.), *Sociolinguistics*, Penguin Books.

Jordan, R.(1997), *English for academic purposes*, Cambridge University Press.

McKay, S.(1978), Syllabuses: Structural, situational, notional, TESOL Newsletter 12–5.

Nunan, D.(1988), *Syllabus design*, 송석요 · 김성아 역(2003), 『Syllabus design: Syllabus의 구성과 응용』, 범문사.

Nunan, D.(1999), *Second language teaching and learning*, Heinle & Heinle.

Richards, J. C.(1990, 1999), *The Language teaching matrix*, Cambridge University Press.

Richards, J. C.(2001), *Curriculum development in language teaching*, Cambridge University Press.

Rodgers, T.(1989), Syllabus design, curriculum development and polity determination, In R. K. Johnson(ed.), *The second language curriculum*, Cambridge University Press.

Snow, M. A.(2001), Content–based and immersion models for second and foreign language teaching, In M. Celce–Murcia (ed.), *Teaching English as a second or foreign language*(3rd.), Heinle & Heinle.

Stern, H. H. (1992), *Fundamental concepts of language teaching*, 심영택 · 위호정 · 김봉순 역(2002), 『언어 교수의 기본개념』, 하우.

Tyler, R.(1949), Basic principles of curriculum and instruction, University of Chicago Press.

Wilkins, D. A.(1976), Notional syllabuses, Oxford Universi*ty Press*.

학습자 대상 설문 조사【초중급용】[20]

다음은 한국어교육센터의 교육과정을 개발하기 위한 설문 조사입니다.

협조하여 주셔서 감사드립니다.

– 서울대 한국어교육센터

〈 기초 정보 〉

1) 국적 :   2) 교포 : 네 / 아니요

3) 모국어 :   4) 나이 :

5) 성별 : 남 / 여   6) 급 :

7) 최종 학력 :   8) 총 수강 학기(계획 포함) : _____ 학기

I. 수강 동기

A. 한국어를 왜 배우려고 합니까? (여러 개로 답해도 됩니다)

____ 직업   ____ 학업   ____ 한국에서 생활   ____ 가족/친지와의 대화

____ 한국 관광   ____ 한국에 대한 호기심   ____ 한국에 대한 이해

____ 기타(   )

B. 서울대 언어교육원을 선택한 이유는? (여러 개로 답해도 됩니다)

____ 아는 사람의 추천   ____ 서울대 진학 예정   ____ 홈페이지를 보고   ____ 좋은 시설

____ 싼 등록금   ____ 우수한 교사   ____ 우수한 학생   ____ 효율적인 프로그램 운영

____ 기타(   )

---

20) 개정 교육과정 및 교재 개발을 위해 2008년 7월 서울대학교 언어교육원 한국어교육센터 수강생들을 대상으로 실시한 설문조사지의 예이다 (전영철 외, 2009).

II. 프로그램 평가

A. 다음의 사항에 대하여 얼마나 만족하십니까? (5는 매우 만족한다 ⇔ 1은 만족하지 않는다)

1) 말하기	5	4	3	2	1	6) 어휘	5	4	3	2	1
2) 듣기	5	4	3	2	1	7) 발음	5	4	3	2	1
3) 쓰기	5	4	3	2	1	8) 담화	5	4	3	2	1
4) 읽기	5	4	3	2	1	9) 문화	5	4	3	2	1
5) 문법	5	4	3	2	1	10) 시설	5	4	3	2	1

B. 위의 질문에 만족하지 않았다고 답했다면 특히 어떤 점이 불만스러웠는지 표시하십시오.(여러 개로 답해도 됩니다.)

	수업 내용	수업 방식	수업 분량		수업 내용	수업 방식	수업 분량
1) 말하기			많다 적다	6) 어휘			많다 적다
2) 듣기			많다 적다	7) 발음			많다 적다
3) 쓰기			많다 적다	8) 담화			많다 적다
4) 읽기			많다 적다	9) 문화			많다 적다
5) 문법			많다 적다	10) 시설		개선할 점은?	

C. 프로그램 개선 방향과 관련해서 다음 사항에 대하여 어떻게 생각하십니까?

크리스마스 방학(12월 25일~1월 1일)		5	4	3	2	1
오후반	1) 주5일 1일 3시간	5	4	3	2	1
	2) 주5일 1일 4시간	5	4	3	2	1
기능별 분반 수업		5	4	3	2	1
학기 시작일(3/6/9/12월 첫주)의 변경		5	4	3	2	1

* 학기 시작일의 변경이 필요하다고 답한 경우 언제로 바뀌는 것이 좋다고 생각합니까?

학기 시작일(4/7/10/1월 첫주)로 변경	5	4	3	2	1

기타 선호하는 시작 시기는? _____

D. 선호하는 수업 내용을 총4시간 기준 (   )분으로 써 주세요.

	분		분
1) 복습		6) 문법	
2) 말하기		7) 어휘	
3) 듣기		8) 발음	
4) 쓰기		9) 담화	
5) 읽기		10) 문화	

III. 교재 개발

A. 교재의 구성과 관련해서 다음은 어떻게 생각하십니까?

1. 교재의 외적 구성

1) 크기 (5는 매우 좋다 ⇔ 1은 좋지 않다)

A4 (210 X 297)	5	4	3	2	1
B5 (182 X 257)	5	4	3	2	1

2) 분량과 분권 (5는 매우 선호한다 ⇔ 1은 선호하지 않는다)

분량은?	① 150쪽 ② 200쪽 ③ 250쪽 ④ 300쪽				
1권 2책 구성	5	4	3	2	1
주교재+워크북 통합권	5	4	3	2	1

2. 교재의 내적 구성

1) 문법 설명 방식 (5는 매우 필요하다 ⇔ 1은 필요 없다)

① 자세한 문법 설명	5	4	3	2	1
② 간략한 문법 설명	5	4	3	2	1
③ 문법 항목만 제시	5	4	3	2	1

2) 과당 새로운 문법 수는?

① 1~2개 (　) 　　② 3~4개 (　) 　　③ 5~6개 (　) 　　④ 7개 이상 (　)

3) 어휘 뜻의 제시

① 본문 아래 (　) 　　② 과의 끝 (　)

4) 어휘의 중요도 표시

① 필요하다 (　) 　　② 필요하지 않다(　)

5) 활동 유형 선호도 (5는 매우 선호한다　⇔　1은 선호하지 않는다)

① 기계적인 연습	5	4	3	2	1
② 유의미한 연습	5	4	3	2	1
③ 과제	5	4	3	2	1

6) 활동 분량 (큰 문항 개수 기준)

① 기계적인 연습	5	4	3	2	1
② 유의미한 연습	5	4	3	2	1
③ 과제	5	4	3	2	1

B. 교재의 내용 선정과 관련해서 다음은 어떻게 생각하십니까?

1. 한국어 교수 내용 (5는 매우 중요하다 ⇔ 1은 중요하지 않다)

1) 말하기	5	4	3	2	1
2) 듣기	5	4	3	2	1
3) 쓰기	5	4	3	2	1
4) 읽기	5	4	3	2	1
5) 문법	5	4	3	2	1

6) 어휘	5	4	3	2	1
7) 발음	5	4	3	2	1
8) 담화	5	4	3	2	1
9) 문화	5	4	3	2	1

2. 말하기 (5는 매우 중요하다 ⇔ 1은 중요하지 않다)

어휘와 표현	5	4	3	2	1
속담과 관용구	5	4	3	2	1
문법	5	4	3	2	1
담화	5	4	3	2	1
말하기 전략	5	4	3	2	1

대화	5	4	3	2	1
발표	5	4	3	2	1
토론	5	4	3	2	1

유창성	5	4	3	2	1
정확성	5	4	3	2	1

개별 활동	5	4	3	2	1
짝 활동	5	4	3	2	1
조별 활동	5	4	3	2	1

기타	

3. 듣기 (5는 매우 중요하다 ⇔ 1은 중요하지 않다)

어휘와 표현	5	4	3	2	1
문법	5	4	3	2	1
배경적 지식	5	4	3	2	1
듣기 전략	5	4	3	2	1

일상적 내용 듣기	5	4	3	2	1
전문적 내용 듣기	5	4	3	2	1

기타	

기타4. 읽기 (5는 매우 중요하다 ⇔ 1은 중요하지 않다)

어휘와 표현	5	4	3	2	1
문법	5	4	3	2	1
배경적 지식	5	4	3	2	1
읽기 전략	5	4	3	2	1

한국어 교재	5	4	3	2	1
한국 문학	5	4	3	2	1
신문이나 잡지	5	4	3	2	1
인터넷 자료	5	4	3	2	1
일상적 정보 자료	5	4	3	2	1
전문적 정보 자료	5	4	3	2	1

기타	

기타					

일상적 정보 자료	5	4	3	2	1
전문적 정보 자료	5	4	3	2	1

5. 쓰기 (5는 매우 중요하다 ⇔ 1은 중요하지 않다)

어휘	5	4	3	2	1
문법	5	4	3	2	1
문어(글)와 구어(말) 구별	5	4	3	2	1
격식체/비격식체	5	4	3	2	1
쓰기 전략	5	4	3	2	1
컴퓨터 한글 타자	5	4	3	2	1

종류별 글쓰기	5	4	3	2	1
실용문 쓰기	5	4	3	2	1
학술적인 글쓰기	5	4	3	2	1
기타					

C. 장면, 기능, 주제

- 한국어를 배울 때 다음은 얼마나 중요합니까?

( ) 안에 1에서 5까지 적어 주십시오. (5는 매우 중요하다 ⇔ 1은 중요하지 않다)

1. 장면

거리 ( ),　　버스정류장 ( ),　　시장 ( ),　　　집 ( ),　　가게 ( ),　　식당 ( ),

학교 ( ),　　　우체국 ( ),　　은행 ( ),　　호텔 ( ),　　택시 ( ), 문방구 ( ),

세탁소 ( ),　　백화점 ( ),　　직장 ( ),　　공원 ( ),　　공항 ( ), 관광지 ( ),

기차역 ( ),　　휴게소 ( ),　　세관 ( ),　　여관 ( ),　　병원 ( ), 커피숍 ( ),

쇼핑몰 ( ),　　슈퍼마켓 ( ),　　약국 ( ),　　극장 ( ),　　버스 ( ), 하숙집 ( ),

미용실 ( ),　　택시정류장 ( ),　　사원 ( ),　　교회 ( ),　　절 ( ),　　성당 ( ),

노래방 ( ),　　　술집 ( ), 컴퓨터실 ( ),　　시골 ( ),　여행사 ( ), 매표소 ( ),

도서관 ( ),　　서비스센터 ( ),　　운동장 ( ),　　경비실 ( ),　지하철 ( ), 비행기 ( ),

관광 안내소 ( ),　　　고속버스 터미널 ( ),　　　　경찰서 ( ),

자동 판매기 ( ),　　　출입국관리소 ( )

※ 기타 교재에서 다뤄야 할 중요한 장면이 있으면 써 주십시오.

_____

_____

_____

2. 기능

* ( ) 안에 1에서 5까지 적어 주십시오. (5는 매우 중요하다 ⇔ 1은 중요하지 않다)

◎ 정보를 구하거나 알리는 표현들 ( )

확인하기 ( ),　　　　보고하기 ( ),　　　기술하거나 묘사하기 ( ),

묘사하기 ( ),　　　　정의하기 ( ),　　　　정보를 재구성하기 ( ),

고치기 ( ),　　　　　요약하기 ( ),　　　　　문제 해결하기 ( ),

요청하기 ( ),　　　　설명하기 ( ),　　　비교하거나 대조하기 ( ),

토의하기 ( ),　　　　평가하기 ( ),　　　　정보 묻고 답하기 ( ),

표현 묻기 ( ),　　　물건 사기 ( ),　　　　음식 주문하기 ( ),

◎ 지적인 태도를 나타내거나 알아내는 표현들 ( )

동의/반대하기 ( ), 허락하거나 받기 ( ),　　　초대에 응하거나 거절하기 ( ),

거절하기 ( ),　　　　제안하기 ( ),　　기억이 있고 없음을 표현하고 묻기 ( ),

의무 표현하기 ( ),　의견 표현하기 ( ),　　　　원인과 결과 표현하기 ( ),

길 묻기 ( ),　　　　안내하기 ( ), 가능성이 있고 없음을 표현하고 묻기 ( ),

추론을 나타내거나 묻기 ( ),　능력이 있고 없음을 표현하고 묻기 ( ),

확실한지 묻고 표현하기 ( ),

◎ 감정을 나타내거나 알아내는 표현들 ( )

희망을 나타내기 ( ),　만족/불만 나타내기 ( ), 즐거움과 좋아함을 나타내기 ( ),

실망 나타내기 ( ),　　감사 나타내기 ( ),　불쾌함과 싫음을 나타내기 ( ),

동정심 나타내기 ( ),　　분노 나타내기 ( ),　　의도나 의지 나타내기 ( ),

고통 나타내기 ( ),   슬픔 나타내기 ( ),   관심 표현하기 ( ),
            걱정이나 두려움을 나타내기 ( ),   더 좋아함을 나타내기 ( ),
                        불평하기 ( ),   소원이나 바람 나타내기 ( ),

◎ 도덕성을 나타내거나 찾아내는 표현들 ( )
  사과하기 ( ),   용서하기 ( ),   인정 내지 찬성하기 ( ),
  감사하기 ( ),   후회하기 ( ),   무관심을 나타내기 ( ),
  변명하기 ( ),

◎ 권고나 설득하는 표현들 ( )
  제안하기 ( ),   요구하기 ( ),   지시 또는 명령하기 ( ),
  초청하기 ( ),   충고하기 ( ),   금지하기 ( ),
  설득하기 ( ),   경고하기 ( ),   권유하기 ( ),

◎ 대인 관계와 관련한 표현들 ( )
      인사하기 ( ),   사람들과 만나기 ( ),   소개하거나 받을 때 인사하기 ( ),
    주의 끌기 ( ),   헤어질 때 인사하기 ( ), 다른 사람에 대하여 관심 나타내기 ( ),
  건배 제안하기 ( ),   말이나 주제 바꾸기 ( ),   식사 시작할 때의 표현 ( ),
  말 중단시키기 ( ),   음식 권하고 받기 ( ),   감사하기 ( ),
    초대하기 ( ),   약속하기 ( ),   칭찬하기 ( ),
    축하하기 ( ),   감탄하기 ( ),   기원하기 ( ),
  이해 점검하기 ( ),   되묻기 ( ),   전화하기와 받기 ( ),
  대화 지속하기 ( ),   대화 끝내기 ( ),   제의하기 ( ),

◎ 상상하여 말하기 ( )
  상상하여 이야기 꾸미기 ( ),   상상하여 말하기 ( ),

※ 기타 교재에서 다뤄야 할 중요한 기능이 있으면 써 주십시오.

_____

_____

_____

3. 주제

* ( ) 안에 1에서 5까지 적어 주십시오. (5는 매우 중요하다 ⇔ 1은 중요하지 않다)

◎ 개인 정보 ( )
　이름 ( ),　　　주소 ( ),　　전화번호 ( ),　　　나이 ( ),　　　출생지 ( ),
　직업 ( ),　가족 관계 ( ),　　　종교 ( ),　　　성격 ( ),
　　　　　　　싫어하는 것과 좋아하는 것 ( ),　　외모 ( ),　　　　근황 ( ),

◎ 주거 ( )
　가구 ( ),　　　방 개수 ( ),　　　　지역 ( ),　　자기 집/전세/월세 ( ),

◎ 직업 ( )
　직종 ( ),　　직장 위치 ( ),　　직장 여건 ( ),　　　수입 ( ),　　전망 ( ),
　업무 ( ),　　직장 생활 ( ),

◎ 여가 ( )
　취미 ( ),　　　흥미 ( ),　　　TV ( ),　　　극장 ( ),　　운동 ( ),
컴퓨터 ( ),　　노래방 ( ),　　술집 ( ),

◎ 여행 ( )
　휴일 ( ),　　장소 ( ),　　대중 교통 ( ),　　요금 ( ),　　교통 상황 ( ),
　호텔 ( ),

◎ 계획 ( )
　계획 ( ),　　　약속 ( ),

◎ 대인 관계
　초대 ( ),　　　전화 ( ),　　　이 메일 ( ),　　　편지 ( ),　　　친구 관계 ( ),

◎ 건강 ( )
　보험 ( ),　　　몸 ( ),　　　질병 ( ),　　건강 상태 ( ),　　의료 시설 ( ),

◎ 교육 ( )
　학업 ( ),　　전공 분야 ( ),　　자격 ( ),　　방학 ( ),　　　학교생활 ( ),

◎ 쇼핑 ( )
　음식 ( ),　　　옷 ( ),　　흡연 ( ),　　　가격 ( ),　　　옷 치수 ( ),
　약 ( ),　　유행 ( ),　　쇼핑 ( ),

◎ 음식과 음료 ( )
　음식 ( ),　　　외식 ( ),

◎ 공공 시설 ( )
우체국 ( ),　　　전화 ( ),　　은행 ( ),　　　경찰서 ( ),　　　병원 ( ),
주유소 ( ),　　수리센터 ( ),

◎ 사건 ( )
　사건 ( ),　　　사고 ( ),

◎ 날씨 ( )
　기후 ( ),　　　날씨 ( ),

※ 기타 교재에서 다뤄야 할 중요한 주제가 있으면 써 주십시오.

_____

_____

_____

IV. 부교재(워크북)

A. 부교재의 내적 구성

- 부교재의 기능 (여러 개로 답해도 됩니다)

    _____ 복습,   _____ 확장,   _____ 예습,   _____ 교과서 외적 정보

- 부교재의 난이도 (해당 부분에 표시하세요)

    _____ 교재와 비슷,   _____ 쉬운 수준,   _____ 어려운 수준

- 구성 항목 (5는 매우 필요하다 ⇔ 1은 필요 없다)

1) 말하기	5	4	3	2	1
2) 듣기	5	4	3	2	1
3) 쓰기	5	4	3	2	1
4) 읽기	5	4	3	2	1
5) 문법	5	4	3	2	1

6) 어휘	5	4	3	2	1
7) 발음	5	4	3	2	1
8) 담화	5	4	3	2	1
9) 문화	5	4	3	2	1

- 활동 유형 선호도 (5는 매우 선호한다 ⇔ 1은 선호하지 않는다)

기계적인 연습	5	4	3	2	1
유의미한 연습	5	4	3	2	1
과제	5	4	3	2	1

- 활동 분량 (큰 문항 개수 기준)

기계적인 연습	5	4	3	2	1
유의미한 연습	5	4	3	2	1
과제	5	4	3	2	1

B. 부교재의 외적 구성 (해당 부분에 표시하세요)

_____ CD,   _____ 정답

- 한 과당 적정 분량은? (해당 부분에 표시하세요)

① 10쪽 이하 (   )   ② 15쪽 이하 (   )   ③ 20쪽 이하 (   )

V. 기타 교재의 개발과 관련하여 제안할 점이 있으면 써 주십시오.

_____

_____

_____

감사합니다.

1. 한국어 교육의 목적(김정숙, 2004)

- 한국인과의 의사소통과 한국 생활에 필요한 한국어 의사소통 능력을 기른다.
- 한국어로 된 다양한 정보를 이해하고, 이를 활용할 수 있는 능력을 기르도록 한다.
- 한국어를 이용해 자신의 전문 분야에서 필요한 기능을 수행할 수 있도록 한다.
- 한국 사회와 한국 문화를 이해하여 한국에 대해 우호적인 태도를 갖도록 한다.
- 서로 다른 언어를 사용하는 사람들이 한국어를 사용하여 친교를 나누고 필요한 정보를 교환할 수 있도록 한다.

2. '여성결혼이민자를 위한 한국어 교육과정'의 목적(강현화 외, 2008)

- 일상생활에 필요한 한국어를 익혀 가족과 이웃의 의사소통이 가능하도록 한다.
- 식당, 우체국, 병원 등 공공장소에서 한국어를 사용하여 의사소통 하며 공공장소에서 생기는 문제를 해결할 수 있도록 한다.
- 자녀 교육과 관련된 한국어 자료를 이해하고 한국어로 자녀의 학습을 도울 수 있으며, 교사와 상담 등이 가능하도록 한다.
- TV, 라디오, 신문, 인터넷 등 대중매체를 통해 필요한 정보를 얻을 수 있다.
- 한국어로 이루어진 법조항, 규칙, 계약서 등을 이해하고 자신과 관련된 문제를 해결할 수 있도록 한다.
- 직장생활 시에 기본적인 직장생활이 가능하고 자신과 관련된 익숙한 업무를 한국어로 처리할 수 있도록 한다.

3. '한글학교 표준교육과정'의 목적[21]

일상생활 및 기초적인 사회적 관계를 유지하는 데 필요한 한국어를 효율적으로 표현하고

---

21) '재외 한글학교용 표준교육과정'(2009, 한국교육과정평가원)에서 제시한 교육 목적이다.

이해할 수 있는 한국어 의사소통 능력을 신장하고 한국 문화에 대한 이해 능력을 증진하여, 장차 거주지 사회와 한국 사회의 교류 협력 및 상호 발전에 기여한다.

가. 일상생활에 필요한 한국어 의사소통 능력을 기른다.
- 초급 과정: 일상생활에 필요한 '기초적인 의사소통 능력'을 기른다.
- 중급 과정: 일상생활에 필요한 '기본적인 의사소통 능력'을 기른다.
- 고급 과정: 일상생활 및 기초적인 사회적 관계를 유지하는 데 필요한 '효율적인 의사소통 능력'을 기른다.

나. 한국어 학습을 통하여 한민족으로서의 정체성을 함양한다.
다. 한국어 학습을 통하여 한국 문화에 대한 이해 능력을 기른다.
라. 한국어 학습을 통하여 거주지 사회와 한국 사회의 교류 협력 및 상호 발전에 기여한다.
마. 한국 및 한국어에 대하여 관심을 가지고, 한국 언어 문화 공동체에 적극적으로 참여하는 태도를 지닌다.

4. '국제 통용 한국어 교육 표준 모형'의 1급 교육 목적(김중섭 외, 2010)

인사하기, 소개하기 등 일상적인 화제로 의사소통 할 수 있으며, 요일, 시간, 장소 등의 기본적인 화제로 구성된 과제를 해결할 수 있다. 일상생활에 관한 간단한 대화를 듣고 이해할 수 있으며, 구, 절 단위 혹은 짧은 문장 단위의 매우 간단한 문장들을 이해하고 쓸 수 있다. 자신의 생활이 중심이 되는 주변 사물, 장소 등과 관련된 어휘를 이해하고 사용할 수 있으며 자모의 음가, 한국어의 음절 구조, 한국어 기본 문장의 억양을 원어민 화자가 알아들을 수 있을 정도로 발음할 수 있다. 나아가 가장 기본적인 한국의 일상생활 문화를 이해할 수 있다.

한국어 교육의 목표[22]

1. '국제 통용 한국어 교육 표준 모형' 1급의 교육 목표(김중섭 외, 2010)

주제 영역	화제	1. 일상적인 화제(인사하기, 소개하기 등)로 의사소통할 수 있다. 2. 자신의 관심사(일상적 영역 등)에 대해 최소한의 의사소통을 할 수 있다.
언어기술 영역	말하기	1. 정형화된 관용구로 인사와 자기소개를 할 수 있다. 2. 짧은 문장으로 자신과 타인의 관심사, 일상 등에 대해 말할 수 있다. 3. 간단하고 직접적인 정보 교환을 할 수 있다.
	듣기	1. 일상생활에 관한 간단한 대화를 듣고 이해할 수 있다. 2. 반복적으로 일어나는 일에서 자주 사용되는 표현이나 문장을 듣고 이해할 수 있다.
	읽기	1. 자주 접하는 표지를 읽고 이해할 수 있다. 2. 일상생활과 관련된 문장을 읽고 내용을 이해할 수 있다.
	쓰기	1. 소리를 듣고 쓸 수 있다. 2. 간단한 메모(목록 작성)를 할 수 있다. 3. 구, 절 단위 혹은 짧은 문장 단위의 일상적인 글을 쓸 수 있다.
	과제	1. 일상적인 화제(인사하기, 소개하기 등)로 구성된 과제를 해결할 수 있다. 2. 기본적인 화제(요일, 시간, 장소 등)로 구성된 과제를 해결할 수 있다.
언어지식 영역	어휘	1. 일상생활에 필요한 기초적인 어휘를 이해하고 사용할 수 있다. 2. 자신의 생활이 중심이 되는 주변 사물, 장소 등과 관련된 어휘를 이해하고 사용할 수 있다.
	문법	1. 한국어의 기본문장 구조를 이해하고 사용할 수 있다. 2. 정형화된 문장 표현들을 목록화하여 이해할 수 있다.
	발음	1. 자모의 음가를 변별할 수 있다. 2. 자모의 음가를 어느 정도 정확하게 발음할 수 있다. 3. 한국어의 음절 구조를 이해할 수 있다. 4. 한국어의 음절을 어느 정도 정확하게 발음할 수 있다. 5. 평서형, 의문형, 명령형 등의 억양을 어느 정도 구분하여 말할 수 있다. 6. 일상적인 어휘나 표현을 원어민 화자가 알아들을 수 있을 정도로 발음할 수 있다. 7. 기본적인 음운 변화(연음법칙, 자음동화 등)를 이해할 수 있다.
	텍스트	대화문, 독후감상문, 짧은 서술문, 일상대화, 픽토그램
문화 영역		1. 가장 기본적인 한국의 일상생활 문화를 이해할 수 있다. 2. 나이가 많고 적음에 의한 기본적인 위계가 있는 사회라는 것을 이해할 수 있다.

---

22) 고려대 한국어 문화 교육센터와 연세대 한국어학당의 1급 교육 목표는 민현식(2004:65-70)에서 재인용했으며 서울대 한국어교육센터의 1급 교육 목표는 전영철 외(2009:27-28)에서 인용하였다.

2. 고려대학교 한국어 문화 교육센터 1급 교육 목표

〈1급〉

1. 인사하기, 자기소개하기, 물건 사기, 음식 주문하기, 길 묻기, 약속하기 등 일상생활을 하는 데 필요한 가장 기초적인 한국어를 교육한다.
2. 기본적인 문장 구조를 이용해 일상생활과 관계가 깊은 주제(자기 자신, 가족, 주말 활동, 날씨 등)에 대해 묻고 대답하는 것을 교육한다.
3. 문자를 읽고 발음하며 도로 표지판 등 일상생활에서 자주 접하는 실용문을 읽는 것을 교육한다.
4. 철자법에 맞게 간단한 문장을 쓰는 법을 교육한다.
5. 인사 예절, 식사 예절 등 일상생활과 관련된 한국의 문화에 대해 교육한다.

영역	1급의 학습 목표
주제	자기 자신, 사물, 동작, 수, 인사, 음식, 쇼핑, 교통, 신체, 병, 약속, 위치, 장소, 계절, 날씨, 일과, 학교생활, 주말, 취미, 경험, 능력
기능	인사하기, 자기소개하기, 물건 사기, 길 묻기, 교통편 알아내기, 음식 주문하기, 우체국 이용하기, 요청하기, 부탁하기, 명령하기, 금지하기, 약속하기, 허가 구하기, 전화하기, 계획 세우기, 능력 표현하기
문법	· 주어−목적어−서술어의 순서로 된 기본적인 문장 구조 · 서술문, 의문문, 청유문, 명령문 등 문장의 종류 · 비격식체와 격식체 종결형('−습니다', '−어요' 등) · 일상생활에서 자주 사용되는 종결형('−을까요?', '−을래요', '−을게요' 등) · 시제(종결형) · '이/가, 은/는, 을/를, 에, 에서, 도, 만' 등 기본적인 조사 · '−고, −어서, −지만' 등 기본적인 연결어미 · 기본적인 관형사형 · 부사형 · '안, 못' 부정문 · '−, ㄹ' 탈락과 'ㅂ' 불규칙 활용 · 기본 높임법(−습니다, −시−) · '−기 때문에, −을 때, −으려고 하다, −고 싶다, −어 주세요, −어 보세요' 등 일상 회화에서 자주 사용되는 유용한 표현
발음	· 자모와 음절　　　　　　　　· 기본적인 음운 변화　　　　　　· 기본 문장의 억양
문화	· 인사법　　　· 한국의 음식　　· 한국의 날씨　　　　　　　· 한국의 화폐 · 한국의 약국과 병원　　　　· 한국인의 주말 활동
텍스트 유형	교육적 목적으로 만든 자료 이외에 실생활에서 흔히 접할 수 있는 간단한 실제 자료를 사용한다(명함, 메뉴, 광고지, 표지, 영수증, 노래 등).

3. 서울대 언어교육원 한국어교육센터 1급 교육 목표

교수학습 내용 범주		1급 교수학습 목표
언어 구성 능력	문자표기 발음	• 문자 표기 : 문자를 읽고 쓴다. 철자법과 띄어쓰기에 맞게 문장을 쓴다. • 개별 음가 : 한글 자모의 음가를 이해하고 발음한다. • 음운 규칙 : 받침 발음, 연음, 경음화, 격음화 등의 음운 현상을 이해하고 자연스럽게 발음한다. • 억양 : 평서문, 의문문의 억양을 구사한다.
	어휘	• 어휘량 : 4시간 기준 25개 내외의 어휘로 총 800개 내외의 기본어휘를 표현하고 이를 포함한 1,000개 내외의 어휘를 이해한다. • 의미 영역 : 기초적인 일상 언어 생활에 필요한 어휘를 표현하고 이해한다. 인칭대명사, 일상생활 관련 용언, 일상생활 관련 숫자, 시간, 계절, 휴일, 위치, 교통, 관계 등을 표현하고 이해한다. • 기타 : 반의 관계, 상하 관계를 이해한다.
	문법	• 한국어의 특징을 이해한다. • 문장 구조 : 기본 문장 구조, SOV의 어순, 단문과 중문 • 문법 요소 : 조사, 보조사, 종결 어미, 연결 어미, 대명사, 긍정문과 부정문, 동사 및 형용사의 활용어미, 경어법 어미, 보조 용언 등 • 문법 범주 : 경어법, 시제 등

	담화	• 소재 : 자기 자신, 가족, 주말 활동, 날씨, 취미 등의 일상적 소재
		• 종류 : 간단한 설명, 묘사, 친교를 위한 대화나 실용문
		  분량 : 순서 교대 최대 6회, 최대 300자 이내
		• 구성
		  – 응결성 : 접속 부사와 연결 어미를 담화 연결 표지로 사용할 수 있다.
		    담화 연결 표지로 화제를 전개할 수 있다.
		  – 응집성 : 간단한 구조의 대화를 한다.

언어 사용 능력	기능	• 친교 활동 : 인사하기, 사과하기, 자기소개, 가족 소개, 전화하기 등 • 사실적 정보 교환 : 개인 정보, 기호, 사물 이름, 장소, 날짜, 가격, 일정, 계획, 이유, 증세 등에 대해 묻고 답하기, 묘사하기, 설명하기, 물건 사기, 예약하기 • 지적 태도 표현 : 의무, 금지 표현하기, 제안하기, 권유하기, 약속하기, 허락/금지 표현하기, 가능/불가능 표현하기 등 • 감정 표현 : 좋아하는 것과 싫어하는 것에 대해 묻고 답하기, 소망 말하기 등 • 도덕적인 태도 표현 : 사과하기 등 • 설득과 권고 : 요청하기, 지시하기 등 • 문제와 해결 : 길안내, 음식 주문, 전화, 상대가 다시 반복하도록 하기, 천천히 말하도록 하기 등

	사회 언어학	• 사회적 맥락
		  – 담화 참여자 : 화자, 청자 등을 고려해 경어법, 인사, 호칭 등을 적절하게 사용할 수 있다.
		  – 담화 상황 : 격식체 '합쇼체'와 비격식체인 '해요체' 등을 적절하게 사용할 수 있다.
		• 문화 참조 : 호칭, 경로사상, 김치, 생활 예절, 한국식 인사법 등

4. 연세대학교 언어연구교육원 한국어학당 1급 교육 목표

영역	1급의 말하기 학습 목표
자모체계	한글의 자모체계와 맞춤법의 기본구조를 완전히 익혀 읽고 쓸 수 있다.
발음능력	모음과 자음을 정확히 발음하고 음의 변화를 통해 한국어의 발음체계를 안다. 1급에서는 연음법칙이나 구개음화 등의 발음규칙 자체를 알기보다는 기초적 어휘나 짧은 문장의 반복 연습을 통해 음의 변화를 자연스럽게 익혀서 상황에 맞게 발음한다.
어휘, 문법능력	① 교재의 빈도수에 따라 단계적으로 제시된 어휘(701개)를 확장, 연습해서 1,000~1,200개 정도의 어휘를 안다. ② 기본적인 인칭 및 지시대명사, 수사, 고빈도의 명사 및 용언이 이에 포함된다. 다음 예와 같이 기본적 생활에 관련된 어휘로 제한된다. ③ 기초문법요소(조사와 어미)를 이해하고 한국어의 구문구조를 파악하여 문장에서 자연스럽게 활용할 줄 안다. ④ 의문문과 대답용 서술문 간의 변화규칙, 긍정과 부정, 주어+술어 또는 주어+목적어+서술어 형식의 기본적인 문형구조를 이해한다.
의사소통 능력	일상적이고 기본적인 의사표현을 한다. 다음과 같은 상황이 이에 포함된다. 1) 인사하기: 대인관계에 필수적인 간단한 인사말 2) 자기소개: 예)이름이 무엇입니까?, ~에서 왔습니다. 3) 학교생활: 공부와 도서관 등 학교생활에 관련된 간단한 표현 4) 음식 시키기: 식당에서 자주 쓰는 기초적 표현 5) 물건 사기: 물건 값을 물어보고 필요한 물건을 살 수 있다. 6) 날씨: 날씨에 관한 기본적 표현을 활용할 수 있다. 7) 교통상황에 적응: 대중교통 이용과 택시 타기, 길 묻기의 표현 8) 친구 집 방문: 방문 시에 기본적인 인사를 할 수 있다. 9) 전화하기: 전화로 약속 정하기, 약속 취소, 전화를 잘못 건 상황에 적절한 표현을 구사한다.
사회문화적 능력	한국인의 기본적인 사고방식과 생활방식을 이해함으로써 단순한 사회활동에 적응력을 갖는다. 1) 인사말 2) 가족관계 어휘 3) 화자와 청자의 관계: 상대 높임(진지, 댁, 말씀, 잡수시다, 주무시다 등 어휘와 께, 께서, ~시~ 등의 어미), 자기 낮춤(저, 드리다) 4) 관계에 따른 호칭: 어른의 이름을 부르지 않는다. 회사동료의 경우 ___ 씨, 이때 full name에 씨를 붙인다. 예) 김영수 씨 5) 의식주: 밥과 국, 반찬을 주로 먹는다. 전형적 한국 음식 이름(냉면, 불고기, 인삼차 등) 6) 상황에 따른 표현: 회의나 뉴스와 같은 공식적 자리와 문어체로는 '~습니다'를 쓰고 일반적 대화 상황에서는 '~어요'를 구별해서 쓴다.

[부록 4]
1급 교육 내용의 기술[23)

주제 영역	화제	인사, 자기소개, 개인정보, 가족소개, 감사 및 사과 표현, 전화, 주말 계획, 약속, 시간, 날짜, 하루일과, 위치, 길 찾기, 교통 수단, 숫자, 돈, 직업(자기소개 관련), 물건사기, 날씨, 가족, 신체 증상
언어기술 영역	말하기	1. 자기 자신을 소개한다. 2. 다른 사람을 소개한다. 3. 주변의 친숙한 대상이나 사물을 말한다. 4. 정형화된 표현(인사, 자기소개에서 사용하는 표현 등)을 사용하여 말한다. 5. 실물이나 그림을 보고 단어나 한 문장으로 말한다. 6. 일상생활에 관해 짧게 묻고 답한다. 7. 한두 문장으로 지시나 명령을 한다. 8. 쉽고 간단한 역할놀이에 참여하여 적절한 말과 행동을 한다. 9. 시간(현재, 과거, 미래)에 따른 일들을 말한다. 10. 주변의 사물과 사람에 관해 다섯 문장 내외로 말한다.
	듣기	1. 문장의 억양을 듣고 식별한다. 2. 주변의 친숙한 어휘(교실 어휘, 장소 어휘 등)를 듣고 그 대상을 안다. 3. 정형화된 표현(인사, 자기소개에서 사용되는 표현)을 듣고 이해한다. 4. 한두 문장으로 된 간단한 지시, 명령을 듣고 행동한다. 5. 쉽고 간단한 대화를 듣고 대화가 일어난 장소와 시간 등을 안다. 6. 개인의 일상생활(학교생활, 쇼핑 생활 등)에 관한 쉽고 기초적인 대화를 듣고 이해한다. 7. 쉽고 간단한 말을 듣고 단순한 과제(식당에서 주문하기 등)를 수행한다. 8. 시간(현재, 과거, 미래)에 따른 일들을 듣고 이해한다.
	읽기	1. 한글 자음과 모음, 받침 등을 식별하여 읽는다. 2. 소리와 철자와의 관계를 이해한다. 3. 쉽고 간단한 어휘를 따라 읽는다. 4. 그림, 실물, 동작 등을 통해 쉽고 간단한 어휘의 의미를 이해한다. 5. 기본적인 음운 규칙에 맞게 읽는다. 6. 다섯 문장 내외로 이루어진 문장을 읽고 이해한다. 7. 주변에서 쉽게 접할 수 있는 텍스트(감사 편지, 축하카드 등)을 이해한다.
	쓰기	1. 한글 자음과 모음, 받침을 보고 쓴다. 2. 구두로 익힌 어휘를 따라 쓴다. 3. 짧은 문장을 듣고 쓴다.

....

23) '국제 통용 한국어 교육 표준 모형'(김중섭 외, 2010: 156~173)의 내용 기술을 인용하였다.

언어기술 영역	과제	1. 처음 만난 사람과 인사하기 2. 자기소개하기 3. 하루일과 말하기 4. 친구와 약속하기 5. 주말 계획 말하기 6. 시장에서 물건사기 7. 식당에서 주문하기 8. 자신과 타인 소개하기 9. 대중교통 이용하기 10. 감사하기
언어지식 영역	어휘	1. 자신의 생활과 관련된 주변의 사물 어휘를 알고 바르게 사용한다. 2. 위치어를 알고 바르게 사용한다. 3. 가장 기본적인 의사소통(인사, 소개 등)에 필요한 기본 어휘를 알고 바르게 사용한다. 4. 감정을 표현하는 가장 기본적인 어휘(기쁘다, 슬프다 등)를 알고 사용한다.
	문법	1. 기본적인 문장 구조(주어-목적어-서술어)의 순서를 이해하고 바르게 사용한다. 2. 문장의 종류(서술문, 의문문, 청유문, 명령문 등)를 이해하고 바르게 사용한다. 3. 의문문(누가, 언제, 어디, 무엇, 왜 등)으로 구성된 의미를 이해하고 바르게 사용한다. 4. 자주 쓰이는 접속사(그리고, 그러나 등)를 바르게 사용한다. 5. 기본적인 조사(이/가, 은/는, 을/를, 에 등)의 쓰임에 대해 이해하고 바르게 사용한다. 6. 한국어의 부정문 형태('안'과 '-지 않다')를 이해하고 바르게 사용한다. 7. 수량 명사, 숫자의 쓰임에 대해 이해하고 바르게 사용한다. 8. 기본적인 시제 표현을 안다. 9. 시간, 장소, 방위 표시에 대한 표현을 이해하고 바르게 사용한다.
	발음	1. 겹받침의 발음 원리를 이해하고 이해가 가능할 정도로 발음한다. 2. 단모음과 이중모음의 차이를 이해하고 이해가 가능할 정도로 발음한다. 3. 모음을 듣고 무슨 음인지 구별한다. 4. 모음의 조음 특성을 알고 이해가 가능할 정도로 발음한다. 5. 음운 환경에 따라 다른 'ㅎ'의 발음을 이해가 가능할 정도로 발음한다. 6. 자음을 듣고 무슨 음인지 구별한다. 7. 자음의 변이음을 이해가 가능할 정도로 발음한다. 8. 자음의 조음 위치와 방법을 알고 이해가 가능할 정도로 발음한다. 9. 장애음이 비음으로 소리 나는 환경을 알고 단어 차원에서 발음한다. 10. 종성을 다음 음절의 초성에 연음하여 이해가 가능할 정도로 발음한다. 11. 종성의 발음 원리를 알고 이해가 가능할 정도로 발음한다. 12. 평음, 경음, 격음의 차이를 이해하고 이해가 가능할 정도로 발음한다. 13. 필수적인 경음화가 일어나는 환경을 알고 문장 차원에서 평음을 경음으로 발음한다. 14. 격음화가 일어나는 환경을 알고 단어 차원에서 평음을 격음으로 발음한다.
문화 영역	문화 지식	1. 일상생활에서 한국인의 식생활 문화를 이해한다.
	문화 실행	1. 한국인의 기본적인 예절(인사법, 식사 예절 등)을 경험한다.
	문화 관점	1. 일상생활에서 한국인의 식생활 문화를 이해하고 자국 문화와의 공통점 및 차이점을 이해한다.

언어 교수 이론

■■
■■

안경화
서울대학교 언어교육원 한국어교육센터

| 학습 목표 |

- 주요 외국어 교수 이론의 특징과 장단점을 안다.
- 최근의 외국어 교수 이론의 경향을 이해한다.
- 한국어 교육의 바람직한 교수 방법을 살핀다.

차례

1장

∎∎
∎∎

외국어 교수법의 성격

교수는 학습자가 학습을 하도록 학습 조건을 설정하는 일이고 언어 교수법은 특정 언어 이론 및 학습 이론에 바탕을 둔, 체계적인 교수 행위이다. 그래서 언어를 가르치는 교사는 언어 이론에 대한 이해와 학습에 대한 교육 철학을 가지고 교수 유형을 정하고 적절한 교육적 접근 방법으로 수업을 이끌어야 한다.

외국어 교수법은 크게 세 시기로 나눌 수 있는데 주요한 교수법들은 다음과 같다.

20세기 중반까지의 외국어 교수법
   (1) 문법번역식 교수법(grammar−translation method)
   (2) 직접 교수법(direct method)
   (3) 상황적 언어 교수법(situational language teaching)
   (4) 청각구두식 교수법(audio−lingual method)

대안적 외국어 교수법
   (1) 침묵식 교수법(silent way)
   (2) 전신 반응식 교수법(total physical response)
   (3) 총체적 교수법(whole language)
   (4) 암시적 교수법 (suggestopedia)
   (5) 공동체 언어 학습법(community language learning)
   (6) 능력 중심 언어 교수법(competency−based language teaching)
   (7) 다중지능 접근법(multiple intelligences)

    (1) 의사소통적 접근법(communicative approach)

    (2) 자연적 접근법(natural approach)

    (3) 내용 중심 교수법(content-based instruction)

    (4) 과제 중심 교수법(task-based language teaching)

위의 표에서 드러나듯이 '교수법'이란 용어는 두 가지 의미로 쓰인다. 하나는 기법, 테크닉, 구체적 어떤 방법(method)이다. 예를 들어 직접식 교수법은 목표 외국어로 직접 가르치는 방법을 핵심적인 교수 기법으로 두고 있다. 청각구두식 교수법에서 중시하는 교수 기법은 듣고 따라하는 활동이다. 다른 하나는 언어와 언어 교수 학습의 본질에 관한 가설이나 믿음, 원리, 접근 방식(approach)을 나타내는 경우이다. 의사소통적 접근법에서는 외국어 교수 학습의 본질이 외국어 의사소통 능력을 기르는 데에 있다고 간주한다.

주요 외국어 교수 학습 이론은 관점에 따라 다음과 같이 나누어 볼 수 있다.

❶ 전통적 관점

20세기 이전부터 이론에 근거를 두지 않고 교사들이 경험적으로 실천하던 방법이다. 문법 번역식 교수법, 직접 교수법 등이 속한다.

❷ 구조주의적 관점

언어를 구조적 요소들의 조직체로 보고, 외국어 학습은 목표어 언어 체계의 구성 요소들을 숙달하는 것으로 간주한다. 대표적인 교수법으로 청각구두식 교수법, 전신반응식 교수법, 침묵식 교수법 등이 있다.

❸ 기능주의적 관점

언어를 의사소통 기능과 의미의 표현 수단으로 간주한다. 외국어 학습이란 문법적 지식을 단순히 습득하는 것이라기보다는 의사소통 차원에서 이해와 사용 능력을 기르는 것으로 본다. 의사소통식 교수법, 자연적 교수법 등이 있다.

❹ 상호작용적 관점

언어를 인간 사이의 사회적 상호작용 수단이라고 간주한다. 외국어 학습이란 사회적 관계를 창출하고 유지하기 위하여 목표 외국어로 의사소통을 원활하게 할 수 있는 기능을 배우는 것으로 본다. 대표적인 교수법으로 과제 중심 교수법, 총체적 교수법 등이 있다.

그 외에 언어 기능(language skills)에 따라 유형 구분이 이루어지기도 한다. 청각구두식 교수법, 침묵식 교수법 같은 음성 우선 교수법, 문법번역식 교수법 같은 문자 우선 교수법, 자연적 접근법과 같은 이해 우선 교수법, 의사소통적 접근법, 과제 중심 교수법과 같은 통합적 교수법 등이 있다.

지난 100년 동안 교수법은 제2언어 교수를 위한 효율적 방법을 찾고자 노력해 왔고, 각 시기마다 수업 현장을 지배하는 강력한 교수법이 있었다. 그런데 1990년대 중반 이후에는 어느 한 교수법이 모든 상황에 유효하고 성공적인 교수법을 제공할 것이라는 인식은 점차 사라지고 있다. 후기 교수법 시기에는 교사들이 자신의 교수학습 상황을 고려하여 적절한 교수법을 선택하고 그 교수법이 제공하는 경험적인 관례나 기본적인 교수 기술 등을 절충적으로 활용하고 있다.

한국어 교육 분야에서 교수 학습 연구는 외국어 교수법을 수용하고 활용하는 단계에서 한국어 교육의 특색을 고려한 고유한 교수법을 발전시키는 단계에 이르렀다. 여기에서는 한국어 교수 학습 연구에 영향을 끼친 주요 외국어 교수 이론들을 검토하고, 최근 외국어 교수법의 경향을 살펴서 바람직한 한국어 교수 학습 방향을 모색하고자 한다.

2장

주요 외국어 교수법

2.1. 20세기 중반까지의 외국어 교수법

2.1.1. 문법번역식 교수법

1) 개관

문법번역식 교수법(grammar-translation method: GTM)은 외국어를 가르칠 때 문법 규칙의 설명과 번역에 중점을 두는 교수법이다. 언어를 구성하는 핵심적 요소인 문법을 학습하고 문식력(literacy)을 기르는 것이 언어 학습의 주요 목표이다. 번역에 필요한 문법을 가르친다는 점에서 문법 교수법(grammar method)이라고도 하고 번역을 중시하기 때문에 번역 교수법(translation method)이라고 불린다. 유럽의 외국어교육 현장에서 관습적으로 사용되어 온 것으로 전통적 교수법(traditional method)이나 고전적인 교수법(classical method)이라고도 부른다.

문법번역식 교수법은 17세기 이전 유럽에서 그리스어와 라틴어를 가르칠 때 사용한 전통적인 외국어교육 방법이다. 18세기에서 19세기까지 외국어를 가르칠 때 이 교수법이 사용되면서 여러 나라에 널리 보급되었다. 20세기에 접어들면서 외국어교육 방법을 개혁하려는 여러 움직임이 있었지만 현재까지도 여전히 여러 교육기관에서 문법번역식 교수법을 사용한다.

2) 특징

문법번역식 교수법은 언어 학습의 목적을 정신 수양과 지적 발달을 도모하는 데에 두었는데 주요 특징은 다음과 같다.

❶ 수업은 모국어를 매개어로 하여 진행된다.
❷ 문법은 연역적으로 가르치며 정확성이 강조되어 규칙의 설명과 연습이 제공된다.
❸ 어휘는 읽기 텍스트에서 선정되며 고립된 목록의 형태로 가르친다.
❹ 교양을 기르기 위해 비교적 이른 시기부터 고전이 읽기 자료로 선정된다.
❺ 모국어에서 외국어로, 또는 외국어에서 모국어로 번역하는 연습을 한다.
❻ 읽기와 쓰기에 중점을 두고, 말하기나 듣기에는 체계적인 교수가 이루어지지 않는다.

3) 수업의 구성

> 자세한 문법 설명 → 약간의 구조 연습 → 모국어로 번역 → 어휘의 암기

문법번역식 교수법을 도입한 수업은 대체로 다음과 같이 구성된다.

문법번역식 교수법을 도입한 수업은 학습자의 모국어로 진행된다. 문법은 연역적으로 제시되어, 전통 문법을 바탕으로 단어들을 결합하는 문법 규칙과 예외적인 사항을 설명한 뒤에 구조 연습을 한다. 텍스트를 읽는 경우에도 중심 내용이나 세부 내용을 파악하기보다는 텍스트를 문법 규칙의 예문을 추출하는 자료로 활용한다. 텍스트를 읽으며 번역을 하기 때문에 모국어 표현에도 관심을 갖는다. 읽기 자료에 나온 주요 어휘에 대해 유의어, 반의어, 숙어 등의 관련 어휘 목록이 모국어 번역과 함께 제시된다.

4) 평가

문법번역식 교수법은 학습자가 문법 규칙을 철저히 익혀 정확성을 기르고 읽기 및 번역 능력을 갖추도록 한다. 특히 오랜 기간 문법 위주로 가르쳐 왔기 때문에 이 교수법은 체계화된 외국어 문법을 갖추고 있다. 교사에게 특별한 전문적 기능을 요구하지 않아서 가르치기 쉽다는 점도 이 교수법의 장점으로 지적된다. 그러나 이 교수법은 여러 가지 단점이 있다.

첫째, 현대 외국어교육의 목표인 의사소통 능력의 배양이 어렵다. 학습자들이 외국어 자체에 대한 지식은 많으나 그 지식을 사용하여 외국어로 의사소통을 잘하지는 못한다. 둘째, 읽기와 쓰기에 치중하는 이 교수법은 언어의 본질이 음성이라는 근대의 언어관에 맞지 않는다. 셋째, 문법 규칙의 학습도 활용이나 표현을 위한 학습이라기보다는 규칙을 위한 규칙 학습에 머물러 정상적인 규칙보다는 예외적인 규칙이 중시된다. 넷째, 수업의 대부분이 설명이나 연습에 치중되어 의사소통을 하려는 많은 학습자들의 학습 의욕이나 동기를 충족하지 못한다.

단일 언어권의 학습자들을 대상으로 하는 한국어 교육 상황에서는 모국어를 사용하여 어휘나 문법을 효율적으로 설명할 수 있기 때문에 이 교수법의 번역 기법이 여전히 활용되고 있다. 특히 최근에는 통·번역 등의 실용적인 한국어 능력이 강조되면서 번역식 교수법이 도입되기도 한다. 아울러 한국어와 유형론적으로 유사한 일본어 등의 언어권에서는 의사소통적 언어 교수법과 더불어 이 교수법이 활용되고 있다.

2.1.2. 직접 교수법

1) 개관

직접 교수법(direct method)은 모국어의 개입 없이 목표 외국어를 해당 목표어로 직접 가르치는 교수법이다. 19세기 전후에 대두된 교수법으로 당시의 외국어 교육계를 지배하던 문법번역식 교수법에 대한 반발에서 출발하였다. 19세기 후반에 유럽에서는 각국의 교류가 늘어남에 따라 외국어 의사소통 기회가 늘어난 유럽인들은 구두 숙달도를 요구하게 되었으며, 직접 교수법은 이런 요구에 부응하고자 나온 교수 방법이다. 직접 교수법에 속하는 교수 방법으로 외국어에 학습자를 노출시키는 자연적 교수법(natural method), 벌리츠식 교수법(Berlitz method) 등이 있다.

2) 특징

직접 교수법은 외국어 학습도 모국어 습득과 같다는 전제에서 출발한다. 직접 교수법의 주요한 특징은 다음과 같다.

❶ 수업은 목표어로 진행된다. 수업 시간에 모국어는 사용하지 않으며 모국어나 목표 외 국어로의 번역은 금지된다.

❷ 문법을 귀납적인 방법으로 예문을 제시하며 가르친다. 교사가 제시한 예문을 통해 학 습자가 해당 문법의 용법을 추론하게 된다.

❸ 말하기와 듣기를 읽기와 쓰기보다 먼저 가르친다. 수업 시간에 말하기가 강조되어 수 업의 80% 정도가 말하기로 이루어진다.

❹ 실제적인 일상 장면과 상황이 제시되며 일상적인 어휘와 문장을 가르친다. 학생들은 일상생활 상황에서 능동적으로 목표어를 사용한다.

❺ 발음 교수가 중시되고 발음기호가 도입된다.

❻ 구두 의사소통 기술들은 교사와 학습자 간의 질문−대답을 통하여 단계적으로 익힌다.

❼ 구체적인 의미는 시각 자료를 사용하고 추상적인 의미는 다른 개념과의 관계를 통해 제시한다.

〈시각 자료를 이용한 어휘 제시〉

책을 읽다   운동하다   구두   공책   병원

3) 수업의 구성

일반적으로 직접 교수법을 도입한 수업은 목표 외국어로 진행되며, 다음과 같이 구성된다.

> 텍스트 읽기 → 텍스트와 관련하여 질문하고 대답하기 → 일반적 상황으로 확장된 내용으로 질문하고 대답하기 → 텍스트와 관련된 내용으로 빈칸 채우기 → 텍스트 관련 내용으로 한 단락 받아쓰기

듣고 따라하기 즉 응답식 교수 기법이 직접 교수법의 주요한 교수 기법이다. 특히 독해 자료를 이해하는 단계에서 질문하고 대답하기가 활용되는데, 학생–교사, 교사–학생, 학생–학생 사이의 활동으로 운영된다. 질문에 대한 대답은 칠판에 그리거나 상황 속에서 예를 들거나 실물을 제시하는 식으로 이루어지며 어려운 발음의 단어가 나올 때는 미리 정확한 발음을 확인한 후에 질문하고 대답하는 활동을 진행한다.

4) 평가

직접 교수법은 목표 외국어를 직접 사용함으로써 문법번역식 교수법이 지닌 약점을 탈피하고 구두 의사소통 능력의 배양을 교육 목표로 삼은 혁신적인 교수법이다. 그러나 모국어의 사용을 금지하는 데에서 오는 비효율성, 목표 외국어에 능숙한 교사 확보의 어려움, 명시적인 문법 설명을 피함으로써 야기되는 학습자의 오해 소지[1] 등이 이 교수법의 문제점으로 지적된다.

직접 교수법은 20세기 초에 사설 외국어 학원에서 큰 인기를 얻었다. 소규모 학급과 원어민 교사진, 강한 동기를 가진 학습자 등의 교육 상황이 구두 의사소통 능력의 배양을 어느 정도 가능하게 했기 때문이다. 그러나 위에 설명한 직접 교수법의 문제점 이외에도 소규모 학급을 운영하는 데에 많은 비용이 든다는 점, 체계적인 교육과정이 마련되지 않았다는 점

---

1) 예를 들어 '-느라고'는 다음 내용이 수업에서 다루어져야 한다.
  [의미 용법 정보] (동사에 붙어) 하지 못한 일이나 좋지 못한 결과에 대한 이유나 원인을 나타낸다.
  [제약 정보]　　1) 앞 절과 뒤 절의 주어가 같아야 한다.
  　　　　　　　2) 그 행동을 하는 데 일정 시간이 요구되는 동사와 결합한다.
  　　　　　　　3) 미래·추측의 '-겠-'과 결합하지 않는다.
  그런데 귀납적으로 제시할 경우 학습자들이 '-느라고'의 의미 용법이나 제약 정보를 정확하게 숙지하지 못해서 '*사과가 싸느라고 많이 샀어요, *비가 오느라고 길이 복잡해요, *늦게 일어나느라고 지각했다.' 등의 오류를 범할 수 있다.

등 때문에 당시 직접 교수법은 공교육 현장으로 확산되지 못하였고 전통적인 문법번역식 교수법과 독해 접근법 등에 밀려 쇠퇴하게 되었다.

2.1.3. 상황적 언어 교수법

1) 개요

상황적 언어 교수법(situational language teaching)은 언어의 기본인 말(speech)의 습득을 위해 상황과 연결하여 언어 구조에 대한 지식을 학습하도록 하는 교수법이다. 1930~60년대 영국의 응용언어학자들이 개발한 교수법인 구두 접근법(oral approach)에서 발전한 교수법으로 구조주의와 행동주의 심리학에 기반을 둔다.

2) 특징

상황적 언어 교수법의 주요 특징은 다음과 같다.
❶ 언어 교수는 구어에서 시작한다.
❷ 목표어가 수업의 진행 언어이다.
❸ 새 언어 요소는 상황 별로 소개되고 연습된다. 사물, 그림, 실물, 행동 또는 몸짓의 사용 등이 상황으로 제시된다.
❹ 어휘는 필수적이고 일반적 어휘가 포함되도록 선택한다.
❺ 문법은 단순한 형태에서 복잡한 형태로 등급화한다.
❻ 어휘와 문법 학습이 이루어진 후에 읽기와 쓰기가 도입된다.

3) 수업의 구성

발음 → 복습 → 새 구조와 어휘 제시 → 구두 연습 → 교수 항목이 포함된 자료 읽기, 쓰기 연습

구두 연습은 언어 구조를 가르치는 과정에서 행해지는데, 통제된 문형에 대한 구두 연습을 상황과 함께 제공한다. 예를 들어서 '에서 왔어요'에 대한 구두 연습은 다음과 같이 진행되는데 이 활동에서 '지도'가 상황이 된다.

교사: 일본에서 왔어요.(지도에서 일본을 가리키며, 2회 반복)

베트남에서 왔어요.(지도에서 베트남을 가리키며, 2회 반복)

(전체 3회 반복)

미국에서 왔어요.(지도에서 미국을 가리키며, 2회 반복)〉(전체 2회 반복)

교사: 들으세요. 일본에서 왔어요. 에서 왔어요(각각 3회 반복)

학생: 에서 왔어요(모두 3회 반복), 에서 왔어요(1명 6회 반복)

교사: 일본에서 왔어요

학생: 일본에서 왔어요(모두 3회 반복),

일본에서 왔어요. (1명, 지도에서 일본을 가리키며, 6회 반복) 중략

4) 평가

상황적 언어 교수법은 문형 연습, 구어 담화 연습 등 문법을 강조하는 수업에 적합한 실질적인 방법론을 제공한다. 그러나 구조주의 언어관, 행동주의 학습 이론은 비판을 받고 있으며 통제된 연습을 중시하는 언어 교육 방법, 구조들의 단원 간 연계성 부족, 학습 난이도의 기준 부족과 이에 따른 구조들의 임의적인 배열 등이 단점으로 지적된다.

2.1.4. 청각구두식 교수법

1) 개관

청각구두식 교수법(audio-lingual method: ALM)은 귀에 의한 듣기와 입에 의한 말하기를 기반으로, 구두 표현 중심의 문형에 대한 모방과 반복, 암기 학습을 강조한 교수법이다. 행동주의 심리학과 구조주의 언어학을 이론적 토대로 하여 1950년대 후반과 1960년대 중반까지 성행한 외국어 교수법이다.

원래 이 교수법은 2차 대전 당시 미 육군에서 운영한 외국어훈련프로그램에서 유래하였기 때문에 초기에는 군대식 교수법(army method)이라고 불렸다. 미시간대학의 프리스(Fries) 교수가 구조언어학을 언어 교수에 적용하여 제안한 것으로 미시간 교수법(Michigan method)이라고 일컬어지기도 한다. 브룩스(Brooks)가 청각구두식 교수법이란 용어를 제안하기 이전에는 청화식 교수법(aural-oral method)이라고 불렸다.

2) 특징

청각구두식 교수법은 궁극적으로 이중언어 사용자 수준의 제2언어 지식을 갖도록 하는 것을 목표로 한다. 주요 특징은 다음과 같다.

❶ 수업은 대화(dialogues)로 시작된다.
❷ 언어는 습관 형성이라는 가정에서 모방과 암기가 중시된다.
❸ 문법구조는 단계적으로 제시되고 규칙은 연역적으로 교수된다.
❹ 듣기와 말하기를 한 후에 읽기와 쓰기 기술 순으로 가르친다.
❺ 발음은 초기 단계부터 강조된다.
❻ 초기 단계에서 어휘는 철저하게 통제된다.
❼ 학습자의 오류를 막기 위해 많은 노력을 기울인다.
❽ 언어는 때때로 맥락이나 의미와 관련 없이 다루어지기도 한다.
❾ 교사는 언어 구조나 언어에 능숙해야 한다.

3) 수업의 구성

청각구두식 교수법의 수업 구성은 대체로 다음과 같다.

> 학습할 어휘와 구조를 대화문으로 제시 → 대치, 변형, 확대, 연결, 응답 연습 등 문형 연습 → (문법의 귀납적인 제시) → 대화 상황 속에서 언어 사용 연습

문형 연습 단계에서는 다음과 같은 반복 연습, 대치 연습, 변형 연습, 확장과 완성 연습, 질문과 대답 연습 등을 활용한다.

❶ 반복 연습
학습자가 교사의 발화를 그대로 따라하는 연습이다.

> T1: (가다) 갑니다   S1: 갑니다
> T2: (사다) 삽니다   S2: 삽니다

❷ 대치 연습

교사가 빈칸에 해당되는 단어 카드나 그림 카드를 바꾸면 학습자가 해당되는 단어를 바꾸면서 문장을 만드는 연습이다.

> T: (은행) 은행에 가요.   (학교/집/시장)
> S: 은행에 가요.   학교에 가요/집에 가요/시장에 가요.

❸ 변형 연습

교사가 제시한 형태를 목표 문형으로 학습자가 바꾸어 말하는 연습이다. 예를 들어 좀 더 복잡한 문형으로 만들거나, 평서문을 의문문으로 바꾸거나 긍정문을 부정문으로 바꾸는 등의 연습을 한다.

> T1: 은행에 가요.   S1: 은행에 가려고 해요.
> T2: 집에 가요.   S2: 집에 가려고 해요.

❹ 질문–대답 연습

교사가 질문하고 학습자가 답하는 연습이다. 흔히 간단한 대치 연습이나 변형 연습을 한 후에 사용한다.

> T1: 은행에 가요?   S1: 네, 은행에 가요.
> T2: 집에 가요?   S2: 네, 집에 가요.

❺ 확장 연습

관형어나 관형절을 추가하거나 단문을 중문이나 복문으로 바꾸며 문장을 길게 표현하는 연습이다.

> T1: 친구가 왔어요.
> S1: 재미있는 친구가 왔어요. /친한 친구가 왔어요. /똑똑한 친구가 왔어요.

❻ 연결 연습

연결어미를 사용하여 절이나 문장을 연결하는 연습이다.

> T1: (친구를 만나다 /가방을 사다/영화를 보다) + 시내에 가다.
> S1: 친구를 만나러 시내에 가요./가방을 사러 시내에 가요/
>   영화를 보러 시내에 가요.

❼ 완성 연습

목표 문법이 사용된 문장에서 교사가 선행부를 제시하면 학생들이 후행부를 채워서 문장을 완성하는 연습이다.

> T1: 김 선생님을 만나려면
> S1: 김 선생님을 만나려면 사무실로 가세요.
> T2: 싸고 예쁜 가방을 사려면
> S2: 싸고 예쁜 가방을 사려면 시장에 가세요.

청각구두식 교실에서는 교사 주도적인 수업이 이루어지며 녹음기와 시청각 기자재가 중요한 역할을 한다. 어학 실습실에서는 심화 반복 연습을 하여 기본적인 문장 구조를 오류 없이 반복하도록 한다. 학습자의 모국어는 목표 언어를 배우는 데에 방해가 되는 것으로 간주된다.

4) 평가

청각구두식 교수법은 학습 초기부터 정확한 발음 훈련, 자연스러운 구어 사용, 듣기 및 말하기 훈련, 집중적인 문형 연습 등을 통하여 제한된 범위에서 듣고 말하는 능력을 길러 주고 학습자에게 성취감을 준다는 장점이 있다. 그러나 이 교수법에서 제시하는 연습이 기계적이어서 실제 상황에서 그 문형을 응용하도록 하는 전이력이 떨어지며, 학습자의 다양한 학습 스타일을 고려하지 않고 단조롭고 지루한 반복 연습을 일방적으로 제시하여 문자 언어를 선호하는 학습자나 규칙화를 원하는 학습자의 학습 의욕을 떨어뜨린다는 점이 단점으로 지적된다.

2.2. 대안적 외국어 교수법

1970년대에는 당시의 주류 교수법이던 청각구두식 교수법의 한계가 인식되면서 대안에 대한 탐색이 이루어졌다. 당시 언어 교수법의 주류에서 벗어난 새로운 교수법으로 전신반응식 교수법, 침묵식 교수법, 공동체 언어 교수법 등이 제안되었다. 이 교수법들은 한동안 주목을 끌다가 70년대 후반부터 차차 쇠퇴하게 되었다. 교육계의 주류 학습법에서 언어 교육으로 적용되어 나온 교수법으로 총체적 언어 교수법, 능력 중심 언어 교수법 등이 있다. 총체적 언어 교수법은 상세한 이론적 연구가 뒷받침되지 않았으나 능력 중심 언어 교수법은 이민자 교육을 중심으로 국가 교육과정이 제시되어 상당한 영향을 끼치고 있다. 암시적 교수법은 초기에는 유사 과학으로 비판이 쏟아졌으나 최근 뇌심리학의 발달에 따라 다시 주목을 받고 있다.

2.2.1. 침묵식 교수법

1) 개관

침묵식 교수법(silent way)은 교사가 발화를 최소화하고 침묵하여 학습자로 하여금 발견 학습으로 언어를 배우고 말을 많이 하도록 이끄는 표현 중심(production-based)의 교수법이다. 이 교수법은 케일럽 가테그노(Caleb Gattegno)에 의해 1960년대에 개발되어 1970년대에 널리 퍼진 교수법이다. 수업이 교사가 아니라 학습자 중심으로 이루어질 수 있으며, 학습자의 참여를 극대화함으로써 교수가 이루어질 수 있다는 점을 보여 주는 시사적인 교수 방법이다.

2) 특징

침묵식 교수법은 학습자 스스로 학습을 하도록 유도함을 강조하는 교수법이다. 주요 원리를 제시하면 다음과 같다.

❶ 교수는 학습에 종속되어야 한다.
❷ 학습은 일차적으로 모방이나 훈련으로 이루어지는 것은 아니다.
❸ 학습 과정에서 정신이 작동하여 결론을 수정하고 시행착오를 하며 관찰한다.
❹ 모국어 학습 경험에 의지하여 정신이 작동한다.

⑤ 교사는 학습자의 활동을 방해하지 말아야 한다.

언어 습득 과정에서와 같이 학습자들에게 창조적인 능력이 있다고 간주하여 학습자들은 기계적 훈련을 받지 않고 문제 해결이나 창조적인 활동, 발견 활동 등을 통하여 학습을 하게 한다. 이것은 학습자가 암기나 반복 연습이 아니라 발견하고 창조하는 활동을 통해 훨씬 효율적으로 학습할 수 있으며, 교재에 수록된 문제를 해결하면서 학습하는 것이 학습에 훨씬 바람직하다는 믿음에서 출발한다.

이 교수 방법의 특징으로는 다음을 들 수 있다.
❶ 일반적인 목적은 초급 학습자에게 말하기와 듣기 능력을 길러 주는 데에 있다.
❷ 학습자는 독립성, 자율성, 책임감을 기르도록 기대된다.
❸ 교사의 침묵은 이 교수법의 가장 큰 특징이다.
❹ 교육 자료로는 피델(Fidels) 차트와 색깔 막대(Cuisennaire rod) 등이 있다.

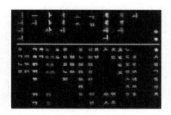
〈피델 차트〉

〈색깔 막대〉

교수 내용에 따라 색깔 막대기나 피델 차트가 사용된다. 색깔 막대는 구체적인 행동, 상황, 구조를 상징하는 데 사용되며 의미를 분명하게 한다. 초급 단계에서 색깔과 숫자를 가르치면서 막대를 사용하며, 나중에는 좀 더 복잡한 구문을 가르칠 때도 사용한다. 피델 차트는 발음을 가르치는 데에 사용한다. 색깔 막대와 피델 차트는 연상을 돕는 중개자의 기능을 하므로 학습자들이 학습하고 회상을 하는 데에 도움을 준다.

3) 수업의 구성
침묵식 교수법 수업은 다음과 같이 구성되는데, 교사는 학습자에게서 언어를 최대한 이끌어 내도록 인내심을 가지고 진행한다.

기본 발음을 익힘(교사는 한 번 들려 주고 학습자는 스스로 혹은 동료의 도움으로 발음을 익힌다) → 각기 다른 단어를 의미하는 다양한 색깔 막대들을 통하여 단어 익히기 → 막대들의 연결로 구나 문장, 대화를 익히기 → 교사는 색깔 막대 세트를 학습자 그룹에 나누어 주고 학습자들은 막대를 배열하며 문장을 만들어 봄 → 교사가 색깔 막대를 조합하여 문장을 만들며 학습한 내용을 정리

4) 평가

침묵식 교수법은 학습이 교사가 아니라 학습자를 중심으로 이루어질 수 있고 이루어져야 한다는 학습자 중심적인 인식을 보여 준다. 이 교수법은 40명 이상의 다수로 구성된 수업에서도 유용함이 보고된 바 있다. 그러나 적어도 초기 단계에는 실제적인 언어 자료를 들을 기회가 적고 실제적인 언어 사용 상황에 노출되기가 쉽지 않다는 단점이 있다.

2.2.2. 전신 반응식 교수법

1) 개관

전신 반응식 교수법(total physical response: TPR)은 학습자가 주어진 명령에 대하여 몸으로 직접 반응을 함으로써 외국어를 학습하도록 하는 방법이다. 미국의 제임스 애셔(James Asher)가 주창한 이 교수 방법은 말하기, 읽기, 쓰기 등 다른 언어 기술보다 먼저 듣기 이해(listening comprehension)를 먼저 길러야 한다는 믿음에 근거를 두었는데, 1970년대와 1980년대에 인기를 누린 교수법이다.

2) 특징

제임스 애셔는 어린이의 모국어 습득에 착안하여 다음의 세 가지 원칙 즉, ❶ 말하기 전에 듣기를 통해 이해할 것, ❷ 명령에 따라 학습자들이 몸을 움직여서 이해를 할 것, ❸ 침묵기를 인정하여 학습자들이 자발적으로 발화할 때까지 말하도록 강요하지 말 것을 제시하였다.

전신 반응식 교수법의 특징은 다음과 같다.

❶ 전신 반응식 교수법의 일반적 목적은 초급에서 구두 숙달도를 기르는 것이다.

❷ 명령문에 따라 몸을 움직이는 훈련이 수업의 주요 활동이다.

❸ 오류에 대하여 처음에는 과도한 교정을 자제하다가 점차 교정 횟수를 늘려 간다.

❹ 기본적인 교재는 없으나 실물 자료나 몸짓, 단어 카드를 활용한다.

3) 수업의 구성

전신반응식 교수법에 따른 수업은 다음 표와 같이 구성된다. 교사는 처음에 그림 카드로 어휘를 제시한 다음, 5~6개의 명령문(옷을 입으세요, 의자에 앉으세요 등)을 말하며 명령에 따라 몸짓으로 행동하도록 한다. 이때 명령문을 순서대로 하다가 학습자에게 충분하게 학습이 되면 명령의 순서를 바꾸는 식으로 진행한다.

복습 → 교사의 새로운 명령과 학습자의 수행 → 교사의 간단한 질문과 학습자의 몸짓 → 역할 교대(학습자의 명령과 교사의 수행) → 어휘나 문장 읽기와 쓰기

4) 평가

전신 반응식 교수법은 어린이를 대상으로 한 초급 수업에서 많이 활용되는데, 이는 잘못된 발음을 강요하지 않고 듣기의 이해력을 기르며 수업이 흥미롭다는 점과 관련된다. 이 외에 학습자 수가 많은 수업에서도 가능하고 게임 같은 연습은 학습자의 불안감과 스트레스를 완화한다는 장점이 있다. 그러나 명령에 대하여 거부감을 갖는 학습자도 있고 추상적인 어휘에 대한 교수가 어렵다는 점이 문제점으로 지적된다. 따라서 애셔도 제안했듯이 다른 교수법이나 기법과 함께 활용하는 것이 바람직하다.

2.2.3. 총체적 언어 교수법

1) 개관

총체적 언어 교수법(whole language approach)은 언어란 의미를 만들고 다양한 목적을 달성하기 위한 수단이며, 문자 언어가 언어의 중심이라는 가설에서 출발한다. 문자의 해독(decoding)에 초점을 두어 문법, 어휘 등의 요소를 개별적으로 가르치지 않고 언어를 총체적,

종합적으로 가르치는 방법이다. 읽기 교육에서 출발하여 읽기와 쓰기를 포함하는 문식성의 발달로 확대되고 있다. 인본주의 및 구성주의 학습 이론을 기반으로 유의미한 학습과 자기 주도 학습, 사회적인 맥락에서 협력적인 학습 등이 이루어진다.

2) 특징

총체적 언어 교수법은 다음과 같은 원리를 바탕으로 운영된다.

❶ 학습자들의 경험과 관련된 흥미 있는 실제 자료를 제공한다. 특히 문학 교재를 읽도록 한다.
❷ 개별적인 읽기가 가능하도록 활동을 구성한다.
❸ 읽기는 이해를 위한 읽기와 실제적인 목적을 위한 읽기를 한다.
❹ 쓰기는 실제 독자를 위한 활동이어야 한다.
❺ 읽기, 쓰기와 다른 기능들을 통합한다.
❻ 읽기, 쓰기 활동을 스스로 선택하게 하는 등 학습자 중심적 학습이 되도록 한다.
❼ 다른 학습자와 협력하여 읽기와 쓰기를 하도록 한다.
❽ 모험과 시도를 장려하고 실수를 실패가 아닌 학습 징후로 수용한다.

총체적 언어 교수법의 특징으로는 문학 작품의 사용, 과정적 쓰기, 협력 학습, 학습자의 태도에 대한 관심 등이 있다.

3) 수업의 구성

총체적 언어 교수법에 따른 수업은 읽기 연습을 하고 과업을 수행하고 테이프와 녹음 자료를 듣게 하거나 최근에 일어난 일에 관하여 토론하거나 쓰는 식으로 구성되어 유창성을 기르도록 한다.

총체적 언어 교수법 수업에서는 개별적 혹은 소집단의 읽기나 쓰기, 등급화되지 않은 대화 일지(dialogue journal) 사용, 포트폴리오 쓰기(writing portfolio), 학습자들이 만든 책, 이야기 쓰기 등의 활동이 활용된다.

4) 평가

교육계의 주류 학습법에서 언어 교육으로 적용되어 나온 총체적 언어 교수법은 상세한 이론적 연구가 뒷받침되지 않아서 영향력이 제한적이다. 총체적 언어 교수법은 유의미한 학습을 강조하고 학습자의 선택을 장려하는 등 학습자 중심적인 교수 방법으로 평가된다. 특히 실제적인 자료의 사용은 학습자들의 요구나 경험을 존중하는 특징으로 제2언어 수업에서 활용이 가능한 방법이다. 그러나 여전히 많은 교사들이 실제 자료 못지않게 교육적인 자료를 선호하는데 이 점 때문에 총체적 언어 교수법이 현장에 널리 확산되지 못하고 있다. 언어 기술은 특별한 교수가 없이도 유도되어 나온다고 간주하는 이 교수법의 입장 때문에 기술 교수가 제대로 이루어지지 않는다는 비판을 받고 있다. 아울러 개별적인 쓰임에 대해 분석적으로 가르치지 않는 점에서 정확성을 희생하고 유창성을 신장한다는 비판을 받기도 한다.

2.2.4. 암시적 교수법

1) 개관

암시적 교수법(suggestopedia)은 불가리아의 정신과 의사 로자노프(Lozanov)에 의해 개발되었다. 이 교수법은 요가의 기법과 구소련 심리학의 영향을 받은 것으로 알려져 있다. 암시적 교수법은 심리적 장벽이 제거된 편안하고 안락한 분위기 속에서 권위 있는 교사에게 의지하고 음악과 리듬 등을 들으며 효과적인 외국어 학습을 하도록 유도하는 교수법이다.

2) 특징

암시적 교수법에서 '암시'란 학습자의 무의식을 의미하며, 최적의 학습 환경은 수면 상태와 같이 편안하지만 깨어 있는 상태이다. 이를 위해 외국어 학습에 방해가 되는 걱정이나 불안감, 두려움 등을 제거하고 학습자들이 편안한 심리 상태에서 외부의 입력을 받을 수 있도록 하여 학습자들에게 필요한 내용들을 마음속에 암시적으로 넣어 주는 활동을 한다.

암시적 교수법의 학습 이론에서 암시가 효과적으로 이루어지기 위해서는 권위, 어린이화, 양면성, 억양, 리듬, 연주회 방식의 유사 수동성(concert pseudo-passiveness) 등의 여섯 가지 요소가 필요하다. 각 요소를 좀 더 자세히 살펴보면, 학습에 도움이 되는 가장 중요한 요소는 교사의 권위이다. 학습자는 어린이 역할을 맡아 놀이, 게임, 노래, 운동을 하면서 자신감을 얻는다. 교사와 학습자는 부모와 자녀처럼 권위 있는 교사와 어린이와 같은 학생으로 관계를 맺는다. 학습은 교사의 지도를 받아 이루어지기도 하지만 환경이 매우 중요한 요소로 작용한다. 외국어 수업 자료는 억양과 리듬을 다양화하여 지루함을 없애 주고 극적 효과를 느끼게 함으로써 언어 자료의 의미를 이해하도록 한다. 최적의 학습을 돕기 위해 고전 음악을 이용한다. 음악은 교사가 대화문을 읽는 동안에 들려주는데 학습자의 심리를 이완시키고 걱정과 긴장을 풀어 주어 학습 효과를 좋게 한다.

3) 수업의 구성

암시적 교수법은 학습자들이 짧은 기간에 높은 수준의 대화 기술을 습득하도록 하는 데 목적을 둔다. 수업에서는 질의응답, 게임, 역할극 등을 통해 자연스러운 상호작용과 의사소통을 추구한다. 대화는 주로 줄거리가 연결된 실생활 위주의 내용으로 구성되어 있다. 학습자는 매우 수동적인 역할을 하고 교사는 지식을 갖춘 절대적인 권위자로 학습 활동의 촉진자가 된다.

수업은 1단계인 구두 복습 부분, 2단계인 본시 학습 단계와 3단계인 연주회 단계로 진행되거나, 학습 항목이 도입되는 1단계인 서두, 2단계인 연주회 단계, 3단계인 언어 해독 단계, 게임 등으로 학습이 이루어지는 4단계인 활성화 단계로 구성된다.

연주회 단계는 암시적 교수법의 핵심을 이루는 부분으로 능동적인 연주회 단계와 수동적인 연주회 단계로 나뉜다. 연주회 단계에서 학습자들은 음악을 듣는다. 그리고 음악에 맞춘 교사의 낭송을 듣고 언어 자료를 읽는다. 잠시 음악을 멈춘 뒤, 교사는 바로크 음악을 다시 틀어 주고 언어 자료를 다시 읽어 준다. 이때 학생들은 책을 덮고 경청한다. 끝나면 조용히 나간다. 숙제로 자기 전과 일어난 후에 한 번씩 배운 내용 훑어보기가 주어진다.

4) 평가

암시적 교수법은 학습자의 심리를 고려한 학습자 중심의 교수법이다. 이 교수법에서는 학습 환경을 안락하게 하여 학습자의 긴장과 불안감을 제거하도록 한다. 긴장이 완화된 상태에서 학습자들은 집중하게 되고 많은 학습량을 빠르게 받아들일 수 있다. 이전의 교수법과 달리 암시적 교수법은 대뇌의 좌반구와 우반구를 모두 조화롭게 활용하도록 하여 기억력을 높이고 장기 기억을 할 수 있게 한다.

암시적 교수법은 초기에 유사 과학이라는 비판을 받았다. 암시, 무의식, 음악 등이 학습 능력을 신장할 것이라는 점이 당시에는 과학적으로 입증되지 않았기 때문이다. 그러나 최근에 뇌심리학의 발달로 뇌의 변연계(limbic system)가 감정이나 장기 기억과 상당히 밀접한 관련이 있음이 알려졌다. 이를 근거로 연구자들 사이에서 감정을 고양시킴으로써 장기 기억과 관련된 뇌의 변연계를 활성화하는 방식으로 두뇌 능력을 최대화시켜야 한다는 점이 점차 받아들여지게 되면서 암시적 교수법에 대한 재평가가 이루어지고 있다.

2.2.5. 공동체 언어 학습법

1) 개관

공동체 언어 학습법(community language learning: CLL)은 심리 상담 기법을 학습에 적용한 교수법으로 언어 상담자와 피상담자의 관계에 있는 학습자들이 모국어와 통역된 목표어로 유의미한 대화를 나누며 외국어를 학습하는 교수법이다.

이 교수법은 인본주의 심리학을 기반으로 심리학자 커런(Curran)이 도입한 외국어 학습원리에 바탕을 둔다. 언어 상담자와 의뢰자 역할을 하는 교사와 학습자 간의 전인적 신뢰관계, 상호작용이 중시된다.

2) 특징

공동체 언어 교수법은 다음과 같은 특징을 보인다.

❶ 인본주의적 교수 기법을 활용한다. 학습자가 느끼고 생각하고 아는 것을 목표어에서 배우는 것과 일치시킨다.

❷ 상담 학습이 이루어진다. 교사와 학습자 간의 신뢰 관계 속에서 상호작용이 일어난다.

❸ 언어 교체 기법을 활용한다. 교수 내용을 모국어로 제시하고 다음에 목표어로 제시하는 방법을 사용한다.

❹ 학습자들 간의 엿듣기가 이루어진다.

이 과정을 통해 학습자들은 진행되는 대화의 흐름을 이해한다.

3) 수업의 구성

학습자의 모국어 대화를 교사가 해당 학습자의 귀에 목표어로 바꾸어 속삭여 주고 학습자는 다른 학습자에게 큰 소리로 반복해 주는 식으로 수업을 진행한다. 나눈 대화는 칠판에 적고 어휘와 문법을 익히게 된다. 의존적이던 학습자가 독립적으로 되며 학습 과정을 이루어가는 공동체를 만들어 간다.

이 수업에서는 전통적인 교수 기법인 번역, 집단 활동, 녹음, 전사, 분석, 반성과 관찰, 듣기, 자유 대화 등이 활용된다.

4) 평가

학습자 중심적 교수법과 인본주의적 언어 학습을 통한 정의적인 측면의 장점은 충분히 평가될 만하다. 학습자의 요구나 흥미를 유발하는 유의미한 화제에 대해 이야기하므로 학습자들을 동기화하고 스트레스를 덜 받게 하는 등의 장점이 있다. 그러나 모국어와 목표어에 능한 교수자 확보의 문제, 교수이면서 상담자 역할을 해야 하는 교사의 부담, 미리 고안된 교재나 교수요목이 없는 점, 학습자들 간의 대화로 수업 내용이 결정되어 수업 방향이 비체계적인 점, 정확성보다 유창성이 강조되는 점 등은 문제점으로 지적된다.

2.2.6. 능력 중심 교수법

1) 개관

능력 중심 언어 교수법(competency-based language teaching)은 능력 중심 교육(competency-based education)의 원리를 언어 교육에 적용한 것으로 언어 교수의 결과로 갖추게 될 능력에 초점을 둔 교수법이다.

1970년대 미국에서 교과목을 가르친 후 최종적으로 학습자가 얻은 지식, 기능, 행동 양식 등을 측정하는 능력 중심 교육의 원리를 언어 교육에 적용하기 시작하면서 발달하였다. 1980년대에는 성인용 영어 교육과정 개발에 반영되었다.

2) 특징

능력 중심 교육은 능력 중심 언어 교수법에 적용되는데 다음의 특징을 보인다.

❶ 사회에서 성공할 수 있는 기능이 강조된다.

❷ 실생활의 기능이 강조된다.

❸ 업무 수행 중심의 적응 지도가 이루어진다.

❹ 단위화(modularized)되어 구성된다.

❺ 미리 학습 결과가 명시화된다.

⑥ 평가는 계속적으로 진행된다.

⑦ 수행 목표 달성을 통해 숙달도가 평가된다.

⑧ 개별화된 학습자 중심의 지도가 이루어진다.

3) 수업의 구성

학습자들은 언어 숙달도에 대해 평가를 받은 후에 외국어를 배우는 목적이나 학습 요구, 숙달도 수준 등을 기준으로 반에 배치된다. 초급 수준에서는 일반적인 언어 발달과 관련된 핵심적 언어 능력을 배우고 고급 수준에서는 학습 목적에 따라 반이 구성된다. 예를 들어 직업 훈련 위주의 교육과정에서는 안전 관련 작업, 직업 신청, 작업 계획서, 출퇴근 기록 용지 사용 등에 필요한 언어 능력을 기른다.

4) 평가

능력 중심 언어 교수법은 첫째, 능력이 세부적이고 실용적이어서 학습자의 요구와 흥미를 끌 수 있고 둘째, 각 능력들은 한 번에 하나씩 완전하게 학습되어 학습된 것이 무엇인지 부족한 것이 무엇인지 알 수 있다는 장점이 있다. 그래서 이 교수법은 이주민들이 사회에 빠르게 적응하도록 돕는 것으로 평가된다. 그러나 언어 수업이 사고 기능보다는 업무 수행에 초점을 맞추는 점, 수업이 규범적인 방향으로 흘러서 사회가 학습자들에게 요구하는 태도나 가치관이 수동적으로 받아들여지도록 전달되는 점 등이 단점으로 지적된다.

2.2.7. 다중지능 접근법

1) 개관

다중지능 접근법(multiple intelligences)은 가드너(Gardner)의 다중지능 모형을 기반으로 하는 교수 방법이다. 다중지능 모형에서는 계산력, 기억력, 어휘력 중심의 전통적인 지능 지수 모형에서 탈피하여 인간이 선천적으로 여러 가지 재능을 갖고 있다고 가정한다. 가드너(Gardner)는 8가지 선천적인 지능을 제시했다. 언어 지능, 논리/수학 지능, 공간 지능, 음악 지능, 신체/운동 지능, 대인 관계 지능, 내적 능력 활용 지능, 자연 이해 지능 등이 그것이다.

2) 특징

다중지능 접근법에서 언어 학습은 언어 지능과 직접적으로 관련되지만 다른 지능과 연계될 때 의사소통이 더 풍요롭게 될 수 있다고 지적하며 다양한 수업 활동을 제안한다.

〈다중지능을 향상시키는 학습 활동〉

지능	학습 활동
언어 지능	강의 토의 및 토론, 듣기, 연습지, 일지 쓰기
논리/수학 지능	계산, 논리적 문제, 수수께끼, 부호 설정
공간 지능	차트, 도표, 지도, 사진, 슬라이드, 그림
신체 활동 지능	창작적 운동, 무언극, 역할극, 손으로 하는 활동
음악 지능	음악 듣기, 노래하기, 음악 감상, 악기 연주
대인관계 지능	협력 활동, 집단 아이디어 내기, 보드 게임
내적 능력 활용 지능	학습 계획, 목록과 점검표, 일지 작성, 프로그램 학습

3) 수업의 구성

1단계 지능 일깨우기 : 만져 보기, 눈으로 보기, 몸으로 느끼기 등 다양한 감각을 경험하며 사물과 사건에 대한 감수성을 얻는다.

2단계 지능 강화하기: 학습자는 스스로 택한 사물과 사건의 경험을 다른 것들과 연결 짓고 정의 내리면서 지능을 강화하고 향상시킨다.

3단계 지능으로 또는 지능을 위해 교수하기: 연습이나 소집단 활동으로 지능이 언어 학습과 연계된다.

4단계 지능을 전이하기: 3단계의 학습 경험을 바탕으로 학습자는 교실 밖으로 이 경험을 전이한다.

4) 평가

다중지능 접근법은 다중지능과 연계된 다양하고 유용한 활동 자료와 운영 방안을 제시하여 교사의 수업을 지원한다. 특히 국외 한글학교의 아동 대상 수업에서 노래, 수수께끼, 율동, 그림, 게임 등을 활용한 한국어 학습이 널리 이루어지고 있다.

2.3. 최근의 주요 외국어 교수법

의사소통적 접근법이 1980년대에 나온 이래로 이 교수법은 언어 교수법의 주류로 자리 잡았다. 내용 중심 교수법과 과제 중심 교수법은 의사소통적 접근법이 내용과 과제를 중심으로 좀 더 진전된 교수법이다. 기타 자연적 접근법은 크라센이 제기한 제2언어습득 가설을 기반으로 한 교수법으로 문법의 암시적 교수, 이해 가능한 입력과 관련된 중요한 쟁점을 던지고 있다.

2.3.1. 의사소통적 접근법

1) 개관

1960년대 후반부터 외국어 교육의 목표를 외국어 의사소통 능력(communicative competence)의 계발에 두려는 의사소통적 접근법(communicative approach, communicative language teaching)이 등장하였다. 이 접근법은 의사소통 능력을 강조하는 영국의 기능주의 언어학과 미국 사회언어학의 영향으로 전개된 교수 이론이다. 이 접근법은 의사소통 원리, 과제의 원리, 유의미함의 원리라는 이론적인 전제를 바탕으로 여러 방법론을 포함한다. 의사소통적 접근법은 1970년대 이후 현대 외국어 교육의 경향과 부합되는 방법론들을 제시하여 외국어 교육 분야에서 보편적인 지지를 받고 있다.

의사소통적 교수법은 구조 학습 후에 의사소통 활동을 함으로써 의사소통 능력을 길러야 한다고 보는 소극적 혹은 보수적 접근법과, 의사소통 활동을 하다 보면 언어 구조와 의사소통 능력이 길러진다고 보는 적극적 또는 급진적 접근법이 있다.

2) 특징

의사소통적 접근법의 특징은 다음과 같다.

❶ 이 교수법의 목표는 의사소통 능력을 기르는 데에 있다. 의사소통 능력은 문법적 능력, 사회언어적인 능력, 담화 능력, 전략적 능력을 포함하는 것이다.

❷ 언어 사용 과정에서 의미가 중요시되고, 상황이 제시된다.

❸ 목표어로 의사소통하려는 학습자의 시도가 장려되어 유창성이 길러진다.

❹ 자료의 제시는 학습자의 요구를 반영한 내용, 기능, 의미에 따라 단계적으로 이루

어진다.

❺ 모국어의 사용은 상황에 따라 용인되고, 번역도 학습에 도움이 되면 활용된다.

❻ 학습자의 요구와 선호에 따라 학습 활동과 전략이 다양하게 활용된다.

3) 수업의 구성

의사소통적 접근법의 수업 절차는 종래의 교수법과 아주 다른 혁신적 절차라기보다는 진전된 것이다. 리틀우드(Littlewood, 1981)의 교수 절차를 예로 들면 다음과 같다.

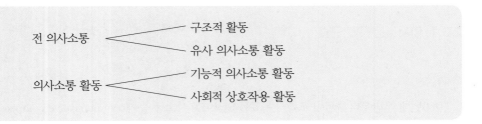

구조적 활동은 ❶, ❷와 같이 문법 체계와 언어 항목이 결합되는 방식에 초점을 두는 활동이다.

❶ T: 철수는 영화를 봅니다.

   S: 철수는 영화를 보지 않습니다.

❷ T: 철수는 책을 읽습니다.

   S: 철수는 책을 읽지 않습니다.

유사 의사소통 활동은 형식적 연습에서 실제 의사소통으로 이어 지도록 고안된 전형적인 대화 주고받기로 ❸과 같은 방식의 활동이다.

❸ T: 실례합니다. 우체국이 어디 있습니까?

   S: 극장 근처에 있습니다.

   T: 실례합니다. 은행이 어디 있습니까?

   S: 극장 맞은편에 있습니다.

기능적 의사소통 활동은 학습자들이 정보 차이(information gap)를 극복하거나 문제를 해결하도록 상황이 구조화된 활동이다. 다음 활동은 정보차 활동의 예이다. 이 활동에서 학습자 A는 B에게 질문을 하면서 B가 소지품을 갖고 있는지와 관련된 정보를 알아내게 된다. 이 활동을 하기 전에 A와 B는 서로 상대방이 무엇을 갖고 있는지 모르기 때문에 A와 B가 가진 정보는 서로 다르다. 이 활동을 통해 A와 B는 서로에 대한 정보를 알게 되며 정보의 차이를 줄이게 된다.

〈친구의 소지품에 대해 묻고 답하기〉

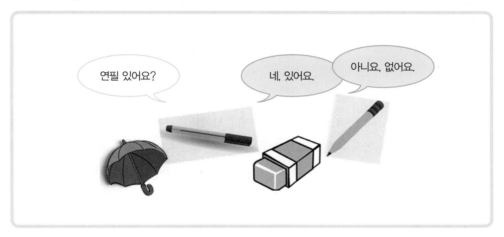

사회적 상호작용 활동은 기능적 의사소통 활동보다 더 분명한 사회적 맥락이 있다. 학습자들은 언어를 전달하는 기능적인 수단뿐만 아니라 사회적인 맥락에도 주의를 기울여야 한다. 시뮬레이션이나 역할극 활동이 이 유형에 속한다.

〈직원 채용 시뮬레이션〉

1) 모집 공고: 어떤 회사인지 정하고 모집 공고를 내세요.
2) 지원서 적성 및 지원: 지원자는 모집 공고를 보고 지원서를 작성하여 제출하세요.
3) 면접: 면접관과 지원자가 되어 면접을 하세요.
4) 합격자 선정: 면접관은 면접 단계에서 지원자에 대한 평가표를 작성하고 지원자 중에서 누구를 뽑을지 의논하세요.
5) 합격자 발표: 합격자를 발표하세요.

4) 평가

의사소통적 접근법은 의사소통 능력의 배양, 학습자 중심적인 교수학습 방식 면에서 현대 외국어 교육 경향과 부합되는 방법론을 제시하여 보편적인 지지를 받는 주류의 교수법이다. 이 접근법은 특정 방법론을 고집하는 방식이 아니라, 학습자의 요구와 선호에 따른 융통성 있는 접근 방식을 취한다. 이 교수법은 의사소통 능력의 효율적인 계발을 위하여 교수법 연구를 진행해 왔다. 다른 교수법에 대해서도 마찬가지이지만 의사소통적 접근법에 대하여 최근에 제기되는 보완 과제로는 외국어와 제2언어의 학습이 달라져야 하나 이 점이 충분히 고려되지 않은 점, 교수 자료의 선정과 배열의 기준이 좀더 명시화될 필요성 등을 들 수 있다.

2.3.2. 자연적 접근법

1) 개관

자연적 접근법(natural approach)은 어린아이가 모국어를 자연스럽게 배우듯이 목표 외국어를 의사소통 과정에서 자연스럽게 배우도록 하는 교수법이다. 1970년대 후반에 테럴 (Terrell)이 제2언어 습득론자들이 내세운 자연주의 원리에 기반을 둔 새로운 교수법을 제안하였고 1980년대 초반에는 테럴과 크라센이 이 교수법을 확립하였다. '자연적'이란 용어는 제2언어를 배울 때에도 어린이의 자연스러운 언어 습득 원리를 따른다는 믿음을 반영하는 것이다.

자연적 접근법의 이론적 기반은 크라센이 제시한 다음의 다섯 가지 제2언어 습득 가설이다. 이들을 총칭하여 모니터 가설이라고 한다.

❶ 습득·학습 가설 (The Acquisition/Learning Hypothesis)

습득과 학습은 서로 별개의 과정으로 습득은 모국어를 배우는 경우와 같이 무의식적으로 이루어지고 학습은 의식적으로 언어를 배우는 것인데, 학습은 결코 습득으로 이어지지 않는다.

❷ 모니터 가설(The Monitor Hypothesis)

의식적인 학습에 의하여 얻어진 지식은 언어를 산출할 때 모니터 기능, 즉 발화를 감시하여 잘못을 찾아내고 수정을 하는 기능만 할 뿐이다.

❸ 자연적 순서 가설(The Natural Order Hypothesis)

언어의 문법 규칙 습득은 예측 가능한 일정한 순서대로 일어나며 그 순서는 학습에 의해서 바뀌지 않는다.

❹ 입력 가설(The Input Hypothesis)

외국어를 성공적으로 습득하기 위한 첫째 필수 조건은 바로 이해 가능한 입력(comprehensible input : i+1)의 충분한 제공이다. 즉 학습자의 언어 수준보다 약간 높은 입력이 제공될 때 학습자는 이 입력을 이해하게 되며 습득이 이루어진다.

❺ 정의적 여과 장치 가설(The Affective Filter Hypothesis)

습득은 학습자에게 강한 동기가 있고 불안감이 적을 때에 촉진된다고 가정한다. 이해 가능한 입력이 학습자에게 아무리 많이 주어진다 하더라도 학습자에게 있는 걱정이나 불안감, 자신감과 동기의 부족으로 인하여 이해 가능한 입력이 학습자에게 제대로 전달되지 못하면 성공적인 외국어 학습이 일어날 수 없다.

2) 특징

자연적 접근법은 제2언어 습득 가설을 기반으로 하여 다음과 같은 특징을 보인다.

❶ 이해 가능한 입력을 가능한 한 많이 제공한다.
❷ 언어 입력은 학습자에게 흥미를 끌거나 요구에 부합되어야 한다.
❸ 목표 외국어를 사용한 반응을 강요하지 않고 침묵기[2]를 인정한다. 초기에는 명령문을 활용한다.
❹ 유의미한 의사소통 활동이 중심이 된다.
❺ 수업 분위기는 우호적이고 긴장되지 않아야 한다.

3) 수업의 구성

자연적 교수법은 교수요목으로 다음의 네 영역을 둔다.

❶ 기본적인 사적인 의사소통 능력: 듣기와 말하기
❷ 기본적인 사적인 의사소통 능력: 읽기와 쓰기
❸ 학문적 학습 능력: 듣기와 말하기

....
2) 침묵기란 학습자가 말할 준비가 되었다고 스스로 느끼기 전까지 발화하지 않는 기간을 말한다.

❹ 학문적 학습 능력: 읽기와 쓰기

자연적 접근법에서는 언어 발달 단계를 발화 전 단계(pre-production stage), 초기 발화 단계(early production stage), 발화 출현 단계(speech emergenct stage) 등 세 단계로 나눈다. 단계에 따라 활동 내용이 다른데 발화 전 단계에는 목표어로 답할 필요가 없이 활동에 참여하고 초기 발화 단계에는 한 단어나 두 단어로 간단히 답하고 도표를 채우거나 고정된 대화 문형을 사용한다. 발화 출현 단계에는 놀이에 참여하고 개인적 정보와 의견을 전달하고 집단의 문제 해결 활동을 한다.

4) 평가

언어 습득론에 기반을 둔 자연적 교수법은 문법적인 체계화가 언어 교수의 전제라는 입장에 반대한다. 이 교수법에서는 문법적으로 완벽한 발화의 생성을 중시하기보다는 이해 가능한 입력, 이해, 유의미한 의사소통을 강조하는 활동을 가능하게 하는 방법을 사용한다는 점에서 다른 교수법과 구분된다.

우호적이고 긴장을 푸는 분위기, 준비가 될 때까지 말하기를 강요하지 않는 점은 이 교수법이 갖는 정의적인 측면의 장점으로 꼽는다. 그렇지만 이 교수법에 반대하는 입장에서는 '이해 가능한 입력'에서 '이해 가능한 수준'이 무엇인지 기준이 모호하다는 점, 침묵기를 인정할 때 학습자가 계속 말을 안 하거나 못 할 가능성이 있다는 점, 명시적인 문법 교수를 반대하지만 명시적인 문법 교수의 결과가 선행조직자로서 습득의 필수적인 단계인 알아차리기를 가능하게 한다는 점 등을 내세우며 비판을 하고 있다.

2.3.3. 내용 중심 교수법

1) 개관

내용 중심 교수법(content-based instruction: CBI)은 외국어와 특정 교과 내용의 학습을 통합하는 교수법이다. 학습자의 관심 분야나 전공 영역의 주제 내용을 중심으로 목표 외국어로 가르치는 방법으로 교과 내용의 학습과 동시에 외국어의 학습을 그 목표로 삼는다. 이 교수법에서는 교수요목을 설계할 때 내용 자료를 기준으로 언어 제시 순서를 정하고 학습 과정을 구성한다. 여기에서 내용이란 언어를 통하여 의사소통이 이루어지는 주제를 의미한다.

2) 특징

내용 중심 교수법은 내용을 중심으로 교수가 이루어져서 학습자들이 목표 외국어로 사고하고 의사소통하도록 이끌어진다. 특히 듣기, 말하기, 읽기, 쓰기 등이 자연스럽게 실제적인 맥락에서 사용되도록 유도된다.

외국어 교육 분야에서는 내용 중심 교수법이 학문적 목적이나 직업적 목적 등 특수 목적을 위한 외국어 교육에서 활용되고 있다. 교수 모형으로 주제 기반 언어 교육, 내용 보호 언어 교육, 병존 언어 교육 등이 있다. 주제 기반 언어 교육(theme-based language instruction)은 주제나 화제를 중심으로 교수요목이 구성된 언어 프로그램을 제공하며 화제들을 다룰 때 모든 기능을 포함한다. 내용 보호 언어 교육(sheltered content instruction)은 내용 영역을 잘 아는 교사가 적절한 수준의 난이도로 언어를 사용하여 학습자들이 내용 교과목을 이해할 수 있도록 한다. 병존 언어 교육(adjunct instruction)은 서로 연계된 내용 과정과 언어 과정을 제공하는데, 각각은 내용 전문가와 언어 교사가 맡아서 동일한 내용을 가르친다. 그외에 기술 중심 접근 방법(skills-based approach)이 있는데 이는 필기하기, 강의 듣기 등의 특정 기술을 중심으로 수업을 구성하는 방식이다.

3) 수업의 구성

내용 중심 교수법의 수업은 실제성이 있는 수업 자료를 활용하는데, 구체적으로는 '내용 자료에 나오는 언어를 학습하기 → 간단한 관련 자료로 내용 도입하기 → 주제 내용에 대해 간단하게 말하며 준비하기 → 본 주제 자료를 보고 듣거나 읽기 → 주제에 대해 토론하기 → 주제에 대한 글쓰기 → 토의하거나 발표하며 마무리하기'로 구성된다.

4) 평가

내용 중심 교수법에서는 언어를 그 자체로 배우는 것이 아니라 정보를 얻는 수단으로 사용할 때 제2언어를 더 효과적으로 배운다는 원리에 근거를 둔다. 수업에서 교사가 학생들의 요구를 충족할 수 있는 흥미 있고 유의미한 내용을 제공하여 학습자의 내적 동기를 증가시키는 것으로 평가된다. 성공적인 언어 프로그램들이 이 교수법에 기초를 두고 있어서 앞으로도 주요 외국어 교수법으로 영향력을 발휘할 것이다.

그러나 대부분의 언어 교사들이 언어를 주제의 내용으로 가르치기보다는 언어의 기능을 가르치도록 훈련 받아서 일반 교과목을 가르치는 데는 충분한 지식적 기초를 갖추지 못했을 가능성이 많다. 대안으로 제시되는 방안으로 언어 교사와 일반 교과목 교사가 한 팀이 되어 가르치는 방법은 두 교사의 효율성을 모두 감소시킬 수도 있어서 주의해야 한다.

2.3.4. 과제 중심 교수법

1) 개관

과제 중심 교수법(task-based language teaching)은 의사소통을 목적으로 의미에 초점을 두고 언어를 이해, 처리, 생산하는 모든 활동을 뜻하는 과제[3]를 언어 교수의 핵심 단위로 사용하는 교수법이다. 과제 중심 언어 교수법은 학습자들에게 과제를 주고 이를 해결하기 위한 수단으로 목표 언어를 사용하며 실제적인 의사소통 능력을 기르도록 하는 언어 교수법으로, 의사소통식 접근 방법의 원리와 제2언어 습득 연구에 근거하여 개발된 방법이다.

2) 특징

과제 중심 교수법에서는 과제가 언어 교수의 핵심 단위이다. 과제는 결과를 달성하기 위해 의사소통 의도를 가지고 학습자가 목표언어를 사용하는 활동으로 정의된다. 특히 목적, 내용, 활동 절차, 결과가 포함된 구조화된 언어학습 노력으로 간주되어, '수행 계획, 의미에 일차적인 초점, 언어의 실제적인 사용 과정, 네 가지 언어 기술, 인지적인 과정, 명시적으로 정의되는 의사소통 결과물' 등이 과제의 주요 특질이 된다. 학습자들이 과제를 수행하며 언어 습득을 위한 언어 입력(input)과 언어 출력(output)을 동시에 제공받는다. 이 교수법은 이렇게 의미에 초점을 두어 학습자가 실제 의사소통 활동을 행하며 외국어를 배우는 것이 효과적이라고 본다.

과제는 실제적인 과제와 교육적인 과제로 나뉘는데, 실제로 114에 전화를 걸어 특정 번호를 알아내기, 음식 배달시키기, 장소 찾아가기 등이 실제적인 과제라면, 교실에서 전화 걸기, 짝 활동, 배달시키기 역할극과 장소 찾아가기 역할극 등은 교육적인 과제의 예이다. 과제는 상호작용 유형에 따라 직소 과제(jigsaw tasks), 정보차 과제(information-gap tasks), 문제 해결 과제(problem-solving tasks), 결정 과제(decision-making tasks), 의견 교환 과제(opinion-

---

3) 과제의 개념은 학자에 따라 연습을 포함하느냐 여부에 따라 차이를 보인다. 예를 들어 과제는 특별한 목적, 적절한 내용, 구체적인 활동 절차, 그리고 그 과제를 수행하는 사람들을 위한 일련의 결과들을 포함한 구조화된 언어 학습 노력으로 간주하여, 단순하고 간단한 연습에서 좀 더 복잡하고 포괄적인 활동까지 과제로 보는 입장도 있다.

exchange tasks)로 나뉘기도 한다. 또한 목록 작성하기, 순서 정하기와 분류하기, 비교하기, 문제 해결하기, 개인적인 경험 나누기, 창의적인 과제 등으로 분류되기도 한다.

3) 수업의 구성

과제 중심 교수법에 따른 수업은 과제의 목표를 확인하고 과제를 준비하는 활동 등으로 구성되는 과제 전 활동, 과제를 수행하는 과제 활동, 과제 수행 내용을 발표하고 평가하는 과제 후 활동으로 진행된다.

과제 전 활동 단계에서 교사는 학습자들에게 과업의 주제, 목표 등을 소개하고, 주제와 관련된 어휘를 다루거나 브레인스토밍 활동을 할 수 있다. 과제 활동 단계에서는 학습자들이 짝이나 조별로 목표 외국어로 대화하면서 과제를 수행하고 그 내용을 보고하거나 발표할 준비를 한다. 교사는 발표 내용에 대해 의견을 말하지만 오류 수정을 공개적으로 하지 않는다. 과제 후 활동 단계에서는 학습자들의 발표를 녹음하여 이를 듣도록 하거나 과제를 수행하는 방법을 비교하게 한다. 필요할 경우에 교사는 학습자들에게 언어 자료를 연습하도록 한다.

과제 활동 단계나 과제 후 활동 단계에서 형태 초점(focus on form)식의 활동[4]을 두기도 한다. 형태 초점은 의미중심적인 과제 수업에서 문법이나 어휘 등에 학습자들의 관심을 이끌어 주목하게 하는 접근 방법인데 유창성과 정확성을 함께 추구하도록 한다.

과제 중심 언어 교수법에서 교사는 언어 형식을 설명하거나 가르치는 것이 아니라 과제를 준비하고 제공하는 역할을 한다. 학습자들은 짝 활동과 조별 활동 과정에서 이미 있는 외국어 지식을 사용할 뿐만 아니라 자기가 말하고 싶은 것을 전달하기 위해 어휘와 문법을 새로이 조합해서 사용하며 목표 외국어가 어떻게 의미를 전달하는지를 스스로 경험하고 배우게 된다.

....
4) 형태 초점 교수의 주요 유형으로 다음 활동이 있다.
  ① 입력 홍수(input flood): 가르치려는 언어 형식을 학습자가 스스로 알아차릴 수 있도록 많은 기회를 제공한다. 일방적으로, 어떠한 키워드를 빈도수 높게, 문맥 속에서 제공하는 방법이다.
  ② 과제기반 언어(task-essential language): 목표 문법이 필수적으로 사용되도록 의사소통 과제를 설계하는 방법이다.
  ③ 입력 고양(input enhancement): 시각적(글자 크기, 색 조정), 청각적 방법으로 언어 자질을 강조함으로써 명시적 설명 없이 스스로 알아차리도록 하는 방법이다.
  ④ 의미 협상 과제(negotiation tasks): 롱(Long)의 상호작용 가설에 기반한 것으로 과제를 수행하는 과정에서 학습자는 점검, 반복, 명료화, 수정 등을 하게 된다. 언어 형식에 대한 직접적인 설명은 안 하지만 의미 협상 과정을 통해 언어 자질을 습득하게 된다.
  ⑤ 교체 표현 제시(recast): 학습자가 오류를 범했을 때 의사소통의 흐름을 방해하지 않으면서 암시적으로 문법적 피드백을 주는 방법이다. 학습자가 수정이 이루어진 언어 형태에 대해 관심을 갖게 한다.

4) 평가

과제 중심 교수법이 제2언어 습득론의 광범위한 지지를 받는 점은 주목할 만하다. 과제는 크라셴의 '이해 가능한 입력'을 가능하게 할 뿐 아니라 '의미 협상'을 하도록 유도하며, 적절하고 생산적인 언어의 사용을 이끌어 스웨인(Swain)이 제안한 '생산적인 출력'을 가능하게 하여, 자연적이고 의미있는 의사소통 활동을 하도록 하는 것으로 간주된다.

그렇지만 과제 중심 교수법은 교수를 위한 일차적인 교육적 입력 자료를 과제에 의존하며, 체계적인 문법적이나 다른 유형의 교수요목이 없는 것이 특징이다. 과제 중심 교수법은 학습자의 수행 능력 편차에 따라 학습 효과의 극대화를 위한 교사의 부담이 추가된다. 아울러 과제 유형 목록, 과제의 순서 배열, 과제 수행의 평가 등과 관련된 명확한 기준이 없다는 점도 보완되어야 한다.

---

⑥ 출력 강화(output enhancement): 단순히 확인 점검 차원이 아니라 의사소통 과정에서 명료화 요구나 확인 점검 등의 방법으로 학습자로 하여금 언어 출력상의 오류를 스스로 수정할 기회를 준다.

⑦ 상호작용 고양(interaction enhancement): 목표 문법을 사용해야 하는 문제 해결 과제를 수행하며, 상호작용적 수정을 제공하여 학습자가 형태에 초점을 두고 수정된 출력을 하도록 이끄는 기법이다.

⑧ 딕토글로스(dictogloss): 들은 내용을 단순히 받아적도록 하는 것이 아니라 텍스트의 문법이나 어휘에 주의를 기울이며 들은 내용을 메모했다가 그것을 토대로 다시 텍스트를 재구성하며 써야 한다. 어느 정도 창의적인 쓰기를 요구하며 마지막 단계에서 원본과 대조하여 학습자는 자신이 사용한 언어 형태에 대해 반성의 시간을 갖는다.

⑨ 의식고양 과제(consciousness-raising tasks): 학습자가 제2언어 문법 규칙을 언어 자료를 통해 스스로 구성 또는 응용해 볼 수 있도록 하는 방식이다. 일종의 문법적 문제를 해결하기 위한 상호작용 활동으로 비교적 명시적인 형태 초점 기법이다.

⑩ 입력 처리(input processing): 예와 설명으로 문법 형태를 이해하도록 돕는다.

⑪ 순차제시(garden path): 교수 내용을 그대로 따라가면 학습자가 과도한 일반화의 오류를 범하게 되는데 이때 학습자에게 오류를 지적하며 설명한다.

3장

후기 교수법 시기의
외국어 교수학습 경향

3.1. 후기 교수법 시기의 외국어 교수법

지난 100년 동안 외국어 교수법 연구 분야에서는 제2언어 교수를 위한 효율적이고 적절한 방법을 찾고자 노력해 왔다. 다음의 표에서 드러나듯이 교수법 시기에는 각 시기마다 외국어 수업 현장에 영향력을 발휘하던 교수법이 있었다.

〈외국어 교수법의 흐름〉

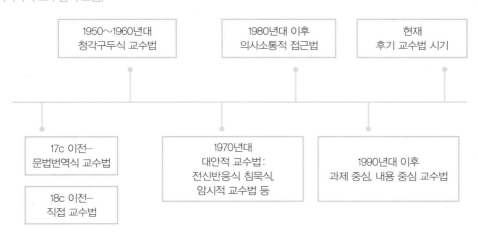

1990년대 중반 이후에는 특정한, 어느 한 교수법이 모든 상황에 유효하고, 성공적인 교수법을 제공할 것이라는 교수법 시기의 인식은 점차 사라지고, 교수법들을 교수 현장의 경험적인 관례나 기본적인 교수 기술 등을 제공하는 중요한 교육 자료로 간주하게 된다. 이러한 후기 교수법 시기를 이끈 교수법에 대한 인식 변화 뒤에는 교수법의 한계를 지적하는 논의가 있다(J. Richards & T. Rogers, 2001: 244~255).

❶ 하향식 비판

전통적 교수법에는 학습자 중심주의나 교사의 창의력 개념이 부족하다.

❷ 상황적 요인의 역할

교수법은 어떤 상황에서나 적용 가능한 다목적 해결책으로 가정되어 문화적 상황, 교육 단체의 여건, 교수자와 학습자의 상황에 대한 고려가 결여되었다.

❸ 교육과정 개발 절차에 교수법을 연계할 필요

교수법이 교육 목표나 교수 자료, 평가 등의 요소와 유리된 채 결정될 수 없다.

❹ 연구 기반의 결여

제2언어 습득에 대한 이해가 바탕이 되어야 하지만 그렇지 못했다.

❺ 수업 실제의 유사성

교수법의 기저 원리를 반영하면서 그 교수법을 이용하는 것은 어렵다. 특히 중·고급으로 갈수록 교수법의 차이가 별로 드러나지 않는다.

위와 같은 교수법의 한계에 대한 인식을 바탕으로 하여 교사는 자신의 판단과 경험으로 교수법을 창의적으로 활용해야 한다. 교사가 개별적인 접근 방법을 구안할 때 교사의 역할, 교수 학습의 성격, 학습자의 당면한 문제, 난점과 극복 방법, 성공적 교수 학습 활동, 효율적인 수업의 구조 등을 참고해야 한다.

3.2. 최근의 지배적인 언어 교수 경향

최근의 외국어 교수 학습 경향은 의사소통 중심의 언어 교육, 학습자 중심 언어 교육, 과정 중심의 언어 교육, 과제 중심의 언어 교육, 내용 중심의 언어 교육으로 특징지을 수 있다. 이러한 경향을 고려하여 현장의 교사들은 자신의 교수법을 세워 나갈 수 있을 것이다.

1) 의사소통 중심의 언어 교육

의사소통 능력은 하임스가 처음 제안한 용어로 커넬과 스웨인은 이 능력을 문법 능력, 사회언어학적 능력, 담화 능력, 전략적 능력으로 범주화하였다. 의사소통 능력은 문법적인 지식뿐만 아니라 사회적 맥락에 맞게 의미 기능을 수행하도록 하는 사회언어학적 능력, 담화의 응결성과 응집성을 유지하도록 하는 담화 능력, 의사소통을 효율적으로 수행하도록 하는 전략적 능력으로 구성된다. 이런 의사소통을 중시하는 교육은 직접 교수법에서 제안되었지만 최근의 의사소통적 접근법에서 비로소 의사소통 능력을 기르는 교수 접근 방식이 제시된 것으로 평가된다.

2) 학습자 중심의 언어 교육

1960년대에 외국어 교육계에서 '학습자 중심'이라는 개념이 등장한 이래로 '학습자 중심'이라는 개념은 최근까지 계속적인 지지를 받아 왔다. '학습자 중심'의 교육 방안은 활동 구성(activity organization)의 원리, 학습자 자율성의 원리(learner-autonomy), 교육과정 설계(course design)와 관련하여 연구되어 왔다. 학습자 중심의 교육을 구현하기 위해서는 학습자의 요구와 학습 동기가 교육과정의 계획, 설계, 운영 과정에 반영되어야 하고, 실제 수업이 교사 주도적이 아닌 학습자 중심적으로 이루어져서 학습자의 의사소통 능력 향상에 기여하여야 한다.

3) 과정 중심의 언어 교육

최근의 언어 교육은 결과 못지않게 과정을 중요시한다. 과정 중심 교육은 결과 중심 교육과 대별되는 교수 방법으로 교수학습 활동 전반에 걸쳐 이루어진다. 쓰기 수업을 예로 들면 종래의 결과 중심 쓰기 수업에서는 결과 텍스트를 모델 텍스트로 가르쳐 주고 학습자가 이와 유사한 텍스트를 쓰도록 하고 결과물만 중시하지만, 과정 중심의 쓰기 수업은 구상하기 단계, 초고 쓰기 단계, 고쳐 쓰기 단계, 편집하기 단계의 과정으로 구성되어 단계별 순환적인 쓰기 지도를 통하여 학습자가 쓰기 능력을 기르도록 한다.

4) 과제 중심의 언어 교육

과제 중심의 언어 교육은 언어의 실제적인 사용이 전제된다는 점에서 학습자에게 목적의식을 부여하여 흥미를 끌 수 있고, 배운 내용을 실제 상황으로 전이하도록 하여 의사소통 능력을 키울 수 있는 활동이다. '과제'가 언어 교육의 유용한 장치로 주목받기 시작한 것은 1980년 중반부터인데, 이제는 의사소통 능력을 향상하고 실제적인 언어 사용을 가능하게 하는 과제의 교육적인 가치에 대하여 거의 의문을 제기하지 않을 정도로 과제는 언어 교육 기법의 중요한 목록으로 정착하였다.

5) 내용 중심의 외국어 교육

학습자들이 언어 그 자체를 목적으로 하기보다는 정보를 얻는 수단으로 언어를 사용할 때 제2언어를 더 성공적으로 배운다는 점에서 착안하여 1980년대 이후에 강조되는 경향이다. 최근 중요시되는 학문 목적 외국어 교육이나 직업 목적 외국어 교육 등 특수 목적 외국어 교육뿐만 아니라 이민자 외국어 교육 프로그램이나 이민자 부모를 둔 아동을 대상으로 하는 언어 교육 프로그램에서 활용되는 방법이다.

3.3. 최근 새롭게 대두되는 언어 교수 경향

최근에 새롭게 대두되는 언어 교수 경향으로 언어 지향 언어 교수, 능력 지향 언어 교수, 기술 지향 언어 교수, 협력적 언어 교수 등이 있다.

1) 언어 지향 언어 교육

구조와 기능 중심의 언어 교육에서 담화 언어학과 코퍼스 언어학의 연구 성과를 교육 내용에 반영하는 언어 교육이 모색되고 있다. 또한 최근에는 의사소통 중심으로 교수하면서 언어 형태에 대해서도 주목하게 하여, 유창성과 정확성을 함께 추구하는 교수법인 형태초점 교수법(Form-Focused Instruction)이 수업 현장에서 어떻게 활용될 수 있는지 연구가 활발하게 이루어지고 있다.

2) 능력 지향 언어 교육

능력 중심 언어 교수법은 교과목을 학습한 후 최종적으로 학습자가 얻은 지식, 기능, 행동 양식 등을 측정하는 능력 중심 교육(competency-based education)의 원리를 언어 교육에 적용하면서 발달되었다. 한국어 교육 현장에서는 교육과정의 목표에 수행 목표를 제시하고 평가에 반영하는 등 능력 중심 언어 교수법이 점차 저변을 확대하고 있다.

3) 기술 지향 언어 교육

한국어 교수 현장에는 음성 파일, 이미지 파일이나 동영상 파일 등의 활용이 일반화되고 있다. 책, 칠판이나 플래시카드와 같은 전통적인 교수 자료도 여전히 사용되고 있지만 파워포인트나 인터넷 자료로 교육 내용을 제시하는 수업 경향을 반영하여 교실에는 컴퓨터와 프로젝터가 필수적인 장치로 설치되어 있다. 이와 함께 각 기관에서는 교사 재교육 프로그램을 통해 각종 기술을 활용하는 능력을 향상하는 노력이 계속되고 있다.

4) 협력적 교수 지향 언어 교육

협동 언어 학습법(cooperative language learning)에서는 언어 숙달도가 다소 이질적인 학습자들이 소집단 내에서 과제나 활동을 함께 하며 적극적인 상호작용을 하도록 구조화한 교수법을 제공한다. 동시적인 상호작용, 긍정적인 의존 관계, 개인적인 책임, 동등한 참여를 강조하는 과제를 수행하며 학습자들은 언어 숙달도를 향상하게 된다. 이러한 협력적 교수 경향은 듣기, 말하기, 읽기, 쓰기 수업을 능동적이고 활기차게 이끄는 것으로 평가되며 교사들 사이에 다양한 교수 기법을 개발하려는 노력이 계속되고 있다.

4장

바람직한 한국어 교수 학습 방향

한국어 교수법은 신라 시대의 신라어 교육에서 오늘날의 현대적인 한국어 교육에 이르기까지 다양한 교수 이론과 방법을 도입하며 전개해 왔다. 특히 한국어 교수법은 현대적인 한국어 교육이 시작된 1950년대 이후에 여러 외국어 교수법을 적극적으로 도입하며 발전해 왔다. 최근에는 학습자 집단이나 학습 목적, 학습 매체, 학습 지역 등이 다양화되고 세분화되고 있다. 이에 따라 교육 현장에 두루 적용되거나 학습자 집단을 모두 만족시키는 절대적인 특정 교수법이 있기 어려운 교수법 후기 단계에 접어들고 있다.

현대적인 한국어 교육이 시작된 1950년대 후반에서 1980년대까지 한국어 교육 현장에서는 청각구두식 교수법이 주류를 이루었고 문법번역식 교수법도 부분적으로 활용된다. 이 시기의 수업에서는 문형이나 어휘가 제시된 후, 문형 중심의 구조적인 연습이 이루어진다. 한편 일부 기관에서는 직접 교수법, 마이크로웨이브(micro-wave) 교수법, 침묵식 교수법, 공동체 언어 학습법 등이 활용되기도 한다.

1990년대에 들어 한국어 교육 현장에서는 청각구두식 교수법에서 의사소통적 접근법으로 교수법의 흐름이 서서히 바뀌어 간다. 한국어 교육 현장에서는 교육 내용면에서 언어 구조 일변도의 교육에서 벗어나 언어 기능을 강조하기 시작한다. 아울러 교육 방법 면에서 기계적인 문형 연습의 비중이 약화되고 언어 상황에 따른 유의미한 사용 활동이 중요한 교수 활동으로 정착되어 간다.

2000년대에 들어 한국어 교육은 다양화되어 간다. 여성 결혼 이민자, 이주 노동자, 재외

동포 등의 학습자 변인과, 일반 목적, 특수 목적 등의 학습 목적 변인, 시디롬이나 온라인 학습 등의 학습 매체 변인, 한국이나 외국 등의 학습 장소 변인에 따라 한국어 교육 현장은 다양화되고 있다. 이 때문에 어느 특정 교수법도 세분된 교수 학습 과정을 모두 만족시켜 줄 수 없게 된다. 최근의 한국어 교육 현장에서는 의사소통적 접근법을 기반으로 문법번역식 교수법, 청각구두식 교수법, 내용 중심 교수법, 과제 중심 교수법 등의 여러 교수법을 체계적으로 활용하는 절충식 교수법이 모색되고 있다.

현대적 의미의 한국어 교육이 시작된 1950년대 말에서 현재까지 한국어 교수법은 비약적으로 발전해 왔다. 구조 중심에서 기능 중심의 언어관으로, 언어 중심에서 문화도 함께 다루는 문화관으로, 결과 중심에서 과정 중심의 학습관으로, 교수자 중심에서 학습자 중심으로 교육관이 바뀌어 왔다. 한국어 교육의 도약기로 평가되는 2000년 이후 최근의 한국어 교육계는 수동적으로 외국어 교수법을 받아들이는 단계에서 벗어나 외국어 교수법을 선택적으로 활용하거나 외국어 교수법과 차별화되는 고유한 한국어 교수법을 제시하고자 노력하고 있다.

여기에서는 언어 교수 이론을 소개하였다. 이런 교수법들은 각기 나름의 이론과 체계를 갖추었지만, 교육 현장의 다양화와 역동성을 고려한다면 어느 한 가지 방법이 완벽한 교수 방법이라고 단언하기 어렵다. 교사는 자신의 교육 현실에 맞는 접근법을 택하는 기준점을 마련하기 위해서 첫째, 교사의 역할, 둘째, 효과적인 교수 학습의 본질, 셋째, 학습자의 요구, 학습자가 직면한 어려움과 이의 극복 전략, 넷째, 성공적인 학습활동, 다섯째 효과적인 수업의 구조 등을 살펴야 할 것이다. 이러한 점과 아울러 의사소통 중심, 학습자 중심, 과정 중심, 과제 중심, 내용 중심의 일반적인 외국어 교수 학습 경향, 언어 지향 언어 교수, 능력 지향 언어 교수, 기술 지향 언어 교수, 협력적 언어 교수 등 새롭게 대두하는 교수 경향을 고려하여 자신의 교육 상황에 알맞은 교수 학습 방법을 정해야 할 것이다.

참고문헌

안경화(2005), 「한국어 교수학습 연구사와 변천사」, 『한국어 교육론』, 국제한국어 교육학회.

안경화(2007), 『한국어 교육의 연구』, 한국문화사.

Brown, H. D.(1994), *Teaching by Principles, Englewood Cliffs*, NJ : Prentice-Hall.

Celce-Murcia, M.(2001), *Teaching English as a second or foreign language*, Heinle & Heinle.

Larsen-Freeman, D.(2000), *Techniques and Principles in Language Teaching*, Oxford University Press.

Littlewood(1981), *Communicative Language Teaching*, Cambridge University Press.

Omaggio Hadley, A.(2001), *Teaching Language in Context*, Heinle & Heinle.

Richards J. and Rodgers T.(2001), *Approaches and methods in language teaching*, Cambridge University Press.

Tomlinson B.(2003), *Materials development in language teaching*, Cambridge University Press.

한국어 말하기 교육론

장용원

서울대학교 언어교육원 한국어교육센터

| 학습 목표 |

• 한국어 말하기 교육의 목표와 수업 구성의 원리에 대해 이해한다.

• 한국어 말하기 수업 활동 유형을 살펴본다.

• 효율적인 한국어 말하기 수업 방법을 익힌다.

▶ ▶ ▶ 차례

1장

말하기의 정의

인간의 언어 활동을 말하기와 듣기, 읽기와 쓰기의 네 가지 영역으로 나누어 본다면, 말하기와 듣기는 음성언어를 매개로 하고 읽기와 쓰기는 문자언어를 매개로 하여 이루어진다. 인간이 상호 간에 이해를 수립하거나 영향을 끼치려는 과정이나 행위인 의사소통은 이러한 음성언어와 문자언어로 이루어진 언어적인 요소와 더불어 몸짓, 음성, 억양, 표정 등의 비언어적인 요소가 더해져서 이루어진다고 볼 수 있다. 위의 네 가지 언어 활동 영역을 기능을 기준으로 나누어 보면, 말하기와 쓰기는 표현을 담당하며 듣기와 읽기는 이해를 담당하는 기능으로 볼 수 있다. 그러나 구두 의사소통 과정에서 말하기는 듣기를 전제로 하며 문자를 통한 의사소통 과정에서도 역시 쓰기는 읽기를 전제로 하므로 언어 교육에 있어서는 각 기능별 연관성과 밀접성이 고려되어야 하겠다.

인간의 의사소통 중에서 가장 널리 사용되는 방법인 말하기는 음성언어를 사용해서 자신의 감정, 생각, 정보 등을 전달하고 표현하는 기능이다. 이러한 말하기는 혼자서는 이루어질 수 없고 담화 참여자들의 상호작용과 상호교섭 속에서 메시지의 의미가 계속해서 창조되고 재정의되며 협상 가능해지므로 의미협상(negotiation of meaning)의 과정이라고 볼 수 있으며, 또한 담화 참여자들이 서로 필요한 정보를 얻고 정보의 부족한 부분을 확인하여 정보의 공백(information-gap)을 메워 가는 과정이라고 할 수 있다.

2장

말하기 교육의 중요성

외국어 학습의 궁극적인 목표는 의사소통에 있고, 외국어 학습에서 학습자가 달성해야 할 중요한 목표는 의사소통을 할 수 있는 능력의 습득이라고 하겠다. 이와 마찬가지로 한국어 교육의 궁극적 목표 역시 주어진 환경 속에서 학습자가 자신의 생각을 성공적으로 전달하는 것이라고 볼 때, 한국어 교육에 있어서 말하기 교육은 학습자가 한국어 화법과 문화에 맞게 자신의 의사를 구두로 정확하게 표현할 수 있도록 체계적으로 교육하는 것이다. 이러한 목표를 달성하는 데에 있어서 말하기는 언어의 네 가지 기능 중에서도 가장 중요한 기능이라고 할 수 있다.

말하기는 일상적인 언어 생활의 사용도 면에서 높은 비중을 차지하는데, 랭킨(Rankin)의 연구 결과에 의하면 실생활에서 의사소통은 45%가 듣기, 30%가 말하기, 16%가 읽기, 9%가 쓰기에 의존한다고 하였다(이미혜, 2005 재인용). 듣기와 말하기가 3분의 2 이상을 차지하는 것으로 보아도 음성 언어를 사용하는 말하기와 듣기는 언어 생활에 있어서 상당히 중요한 비중을 갖는다고 할 수 있다. 최근 들어 휴대용 개인 통신기기의 발달과 보급의 확산으로 인해 일상생활의 많은 부분에서 개인 간의 의사소통을 문자 메시지 등을 통해서 하는 빈도가 점점 증가하고 있다. 그러나 엄격히 말하자면 이러한 문자 메시지는 구어를 음성이 아닌 문자로 나타냈을 뿐 진정한 의미에서 쓰기라고 볼 수는 없으므로 이 역시 말하기 영역에 속한다고 볼 수 있다.

또 말하기는 일상생활의 대화뿐만 아니라 공식적인 자리의 토론이나 연구 발표까지도 수행하는데 이러한 일련의 언어 활동은 말하기가 사회 활동 면에서도 중요한 기능을 함을 나타낸다(손연자, 1999).

이처럼 한국어 말하기 교육은 개인의 일상적인 생활뿐만 아니라 사회적인 활동에 있어서도 자신감 있고 올바른 의사소통을 위해서 중요하다고 하겠다.

3장

말하기 교육의 목표

한국어 말하기 교육은 학습자로 하여금 한국어를 사용하여 정확하고 유창하게 의사소통을 하도록 능력을 배양하는 데에 그 목표가 있다고 할 수 있다. 이러한 의사소통 능력(communicative competence)의 개념에 대해서 하임스(Hymes, 1972)는 '인간이 특정 상황에서 메시지를 전달하고 해석하며 인간 상호 간에 의미를 타협할 수 있게 해 주는 능력'이라고 정의했다. 이후에 커넬과 스웨인(Canale & Swain, 1980)은 의사소통 능력을 의사소통을 하는 데에 필요한 지식과 기술의 바탕을 이루는 것이라고 정의하며 그 하위 구성 요소로 문법적 능력(grammatical competence), 사회언어학적 능력(sociolinguistic competence), 담화적 능력(discourse competence), 전략적 능력(strategic competence)을 들었다. 문법적 능력이란 알맞은 발음, 어휘, 문장 구조 등을 적절하게 사용하여 올바른 문장을 생산하는 능력을 말하며, 사회언어학적 능력은 담화가 이루어지는 사회언어학적인 상황에 맞추어 적절하게 언어를 사용하는 능력이다. 담화적 능력은 문장들 사이의 문법적, 어휘적 관계를 의미하는 응집성(cohesion)과 텍스트의 구성을 의미하는 일관성(coherence)을 지닌 발화로 대화를 지속하는 능력을 말하며, 전략적인 능력은 의사소통의 장애를 극복하고 효율성을 높이기 위해 언어적·비언어적 전략을 사용하는 능력을 말한다. 한국어 말하기 교육의 목표가 의사소통 능력을 신장하는 데 있으므로 한국어 교육에서는 어휘나 문법을 중심으로 가르치는 것에서 차원을 높여 이러한 의사소통 능력을 통합적으로 길러 줄 수 있는 교육이 되어야 한다. 다시 말하자면, 한국어 교육 현장에서 많은 교사들이 어휘와 문법의 전달에만 역점을 두고 교육을 하는 경우가 많은데 외국인 학습자가 교실 밖 실생활에서 만나는 상황 하에서 유의미적이고 올바른 의사소통이 될 수 있도록 사회언어학적, 담화적, 전략적 능력들도 염두에 두고 교육을 해야 할 것이다.

음성언어의 효과적인 의사소통을 위해 브라운(Brown, H. D., 1994)은 언어의 형식과 기능에 초점을 맞추어 말하기 교육에서 고려해야 할 항목들을 다음과 같이 세분화하였다.

- 서로 다른 길이의 소리 발성하기
- 개별 음소의 발음상의 차이를 변별하여 발음하기
- 강세, 리듬, 억양에 맞게 발음하기
- 단어와 구의 축약형 발음하기
- 화용적 목적을 달성하기 위해 적절한 수의 어휘 사용하기
- 속도를 달리하여 유창하게 발화하기
- 메시지를 분명하게 하기 위해 휴지, 부가어, 자기 수정 등의 전략 사용하기
- 문법 규칙과 체계에 맞게 발화하기
- 문장 내의 적절한 곳에서 호흡하고 끊어 말하기
- 한 의미를 다양한 문법적 형태로 표현하기
- 담화를 논리적으로 연결하는 접속사 등을 알맞게 사용하기
- 대화 상황, 참여자, 목표에 맞는 의사소통 기능 수행하기
- 대면 대화에서 나타나는 대화상의 함축, 화용적인 관습, 사회언어학적인 특성 등을 활용하기
- 사건 간의 관련성을 전달하고 주제, 부제, 새로운 정보, 기존 정보 등을 이용하여 표현하기
- 얼굴 표정, 몸짓 등 비언어적인 요소를 함께 사용하여 의미 전달하기
- 핵심어 강조, 다른 말로 바꿔 표현하기, 부연 설명하기 등 다양한 말하기 전략을 개발하여 활용하기

최정순(2001)은 한국어 교육에서 말하기 교육을 위한 목표를 다음과 같이 설정하여 제시한다.

첫째, 목표 언어의 정확한 발화, 유창성 확보, 의사소통 능력의 개발에 목표를 두고 교육한다.

둘째, 사회 문화적 배경지식의 활용을 전제로 하는 담화 능력을 배양할 수 있도록 교육한다.

셋째, 문제 해결 능력 향상을 위해 과제 중심의 수업 활동을 구성하고 여타 영역과 연계될 수 있도록 교육한다.

넷째, 교실 내에서 실제적이고 유의미한 활동을 확보하여 실생활로 전이가 가능하도록 교육한다.

다섯째, 학습자가 주도적으로 학습에 참여하게 하여 학습자 나름대로의 학습 전략을 학습할 수 있도록 교육한다.

4장

말하기 수업 구성

4.1. 수업 구성의 원리

말하기 수업의 내용을 구성함에 있어서는 학습자의 연령, 학습 능력, 학습 목적 등 학습자가 처한 여러 가지 변인을 고려하여야 하겠지만, 일반적으로는 다음과 같은 점을 고려하여 선정하여야 한다.

4.1.1. 한국어 구어의 특성이 반영되어야 한다.

다른 외국어를 학습할 때 학습자가 느끼는 것과 같이 한국어 역시 구어는 문어와 다른 특성이 있어 학습자가 교실 내에서 배우는 것과 교실 밖에서 실제적으로 언어를 사용하는 것 사이의 차이점으로 인해 어려움을 겪게 된다. 그러므로 한국어 말하기 수업 구성에서는 말하기를 어렵게 만드는 한국어 구어의 특성을 이해하고 그것을 바탕으로 해서 학습자가 말하기를 효율적으로 할 수 있도록 전략적인 기술들을 개발해야 한다.

이해영(2002)은 다음과 같이 한국어 구어의 특성을 나열하였다.

❶ 통사적 특성
  • 문어에 비해 어순이 자유롭다.
  • 문어에 비해 조사 생략이 자유롭다.

- 구어 접속조사 '하고'가 사용된다.
- 접속조사가 반복적으로 사용된다.
- 호격조사가 사용된다.
- 관형격조사의 사용이 적다.
- 문장성분의 생략이 많다.
- 단형 부정을 장형 부정보다 선호한다.
- 이중부정을 선호하지 않는다.
- 문장부사가 자주 사용된다.
- '되게, 무지, 참, 진짜' 등의 정도부사가 사용된다.
- 기본 단위가 완결된 문장이기보다는 구나 절 단위인 경우가 많다.
- 문장 구조가 단순하여 복문 사용이 많지 않다.
- 능동문이 피동문보다 많이 사용된다.
- 반말체 어미의 뒤뿐 아니라 어절 단위에 '-요'가 사용되기도 한다.

❷ 음운적 특성
- '그것은 〉 그건'처럼 음운의 축약과 탈락이 많이 일어난다.
- 표준적이지는 않으나 된소리로 발음되는 현실음이 많다.
- '의 〉 으/에, 예 〉 이'처럼 발음되는 표준음 또는 현실음이 많다.
- 표준적이지는 않으나 '고 〉 구'처럼 발음되는 경향이 있다.
- '막아 〉 마거'처럼 발음되는 현실음이 많다.
- '네가' 대신 '니가'가 사용되기도 한다.
- 강조하고 싶은 말을 강조하여 발음할 수 있고, 발화 속도도 조절된다.

❸ 담화적 특성
- '글쎄, 뭐, 그런데 말이야, 자' 등 구어 담화 표지가 사용된다.
- 의사소통 전략으로 간접 표현이 자주 사용된다.
- 잘못된 발화와 이의 교정이 일어날 수 있다.
- 순서 교대가 계획되거나 예측되지 않으며, 순서 없이 끼어들거나 대화의 중복이 일어난다.

- 대응 쌍이 언제나 인접해서 나타나는 것은 아니다.
- 한국어의 선호 조직은 한국어 학습자의 모국어의 선호 조직과 비슷한 경우도 있지만 다른 경우도 있다.
- 담화적 차원에서 화제가 되는 것은 자주 생략된다.
- 담화 참여자에 의한 화제 전환이 잦다.
- 1인 발화자에 의해 정보가 구성되기보다는 담화 참여자들이 협력적으로 정보를 구성한다.
- 일상생활의 대화에서 사용되는 관례적인 표현이 있다.
- 한국어 화자 특유의 몸짓언어가 사용된다.

이와 같이 문어와 구별되는 구어의 특성을 반영하여 학습자로 하여금 가능하면 오류를 피하면서도 제한된 시간 안에서 상호작용적인 의사소통을 할 수 있는 전략들을 개발할 수 있도록 지도해야 한다.

4.1.2. 정확성과 유창성의 균형이 고려되어야 한다.

한국어 교수에 있어서 교사가 늘 고민하게 되는 것이 정확성과 유창성 사이의 조화이다. 정확성이란 언어의 형식에 초점을 두는 것이고 유창성이란 언어의 사용에 초점을 두는 것인데, 다시 말해 정확성은 명확한 발음을 포함하여 문법적, 음운적으로 잘못이 없는 한국어를 구사하는 능력이며 유창성은 자연스럽고 막힘없이 한국어를 사용하는 능력이다. 정확성을 너무 강조하게 되면 구어의 특성을 고려하지 않은 부자연스러운 문장이 만들어지게 되며, 이와 반대로 유창성을 강조하게 되면 잘못된 언어 사용이 굳어지는 화석화 현상(fossilization)이 일어날 수 있다. 그러므로 교사는 말하기 수업을 구성함에 있어서 활동 유형이나 활용 연습 등에 있어서 이 둘 사이의 조화와 균형을 고려하여야 한다. 일반적으로 초급에 가까울수록 정확성을, 고급에 가까울수록 유창성을 고려하여 상대적으로 더 많이 배분하여 구성해야 한다.

4.1.3. 학습자의 요구가 반영되어야 한다.

학습자에게 높은 학습 동기를 부여하고 수업에 적극적으로 참여하도록 유도하기 위해서 교사는 학습 내용이나 주제 선정에 있어서 학습자에게 필요한 것과 학습자가 요구하는 것에 대해 고려해야 한다. 교사는 학습자가 자신에게 필요하고 관심 있는 주제에 대해 두려움 없이 말할 수 있는 환경을 만들어 줌으로써 학습자로 하여금 흥미를 가지고 적극적으로 말하기에 참여할 수 있도록 유도한다.

4.1.4. 다양한 상황에서의 담화 능력을 키우기 위한 구성이 되어야 한다.
언어의 형식과 문법적인 규칙만을 강조하여 지도하면 학습자가 처한 상황에 맞는 담화 능력을 키우기가 어렵게 된다. 일상적인 대화와 토론, 면접, 연설 등에서 쓰는 표현 형식은 차이가 있다. 그러므로 교사는 학습자가 처한 사적이고 공적인 상황에 맞게 의사소통을 할 수 있도록 담화의 형식과 표현 방식을 지도하여야 한다.

4.1.5. 문화에 대한 이해가 반영되어야 한다.
언어에는 그 언어를 사용하는 집단의 문화가 녹아 있고 문화는 언어를 반영하므로 이 둘은 불가분의 관계가 있다고 할 수 있다. 그러므로 언어를 배운다는 것은 그 언어가 통용되는 사회의 관습, 가치관, 행동 양식 등의 문화를 배우는 과정이라 할 수 있다. 한국어에도 한국인의 특별한 화법 문화를 비롯해 다양한 비언어적인 신체 언어 등 행동 양식 문화가 들어 있다. 원활하고 정확한 구어 의사소통을 위해서 교사는 이러한 한국적 문화를 수업 구성에 반영하여야 한다.

4.1.6. 과제 중심의 수업이 되도록 한다.
누난(Nunan, 1989)은 학습자가 의사소통을 목적으로 목표 언어의 형태가 아닌 의미에 중점을 두고 언어를 이해하고 처리하고 생산하는 교실 내의 활동을 과제(communicative task)라고 하였다. 예를 들면 약속하기, 집 구하기 등 특정한 상황 속에서 뚜렷한 기능을 목표로 한 연습 활동으로 활동 참여자들은 특정한 역할을 맡아 과제를 수행하게 된다. 과제 수행 중심의 학습은 말하기의 상호작용 특성을 효율적으로 개발하여 궁극적으로 말하기 능력을 향상하는 데 용이한 학습 지도 방안이라고 할 수 있다. 그러므로 말하기 수업을 구성할 때 교사는 말하기 수업을 문법적인 문장 생성을 위해 설명하고 학습자를 이해시키는 것에서 벗어나 학습의 결과로 학습자가 특정한 상황에서 적절하게 언어를 수행할 수 있도록 구성해야 한다.

4.2. 말하기 지도의 원리

한국어 말하기 능력을 향상하기 위해 교사가 지도 시 유의해야 할 원리를 보면 다음과 같다.

첫째, 실제적인 언어 사용 능력을 키워 줄 수 있도록 해야 한다.

조수진(2007)에서는 한국어 학습자들이 말하기에서 어려움을 느끼는 이유가 교실 수업에서 배운 내용과 실제 의사소통의 괴리임을 지적하고, 그 이유로 실제 대화에서의 생략과 축약, 실제 말의 속도, 안 배운 단어나 여러 의미로 쓰이는 단어, 젊은이들이 자주 쓰는 신어와 한자어의 사용, 교과서에서 배운 문형과의 차이, 반말의 사용, 부정확한 발음, 긴 대화 내용, 사투리의 사용 등을 든다. 그러므로 한국어 말하기 수업에서 사용되는 학습 과제와 자료는 실제 의사소통 상황을 반영한 실제성이 있어야 한다. 즉, 수업에서 사용하는 과제와 자료가 실제 생활에 사용되는 것이어야 하며, 과제를 수행하는 학습 환경 역시 실제 환경과 유사하게 만들어 학습자가 실제 상황에서 사용할 수 있도록 지도해야 한다.

둘째, 정확성과 유창성을 모두 향상시킬 수 있어야 한다.

셋째, 학습자가 자신감을 갖고 적극적으로 수업에 참여할 수 있도록 학습자의 요구를 반영하여 학습자 중심으로 지도한다.

넷째, 설명 등으로 교사가 너무 많이 시간을 차지하지 않고 학습자의 말하기 수행 중심이 되도록 한다.

다섯째, 말하기, 듣기, 읽기, 쓰기 기능이 통합적으로 이루어져야 한다.

여섯째, 학습자의 언어수행에 적절한 피드백을 제공한다.

4.3. 수업 구성 단계

말하기 능력을 향상시키기 위해서는 수업을 구성하는 단계에서 효율적인 말하기 수업이 이루어지도록 해야 하는데, 몇 가지 수업 구성 단계를 살펴보자면 다음과 같다.

지금까지도 일반적으로 행해지는 가장 전통적이고 보편적인 말하기 수업 절차는 PPP방식이라고 할 수 있다. 즉, '학습 내용의 제시(presentation) → 연습(practice) → 창의적 생성 활동(product, performance)'이다. 제시 단계에서 교사는 그림이나 사진 등의 보조 자료를 이용하여 학습자와 대화를 주고받으면서 어떤 담화 상황과 의미의 맥락 속에서 어떤 어휘와 구조로 말하기가 이루어지는지를 보여 준다. 그 다음의 연습 단계에서는 다양한 연습을 통해서 정확하게 의미와 언어 구조를 연결하여 습득하도록 지도한다. 그리고 생성 단계는 제시 단계에서 제시되었던 언어 자료와 그동안 익힌 언어 지식들을 종합하여 의사소통을 위한 말하기를 재창조하는 단계이다. 이 단계에서 교사는 다양한 활동을 준비하여 학습자의 이해 정도를 점검하고 과제가 올바로 수행되었는지를 확인할 수 있다.

리버스와 템펄리(Rivers & Temperley, 1978)는 말하기를 의사소통을 위한 기초를 닦는 기능 습득(skill-getting) 단계와 실제로 의사소통을 하는 기능 사용(skill-using) 단계로 나눈다. 기능 습득 단계는 언어의 단위, 범주, 문법 기능 등을 인지하고 그 규칙을 내재화하는 훈련을 하는 단계이며, 기능 사용 단계는 내재화된 규칙에 의해 자신의 의견이나 생각을 표현하고 상대방의 말을 이해하며 상호 의사소통을 위해 언어를 사용하는 단계이다. 실제적인 의사소통은 교사의 통제하에서 특정 언어 기능을 연습함으로 숙달하는 기능 습득 단계에서는 될 수 없고 상호작용에 의한 기능 사용 단계에서 이루어진다.

폴슨과 브루더(Paulson & Bruder, 1976)는 1차적으로 기계적 연습, 유의적 연습, 의사소통 연습과 2차적으로 의사소통 행위의 두 단계로 나누어 이들을 단계적으로 진행할 것을 제안했다.

리틀우드(Littlewood, 1981)는 수업 구성 단계를 목표어 문법과 구조를 익히는 유사 의사소통 활동이 이루어지는 의사소통 전단계(Pre-communicative activities)와 실제 의사소통 행위가 일어나는 의사소통 단계(Communicative activities)로 나누었다.

이와 같은 구성 단계는 말하기를 효율적으로 지도하기 위해서는 체계적이고 단계적인 연습 과정이 중요하다는 것을 의미하며 실제 수업에서는 반드시 이러한 순서로 진행해야 한다는 것은 아니다. 체계적이고 효과적인 수업을 위해서 연습 활동은 쉬운 것에서 시작하여 어려운 것으로, 단순한 것에서 점차 복잡한 것으로 하며 기계적인 연습은 가능한 짧게 하고 유의적이고 의사소통적인 연습이 되도록 하는 것이 좋다.

최정순(1997)은 과제 수행 중심의 한국어 말하기 수업을 위해 다음과 같은 5단계를 제시한다.

도입
(Warm up) → 제시
(Presentation) → 연습
(Practice) → 활용
(Use) → 마무리
(Follow up)

도입 단계는 학습자의 흥미를 유발하고 학습 동기를 부여하는 단계이다. 학습 목표와 관련된 적절한 질문, 교재의 삽화, 사진 자료 등의 보조 도구를 활용하여 학습 목표를 자연스럽게 노출한다.

　제시 단계는 학습 목표가 실제적인 문맥 속에서 제시되는 단계이다. 목표 문법은 유의미적인 사용이 가능하도록 상황 속에서 단순한 모델 대화로 제시되어야 한다. 문법 학습은 먼저 규칙을 제시하고 사용을 익히는 연역적인 방법과 예문을 제시한 후 이를 통해 규칙을 유추해 내도록 하는 귀납적 방법이 있는데, 문법 항목과 학습자의 변이 등을 고려해 교사가 적절하게 선택하여 교육한다.

　연습 단계는 다양한 형태의 연습을 통해 목표 내용을 내재화하는 단계이다. 연습은 단순한 것에서 복잡한 것으로 구성하고, 이미 학습한 문형 및 구조와 그날의 목표 문법을 복합적으로 사용하는 연습의 형태를 사용하며, 나중에 수행할 과제를 염두에 두고 연습하게 한다. 또 학습자의 발화량을 최대한 확보할 수 있는 연습 유형들을 개발하고 연습 유형의 주제, 단어, 표현 등은 과제 수행을 고려하여 구성한다.

　활용 단계는 이전 단계의 연습을 종합하여 학습 목표에 맞는 실제적인 상황에서 과제를 수행하도록 하는 과제 수행의 단계이다. 완전한 담화를 구성해 보거나 문제 해결 활동을 통해 의사소통 능력을 배양한다.

　마무리 단계에서는 최종적으로 교사의 피드백을 통해 오류를 수정하고 그날의 학습 내용을 정리하고 과제를 부여하는 단계이다.

5장

말하기 수업 활동 유형

5.1. 교실 말하기 활동 형태

브라운(Brown, 2001)은 교실에서 이루어지는 말하기 활동을 다음과 같은 6가지 형태로 나눈다.

❶ 모방형(imitative)

짧고 기계적인 반복과 통제된 활동 속에서 억양이나 특정한 발음 등 언어의 형태적 요소를 집중적으로 다루도록 해 준다.

❷ 집중형(intensive)

모방형보다 한 단계 더 나아가서 일정한 형태를 반복함으로써 음운과 문법적인 부분을 연습하는 형태이다.

❸ 응답형(responsive)

교사나 동료의 질문에 짧은 문장으로 응답하는 형태이다.

❹ 정보교류적 대화(transactional dialogue)

응답형보다 더 광범위하며 특정 정보를 전달하거나 교환하기 위한 목적으로 이루어지는 형태이다.

❺ 사교적 대화(interpersonal dialogue)

정보를 교환하기보다는 사람들 간의 사회적 관계를 유지하기 위한 형태의 대화이다. 일상적인 구어를 사용하며 속어, 생략, 비꼬는 말 등도 사용한다.

⑥ 확장형 독백(extensive monologue)

계획적이거나 즉흥적일 수 있으며 격식을 갖춘 의도적인 언어 표현을 사용해서 혼자서 길게 말하는 형태이다. 중급 단계 이상의 학습자 수준에 맞으며 결과 보고, 요약 정리, 연설 등이 이에 속한다.

학습자가 의사소통 능력을 향상할 수 있도록 교사는 이러한 여러 형태의 유형 중에서 학습자의 언어 수준과 학습의 목표와 목적에 맞추어서 그에 가장 적합한 형태의 말하기 활동 유형을 선택하여야 한다.

5.2. 교실 내의 상호 대응 유형

교사가 학습자를 대상으로 일방적으로 교육 내용을 전달하는 전통적인 말하기 교육에서와 달리 학습자 중심의 교육에서는 교사와 학습자, 학습자들 간에 적절하고 다양한 상호작용이 이루어져야 하며, 학습활동 역시 이러한 점을 고려하여 고안되어야 한다. 효과적인 말하기 활동을 위해 교사는 수업에서 어떤 방식으로 상호작용을 구성할지를 계획하여야 하는데, 교사와 학생, 정확성과 유창성을 기준으로 교실 내의 상호 대응 유형을 보면 다음 그림과 같다(Byrne, Donn:1996).

정확성	교사의 통제		유창성
	전체 학급 활동		
	A	C	
	B	D	
	짝 활동 ↔ 그룹 활동		
	학생 중심		

A와 B는 언어의 정확성에 중점을 둔 연습 활동이며, C와 D는 언어의 유창성에 중점을 둔 연습 활동이다. A는 교사의 통제로 전체 학급을 대상으로 이루어지는 활동들로서 문형 연습이나 반복 드릴이 이에 속한다. B는 학생이 중심이 되어 짝 활동이나 그룹 활동의 형태로 이루어지는데, 간단한 대화문 연습이나 역할극이 이에 해당된다. C는 교사의 주도로 전체 학급을 대상으로 하는 수업으로 토론, 시뮬레이션 등이 있다. D는 학생이 중심이 되어 짝 활동이나 그룹 활동을 하는데 역할극이나 프로젝트 활동, 게임 등이 있다.

교실 내에서 이루어지는 말하기 연습 형태는 교사-전체 학급, 교사-학생 개개인, 교사-소그룹, 교사-대그룹, 학생-학생, 학생-소그룹, 학생-대그룹, 학생-전체 학급으로 이루어진다.

5.3. 말하기 수업 활동을 위한 교실 배치

효과적인 말하기 수업 활동을 위해 교사는 활동 유형에 맞게 교실의 물리적 환경을 변화시킬 수 있다. 즉, 활동 유형과 교사와 학생의 상호 대응 유형을 고려하여 좌석 배치를 할 수 있는데, 몇 가지 예를 들면 다음과 같다.

A는 교사가 칠판을 등지고 학생을 보며 학생들은 일렬로 앉아 교사를 보는 전통적인 언어 수업에서 볼 수 있는 배치로, 전체 학생을 대상으로 설명을 하는 활동에 쓰인다.

B는 ㄷ자 형태로 좌석을 배치하여 학생들이 서로 얼굴을 볼 수 있으며 교사 역시 충분한 동선을 확보하여 자유롭게 움직이며 학생 개개인과 눈을 마주칠 수 있고 학생들 사이에서도 얼굴을 볼 수 있는 장점이 있으나, 계단식 강의실이나 책상이 무거워 움직이기 어려울 때는 적용할 수 없다는 한계가 있다.

C는 학생들을 두 명씩(또는 활동 유형에 따라 학생 수를 변동할 수 있음) 앉게 함으로써 짝 활동에 유용하다.

D는 몇 명씩 그룹을 지어 앉게 함으로써 교사와 그룹, 학생과 그룹 등 그룹 활동에 용이한 배치이다.

그 밖에도 학습활동 유형에 따라 응용할 수 있는 배치에는 다음과 같은 것이 있다.

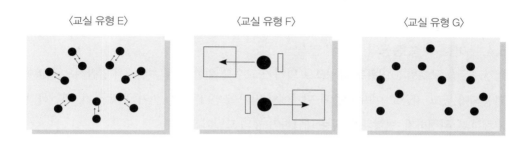

〈교실 유형 E〉　　　　　　〈교실 유형 F〉　　　　　　〈교실 유형 G〉

E는 물레방아 모양으로 두 겹으로 된 원을 만들어 바깥쪽에 있는 학생은 안쪽을 보고 안쪽에 있는 사람은 바깥쪽을 보게 하여 일정한 시간 동안 활동을 한 후 한 쪽의 학생들이 오른쪽으로 계속 옮겨가며 파트너를 바꾸게 한다. 이러한 배치는 여러 명의 대화 상대를 바꾸어 가며 같은 대화를 반복하는 인터뷰 등에 활용하면 효과적이다.

F는 두 사람이 서로 마주 보고 앉아서 상대방의 책상에 무엇이 놓여 있는지를 모르는 상태에서 하는 정보차 활동 등을 할 때 배치하면 좋은 유형이다.

G는 사교 모임에 와 있는 것처럼 자유롭게 교실을 돌아다니며 한 사람과 짧게 대화를 나눈 후 다른 사람을 만날 수 있는 형태로, 교실 분위기를 자유롭게 하며 인터뷰나 설문 조사 활동 등에 활용하면 좋은 배치이다.

이 밖에도 교사는 학습활동의 유형과 교실의 물리적 환경 등을 고려해서 여러 가지 다양한 배치를 통해서 수업 유형에 적합하고 효과적인 배치를 할 수 있다.

5.4. 활동 유형

아래에서는 말하기 연습을 위한 교실 수업에서 활용할 수 있는 활동의 유형들을 예와 함께 제시하였다. 효과적인 말하기 수업을 위해 교사는 그날의 학습 목표와 학습자의 연령, 학급 구성원의 특징, 어휘 수준 등 학습자의 변인을 고려하여 주어진 과제를 수행하기 위한 적합한 유형의 활동을 선택하여 제시하여야 한다.

5.4.1. 어휘, 문형 중심의 통제된 연습

청각구두식 교수법과 연관된 유형으로 말하기 교수를 위한 교실 수업에서 일반적으로 많이 활용되어 왔고 지금도 여러 수준과 단계에서 많이 쓰인다. 따라 하기, 반복하기, 전환하기, 교체하기, 완성하기, 변형하기, 질문 대답하기 등의 드릴이 있다.

드릴(Drill)은 발음이나 기본 문장 형태 등의 정확성을 위한 연습에서 그림이나 어휘 카드 등 연습 자료들을 사용하여 교사가 시범을 보인 후 학습자는 이를 바탕으로 연습하고 강화하는 활동 유형이다. 목적에 따라 초급에서 고급까지 활용할 수 있으나, 특히 초급에서 새로 배운 문법이나 어휘를 정확하게 발음하고 고정할 수 있는 연습에 많이 쓰이는 전통적인 활동 유형으로 학생들은 부담 없이 활동에 참여할 수 있으며, 소심하거나 자신감이 없는 학생에게는 정서적인 안정감을 갖게 하는 활동 유형이다.

1) 기계적인 드릴

단어나 그림 카드 등을 사용하여 교사가 예문을 제시하고 학생들은 반복하거나 대체하는 연습을 한다.

예) 교사: 저는 김재민입니다.
　　　　저는 선생님입니다.

　　　　(전체 학생을 손으로 가리키며 오른쪽의 그림 카드를 제시한다.)
　　학생: 저는 마이클입니다.
　　　　저는 의사입니다.

마이클

〈그림 카드〉

2) 유의미한 드릴

학생들의 대답을 하나로 고정해 놓지 않고 자신의 정보를 사용하여 대답하도록 하는 등, 형태가 아닌 의미에 초점을 맞추어 유의미적인 연습이 되게 한다. 이때는 코러스 형태가 아닌 교사와 학생 개개인, 학생과 학생의 활동이 된다.

예) 교사: 마이클 씨는 미국에서 왔어요. 다나카 씨는요?

학생: 저는 일본에서 왔어요.

5.4.2. 인터뷰

여러 명을 만나 인터뷰를 해서 필요한 정보를 얻는 활동이다. 동일한 문형을 반복해서 연습함으로써 말하기와 듣기를 연계할 수 있는 동시에 학생들은 흥미로운 상황에서 최종적으로는 자신이 원하는 정보를 파악하게 되므로 유의미적인 활동이 된다.

예) 친구들에게 묻고 대답하세요.

이름	마이클		
국적	미국		
전공	경영학		
사는 곳			
좋아하는 음식			

가: 안녕하세요? 이름이 어떻게 되지요?

나: 저는 마이클이라고 해요.

가: 어느 나라에서 왔어요?

나: 미국 사람이에요.

　　　…

5.4.3. 정보차 활동(Information Gap Activity)

짝 활동에 적합한 유형으로 A와 B가 서로 다른 정보를 가지고 있으며 대화를 통해서 서로 부족한 정보를 찾아 교환하는 활동이다. 상대방이 가진 정보를 얻어 내야 하므로 실생활의 의사소통 상황과 비슷해서 학습자에게 흥미와 동기를 유발할 수 있다.

> 예) A: __이/가 어디에 있어요?
>   B: __은/는 __앞/뒤/옆/위/아래에 있어요.

5.4.4. 역할극(Role Play)

학생들로 하여금 어떤 상황에서 어떤 인물로 가장하여 말하게 하는 활동이다. 다양한 상황에서 상대방과의 상호작용을 통해 이루어지는 역할극은 학생들이 실생활에서 일어날 수 있는 상황을 미리 연습함으로써 유사한 실제 상황에서 자신감 있게 대처할 수 있는 효과도 기대할 수 있다. 그러므로 교사는 복잡하지 않은 상황을 설정하여 실제 적용 가능한 표현으로 연습하도록 해야 하며, 모범 대화문과 어휘 및 기능 표현들이 적절히 제시되어야 한다.

> 예) 길 묻기, 음식 주문하기, 약속하기, 물건 사기, 전화 대화 등

5.4.5. 게임

언어의 정확성 연습에 주로 중점을 둔 게임은 교사가 전체 학생을 대상으로 하는 것도 있고 짝 활동으로 이루어지는 것도 있어 그 종류가 다양하다. 게임을 통한 활동은 학생들에게 흥미를 유발할 수 있고 기억에 오래 남을 수 있는 장점이 있다. 반면에 게임의 방법과 규칙이 너무 복잡하면 방법과 규칙의 설명에 많은 시간과 에너지를 소비하게 되므로 교사는 복잡하지 않은 게임을 선택해서 여러 방법을 사용하여 게임을 원활하게 진행할 수 있도록 그 방

법과 규칙을 학생들에게 충분히 숙지시켜야 한다.

　예) 전체 학생을 대상으로 하는 게임

　　　– 언어 게임: 과일 이름을 하나씩 덧붙여서 계속 이어가기

　　　– 추측하기 게임: 스무고개

　　　– 빙고 게임

　　　짝 활동에 적합한 게임

　　　– 그림 카드 게임(트럼프같이 그림이 있는 카드를 두 사람 가운데 놓고 한 장씩 넘기면서 주어진 문형을 사용해서 묻고 대답하도록 하는 게임)

　　　– 주사위를 이용한 게임

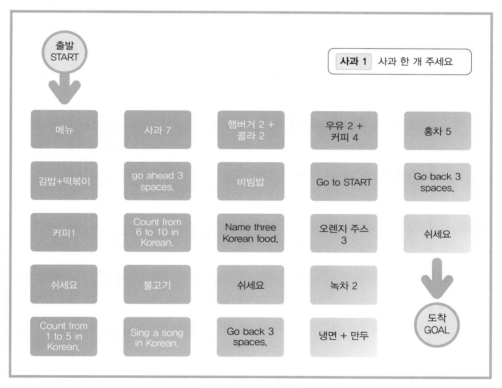

〈주사위를 이용한 게임〉

5.4.6. 발표

특정한 주제에 대해 조사한 사항이나 개인적인 사항을 전체 학생들을 대상으로 전달하는 것으로 프레젠테이션, 강의, 보고 등이 이에 포함된다. 이 활동을 통해 주어진 주제에 대한 말하기와 더불어 공적인 상황에서 하는 말하기의 표현도 연습할 수 있다. 읽기나 쓰기 등의 다른 언어 기능과 자주 연결하여 이루어지기도 하며, 발표 내용에 대해 질문을 하거나 동료들의 평가 등을 유도하여 청중들을 적극적인 참여자로 만들어 상호작용이 일어나도록 하면 효과적이다.

5.4.7. 토론

전체 학생을 대상으로 또는 그룹별로 한 가지 주제에 대하여 자신의 견해나 생각을 논리적으로 표현하고 주장하고 설득하는 능력을 기를 수 있는 활동이다. 교사가 읽기 자료나 사진 등을 제시하여 주제를 정하고 토론을 거쳐 결론이나 해결책에 도달하는 방법도 있고 학습자가 스스로 주제를 선정하고 자료를 찾아서 이끌어가는 토론도 있는데, 주로 중·고급 학습자에게 유용하다.

    예) – 사형 제도의 폐지에 대해 어떻게 생각하십니까?

       – (신문 기사의 내용을 같이 읽은 후) 국립공원 XX산에 케이블카를 설치하는 것에 대해 어떻게 생각하십니까?

5.4.8. 시뮬레이션(simulation)

시뮬레이션은 특정한 주제에 대해 학습자들이 각자 역할을 맡아서 가상적 상황하에서 주어진 지시에 따라 맡은 부분의 역할을 수행해 나가는 일종의 모의 행위를 말한다. 준비 시간과 역할 분담 등에 시간이 많이 걸리는 복잡한 활동이지만 설득하기, 반론하기 등의 언어 기능과 유창성을 향상시킬 수 있으며, 리포터나 청중 등에게 활동 내용을 기사로 쓰게 하는 등 쓰기 활동과의 연결을 유도할 수 있다.

    예) 어느 시골 마을에 밤마다 멧돼지가 나타나 농작물을 망가뜨리고 있으므로 멧돼지를 사살하려고 합니다. 목적의 타당성과 그 방법에 대해서 의견을 주십시오.

       – 마을 이장 : 마을의 농작물을 보호하고 마을 사람들의 안전을 위해 사살해야 한다.

- 환경보호 단체 자원봉사자 : 무분별한 포획은 먹이사슬을 파괴하여 환경을 헤치
  므로 사살보다는 다른 방법을 써야 한다.
- 면사무소 담당자 : 예산과 장비, 인력 동원에 애로점이 있지만 빠른 시일 내에 문
  제를 마무리 지어야 한다.
- 사회자
- 리포터
- 청중

6장

피드백과 오류 수정

교실 수업에서 교사는 학습자가 학습에 흥미를 갖고 자신이 발화한 문장이 정확한지 점검과 교정을 받고 학습자가 자신감을 갖고 말하기를 할 수 있도록 끊임없이 피드백을 줄 필요가 있다. 피드백은 학습자의 오류를 교정하는 것으로만 생각하기 쉬우나 긍정적인 것과 중립적인 것, 부정적인 것이 모두 포함된다. 학습자가 정확하고도 창의적인 발화를 하거나 과제를 수행했을 때 교사는 진심으로 아낌없이 칭찬함으로써 학습자의 학습 동기를 조절하고 긍정적인 효과를 강화할 수 있다. 반면에 교사의 부정적인 피드백으로는 오류 수정을 들 수 있다.

오류(errors)란 학습자가 그 언어에 대해서 정확하게 몰라서 잘못 표현하는 것을 말한다. 오류 수정의 목적이 말하기 능력을 향상시키는 데 있지만 말하기 수업에서 생기는 많은 오류를 어느 정도까지 어떻게 다룰지는 교사에게 늘 어려운 문제가 된다. 어떤 오류를 어떻게 다룰 것인지의 결정은 오류의 유형과 원인 등을 고려하여 교사가 판단하고 결정하여야 한다.

6.1. 오류의 유형

학습자가 범하게 되는 오류는 언어적인 오류(발음 오류, 어휘 오류, 문법 오류, 담화 오류), 기능 수행 오류, 사회 문화 오류 등으로 유형화할 수 있는데, 이 중에서 발음 오류, 담화 오류,

사회 문화 오류 등은 의사소통을 방해하는 오류로서 화석화되지 않도록 우선적으로 수정하는 것이 바람직하다. 또 문장의 기본 구조가 잘못되어 의사소통에 큰 방해가 되며 의미 이해를 어렵게 하는 전체적 오류(global errors)는 문장 구성 요소 중 일부가 잘못되어 의사소통에 크게 방해되지 않으며 의미 이해에도 별로 영향을 주지 않는 정도의 국소적 오류(local errors)보다 더 심각하게 고려하여 적절하게 지도해야 한다.

6.2. 오류의 원인

엘리스(Ellis, 1997)는 오류를 관찰하고 분석함으로써 학습자가 범하는 오류의 원인을 알 수 있으므로 교사에게 유용하다고 하면서, 오류의 원인으로 생략(ommission), 과대 일반화(overgeneralization), 전이(transfer) 등을 들었다. 생략 오류는 목표 언어를 더 단순하게 사용해서 생기는 오류로 한국어 학습자가 조사를 생략하여 정확한 문장의 의미를 전달하지 못하는 경우가 이에 해당된다고 할 수 있다. 과대 일반화 오류는 목표 언어를 학습자가 처리하기 쉬운 형태로 생성하므로 생기는 오류로 한국어 학습자가 주어에 상관없이 모든 서술어에 존대 표현을 사용하는 경우를 들 수 있다. 전이 오류는 학습자의 모국어에 있는 언어 지식을 목표 언어에 적용하여 생기는 오류로 일본어 화자가 모국어에서 쓰는 격조사를 그대로 한국어에 사용하거나 영어 화자가 모국어에서 쓰는 전치사를 그대로 한국어로 바꾸어 쓰는 경우이다. 이 중에서 생략과 과대 일반화로 인해 생기는 오류는 학습자의 모국어에 상관없이 공통적으로 나타나는 현상이지만, 전이 오류는 학습자의 모국어와 목표어 사이의 차이에 의한 것으로 학습자의 모국어에 따라 오류의 전형도 달라진다. 그러므로 교사가 모국어에 따른 오류의 전형을 알면 오류를 생성하지 않도록 미리 지도할 수도 있고 오류를 범했을 때도 대조 설명을 통해서 효과적으로 수정할 수 있을 것이다.

6.3. 오류 수정의 방법

오류 수정은 학습자가 오류를 범했을 때 즉각적으로 하는 방법과 학습자에게 스스로 오류를 인지하고 수정하도록 시간적인 여유를 주는 방법, 또는 전시 수업 복습을 하는 도입 부분이나 수업의 마지막 부분에서 공통적이고 결정적인 오류를 교정하는 방법이 있다. 일반적으로 초급 학습자에게는 오류를 방치하면 화석화가 되기 쉬우므로 즉시 교정하는 방법이 효과적이고, 고급 학습자에게는 소통을 위해서 일단 오류를 무시하고 수용했다가 과제 활동 후 개인적으로나 전체 학급을 대상으로 수정하는 방법이 효과적이라고 할 수 있다. 그리고 교사가 직접 오류를 수정하는 방법과 동료들을 통한 학습자 상호 간에 수정하도록 하는 방법도 있다.

하머(Harmer, 2001)는 오류 수정 지도 방법으로 다음을 든다(허용 외, 2005).

- 반복 요구: '네, 뭐라고요?' 등과 같이 반응함으로써 학습자에게 오류가 있음을 암시하고 수정하도록 유도한다.
- 모방: 학습자의 오류를 교사가 그대로 따라함으로써 오류가 있음을 표현한다.
- 지적 또는 질문: '이상하네요. 뭐가 틀렸을까요?'처럼 학습자에게 오류가 있음을 직접 지적하고 질문함으로써 수정하도록 유도한다.
- 표정이나 몸짓: 교사가 이상하다는 표정이나 몸짓을 함으로써 오류가 있음을 지적한다.
- 단서 제공: '높임법에 조심해서 다시 말해 보세요.'라고 함으로써 오류가 일어난 곳을 깨달아 고치게 한다.
- 직접 수정: 올바른 문장을 직접 말해 줌으로써 오류를 지적하고 수정한다.

그 외에도 문법적인 용어를 사용하여 설명해 주기, 오류를 판서해 두었다가 나중에 다루는 방법 등이 있다.

7장

■◦
◦◦

말하기 전략

학습자들은 그들의 부족한 지식 때문에 말하고 싶은 것을 다 말하는 데 자주 어려움을 겪는데, 이러한 어려움을 극복하기 위해 그들은 다양한 의사소통 전략에 의지한다(Ellis 1997). 성공적인 의사소통 능력을 위해 교사는 학생들에게 말하기 전략을 가르치는 것도 중요하다. 허용 외(2005)에서는 브라운(Brown, 1994)을 참조하여 한국어 교육에서 사용할 수 있는 말하기 전략의 예를 다음과 같은 표현으로 제시한다.

- 분명히 말해 달라고 요구하기(뭐라고요? 그게 무슨 뜻이에요?)
- 반복 요청하기(네? 다시 말씀해 주세요.)
- 시간을 끌기 위한 군말 사용하기(음……, 그러니까……, 뭐냐하면……)
- 대화 유지를 위한 표현 사용하기(응, 그래서? 그래……)
- 다른 사람의 주의 끌기(있잖아, 자아……, 그런데 말이야……)
- 단어나 표현을 모를 때 다른 말로 쉽게 풀어 말하기
- 듣는 사람에게 도움 요청하기(이런 걸 뭐라고 하지요?)
- 정형화된 표현 사용하기(이거 얼마예요? 여기서 공항까지 얼마나 걸려요?)
- 몸짓이나 표정 등 비언어적 표현 사용하기

참고문헌

곽지영(2007), 「한국어 표현 교육론」, 곽지영 외 『한국어 교수법의 실제』, 연세대학교 출판부.

김윤정 옮김(1998), 『외국어 습득론』, 한국문화사.

민현식(2005), 「한국어 교사론-21세기 한국어 교사의 자질과 역할」, 《한국어 교육》 16-1, 국제한국어 교육학회.

박경자 외 옮김(2000), 『제2언어 습득』, 도서출판 박이정.

박덕재·박성현(2011), 『외국어 습득론과 한국어 교수』, 도서출판 박이정.

박영순(2006), 『외국어로서의 한국어 교육론』, 월인.

박영순 외(2008), 『한국어와 한국어 교육』, 한국문화사.

백봉자(2005), 「말하기·듣기 교육의 교수 학습」, 민현식 외, 『한국어 교육론』 3, 한국문화사.

이미혜(2002), 「한국어 말하기 교육의 이론과 실제」, 박영순 편, 『21세기 한국어 교육학의 현황과 과제』, 한국문화사.

이미혜(2005), 「한국어 기능 교육론 2-말하기·듣기 교육」, 한국방송통신대학교 평생교육원 편, 『외국어로서의 한국어 교육학』, 한국방송통신대학교출판부.

이영숙(2009), 「한국어 구어 교수법」, 허용 외, 『여성결혼이민자 대상 한국어 교원을 위한 한국어 교육의 이해』, 한국문화사.

이해영(2005), 「말하기·듣기 교육의 과제와 발전 방향」, 민현식 외, 『한국어 교육론』 3, 한국문화사.

임병빈 외 옮김(2003), 『제2언어 교수 학습』, 한국문화사.

전은주(1999), 『말하기·듣기 교육론』, 도서출판 박이정.

조수진(2007), 「한국어 말하기 교수의 원리 연구」, 서울대학교 박사학위논문.

조수진(2010), 『한국어 말하기 교육의 이론과 실제』, 소통.

조현용(2006), 『한국어 교육의 실제』, 유씨엘.

최정순(1997), 「교재 구성에 있어서 과제(Task) 개념의 적용에 관하여」, 《한국말교육》 8, 국제한국어 교육학회.

한재영 외(2005), 『한국어 교수법』, 태학사.

허용 외(2005), 『외국어로서의 한국어 교육학 개론』, 박이정.

현윤호(2005), 「말하기·듣기 교육의 연구사와 변천사」, 민현식 외, 『한국어 교육론』 3, 한국문화사.

Brown, H. D.(1994), *Principles of language learning and teaching*, Longman.

Brown, H. D.(1994), *Teaching by principles: an interactive approach to language pedagogy*, Longman.

Bygate, M.(1997), *Speaking*, Oxford University Press.

Ellis, R.(1997), *Second language acquisition*, Oxford University Press.

Littlewood, W.(1981), *Communicative language teaching: an introduction*, Cambridge University Press.

Nunan, D.(1999), *Second language teaching & learning*, University of Hong Kong.

Rivers, W. M.(1981), *Teaching foreign-language skills*, 2nd ed., The University of Chicago Press.

한국어 듣기 교육론

민정원

서울대학교 언어교육원 한국어교육센터

| 학습 목표 |

- 한국어 듣기 교육의 중요성과 교육 원리를 이해한다.
- 듣기 자료의 구성 원리를 살펴보고 효율적인 듣기 수업에 대해 알아본다.
- 듣기 활동의 단계를 이해하고 활동 유형을 익힌다.

▶ ▶ ▶ 차례

1장

듣기와 듣기 교육

1.1. 듣기의 정의

효과적인 듣기 교육을 위해서는 듣기의 의미와 특성을 이해하는 것이 선행되어야 할 것이다.

의사소통을 위한 언어를 표현 언어와 이해 언어로 나눈다면 듣기는 읽기와 함께 이해 언어로 분류될 수 있다. 그리고 의사소통에 사용되는 매개체가 음성 언어인지 문자 언어인지에 따라 언어 기능을 나눌 때 듣기는 말하기와 더불어 음성 언어에 해당된다. 이와 같은 기본 개념을 바탕으로 듣기를 정의해 본다면, 듣기란 음성 언어를 매개로 하여 이루어지는 담화 관계자 사이의 의사소통 활동으로서 청자가 화자로부터 정보를 전달받고 이를 이해하여 처리하는 과정이라고 할 수 있다. 그런데 듣기 이해활동은 단순히 정보를 전달받기만 하는 수동적 활동이 아니라 청자가 듣기 과정과 담화 상황을 파악하고 조정하면서 언제든지 화자로 전환될 수 있는 능동적 활동이다. 따라서 듣기 활동은 청자가 화자의 말소리를 확인하거나 언어지식을 통해 발화의 의미를 확인하는 단계에 그치지 않고 화자의 의도가 무엇이며 어떠한 정보를 취해야 하는지를 파악하고 더 나아가 화자가 하려는 행동이 무엇인지까지를 파악하려는 활동이다. 즉 화자가 발화한 내용을 듣고 아무런 인지적 처리 과정 없이 있는 그대로 수동적으로 정보만 받아들이는 것이 아니라 청자가 가지고 있는 배경 지식, 언어 이해 능력, 분석하고 종합하는 능력을 통하여 적극적으로 처리하는 과정이라고 할 수 있다.

1.2. 듣기의 특성

듣기 수업을 구성하기에 앞서 듣기의 특성을 이해함으로써 효과적인 듣기 수업의 원리를 파악하고 전략적 기술을 개발할 수 있다. 듣기의 특성은 다음과 같이 설명할 수 있다.

첫째, 듣기는 의미 협상을 통한 능동적인 기능이다. 듣기는 화자와 청자의 세계, 그리고 발화가 이루어지는 장소와 시간 속에서 일어나는 의미를 듣는 것이다. 청자는 자신의 세계뿐 아니라 화자의 세계와 그들이 처한 시간과 공간과의 협상을 통해서 의미를 추론해야 한다. 따라서 성공적인 듣기를 위해서는 화자와 청자 간의 상호 관계가 매우 중요하며 의미 협상을 통한 정보 파악 기능이 있어야 한다.

둘째, 듣기는 신체적, 물리적 전략을 수반한다. 듣기 과정에서 언어적인 반응을 보이는 대신 표정, 몸짓, 손짓, 웃음 등 신체적 반응을 보일 수 있다. 듣기와 말하기는 대화가 이루어지는 상황에서 불가분의 관계인데 위와 같은 비언어적 전략은 말하기의 특성이기도 하다.

셋째, 듣기활동은 음성 언어를 매개로 하는 활동이므로 듣기에서 사용되는 말은 글과는 달리 화자가 발화하는 순간 사라진다. 글을 읽을 때는 이해를 하지 못한 경우 앞으로 다시 돌아갈 수도 있지만 말은 청자가 되돌려 다시 듣거나 반복하거나 순서를 바꿔 들을 수 없다. 따라서 청자가 주도적으로 듣기 활동을 조정할 수 없다는 점에서 듣기 기능의 어려움이 나타난다. 이러한 점은 같은 이해 언어인 읽기와는 차별되는 특성이라 할 수 있다.

넷째, 듣기 활동은 잉여성(redundancy)을 활용할 수 있는 활동이다.[1] 잉여성은 어떤 소리가 일어날 가능성을 예측할 수 있어 그 소리를 듣지 않아도 의미를 이해하는 데 어려움이 없는 요소를 말하는데 말은 글에 비해 잉여적인 요소를 많이 포함한다. 들리는 모든 말이 새로운 정보를 담고 있는 것은 아니기 때문에 화자의 말을 들을 때 잉여적인 요소는 신경 쓰지 않고 새로운 정보를 가진 말에만 집중하면 된다. 소리의 유형이나 통사관계, 담화 표지 등을 알게 되면 잉여적인 요소는 많아진다. 따라서 듣기 학습 시 학습자에게 무조건 다 듣게 하지 않고 들어야 할 것을 제시해 주는 목적 있는 듣기 활동을 구성하여 학습자의 듣기 능력을 향상시키는 것이 바람직하다.

---

1) 한재영 외(2005:188)

1.3. 듣기 교육의 중요성

인간의 의사소통의 수단에서 언어가 차지하는 비중은 가장 크고 중요하다. 실생활에서는 문자 언어보다 음성 언어가 의사소통에 더 많이 사용되는데 실제로 이루어지는 언어 기능 중에서 듣기는 그 사용 빈도가 가장 높다.[2] 의사소통 기능 중에서 듣기는 자신의 생각을 표현하는 기능인 말하기의 기반을 형성해 주는 중요한 기능이며 음성 언어를 매개체로 하는 구두 표현의 선행 단계이다. 즉 의사소통을 위해서는 듣기와 말하기의 능력이 필요하고 두 기능의 순환적 과정이 필요한데 듣기가 이루어지지 않으면 의사소통 자체가 불가능하다. 듣기 능력이 있어야 발화도 가능해지는 것이다. 이러한 관점에서 듣기 교육의 중요성이 강조되고 있다.

또한 듣기의 특성에서 살펴보았듯이 실생활에서 듣기 활동은 소리로 이루어지기 때문에 발화 상황에서의 말은 언어적 자료로 남지 않고 사라진다. 따라서 학습자가 주도적으로 듣기의 반복학습을 할 수 없다. 그러므로 듣기 수업에서 교사가 적절한 자료를 정하여 체계적이고 반복 가능한 듣기 연습 활동을 학습자에게 제공하는 것이 중요하다.

한편, 애셔(Asher, 1977)는 외국어 학습의 초기 단계에서는 듣기가 집중적으로 이루어진다고 했는데 이는 듣기 기능이 전이효과가 크기 때문이라고 할 수 있다.[3] 듣기는 언어활동에서 가장 기본이 되면서 다른 언어 기능을 향상시키는 역할을 한다. 듣기가 충분히 되었을 때 말하기가 활발히 이루어질 수 있기 때문에 실제 의사소통에서 듣기는 중요한 역할을 한다. 또한 듣기와 읽기는 같은 이해 언어로서 음성 언어인 듣기가 문자 언어인 읽기에 선행하므로 듣기 기능이 학습되면 이해 능력이 발전하여 읽기 기능이 향상될 수 있다. 또한 학습자가 많은 자료를 들음으로써 다양한 표현과 형태를 내재화하여 쓰기 능력을 배양할 수 있다.

위에서 본 바와 같이 듣기 기능은 실생활에서 가장 많이 사용되지만 언어적 자료로 구성되기 어렵기 때문에 듣기 교육의 역할이 강조되고 있다. 그리고 효율적인 듣기 교육이 이루어지면 다른 언어 기능의 동반 향상을 기대할 수 있다는 점에서 듣기 교육의 중요성을 알 수 있다.

---

2) 랭킨(Rankin)의 연구결과에 따르면 실생활에서의 의사소통은 듣기 45%, 말하기 30%, 읽기 16%, 쓰기 9%의 순으로 이루어진다(이미혜 2005).

3) Asher, J.(1977), Learning another language through actions : The complete teacher's guidebook, Los gatos, CA:Sky Gatos Productions. 애셔의 전신반응교수법(Total Physical Response: TPR)에서부터 듣기 활동이 주목받기 시작한다.

2장

■■
■■

듣기 교육의 원리

2.1. 듣기 교육의 기본 원리

듣기 능력을 효과적으로 배양할 수 있는 듣기 수업의 구성 원리를 간단하게 살펴보면 다음과 같다.

첫째, 듣기 교육은 학습자 중심(learner-centered)이어야 한다. 듣기 수업을 구성할 때 학습자의 요구에 부합하는 주제와 자료를 선정하는 것이 중요하다. 학습자의 요구가 반영된 수업을 구성함으로써 학습자에게 동기를 부여할 수 있고 학습자가 흥미를 가지고 능동적으로 듣기 활동을 수행할 수 있다.

둘째, 듣기 교육은 실제 듣기 활동과 유사하게 구성해야 한다. 실생활에서의 듣기는 목적을 가지고 이루어지며 언어적, 비언어적 형태로 반응하게 된다. 그리고 듣기의 현장에는 교실 언어와는 다른 많은 요소와 구어적 특성(주변 소음, 음성적 통사적 화용적 축약, 머뭇거림, 휴지, 비문법적 요소, 방언, 관용어, 은어, 발화속도, 강세, 억양, 담화의 상호작용 등)이 존재한다. 이와 같은 요소는 외국어 학습자에게 듣기의 어려움을 배가하는 요인이 될 수 있다. 그런데 이러한 요소가 배제된 채 듣기 교육이 이루어지면 학습자는 교실에서 배운 것과 실생활에서 들어야 하는 것과의 차이로 인해 성공적인 의사소통을 할 수 없게 된다. 따라서 실제 담화 현장에서의 의사소통 능력을 고취하기 위해서는 상호작용적인 담화와 잉여적 요소 등이 포함된 담화를 사용해야 한다.

셋째, 과제 중심적인 듣기 수업을 구성해야 한다. 실생활에서의 과제 수행 능력을 높이기 위해서는 단순한 듣기 연습이 아닌 의사소통이 가능한 듣기 교육이 필요하다. 즉 실제적인 듣기 자료를 듣고 나서 목적을 가지고 어떤 정보를 구하거나 그 정보를 토대로 다음 활동을 할 수 있는 과제 수행 능력을 키울 수 있어야 한다. 이러한 과제를 듣기 수업에서 연습한 학습자는 실제 담화 상황에서 학습한 내용을 적용할 수 있다. 그러나 이러한 실생활 과제가 모든 학습자에게 동일한 효과를 준다고는 할 수 없다. 초급 학습자나 실제 담화 상황을 많이 접해 보지 않은 학습자에게는 이러한 과제 연습 이전에 교육적 과제 수행이 선행되어야 한다. 교육적 과제는 실생활 과제를 잘 수행하기 위해 필요한 과제이며 교실에서 이루어지는 활동이다.

넷째, 듣기의 결과를 구체화할 수 있는 듣기 활동 유형을 다양하게 구성해야 한다. 듣기의 특성상 학습자가 잘 듣고 이해했는지 확인하기가 쉽지 않으므로 교사는 학습자의 이해 여부를 활동을 통해 점검하는 것이 좋다. 예를 들어 핵심어 찾기, 비언어적 단서 찾기, 게임 활동 등을 통해 학습자에게 흥미를 주고 학습자의 이해를 도울 수 있다.

2.2. 듣기 과정에 따른 듣기 교육

듣기 활동은 외부의 음성을 인식하여 이해하고 정보처리를 하는 과정이라 할 수 있는데 인지 단계에 따라 들리기(hearing), 듣기(listening), 이해하기(auding)로 나눌 수 있다.[4] (Taylor, 1964). 들리기(hearing)는 귀에 들리는 소리를 물리적으로만 인식하는 단계이며 듣기(listening)는 들은 것에서 의미를 구성해내는 단계이다. 이해하기(auding)는 화자에게 들리는 물리적 소리를 언어적 의미로만 파악하지 않고 종합적으로 이해하고 분석하며 반응하는 단계이다. 듣기 교육에서는 보통 듣기(listening) 과정에 비중을 많이 두고 있지만 학습자의 수준이나 학습 목표에 따라 위의 세 단계가 적절하게 반영되어야 할 것이다.

....
4)   전은주(1999)는 세 단계를 들리기(hearing), 듣기(listening), 청해(auding)로 정의하고 있다.

2.2.1. 들리기(hearing) 단계

들리기(hearing) 단계는 초급 기초 과정에서 연습하는 단계로서 모음, 자음, 받침소리, 발음 규칙에 따른 소리를 구별하고 운소를 구별하는 연습이 필요하다. 운소 구별은 억양이나 강세에 따라 화자의 발화 의도를 이해하고 억양에 따라 평서, 의문, 청유, 명령, 감탄 등을 구별하는 것을 말한다. 다음은 평서문과 의문문의 억양을 구별하는 연습의 예이다.[5]

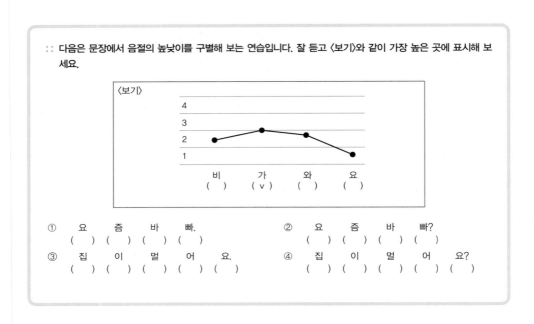

2.2.2. 듣기(listening) 단계

듣기(listening)는 단어와 문장의 의미를 이해하는 단계로 단어의 뜻을 이해하고 단어의 뜻이 모여 이루어진 문장을 통사적, 의미적으로 이해하는 연습으로 구성된다.

1) 단어의 의미 구별

단어의 의미를 이해하고 구별함으로써 간단한 대화를 이해할 수 있다.

....

5) 김청자(2012) 재인용.

2) 문법 항목에 따른 의미 구별

단순한 단어의 의미 파악만으로는 실제 대화에서 화자의 발화를 이해하지 못하는 경우가 많다. 조사나 어미, 문법 표현(-아/어 보다, -아/어도 되다, -(으)ㄴ/는 모양이다. -(으)ㄴ/는데도 불구하고, -기는 커녕 등)이나 부정법, 존대법, 피동, 사동 등과 같은 문법 항목을 모르면 의사소통에 어려움을 줄 수도 있다. 그런데 이러한 문법 항목은 전체적인 담화 상황 안에서 의미를 파악하는 것이 중요하다.

3) 운소에 따른 의미 구별

듣기(listening) 단계에서도 운소에 따라 달라지는 의미를 파악하는 것이 중요하다. 같은 형태의 질문도 억양이나 어조에 따라 의미가 달라지고 요구하는 대답도 다를 수 있다.

---

2. 의문문의 억양을 듣고 구별하는 연습입니다. 잘 듣고 〈보기〉와 같이 맞는 질문을 고르세요.

〈보기〉

❶ : ① 어디 가요?　　　　　　　② 어디 가요?

: 슈퍼에 가요.

❷ : ① 어디 가요?　　　　　　　② 어디 가요?

: 아니요. 아무 데도 안 가요.

---

❶ : ① 누구 기다려요?　　　　　　② 누구 기다려요?

: 동생 기다려요.

❷ : ① 뭐 마실까요?　　　　　　　② 뭐 마실까요?

: 좋아요. 저기 커피숍이 있어요.

❸ : ① 누가 왔어요?　　　　　　　② 누가 왔어요?

: 네. 다나카 씨가 왔어요.

❹ : ① 뭐 찾으세요?　　　　　　　② 뭐 찾으세요?

: 볼펜 좀 주세요.

❺ : ① 내일 무슨 일 있어요?　　　② 내일 무슨 일 있어요?

: 아뇨. 별일 없어요.

2.2.3. 이해하기(auding) 단계

이해 단계는 소리의 물리적 인식이나 단어와 문장의 단순한 의미 파악을 넘어 화자가 말하는 본질적 의미와 화용적 의미를 파악하는 단계이다. 화자가 말하는 문장의 뜻과 화법을 모두 안다고 해도 이해하기(auding) 단계의 능력이 부족하면 화자가 말하는 의도나 대화가 이루어지는 전제적 상황을 파악하지 못할 수 있다. 실제 대화 상황에서는 화자의 의도를 파악하여 반응을 보이는 것이 중요하므로 이해하기(auding) 단계는 이전의 두 단계 못지않게 중요하다. '이해하기' 능력을 키우기 위해서는 단순한 문장 듣기가 아니라 배경 상황을 이해할 수 있는 자료를 학습자에게 들려주어야 한다. 이 단계의 연습으로는 내용 듣고 요약하기, 추측/추론하기, 듣고 의견/주장 말하기, 문제 해결하기 등이 있다.

2.2.4. 그 밖의 듣기 이해 과정 연구

클락 & 클락(Clark & Clark, 1977)은 듣기의 이해 과정을 다음과 같이 설명한다.

1단계 : 청자가 소리로 발화된 텍스트를 듣고 단기 기억 장치에 이미지를 저장한다.
2단계 : 청자는 들은 내용을 의미 단위의 구성 성분으로 조직화한다.
3단계 : 청자는 명제를 분석하고 이들 명제를 분류하여 발화 내용의 일관성을 염두에 두고 전체 의미를 재구조화한다.
4단계 : 장기 기억 장치에 의미를 저장하고 처음에 들었던 형태 정보는 삭제한다.

클락 & 클락(Clark & Clark, 1977)은 3단계에서 의미 파악이 이루어지면 1, 2단계의 어휘와 문법 항목의 기억이 4단계에서 약화되거나 사라진다고 분석하였는데, 인지 과정으로서의 듣기를 단기 기억장치와 장기 기억장치 단계로 나누고 듣기를 세부적인 언어 요소가 아닌 전체 의미를 파악하는 것으로 규정한 것이다.

한편 앤더슨 & 린치(Anderson & Lynch, 1988)는 듣기의 과정을 먼저 음성 언어와 비음성 언어를 구분하는 능력부터 시작하여 마지막에 들은 것에 대한 반응 단계까지로 구분하였는데 그 단계는 다음과 같다.[6]

---

6) 양명희, 김정남(2011) 재인용

1단계 : 소리를 둘러싸고 있는 환경으로부터 입말 신호가 확인되어야 한다.

2단계 : 지속되는 말소리 흐름이 단위별로 잘라져야 하며 이들은 알려진 낱말로 인식되어 야 한다.

3단계 : 발화의 통사 구조가 파악되어야 하고 말하는 사람이 의도하는 뜻이 이해되어야 한다.

4단계 : 말해진 바에 대해 적절한 반응을 만드는 데에 언어 지식을 응용해야 한다.

이 외에도 듣기의 과정을 단계별로 규정하는 연구는 많이 이루어졌으며 최근에는 '정보 확인' 단계를 지나 '반응하기' 단계에 관심을 두고 듣기를 이해의 과정에서 '이해에 대한 확인' 의 과정, 즉, 표현의 과정으로까지 확장하여 연구하고 있다.[7]

학습자가 듣기 학습을 할 때 어느 단계에서 어려움을 느끼고 오류를 범하느냐는 학습자 의 수준이나 듣기의 상황과 목적에 따라 달라진다. 따라서 교사는 듣기의 과정을 이해하여 각각의 경우에 따라 필요한 단계에 중점을 둔 듣기 지도 방법과 전략을 정해야 한다.

2.3. 이해과정에 따른 듣기 학습

듣기는 한마디로 말하면 외부의 소리를 이해하는 과정이라 할 수 있는데, 정보를 이해하고 처리하는 과정은 크게 상향 과정(bottom-up processing)과 하향 과정(top-down processing) 으로 나눌 수 있다. 여기에서 bottom은 언어 자료를 의미하고 top은 청자의 배경지식이나 추측 등의 정신적 개념을 뜻한다.

2.3.1. 상향식 학습

상향 과정의 학습은 어휘나 문법과 같은 세부적인 언어 요소를 이해하고 정확성을 습득하 는 데에 목표를 둔다. 즉 상향식 학습법은 듣기에서 단어, 구, 절, 문장, 담화의 순서로 정보 를 이해하는 방법이다. 그리고 모국어의 발음과 듣기 습성이 외국어의 정확한 듣기 이해를 방해할 경우에 유용한 학습 방법이며 구조주의 교수법에서 문형 연습의 준비 단계에 주로 사용된다. 상향식 학습은 언어 지식의 이해가 상당히 중요하며 언어 학습의 초기에 상향 과

---

7) Verderber & Verderber(1992)는 듣기를 '주의집중 – 이해하기 – 평가하기 – 기억하기 – 반응하기'의 단계로 나눈다.

정의 이해 전략이 사용된다. 상향식 듣기 활동의 예로는 최소 대립어 훈련(탈/딸, 방/빵 등)이나 간단한 대화를 듣고 필요한 정보 구하기 등이 있다. 그러나 듣기 교육에서 상향식 학습 방법에만 중점을 두는 경우 학습자의 실제 상황에 대응하는 파악 능력이 떨어질 수 있다.

2.3.2. 하향식 학습

듣기 활동에서 하향 과정의 학습은 문맥에 대한 배경지식을 통하여 가정이나 추측의 전략으로 정보를 이해하는 과정이다. 이때 학습자는 주어진 자료의 내용을 자신의 선험적 지식을 토대로 이해하기 때문에 이 과정에서는 언어의 단순한 해독보다는 의미의 재구성이 일어나며 학습자의 능동적인 인지 활동이 일어난다. 하향식 학습은 의미가 애매하거나 두 가지 이상의 의미를 가진 언어 자료에 대해 상황에 맞는 의미를 파악하는 능력을 키워주며 학습자의 적극적인 학습참여와 과제 수행을 이끌 수 있는 교수법이다. 주로 중급 이상의 학습자에게 적용되는 학습 방법이며 세부적 언어요소보다는 담화나 문맥 상황에 대한 파악 전략이 중요한 학습법이다. 하향식 듣기 활동으로는 들은 내용에 나오는 인물의 감정 상태 알아보기, 대화에 나타난 화자의 입장이나 태도 구별하기, 대화를 듣고 대화가 이루어진 장소나 분위기 파악하기, 주제 찾기 등이 있다. 그러나 외국어 학습자의 문화적 배경지식과 선험적 지식 구조가 모국어 화자와 다를 경우 하향식 학습법이 효과를 거두지 못할 수 있다.

2.3.3. 상호작용식 학습

상향식 학습법은 초급 학습자에게 하향식 학습법은 중급 이상의 학습자에게 적용되는 경우가 많다. 그러나 듣기 자료나 상황에 따라 고급 학습자가 구성 요소를 하나하나 단계적으로 이해하는 과정이 필요한 경우도 있고 초급 학습자라도 입력된 언어 정보를 문맥 상황에 따라 인지해야 하는 경우도 있다. 또한 하나의 듣기 활동에서 위의 두 과정이 함께 이루어져야 하는 경우도 있다. 이렇게 상향식 학습법과 하향식 학습법을 적절하게 적용하고 두 학습법의 필요한 부분을 취하여 두 과정이 지속적으로 상호작용할 수 있는 전략을 사용하는 학습법을 상호작용식(interactive) 학습이라 한다. 상호작용 활동의 예로는 단어를 들은 후 관련 단어 찾기, 길안내를 듣고 지도에서 찾아보기, 생략되었거나 부정확하게 들은 내용 추측하기 등을 들 수 있다.

3장

■

듣기 자료 구성의 원리

교사는 실생활에서 접하게 되는 여러 가지 유형의 듣기를 학습자에게 제공해야 한다. 또한 듣기 활동은 학습자의 수준에 맞춰 내용과 형태적 요소를 조정하여 구성하는 것이 중요하다. 이러한 점을 고려할 때 듣기 연습은 가능하면 실제 생활에서 접할 수 있는 듣기 자료를 그대로 이용하는 것이 좋지만 수업에 적합한 실제 자료를 찾는 것은 쉽지 않기 때문에 학습자의 수준, 학습 환경, 학습자의 필요나 요구에 따라 학습 자료를 새로 구성하거나 학습자에 맞도록 실제 자료를 재구성할 필요가 있다. 듣기 자료를 선정할 때 고려해야 할 내용은 다음과 같다.

3.1. 학습자의 이해수준에 맞는 자료

듣기 수업을 위해 학습자의 수준에 맞는 듣기 자료를 선정하는 것은 무엇보다 중요하다. 자료가 학습자의 수준보다 너무 어렵거나 쉬우면 학습 동기가 낮아지게 될 것이다. 듣기는 학습자의 동기가 없으면 활발한 참여를 유도하기 어렵기 때문에 학습자의 동기화가 필요하며 이를 위해서는 듣기 수업의 교육 목표에 부합하는 자료를 선정해야 한다. 또한 듣기는 학습자에게 정해진 시간 안에 고도의 집중력을 요구하므로 내용이 지루하거나 난이도가 맞지 않으면 학습자의 흥미를 끌 수 없다. 그러므로 학습자의 흥미를 유발할 수 있는 주제나 소재가 포함된 듣기 자료를 찾아야 한다. 그리고 수업 시간을 고려하여 듣기 자료의 길이를 조절해야 한다. 듣기 활동은 어느 정도의 기억력을 요구하기 때문에 학습자의 기억 능력을 넘어서는 긴 내용의 듣기는 집중력을 떨어뜨린다. 따라서 듣기 자료는 학습자의 수준에 맞게 적절하게 통제된 양으로 조절하는 것이 좋다.

3.2. 실제적 자료

효과적인 듣기 자료의 조건은 교실 수업에서 경험하는 자료가 실제 생활에 쉽게 적용될 수 있어야 한다는 것이다. 이를 위해서는 인위적이고 조작된 자료가 아니라 실생활에서 사용되는 텍스트를 자료로 선정하는 것이 가장 좋다. 그러나 실제 자료(authentic materials)를 그대로 녹음해서 수업 자료로 사용하는 데는 여러 문제점이 있다. 먼저, 실제 자료에는 어법에 맞지 않는 표현이나 문장, 담화 주제에 어울리지 않는 발화 등이 포함되어 있다. 녹음된 자료만을 듣는 학습자는 실제 담화 참여자가 아니기 때문에 담화를 이해하기가 어렵다. 또한 실제 자료에는 비표준적 발음이나 억양, 비속어 등이 그대로 사용되어 교육 자료로 그대로 사용되기 어려운 점이 있다. 마지막으로 실제 자료는 난이도가 고르지 않다는 문제점이 있으며, 특히 초급 학습자가 이해할 수 있는 듣기 자료를 구하기가 어렵기 때문에 실제 자료를 듣기 자료로 이용하는 것은 쉽지 않다.

따라서 듣기 자료는 실제적인 자료로 구성하는 것이 바람직하다. 실제적 자료란 실제 자료가 아닌 '실제 자료와 최대한 유사한 자료'를 말하는데 실제 자료의 문제를 보완하고 실제 자료를 기반으로 재구성하여 수업 자료로 적합하게 활용하는 자료이다. 실제적 자료는 교육 목적에 맞게 언어적 요소를 수정하고 선행지식이 없어도 듣기 자료를 이해할 수 있도록 배경지식을 지문이나 대화에서 제시하는 것이 좋으며, 난이도 조정을 위해 어휘나 문법 항목을 학습자의 수준에 맞게 대치하거나 생략하는 등의 조정을 해야 한다. 그런데 실제적 자료를 제작하는 과정에서는 듣기의 구어적 특성을 반영해야 한다는 점과 실제로 듣는 생자료에 최대한 가까운 자료를 구성해야 한다는 점을 고려해야 한다. 문어적인 표현이 많이 나오고 지나치게 완벽한 문장으로 이루어진 듣기 자료는 학습자가 듣기에 오히려 부자연스러울 수도 있으며 이러한 학습 자료로만 듣기 연습을 하는 경우 학습자가 실제 생활에서 듣게 되는 담화를 낯설어하고 이해하는 데 어려움을 느낄 수 있다.

다시 말하면 실제 자료에서 나타나는 듣기 학습에 부적합한 문제들을 수정하고 재구성하되 최대한 실제 생활의 듣기에 가까운 자료를 제작하는 것이 바람직하다고 할 수 있다.

3.3. 다양한 유형의 자료

실제 생활에서 듣기 활동은 다양한 형태로 나타나므로 듣기 자료 역시 다양한 유형이 반영되어야 한다. 듣기 활동은 일상 대화, 일방적인 정보 듣기, 감상을 위한 듣기 등으로 나눌 수 있다.[8]

일상대화는 가장 일반적인 듣기이며 대화는 간단한 질문과 대답, 명령, 부탁, 제안 등으로 이루어진다. 학습자의 수준에 따라 대화의 길이나 내용, 대응 방법이 달라진다. 그리고 일상대화는 직접 대면해서 하는 대화 외에 전화를 통한 간접 대화도 포함되는데 전화 대화는 표정, 몸짓 등의 비언어적 수단이 결여된 상태에서 순수한 음성만으로 의사를 전달하는 것이므로 직접 대화보다는 어렵다는 점을 고려해야 한다.

안내방송, 광고, 뉴스, 연설 등은 일상대화와 달리 상호작용이 없는 일방적인 발화를 듣는 것이다. 안내방송이나 광고는 비교적 짧고 간단한 문장이므로 어휘나 문법의 난이도 조정을 많이 하지 않고 생자료를 그대로 이용할 수 있다. 그리고 지하철 안내방송은 일상생활에서 기본적으로 필요한 듣기이므로 초급에서 다루어지는 것이 좋다. 단전이나 단수 안내, 간단한 광고 등도 사용되는 어휘 등의 언어 지식수준이 다소 높을 수는 있지만 일상생활에서 필요한 듣기이므로 초급 단계에서 학습할 수 있다. 이러한 듣기의 자료는 학습자의 어휘 문법 수준과 꼭 일치할 필요는 없다. 뉴스나 강연 등은 다른 듣기 활동보다 배경지식의 활성화가 필요하며 하향식 학습 모형을 적용하여 목적에 맞는 듣기를 할 수 있도록 자료를 구성하는 것이 좋다. 브라운(Brown, 1994)은 이와 같이 한 사람이 수많은 청자를 대상으로 말하는 것을 독백(monologue)이라고 정의하는데 연설이나 강의, 뉴스 등과 같이 화자가 일정 시간 동안 혼자 말하는 독백은 청자에게 언어입력이 쉬지 않고 계속되므로 청자가 이에 맞는 전략을 세워서 발화를 처리해야 한다.

노래나 영화, 드라마의 경우는 정보 이해하기와 내용 감상하기가 동시에 이루어져야 하는 특징이 있다. 감상을 위한 듣기 자료를 선정할 때에는 학습자의 변인을 고려하고 학습자의

---

8) 김청자 외 (2012:182)

요구나 관심을 적극적으로 반영하면 효과가 더 크다. 초급에서는 영화, 드라마, 노래를 단순히 보거나 따라하면서 필요한 어휘나 문법 표현 등을 연습할 수 있는 자료를 찾아야 하는 데 비해 고급에서는 전체적인 작품 이해를 바탕으로 감상 소감 발표, 주제에 대한 토론, 사회적 배경 등에 대한 이해 등에 초점을 두는 자료를 선정해야 한다.

3.4. 과제와 연계된 자료

듣기 수업을 구성할 때에는 다양한 과제 활동이 포함되어야 하는데 이 활동은 실제적인 활동 유형이어야 하며 다양한 기능이 반영되어야 한다. 그리고 이러한 과제 활동을 효과적으로 하기 위해서는 과제 활동에 적합한 듣기 자료를 선정해야 한다. 듣기 자료의 주제나 구성이 단조롭고 고루하거나, 주제는 다양하지만 적용할 수 있는 과제가 비슷하고 제한적이면 교실에서의 듣기 활동을 실제 생활에 적용하기가 어려워진다. 따라서 듣기 연습에만 그치는 자료가 아니라 듣기 후 효과적인 과제 활동으로 연결될 수 있는 자료를 개발하는 것이 중요하다. 듣기 내용을 과제와 연계한 자료는 들으면서 학습한 것을 실제 과제로 활용할 수 있다는 점에서 적합한 듣기 자료라 할 수 있다. 듣기 자료는 내용 이해, 추론 이해, 적절한 반응 끌어내기, 적절한 행동 끌어내기 등과 같은 과제와 연계될 수 있으며 학습자 단계에 따라 적절하게 활용할 수 있다.

4장

듣기 수업의 구성

4.1. 충분한 정보 제공

들리기(hearing) 단계의 듣기 연습에서는 학습자가 정확하게 들은 언어적 구성 요소를 통해 성공적인 듣기를 할 수 있으나, 대부분의 듣기 활동에서 학습자가 의미를 이해하기 위해서는 관련된 선행 지식이 필요하고 이해하기 쉬운 정보가 충분히 제공되어야 한다. 예를 들어 같은 뉴스를 듣는다 해도 모국어 청자는 자연스럽게 습득된 언어의 잉여적 요소나 관련된 배경지식이 많아서 쉽게 듣고 이해할 수 있지만 외국인 학습자에게 들리는 내용은 모두 새로운 정보이기 때문에 내용 이해에 어려움을 겪게 된다. 그러므로 듣기 활동에서는 선행지식이 내용을 이해하는 데에 큰 영향을 주지 않는 자료를 준비하는 것이 바람직하다고 할 수 있다. 그러나 선행지식이나 사회 문화적 배경지식과 무관한 자료를 찾기는 쉽지 않을뿐더러 실제 듣기 상황에서 그러한 경우는 거의 없을 것이다. 따라서 듣기 전에 선행지식을 학습자에게 제시하는 단계가 필요하다. 교사는 학습자에게 선행지식을 미리 주지시켜 듣기 이해 연습에 활용할 수 있도록 브레인스토밍(brain storming)이나 어휘 제시, 사회 문화적 배경지식 소개 등의 활동을 듣기 전 활동으로 구성하여야 한다. 듣기 전 충분한 정보 제공이 없을 경우 학습자의 듣기 활동이 단순한 언어적 요소의 이해에 그칠 수도 있으므로 관련 어휘, 관용적 표현, 속담, 문화적·사회적 배경지식 등을 듣기 활동 전에 충분히 학습자에게 제공하고 연습하도록 하는 것이 중요하다.

4.2. 전략적 듣기 활동 구성

일상생활의 듣기 활동에서 모국어 청자는 아무 생각 없이 들려오는 소리를 물리적으로 그대로 입력하지 않고 듣는 내용을 선택적으로 정보처리하면서 이해한다. 특별한 목적을 가지고 들을 때에는 더욱더 전략을 가지고 듣게 된다. 예를 들어 일기예보를 들을 때 청자가 살고 있는 지역이나 관심 있는 지역의 날씨만 집중해서 듣고 다른 지역의 날씨는 듣지 않는다. 또한 긴 강의를 들을 때에 청자는 들어야 하는 부분에 집중하고 강의의 주제와 관련된 핵심 단어를 듣는 데에 집중하기도 한다. 성공적인 듣기를 위해서는 이러한 전략이 필요하다는 것을 학습자에게 주지시키고 듣기 전략을 연습할 수 있는 자료와 수업활동을 구성해야 한다. 실제적 자료로 연습하는 경우 학습자는 전략적으로 들어야 내용을 잘 이해하고 필요한 정보를 들을 수 있다.

듣기 활동에서 필요한 듣기 전략과 자료는 다음과 같다.[9]
(1) 요점정리 : 대화, 전화통화, 강연, 토론
(2) 목적 찾기 : 부탁, 거절의 대화, 예약 주문 전화, 토론
(3) 주제, 중심 사상 찾기 : 강의, 강연, 토론
(4) 톤/음조/강세 식별하기 : 대화, 전화, 인터뷰
(5) 특정 정보 찾기 : 예약, 예매, 광고, 일기예보, 공공 기관 직원과의 대화
(6) 음소 식별하기 : 지명, 위치를 말하는 대화, 전화, 방송
(7) 추론하기 : 대화, 전화, 인터뷰, 강의, 강연

4.3. 언어의 다양한 기능 반영

브라운 & 율(Brown & Yule, 1983)은 언어의 기능을 상호작용적 기능(interactional function)과 업무처리 기능(transactional function)으로 나눈다. 상호작용적 기능은 정보 전달의 목적이 아닌 대인 관계 유지를 위한 언어활동을 말한다. 상호작용적 언어활동에서는 화자와 청자 주위의 화제나 주제로 대화가 이루어지며 이 화제는 계속 바뀐다. 또한 상대방의 관심이

9) 누난(Nunan, 1995:305)

나 반응에 최대한 맞추려는 대화원리가 적용된다. 주로 일상적 대화이며 개인적 의견 표현이나 특별한 의미가 없이 대화를 지속시키는 표현들이 사용된다. 한편 업무처리 기능의 언어활동은 정보전달의 목적을 가진 언어활동으로서 정확성이 요구되고 공식적인 표현들이 많이 사용된다. 지시하기, 설명하거나 묘사하기, 주문하기, 요청하기 등이 이에 속한다. 실제 생활에서는 두 기능의 언어활동이 모두 이루어지므로 학습자가 두 기능의 언어활동을 연습하고 이해하여 실제 듣기 상황에서 활용할 수 있도록 지도하는 것이 중요하다.

언어 기능에 따른 언어활동의 특성을 분류하고 파악하여 그에 맞는 듣기 전략을 세우는 것이 효과적인 듣기 수업 구성에 필요한 요소이다. 즉 언어 기능에 따라 듣기 활동에서 청자의 발화를 정확하게 이해하고 분석해야 하는 경우도 있고 때에 따라 담화 상황을 이해하여 필요한 요소를 선택적으로 들어도 문제가 없는 경우도 있다. 다음의 표는 두 기능의 언어활동을 이해 방식의 적용에 따라 구분한 것이며 해당 활동의 예를 함께 제시하고 있다.[10]

	상호작용적 언어활동	업무처리적 언어활동
상향식 과정의 정보처리 (bottom—up)	(가)	(나)
하향식 과정의 정보처리 (top—down)	(다)	(라)

(가) 언제 웃어야 할지를 알기 위해 농담에 경청하기
(나) 첫 운전 수업 시간 동안 지시에 경청하기
(다) 파티에서의 대화 듣기
(라) 여러 번 들은 적 있는 항공 안전 지시 듣기

....
10) 강현화 외 (2009:62)

4.4. 듣기 목적에 따른 과제 유형

앞에서 언어의 기능을 상호작용적 기능과 업무처리 기능으로 나누어 살펴보았다면, 실제로 우리가 직면하는 언어 상황은 크게 두 가지 유형으로 분류할 수 있다. 감정이나 정보를 교환하기 위해 다른 사람과 대화를 하는 상황이 있는가 하면 정보를 일방적으로 듣는 상황이 있다. 전자의 경우를 양방향 소통(two-way communication)이라고 하고 후자를 일방향 소통(one-way communication)이라고 한다.

양방향 소통은 청자가 화자와 협력하여 대화를 이끌어 나가는 상황의 언어활동인 반면에 일방향 소통은 청자가 화제에 전혀 끼어들 수 없는 상황에서 일어나는 언어활동이다. 양방향 소통에서 청자는 대화의 내용을 이해해야 할 뿐 아니라 화자의 의도나 함축된 의미, 대화의 맥락을 파악해야 한다. 즉 대화 내용을 듣는 동시에 인지적으로 처리하여 이해한 것을 비판적으로 평가하고 응답하는 행동이 수반되어야 한다. 양방향 소통의 활동 연습을 위해서는 이러한 점을 고려하여 대화 상황을 설정하고 연습하도록 수업을 구성할 필요가 있다.

이에 비해 일방향 소통은 화자와의 상응 관계없이 청자가 들리는 언어자료를 일방적으로 이해하고 처리하는 언어활동이기 때문에 양방향 소통과는 다른 전략을 사용해야 한다. 일방향 소통의 예로는 뉴스나 일기예보 듣기, 안내방송 듣기, 연설이나 강연 듣기 등이 있다. 이러한 상황에서의 듣기 연습을 구성할 때에는 상향식 이해 과정과 하향식 이해 과정을 상황에 맞게 적절히 적용해서 핵심적인 부분을 들을 수 있도록 교사가 이끌어야 한다. 이러한 자료를 사용하는 경우 학습자가 선별적으로 정보를 파악할 수 있는 전략을 개발할 수 있도록 하는 듣기 활동이 필요하다.

이와 같이 듣기의 목적에 따라 듣기의 상황과 전략이 다르므로 이에 따른 차별화된 과제 유형이 설정되어야 한다. 즉, 청자가 대화의 참여자로서 질문을 듣고 답을 하거나 담화 상황과 맥락을 파악하는 과제가 활용될 수도 있고 필요한 정보를 파악하거나 세부 내용을 파악하는 과제 등이 구성될 수도 있어야 한다.

5장

■:

듣기 활동의 실제
듣기 활동 단계에 따른 수업 구성

듣기 수업은 듣기 전 활동(pre-listening), 듣기 활동(while-listening), 듣기 후 활동(post-listening)의 세 단계로 나누어 구성할 수 있으며 각 단계에 맞는 적절한 자료와 활동을 적용해서 지도해야 한다.

5.1. 듣기 전 활동

듣기는 수동적인 활동이 아닌 능동적이고 상호작용적 행위이기 때문에 듣기 수업에서 듣기 전 활동은 매우 중요하다. 듣기 전 단계는 실제로 듣기가 이루어지는 과정의 전 단계로 듣게 될 내용에 대해 목적과 기대를 가질 수 있도록 학습자를 이끄는 역할을 한다. 실생활의 듣기 활동에서 어떠한 담화 상황이나 앞으로 듣게 될 내용에 대해 아무 기대와 목적 없이 듣게 되는 경우는 많지 않다. 그러므로 듣기 수업에서 교사가 사전 정보를 제공하지 않고 갑자기 들어야 할 내용을 들려주면서 바로 듣기 활동을 시작하면 학습자는 듣기에 어려움을 느낄 것이다. 즉 학습자는 무엇을 들어야 하는지 모르는 상태에서 듣기 때문에 듣기 내용에 대한 흥미를 잃고 모든 소리에 집중하면서 스트레스를 받게 된다.

따라서 듣기 전 활동에서는 학습자의 선험지식구조를 활성화시키거나 새로운 배경지식이나 언어지식을 제공하여 학습자가 주제에 대한 흥미를 가지게 해야 한다. 또한 학습자에게 듣기의 목적을 제시해 줌으로써 학습자가 들어야 하는 특정 부분에 주의를 집중하게 하여 학습자의 능동적인 듣기 능력을 향상시킬 수 있다. 듣기 전 활동은 학습자가 실제 듣기 활동과 유사한 듣기 활동을 접함으로써 듣기에 자신감을 가지게 하는 데 중요한 역할을 하는 단계이다. 대표적인 듣기 전 활동은 다음과 같다.

5.1.1. 시각 자료 제시하기
시각 자료는 학습자가 가장 이해하기 쉬운 자료이며 학습자의 흥미를 유발할 수 있다는 점에서 가장 효과적인 자료이다. 듣기 활동을 하기 전에 사진이나 동영상 등을 보여주면 듣기 내용을 이해하기 쉬워지고 자료를 보고 듣기 전에 내용을 예측함으로써 듣기의 내용을 선택적으로 들을 수 있다. 그림이나 사진을 이용할 때에는 학습 내용과 직접 관련되는 것을 선택해야 한다. 또한 시각 자료는 명시적이어야 하며 지나치게 복잡한 그림은 내용에 초점을 맞추기 어렵다. 다음 예와 같이 집에 생길 수 있는 문제를 그림을 통해 이해하고 듣기 전에 이야기해 볼 수 있다.

:: 다음 대화를 듣기 전에 친구와 이야기해 보세요.
　　집에 어떤 문제가 생기면 불편할까요?

5.1.2. 관련 어휘 제시하기
학습자는 생소한 어휘나 표현이 많으면 듣는 내용에 대한 집중력이 떨어지게 되어 자신이 들을 수 있는 것도 잘 듣지 못하게 되고 자신감을 잃어 듣기에 많은 어려움을 느끼게 된다.

따라서 들을 내용에 나오는 어휘를 듣기 전 활동에서 미리 제시해 주고 목록화하면 학습자가 들은 내용을 이해하는 데에 도움이 된다.

:: **준비하기** : 날씨 때문에 불편한 적이 있습니까?

소나기가 오다	폭우가 내리다	폭설이 내리다
홍수가 나다	가뭄이 들다	안개가 끼다
태풍이 오다	번개가 치다	천둥이 치다

5.1.3. 사전 질문을 통해 배경지식 활성화하기

학습자가 자료를 듣기 전에 교사가 학습자에게 관련된 내용에 대해 질문하고 학습자는 자신의 경험이나 지식을 활용하여 대답을 함으로써 학습자의 선험적 지식을 극대화할 수 있는 활동이다. 사전 질문을 받고 그에 대한 대답을 하면서 학습자는 들을 내용에 대해 추측을 하고 관심을 가지게 될 뿐 아니라 들을 때 질문을 받았던 내용에 특별히 관심을 기울이게 되는 의도학습(intentional learning)의 효과도 얻을 수 있다. 예를 들어 컴퓨터 수리 센터 직원과의 대화 듣기를 할 때 자료를 듣기 전에 사용하던 컴퓨터가 고장 난 적이 있는지, 수리 센터에 가본 적이 있는지를 물어보면서 자연스럽게 필요한 어휘나 상황을 제시해 줄 수 있다.

:: **〈준비 말하기〉** : 컴퓨터나 휴대 전화 등의 물건이 고장 나서 수리 기사를 부른 적이 있습니까?
　　※ 잘 듣고 대화하는 두 사람이 누구인지 말해 보세요.
　　(　　　　　　　　　　　　　　　　　)

〈지문〉

수리 기사 : 안녕하세요? 고객님, 수리 기사입니다. 컴퓨터 고장 수리 신청하셨죠?
고객 　　: 네, 제가 신청했어요.
수리기사 : 어떻게 안 되는지 자세하게 말씀해 주세요.
고객 　　: 며칠 전부터 컴퓨터에서 이상한 소리가 크게 나더니 오늘은 갑자기 컴퓨터가 안 돼요.
수리기사 : 혹시 오랫동안 컴퓨터를 켜 두셨나요?
고객 　　: 아니요, 이상한 소리가 나서 잠깐씩만 사용했는데 오늘은 전원이 안 켜져요.
수리기사 : 알겠습니다. 그럼 오늘 오후 3시에 방문하겠습니다. 주소 좀 말씀해 주세요.

5.1.4. 배경지식 설명하기

일상생활에서 이루어지는 듣기 활동은 특별한 배경지식 없이 이해가 가능한 담화 상황도 있지만 주제를 이해하기 위해서 사전 배경지식이나 선험적 지식이 필요한 상황도 있다. 특히 문화, 정치, 경제 등과 관련된 내용을 들을 때에 관련된 배경지식이 없으면 언어적 요소를 이해한다고 해도 들은 내용을 파악할 수 없을 것이다. 학습자의 수준이 고급으로 갈수록 이러한 활동은 더 많이 요구된다. 예를 들어 공정무역에 관한 캠페인을 듣는다고 할 때 학습자가 그 내용이나 목적을 이해하기 위해서는 캠페인을 듣기 전에 공정무역의 개념을 알아야 의미 있는 듣기가 이루어질 것이다. 또한 생자료를 이용한 뉴스 듣기를 하는 경우 그때그때 화제가 되는 뉴스를 선정하는 경우가 많은데 학습자가 뉴스에서 다루는 내용에 대한 배경지식을 미리 가지고 있으면 잉여적인 부분을 배제하고 들어야 하는 부분에만 집중하게 되어 뉴스를 훨씬 더 쉽게 이해할 수 있다.

:: 준비해 보세요.
  ※ 사진에 있는 두 커피의 다른 점은 무엇일까요?
    공정무역에 대해 이야기 해 보세요.

5.1.5. 해당 주제에 대한 의견 말하기와 토론하기

들을 내용의 주제를 미리 제시하고 학습자들에게 의견을 말하거나 토론을 하도록 하는 활동이다. 이때 주제는 학습자에게 새롭고 생소한 주제가 아니라 쉽게 이해할 수 있는 것이어야 한다. 주제가 어렵지 않아도 관련어휘나 내용의 확장이 필요한 자료를 들을 경우 듣기 전에 학습자가 능동적으로 주제에 대해 생각하고 내용을 정리하는 활동을 하게 한다. 이러한 활동을 통해 듣게 되는 내용과 자신의 생각이나 입장을 비교할 수 있다. 예를 들어 직업 선택의 조건에 대해 듣기 전에 토론을 하고 관련 자료를 들으면 내용을 쉽게 이해할 수 있고 내용을 들은 후 다시 토론을 하게 하면 듣기 후 활동으로 자연스럽게 연계되면서 듣기 전과 들은 후의 변화된 학습자들의 생각을 비교할 수도 있다.

:: 다음은 사람들이 생각하는 직업 선택의 조건입니다. 여러분이 중요하다고 생각하는 조건을 친구와 이야기 해 본 후 대화를 들어 보세요.

| 적성 | 급여 수준 | 자기 개발 | 사회적 인정 | 여가 시간 | 동료 |

5.2. 듣기 활동

듣기 활동 단계에서는 학습자가 언어자료에 흥미를 가지고 듣기에 집중하도록 해야 한다. 따라서 듣기 전 활동이나 듣기 후 활동과 달리 말하기, 읽기, 쓰기 영역과의 통합을 줄이고 듣기 자체에 집중할 수 있는 활동을 고려해야 한다. 그리고 학습자가 듣기에 집중하면서 내용을 찾아내는 능력을 개발할 수 있는 자료를 구성하는 것이 필요하다. 이때 과제의 내용이 너무 복잡하거나 시간이 오래 걸리는 것은 좋지 않으며 듣지 않고도 답을 찾을 수 있을 정도로 상식적인 과제도 피해야 한다. 즉 주제나 내용을 학습자와 관련이 있는 것으로 선정하고 학습자의 인지 수준을 고려하여 적절한 난이도의 자료를 제공해서 학습자가 듣기 활동 자체에 흥미를 느끼게 해야 한다. 예를 들어 들으면서 써야 하는 활동은 쓰기 때문에 주의력이 분산되어 듣기를 어렵게 만들 수 있으므로 맞는 답을 표시하거나 동그라미 등을 치면서 들은 내용을 확인하는 정도의 과제가 적절하다. 그리고 듣기 활동이 끝나면 바로 피드백이 이루어져야 한다. 과제 수행이 성공적으로 되었는지 확인해야 하고 실패했을 경우 과제 실패의 원인을 학습자가 스스로 찾아보게 한다. 피드백은 소그룹 활동이나 짝활동을 통해 행해지면 학습효과가 더 커질 수 있다. 듣기 활동 유형의 몇 가지 예를 살펴보면 다음과 같다.

5.2.1. 듣고 맞는 답 고르기

가장 대표적인 활동으로서 내용을 듣고 이해한 후 듣기 활동 과제에서 요구하는 질문 내용과 일치하는 것을 고르는 과제이다. 문장 읽고 답 고르기, 그림 보고 고르기, 도표나 서식 보고 고르기 등 답을 제시하는 방식이 다양하다.

:: 남자는 주말에 보통 무엇을 합니까? 맞는 것을 모두 고르세요.

①    ②    ③

〈지문〉
.. 생략
여: 마이클 씨는 주말에 보통 뭘 하세요?
남: 책을 읽거나 영화를 봐요.
여: 저도 영화를 좋아해요.
남: 그럼 시간이 있으면 같이 봐요.

5.2.2. 듣고 O·X 하기

내용을 듣고 지시문에 따라 O·X 하는 유형이다. 들으면서 O·X 하는 것은 듣기에 방해가 되지 않으면서 들은 내용의 이해 여부를 확인할 수 있는 방법이다. 다시 말하면 복잡하게 들은 내용을 쓰거나 말하지 않고 듣기 자체에만 집중할 수 있으며 학습자에게 부담이 되지 않는 활동이라 할 수 있다. 유형이 단순하므로 초급 단계에서 많이 사용된다.

제 2 터미널		국제선 출발		25. oct. 09:17
편명	예정시각	목적지	탑승구	현황
KE 901	11:20	베이징	15	결항
KE 286	12:10	도쿄	29	출발 지연
CA 425	13:25	다롄	24	출발 지연

:: 들은 내용과 같으면 O, 다르면 x 하세요.

① 남자는 중국에 있다. ( )
② 베이징행 비행기는 안개 때문에 출발하지 못한다. ( )
③ 여자는 내일 비행기를 탈 것이다. ( )

〈지문〉
남자 : 지금 공항이야? 너 오늘 사십분에 도착하는 거 맞지?
여자 : 지금 문제가 생겼어. 오늘 안개가 심하게 끼어서 비행기가 언제 출발할지 몰라대. 베이징 가는 비행기는 조금 전에 취소됐어.
남자 : 그럼 여기 오는 비행기도 취소됐어?
여자 : 아니, 도쿄행 비행기는 취소된 건 아니고 출발이 늦어진다고 했어. 기다려 보고 다시 전화할게.

5.2.3. 듣고 연결하기

듣고 서로 맞는 것을 선으로 연결하는 방법으로 이때 연결하는 방법은 그림과 그림, 그림과 글자, 숫자와 그림, 텍스트와 텍스트 등이 있고 학습자의 수준에 맞게 구성할 수 있으며 학습자가 지루하지 않도록 다양하게 이용하는 것이 좋다.

:: 다음 대화를 듣고 관계있는 것끼리 연결해 보세요.

창의적이다
경쟁적이다
활동적이다

예의바르다
완벽주의자다
참을성이 있다

실수가 없다
꼼꼼하다
성실하다

5.2.4. 들은 내용 그리기

들은 내용 그리기는 학습자에게 들은 내용의 일부나 발화 상황이 미리 그림으로 제시되고 학습자는 들으면서 그림을 추가하여 그리는 유형이다. 쓰기 능력이 충분하지 않은 초기 단계 학습자들이 듣기 활동을 원활하게 할 수 있도록 하는 연습 유형이지만 듣기 내용에 따라 고급 학습자들에게 적용하여 흥미를 이끌어 내게 할 때에도 활용될 수 있다. 이 활동의 예로 시간 듣고 시계 그리기, 위치 듣고 물건 그려 넣기 등이 있다. 고급에서 그래프 그리기 등도 이 활동에 포함된다.

:: 다음을 듣고 수지의 방에 있는 물건의 위치를 찾아 그려 보세요.

5.2.5. 들은 내용 쓰기

들은 내용을 학습자가 직접 쓰는 활동이며 쓰기의 길이나 형태에 따라 초급부터 고급까지 활용할 수 있는 과제이다. 초급에서는 간단하고 쉬운 문장이나 표를 제시하고 빈칸을 만들어 이를 채우도록 하는 빈칸 채우기 활동을 많이 하고 고급에서는 복잡한 서식이나 내용을 제시하면서 맥락에서 특정한 어느 부분을 비워 두고 들은 후에 써서 채우도록 하는 맥락쓰기를 활용한다.

:: 잘 듣고 빈칸에 써 보세요.

두 사람은 일요일 오후에 _____시에 _____에서 만나려고 합니다.

5.2.6. 들은 내용 순서대로 나열하기

들은 내용 나열하기는 내용을 듣고 순서대로 재배치하는 과제이다. 청자가 들은 내용을 순서에 따라 이해하는 연습을 함으로써 문장 단위의 이해가 아닌 담화, 텍스트 전체의 이해 능력을 기를 수 있는 활동이다. 그림을 순서대로 나열하는 것은 상대적으로 쉽기 때문에 이 유형에서는 그림이 많이 활용되지만 단어나 문장을 순서대로 배치하는 유형도 있다. 특히 정보의 논리적 순서는 들은 내용의 순서와 일치하지 않을 수 있기 때문에 듣고 자세한 내용까지 파악하는 능력이 있는지를 확인하는 연습에 유용한 활동이다.

:: 이 사람은 여행을 가서 무엇을 했습니까? 순서대로 번호를 쓰세요.

①

②

③

④

⑤

(   ) → (   ) → (   ) → (   ) → (   )

5.2.7. 중심 내용 파악하기

내용을 들은 후 중심 내용을 파악하는 활동은 듣기 과제에서 보편적으로 활용되는 과제이다. 들은 정보를 하나하나 파악하는 능력은 정보를 잘 들으면 이해할 수 있고 복잡한 사고력을 요구하지 않지만 중심 내용을 파악하는 능력은 정보들을 듣고 전체적인 맥락에서 종합해 내는 사고력을 요한다. 보통 초급보다는 중·고급 단계에서 연습하는 활동이며 제목 물어보기, 화자의 중심 생각 파악하기, 중심 내용 고르기 등이 있다.

:: 다음을 듣고 여자의 중심 생각을 고르세요.

① 단점을 가지고 있으면 취직하기 힘들다.   ② 실패한 경험을 잘 활용하면 성공할 수 있다.

③ 실패한 경험을 잊어버리려고 노력해야 한다.   ④ 면접을 볼 때는 자신감을 가지고 말해야 한다.

5.2.8. 추측하기

들은 내용을 바탕으로 추측을 해 보는 활동이며 이때 추측에 시간이 많이 소요되거나 복잡한 추측을 요구하는 것은 피하고 듣고 바로 판단할 수 있는 정도의 내용이 추측될 수 있는 자료를 선택해야 한다. 초급에서는 대화를 듣고 이어질 내용이나 화자의 태도, 반응 등을 추측하거나 안내방송을 듣고 청자가 어떤 대응을 할지 추측하는 연습을 할 수 있다. 고급에서는 토론, 강의, 강연 등을 듣고 이어질 화제, 참여자의 태도 등을 추측, 추론할 수 있다.

:: 다음 대화에 이어질 수 있는 말은 무엇일까요?

① 어제 우산을 잃어버렸어요.　　　　② 제가 우산이 두 개 있으니까 빌려드릴게요.
③ 여름에 집중 호우가 큰 문제예요.　　④ 우리나라 일기예보는 언제나 믿을 수 있어요.

〈지문〉
여 : 날씨가 흐린 걸 보니 비가 올 것 같네요.
남 : 어제 일기예보를 보니 비는 오지 않는다고 하던데요. 그래서 우산도 안 가져 왔는데 비가 오면 큰일이네요.
여 : _____.

5.3. 듣기 후 활동

듣기 후 활동은 듣기가 끝난 후 들은 내용을 정리하거나 요약하거나 확인함으로써 학습자의 언어학습 효과를 극대화하고 들은 내용을 활용하여 다른 언어 영역의 훈련과 연계할 수 있는 활동이다. 들은 후 제목을 붙이거나 내용을 간단히 요약하는 쓰기 활동을 할 수 있고 들은 후 내용에 대해 느낌이나 소감을 말하거나 들은 내용에 대해 토론을 하는 말하기 활동과 연계할 수도 있다. 드라마나 영화를 감상한 후에는 들은 대화와 유사한 상황의 역할극을 해 보는 활동도 있다. 초급에서는 제목이나 핵심어 찾기, 이어질 내용과 관련된 그림 찾기 등을 할 수 있고 중·고급에서는 전체 내용 요약하기, 비판하기, 토의하기, 문제 해결하기나 들은 내용의 전·후에 일어나는 상황 추론하여 말하기 등의 활동을 할 수 있다.

듣기 단계 후 학습자가 들은 내용을 기억에 남겨 이를 활용할 기회를 만들어주는 것이 듣기 후 활동의 중요한 목적이라고 할 수 있다. 또한 듣기 후 활동은 주로 다른 기능과 함께 이루어지기 때문에 활동 시간이 상대적으로 많이 걸린다. 따라서 듣기 후 활동을 계획할 때에는 언어활동의 양, 시간, 활동 조직의 유형, 다른 언어 기능 등을 고려해야 한다.

5.3.1. 들은 내용 학습하기

들은 내용 중 학습 목표로 하는 어휘나 문법, 표현을 다시 학습하는 활동이다. 초급에서는 듣기 중에 나온 중요한 단어나 문법을 정리하고 이를 내재화할 수 있으며 고급에서는 어휘와 문법뿐 아니라 양보하기, 문제 제기하기, 동의하기, 반박하기 등과 같은 기능적 표현도 확인하고 익히게 할 수 있다.

:: 다음 토론을 듣고 두 사람이 사용하는 다음의 표현을 연습해 보세요.

근거 대기	부분적 동의하기
◆ ~다는 점에서 그렇게 생각합니다. ◆ 제가 생각하는 이유는 ~ 때문입니다. ◆ ~다고 주장하는 근거는 다음과 같습니다.	◆ 일리가 있지만 ◆ 그 점에 동의하지만 ◆ 그런 점도 있겠지만 ◆ 그런 점을 부인하는 것은 아닙니다.

5.3.2. 요약하기

듣고 난 후 내용을 정리하고 요약하는 활동이다. 요약을 할 때에는 지나치게 복잡한 내용을 제시해서 요약하는 데에 더 집중하게 하는 것은 피해야 한다. 듣기에 집중을 하여 내용을 파악하면서 쉽게 요약할 수 있는 과제로 정하는 것이 좋으며 학습자의 수준에 따라 요약 형식과 내용의 일부를 제시하고 일부만 학습자가 표현할 수 있도록 하는 과제가 많이 활용된다.

:: 잘 듣고 들은 내용을 메모해 보세요.

고장난 물건	
문제점	
해결 방법	

〈지문〉

수리기사 : 안녕하세요? 고객님. 수리 기사입니다. 컴퓨터 고장 수리 신청하셨죠?
고객 : 네, 제가 신청했어요.
수리기사 : 어떻게 안 되는지 자세하게 말씀해 주세요.
고객 : 며칠 전부터 컴퓨터에서 이상한 소리가 크게 나더니 오늘은 갑자기 컴퓨터가 안 돼요.
수리기사 : 혹시 오랫동안 컴퓨터를 켜 두셨나요?
고객 : 아니요, 이상한 소리가 나서 잠깐씩만 사용했는데 오늘은 전원이 안 켜져요.
수리기사 : 알겠습니다. 그럼 오늘 오후 3시에 방문하겠습니다. 주소 좀 말씀해 주세요

5.3.3. 주제와 관련된 경험 소개하기, 역할극 하기

들은 내용의 주제를 다시 한번 확인하고 짝활동이나 그룹 활동을 통해 주제와 관련된 경험이나 관련된 장소, 물건 등을 소개함으로써 들은 내용을 실제 상황에 적용시키는 연습을 할 수 있다. 또한 들은 내용과 관련된 주제와 표현 등을 이용해 들은 내용과 유사한 역할극을 해보게 하는 활동도 있다.

5.3.4. 추측, 추론하기

듣기가 끝난 후 담화 이전에 어떤 일이 있었는지 또 담화 이후에 어떤 일이 일어날지 추측하는 활동이 있고, 담화 상황이나 대화에 참여하는 사람의 관계 등을 추론하게 할 수도 있다. 또 담화를 듣고 뒤에 이어질 내용을 추론할 수도 있다.

:: 다음 강의를 잘 듣고 질문에 답해 보세요.
앞으로 어떤 내용이 이어질 것 같습니까?

5.3.5. 문제 해결하기

담화에서 제기된 내용을 짝활동이나 소그룹 활동으로 토의하고 가장 좋은 해결방법을 찾는 과제이다. 어떠한 고민이나 상담 내용을 들은 후 해결해야 할 문제들을 제시하면서 학습

:: 다음 대화를 듣고 자신이 알고 있는 취업 준비 방법을 이야기해 보세요.

자들이 해결 방법을 찾아보게 할 수 있다. 예를 들어 가지고 싶은 직업에 대해 토의하고 그런 일을 하려면 어떻게 준비해야 하는지 조언을 구하고 해결 방안을 이야기해 보는 활동을 구성할 수 있다.

5.3.6. 토론하기, 주장하기

일정한 견해나 주장이 표현되는 담화나 대화를 듣고 그에 대한 자신의 의견을 말하는 활동이다. 양쪽의 상반된 의견을 들은 후 이를 정리하고 자신의 생각을 짝활동 혹은 그룹활동으로 토론하게 한다. 토론하기 전에 들은 내용의 주제를 충분히 파악해야 토론이 가능한 자료를 선정하여 활용해야 하고 이를 위해 들은 내용에 나오는 핵심 어휘를 확인한 후 토론하게 하는 것이 좋다.

:: 다음의 토론을 들은 후 이 주제에 대해 어떻게 생각하는지 자신의 의견을 정리하고 친구들과 토론해 보세요.

| 범죄자의 얼굴을 공개하면 인권을 침해하는 것인가? | **동의** : 범죄자의 가족이 피해를 입을 수 있다.
…… |
| | **반대** : 범죄자의 얼굴 공개는 범죄예방을 위해 필요하다.
…… |

5.4. 실제 자료를 이용한 듣기 활동 구성의 예

앞에서 본 바와 같이 듣기 연습은 세 단계로 나눌 수 있으며 자료에 따라 각 단계에 적절한 연습과 활동을 구성할 때 효과적인 듣기 수업이 이루어진다. 다음은 뉴스 듣기를 위한 자료이다. 자료를 보면서 듣기 전 단계, 듣기 단계, 듣기 후 단계에 필요한 연습과 활동을 생각해 볼 수 있다.

〈뉴스 듣기를 위한 자료의 예시〉

:: **전체적인 내용을 생각하며 뉴스를 들어 보세요.**
1. 이 뉴스에서 소개된 기부자들의 공통점은 무엇입니까?
2. 뉴스의 내용과 같으면 ○, 다르면 × 하세요.
   ① 쌀을 기부한 사람이 직접 트럭에 싣고 왔다. (　　)
   ② 쌀 기부자는 작년에도 쌀을 기부한 바 있다. (　　)
   ③ 성금 기부자는 12년 동안 모은 돈을 이번에 모두 기부했다. (　　)

:: **자세하게 들으며 알맞은 단어를 넣어 보세요.**

앵커 : 한 독지가가 어려운 _____에게 전해 달라며 쌀 300 포대를 주민 센터에 맡겼습니다. 이같이 남몰래 베푼 선행이 추운 한겨울을 녹이고 있습니다. 원중희 기잡니다.
기자 : 주민 센터 사무실에 쌀 포대가 가득 쌓였습니다. 지난 5일 서울 성북구 월곡2동 주민 센터에 익명의 _____가 보낸 겁니다. 설을 앞두고 어려운 이웃에게 전해 달라는 전화가 온 뒤 트럭에 쌀 포대가 실려 왔습니다.
인터뷰 : 11시쯤 쌀이 도착했다는 소리 듣고 나가 보니까 _____ 트럭에 300포가 실려 있었습니다.
기자 : 이 익명의 _____는 지난해에도 쌀 200포대를 보내왔습니다. 쌀을 받은 주민은 고마운 마음에 눈시울을 붉힙니다.
인터뷰 : 얼마나 감사한지 밥을 먹으면서 저번에 얼마나 너무너무 감사해서….
기자 : 이런 선행이 알려지자 이곳 주민 센터에는 _____에만 51건의 기부가 잇따랐습니다. 전주 노송동 주민 센터에도 해마다 어김없이 _____을 전달하는 천사가 있습니다. 불우이웃을 위해 12년간 모두 2억 5천여만 원을 맡겼습니다. 남몰래 전해지는 _____ 선행이 이웃들의 마음을 따뜻하게 만들고 있습니다. MBN뉴스 원중힙니다. (1:18)

얼굴 없는 천사가 보낸 쌀 300포대 (MBN)
http://mbn.mk.co.kr/pages/news/newsView.php?category=mbn00009&news_seq_no=1144174

• 독지가 : 남을 위한 자선 사업이나 사회사업에 물심양면으로 참여하여 지원하는 사람
• 포대 : 자루, 주머니
• 남몰래 : 어떤 일을 남이 모르게 하는 모양
• 베풀다 : 남에게 돈을 주거나 일을 도와줘서 혜택을 받게 하다
• 선행 : 착한 행동
• 녹이다 : 녹게 하다
• 익명 : 이름을 알리지 않고 숨김
• 앞두다 : 목적까지 일정한 시간이나 거리를 남겨 놓다
• 눈시울을 붉히다 : 눈물이 나서 눈 주위를 빨갛게 하다
• 잇따르다 : 어떤 사건이나 행동 등이 계속해서 발생하다
• 어김없이 : 어기는 일 없이. 꼭

❶ 듣기 전 활동
– 관련 어휘 제시하기
– 사전 질문을 통해 배경지식 활성화하기

❷ 듣기 활동
– 내용 파악하기
– 듣고 O·X 하기
– 들은 내용 쓰기

❸ 듣기 후 활동
– 듣고 요약하기
– 주제와 관련된 경험 소개하기
– 문제 해결하기

강현화 외(2009), 「한국어 이해 교육론」, 『국제 한국어 교육학회』 형설 출판사.

김청자(2012), 「한국어 듣기교육론」, 『한국어 교육의 이론과 실제 2』, 서울대학교 한국어문학연구소, 국어교육연구소, 언어교육원 공편, 아카넷.

민현식 외(2005), 「말하기 듣기 교육」 『한국어 교육론』 3, 한국문화사.

민현식(2005), 「한국어 교사론―21세기 한국어 교사의 자질과 역할」, 한국어 교육 16-1, 국제한국어 교육학회.

박영순(2006), 『외국어로서의 한국어 교육론』, 월인.

박영순 외(2008), 『한국어와 한국어 교육』, 한국문화사.

양명희 · 김정남(2011), 『한국어 듣기교육론』, 신구문화사

이미혜(2005), 「한국어 기능 교육론 2―말하기 · 듣기 교육」, 한국방송통신대학교 평생교육원 편, 『외국어로서의 한국어 교육학』, 한국방송통신대학교출판부.

이해영(1999), 「한국어 듣기 교육의 원리와 수업구성」, 《한국어 교육》 10-1, 국제한국어 교육학회.

이해영 · 이미혜(1996), 「Task를 기초로 한 한국어 듣기」, 《교육한글》 10, 한글학회.

이혜영(2002), 「한국어 듣기 교육의 이론과 실제」, 『한국어 교육학의 현황과 과제』(박영순 편), 한국문화사.

전은주(1999), 『말하기 · 듣기 교육론』, 도서출판 박이정.

조항록(1993), 「외국어로서의 한국어 듣기교육에 관한 일 고찰」, 《말》 제 18집, 연세대학교 한국어학당.

한송화(2007), 『한국어 교수법의 실제』, 연세대학교 출판부.

한재영 외(2005), 『한국어 교수법』, 태학사.

허용 외(2005), 『외국어로서의 한국어 교육학 개론』, 박이정.

최정순(1997), 「교재 구성에 있어서 과제(Task) 개념의 적용에 관하여」, 《한국말교육》 8, 국제한국어 교육학회.

Nunan, D.(1989) *Designing Tasks for the Communicative Classroom*, Cambridge University Press.

Nunan, D.(1999) /임병빈 외 역(2003), 『제 2 언어 교수학습』, 한국문화사.

Brown, H. D.(1994)/신성철 역(1996), 『외국어 교수―학습의 원리』, 한신문화사.

Brown, H. D.(1994), *Principles of language learning and teaching* , Longman.

Brown, H. D.(1994), *Teaching by principles: an interactive approach to language pedagogy*, Longman.

Littlewood, W.(1981), *Communicative language teaching : an introduction*, Cambridge University Press.

한국어 쓰기 교육론

정인아

서울대학교 언어교육원 한국어교육센터

| 학습 목표 |

- 외국어 교육에서 쓰기의 특성과 중요성에 관하여 이해한다.
- 쓰기 교육의 이론과 실제 쓰기 교육 방법에 대해 살펴본다.
  - 쓰기에서 오류의 개념과 오류 수정 방법을 알아본다.

▶▶ 차례

1장

서론

1.1. 쓰기의 개념

쓰기(Writing)는 문자를 도구로 하는 언어 표현 활동으로서 말하기, 듣기, 읽기 등 다른 언어 기능에 비해 매우 숙달하기 어려운 언어 기술로 일컬어진다. 크리스토퍼 트리블(Christopher Tribble, 1996:11)은 누구나 최소한 한 가지 언어를 유창하게 말하는 것을 배우지만 많은 사람들이 쓰기는 그렇게 자신 있게 하지 못한다고 하면서 그 이유 중 하나는 글쓰기가 '배워야 하는 어떤 형식(some form of instruction)'을 요구하기 때문일 것이라고 하였다. 즉 노출됨으로 인해 손쉽게 얻어지는 기술이 아니라는 것이다.

쓰기는 종종 작문(composition)을 의미하는 것으로 이해되기도 하지만 작문과 구분되는 개념, 즉 문자를 익히거나 철자법에 맞게 쓰기 등의 활동까지 포함하는 것으로 이해되기도 한다.[1] 그러나 많은 연구자는 쓰기의 범위를 이 두 가지를 모두 포함하는 것으로 본다. 즉 문자를 익히기 위해 베껴 쓰는 것, 음성을 듣고 받아 적는 것부터 문법 연습을 위한 쓰기, 생

---

1) 예컨대 베른트 카스트(Bernd Kast, 2007:42~43)에서 요약한 윌가 리버스(Wilga Rivers, 1968)의 접근법에서는 쓰기 능력에 도달하게 하는 네 가지 학습 영역을 다음 4가지로 구분한다. ① notion : 말소리와 문자를 대응시키는 것 ② spelling : 맞춤법 ③ Writing practice : 주어진 것 베끼기, 선택할 부분이 있는 베끼기 ④ composition : 자유로운 작문. 또한 윌가 리버스(Wilga Rivers, 1968:244-255)에서는 외국어로 쓰기를 하기 위해서 거쳐야 할 발달 단계로 ① copying ② reproduction ③ recombination ④ guided writing ⑤ composition 등 다섯 가지를 들고 있다.

각이나 현상을 기록하는 글쓰기, 자신의 주장을 나타내는 글쓰기, 학술적 글쓰기, 창의적 작품을 쓰는 데에 이르기까지 쓰기의 범위는 광범위하다.

1.2. 말하기와 쓰기

언어의 네 가지 기능 중 같은 표현 언어에 속하는 말하기와 쓰기는 어떻게 다른가. 피터 냅과 메건 왓킨스(Peter Knapp & Megan Watkins, 2007:2~3)는 말하기와 쓰기의 차이에 관해 다음과 같이 언급한다.

> …… '말하는 법과 쓰는 법'은 그 배우는 과정이 동일하다는 견해도 있다(Camboum, 1988). 이들 견해에 따르면 우선 말하는 법을 배우는 것은 완전히 발생적인 과정이다. 즉 어린 아이는 그저 특정 환경에 '몰입'함으로써 말하기 능력을 획득한다는 것이다. 그러나 이는 부모 형제들이 수행한 엄청난 양의 교수 행위를 쉽게 간과한 것이다(Painter, 1991). 이런 관점은, 쓰기 역시 몰입이라는 유사한 과정을 거쳐 획득된다고 간주한다. 그러나 이러한 '몰입 관점'은 실제 나타나는 현상에 대한 설명으로는 전적으로 받아들이기 힘들 뿐만 아니라, 말하기와 쓰기가 구조, 문법, 기능, 목적 등의 측면에서 완전히 달리 구성된다는 점에서 옳지 않다(Halliday, 1985). (중략) 말하기와 쓰기는 모두 언어라는 매체를 사용하는 의사소통의 형태라 할 수 있지만, 이들은 아주 다르게 기능한다. 흔히들 말하기와 쓰기는 동일한 실체의 '다른 차원/측면'으로 간주하는 경향이 있는데, 쓰기는 음성을 전사한 것 이상의 의미를 가진다.

특히 말하기와 쓰기가 구조, 문법, 기능, 목적 등의 측면에서 완전히 달리 구성된다는 주장은 주목할 만하다. 말하기와 쓰기의 차이에 관한 이 책의 기술을 표로 정리하면 다음과 같다.

〈표 1〉

언어 기능	말하기	쓰기
특징	• 음성으로 존재한다. • 시간에 의존하는 매체 • 일시적, 즉각적, 연속적	• 시각적 형태를 띤다. • 공간에 의존하는 매체 • 시간적 제약을 초월
	• 사건 나열하기 형식 ⇨	• 추상적, 위계화된 형태
수정 과정	채움 말('um', 'Ahs' 등) 사용으로 생각할 틈을 번다.	퇴고, 편집이 가능
기타	어린 학생들의 쓰기는 보통 '말하기와 닮은 형태'를 띠지만, 쓰는 법을 배우게 되면 이러한 경향은 점점 줄어들게 된다.	

브라운(Brown, 1994:325~326)은 글 쓰는 사람의 관점에서 문자언어(Written Language)의 특성을 다음과 같이 들고 있다.

❶ 영속성(Permanence) : 일단 글이 최종 형태로 완성, 전달되면 철회할 수 없다. 그러므로 글쓰기는 두려운 작업이 된다. 교사는 학생이 최종 제출 전에 수정할 수 있도록 도움으로써 자신감을 가질 수 있도록 할 수 있다.

❷ 생산 시간(Production time) : 글을 잘 쓰게 되는 데에 적절한 시간이 필요하다. 또 글쓰기에는 시간제한이 있으므로 훈련이 필요하다.

❸ 거리(Distance) : 거리 요소는 필자와 독자(audience) 사이에 인지적인 감정이입(cognitive empathy)이라고 할 수 있는 것을 요구한다. 좋은 필자는 독자의 시각으로 자신의 글을 읽는다. 필자는 자신의 언어를 독자가 어떻게 해석할 것인지 예측할 수 있어야 한다.

❹ 정서법(Orthography) : 글자를 읽고 쓰기부터 시작해야 한다. 학습자는 모국어에 익숙해진 손으로 새로운 상징을 그려 내게 된다.

❺ 복잡성(Complexity) : 구어에 비해 복잡성이 있다. 불필요한 부분 없애기, 문장 결합하기, 구문론적·어휘적 다양성을 만들어 내기 등의 방법을 배워야 한다.

❻ 어휘(Vocabulary) : 문어는 구어보다 어휘 사용의 수요가 많다.

❼ 형식성(Formality) : 설문지에 답하기, 에세이 쓰기 등을 하더라도 형식의 관습이 지켜져야 한다. 학술적 글쓰기에서는 가장 어렵고 복잡한 규약들이 나타난다.

1.3. 외국어 교육에서 쓰기

쓰기는 인간의 사고와 관계가 있는 언어 활동으로서 모어로 글을 쓰는 경우라도 저절로 쉽게 얻어지는 기술이 아니므로 외국어로 쓰기는 더더욱 힘든 일이라고 할 수 있다. 베른트 카스트(Bernd Kast, 2007:1)는 1980년대 중반 이후 외국어 수업에서의 쓰기가 교과교육론에서 다시 관심의 대상이 되었고 많은 성찰을 거친 교재나 저서들이 늘어났음에도 쓰기 학습이 어떻게 체계적으로 조직될 수 있는가에 대한 논의는 많지 않았다고 지적한다. 또 교사나 학자들 사이에서도 쓰기만큼 이론이 분분한 기능도 없으며 의사소통 중심의 외국어 수업에서는 말하기, 듣기가 강조되어 상대적으로 쓰기에 대해 덜 중요하게 생각하거나 부정적으로 보는 교사 대상 설문 조사 결과도 있음을 밝힌다. 그러나 쓰기는 그의 지적처럼 의사소통 중심의 외국어 교육에서도 마찬가지로 이루어지며, 어떤 때에는 다른 목적의 도구가 되고 어떤 때에는 그 자체가 목적이 되기도 하는 중요한 활동이다.[2]

크리스토퍼 트리블(Christopher Tribble, 1996:5, 2003:18)은 아래와 같은 다양한 종류의 텍스트를 제시하고 이 중 어느 것이 제1언어로 쓸 수 있는 사람들에게 중요하고, 또 어느 것이 제2언어 학습자에게 관련이 있겠는지 묻는다.

> 광고, 가벼운 수필, 서식 채우기, 잡지 기사, 실험 보고서, 은행 관리자에게 보내는 편지, 사업 계약에 대한 편지, 신문사에 보내는 편지, 자신의 부모에게 보내는 편지, 전화 내용에 대한 쪽지, 소설, 신문 기사, 박사 학위 논문, 시, 대중음악 노랫말, 엽서, 보고서, 시장 볼 목록, 이야기, 기계 작동 기술 안내서

이 텍스트들 가운데에는 외국어로 쓰이는 것도 있지만 가족에게 보내는 편지나 자신이 보기 위한 메모와 같이 외국어로 쓰이지 않는 것도 있을 것이다. 외국어로 쓰기는 어떤 것을 포함할 것인지, 또 학습자들이 원하는 쓰기는 어떤 것인지를 살펴보아야 할 필요가 있다.

베른트 카스트(Bernd Kast, 2007:22~41)는 외국어 교육에서 쓰기에 관심을 기울이는 이유로 다음 네 가지를 들었다. 그 중 의사소통적 중요성, 즉 정보 전달의 중요성은 오히려 크지

---

2) 베른트 카스트(Bernd Kast, 2007:7~8)는 Gerdes 외(1984:13)를 인용하여, 어떤 이에게 편지를 쓰는 것과 같은 '목표로서의 쓰기'와 문법을 연습하기 위하여 쓰는 것과 같은 '도구로서의 쓰기'를 구별해야 함을 강조한다.

않고 제한적이나, 수업에서 필요해서 하는 쓰기, 학습 심리학적인 필요성과 정신 활동을 조직하기 위한 쓰기 등의 다른 관점을 고려해야 함을 밝혔는데, 이를 정리하면 다음과 같다.

〈표 2〉

A. 의사소통의 필요 때문에 하는 쓰기	– 형식적인 편지(정보를 얻기 위해서): 출판사, 서점, 관광안내소, 호텔, 유스호스텔, 캠핑장 등등 – 비형식적인 편지와 카드, 엽서, 편지 쓰기 – 서식 쓰기: 신상(호텔 체크인 등등), 전보 – 제3자에게 보내는 짧은 메시지
B. 수업에 필요해서 하는 쓰기	– 숙제 – 시험 – 메모(나중에 말을 하기 위해), 핵심어 정리, 자료와 아이디어 수집 – 단어와 문법 연습
C.학습심리학[3]적인 필요성 때문에 하는 쓰기	– 듣기, 읽기, (쓰기)에서 글자의 모양이 하는 역할 – 동기화[4]의 문제 – 기능 통합: 쓰기는 다른 기능에 도움이 된다. 즉 부수적인 기능을 하고, 또 반대로 다른 기능들도 쓰기에 도움이 된다.
D. 정신 활동을 조직하기 위한 쓰기	'정신 활동을 조직한다'는 말은 쓰기가 생각을 발전시키는 일, 질서 체계와 밀접하게 연결되어 있다는 말로서 아직 체계화되지 않은 '혼돈 상태의' 사고를 정리하고 조직하는 데 도움이 된다.

또 베른트 카스트(Bernd Kast, 2007:202)는 외국어로 글쓰기를 위해 기억할 점 열 가지를 다음과 같이 정리하였다.

❶ 외국어로 글쓰기는 모어에서 기른 능력들을 바탕으로 이루어진다.

❷ 그 능력들은 외국어로 글을 쓸 때 언어적인 결손 때문에 제대로 발휘되지 못하는 경우가 흔하다. 이들은 외국어로 글을 쓰는 데에 도움이 되도록 의식적으로 활성화되어야 한다.

❸ 외국어로 글을 쓸 때에는 의사 전달 욕구와 표현 능력 사이에 불일치가 존재한다.

❹ 외국어로 글을 쓸 때에도 학습자들은 독자 중심으로 글을 써야 한다. 즉, 아주 구체적으로 가상의 독자를 상상해야 한다.

....
3) 학습활동에 따른 심리 현상에 대하여 연구하는 학문. 조건반사에 의한 자극과 반응과의 연결을 중시하는 자극·반응 이론과, 통찰이나 의미의 이해를 강조하는 인지 이론의 두 계통이 있다.

4) 「교육」에서 '학습자의 학습 의욕을 불러일으키는 일'. 「심리」에서 '자극을 주어 생활체로 하여금 행동을 하게 만드는 일.'

⑤ 글 쓰는 사람은 누구나 자기 자신의 첫 비판적인 독자이다.

⑥ 어떤 글을 쓸 때에는 문화의 산물인 쓰기 전통으로 인한 간섭이 생기는 경우가 있다.

⑦ 학습 유형이 서로 다르듯이 쓰기 유형도 서로 다르다.

⑧ 어느 학생이나 각각 글을 쓸 때 자신의 해결 방법을 찾아내야 한다.

⑨ 외국어로 쓰기 과정을 최적화하기 위해서 수업에서는 부분적인 기능들을 떼어 내어 따로따로 연습할 수도 있다.

⑩ 검토하고 다듬고 버리고 다시 구상하는 것은 쓰기 과정의 본질적인 특성이다.

2장

■▪
▪▫

쓰기 교육의 이론적 배경

2.1. 결과 중심 접근법과 과정 중심 접근법

쓰기 교육에 관한 이론은 크게 글쓰기의 결과물을 중시하는 결과 중심 접근법과 글 쓰는 과정을 중시하는 과정 중심 접근법으로 구별된다. 결과 중심 접근법은 형식주의(formalism) 적 관점을, 과정 중심 접근법은 인지주의적, 사회구성주의적, 상호작용적 관점을 바탕으로 한다. 이 두 가지 접근법에 관한 기술들을 정리하면 다음과 같다(Raimes, 1993; Brown, 1994; Tribble, 1997; 강승혜, 2002; 최연희, 2009; 김선정 외, 2010).

〈표 3〉[5]

접근법	결과 중심 접근법	과정 중심 접근법
시기	1950년대 주류~1960년대 중반	1960년대 후반부터[6]
관점	형식주의적 관점	인지주의적, 사회구성주의적, 상호작용적 접근
출발점	전통적인 방식	전통적인 방법에 대한 반작용
주요 특징	− 형식에 초점 − 결과물을 중시함 − 정확성이 중시됨 − 모범 텍스트를 제공하여 모방하게 함 − 교사의 적극적인 오류 수정	− 글 쓰는 사람에 초점 − 글 쓰는 과정을 중시함 − 정확성보다 유창성이 중시됨 − 다양한 쓰기 전략 구성 (prewriting–drafting–rewriting) − 교사 및 학습자 간 피드백

접근법	결과 중심 접근법	과정 중심 접근법
	쓰기 과정을 단선적으로 파악	쓰기 과정을 복합적, 순환적으로 파악
쓰기 과정에 관한 이해		

쓰기 과정(Ingram & King, 1988, p. 20)

출처 : 최연희(2009:3)

2.2. 레임즈의 분류

레임즈(Raimes, 1991)는 쓰기 교육의 접근법을 초점이 어디 있느냐에 따라서 형식 중심, 필자 중심, 내용 중심, 독자 중심의 네 가지로 분류하였으나 학자에 따라서는 비슷한 시기에 대두하고 공통점이 많은 내용 중심과 독자 중심 접근법을 하나로 묶어 세 가지 접근법으로 분류하기도 한다(최연희 편, 2009:27). 각 접근법은 시기가 지나면서 다른 이름으로 불리기도 하였는데 이처럼 서로 연관이 있는 것을 표로 정리하면 다음과 같다.

---

5) 이 표는 최연희(2009:40)를 바탕으로 재구성하였다.

6) 한국어 교육에서는 1990년대 말부터 본격적으로 과정 중심 쓰기에 대한 논의가 시작되었다(강승혜, 2002:162).

〈표 4〉

레임즈(Raimes, 1991)의 분류 (3분류/4분류)		관련 접근법/다르게 불리는 이름		시기
① 형식 중심 접근법 (focus on form)		텍스트 중심 접근법(focus on text) /결과 중심 접근법		1960년대까지
② 필자 중심 접근법 (focus on the writer)		과정 중심 접근법		1976년 이후 (레임즈의 구분)
독자 중심 접근법	③ 내용 중심 접근법 (focus on content)	(학문 목적)	공통점이 많아 묶어서 분류되기도 함	1986년 이후 (레임즈의 구분)
	④ 독자 중심 접근법 (focus on the reader)	장르 중심 접근법		

예컨대 크리스토퍼 트리블(Christopher Tribble, 1996:37)은 레임즈(Raimes, 1993:237-60)의 분류를 세 가지로 소개하였는데 그 내용을 정리하면 다음과 같다.

〈표 5〉

(1) 형식에 초점을 맞추는 방식	• 전통적인 것으로 텍스트에 바탕을 둔 접근 • 교사는 형식에 초점을 두고 권위적인 텍스트를 제시해서 학생들이 모방, 수용하도록 한다. • 교사는 실수를 고치려고 하며 정확성과 적합성에 대한 개념을 학생들에게 주입하는 역할을 한다.
(2) 글쓴이에 초점을 맞추는 방식	• 부분적으로 전통에 반대하는 반작용으로 발전 • 텍스트를 독립적으로 생산하는 사람인 글쓴이에 초점 • 글쓰기 활동의 순환에 대해 강조 • 글쓰기 기술 교육에 대한 과정 중심 접근(process approach)이라고 불림
(3) 독자에 초점을 맞추는 방식	• 사회 지향적 접근으로서 글쓰기는 본질적으로 사회적 활동으로 간주됨 • 읽을 사람과 상호 작용에 초점 • 독자가 텍스트의 목적을 깨닫지 못하면 의사소통이 성공하지 못할 것으로 가정됨 • 장르 중심 접근(genre approach)과 관련

2.3. 폴 포트먼의 분류

베른트 카스트(Bernd Kast, 2007:42~47)는 쓰기 교수법의 발전을 특징짓는 중요한 관점으로 폴 포트먼(Paul Portmann, 1991)의 세 가지 접근법을 소개하였는데 내용을 정리하면 다음과 같다.

〈표 6〉

(1) 지시적인 접근법	• 글을 쓰는 과정을 많이 통제하고, 어떻게 글을 쓸 것인가를 미리 정해 주어 유도한다. • 이러한 연습으로 쓰기 능력이 생겨나는 것은 아니며 오직 지시적이기만 한 방식으로 쓰기에 접근한다면 쓰기 연습이 단순히 주어진 구조를 변형하거나 채워 넣는 작업만으로 제한될 수도 있다. • 이러한 '지시적인' 연습들은 쓰기 학습의 한 단계로서 충분히 가치가 있으며 자유로운 글쓰기 연습의 전 단계가 된다.
(2) 텍스트언어학 적인 접근법	• 애니타 핀커스(Anita Pincas, 1982)가 이 접근법을 대표한다. 무엇이 텍스트를 텍스트이게 만드는가 하는 것—누가, 어떻게(논증 방식), 누구(독자)를 위해 쓰는가, 글의 목적, 논리적 관계, 설계도, 관점—이 중요하며 의사소통 중심의 접근법과 밀접한 관계가 있다. • 주어진 예문을 바탕으로 텍스트성과 텍스트 구성에 대한 지식을 획득하는데, 이것은 텍스트의 이해와 산출의 기반이 된다. • 예를 들어 문장의 범위를 넘어서는 연결, 글의 양식, 글의 설계도, 논리적인 연결(접속사), 논증의 양식, 언어 사용역, 글 쓰는 사람과 독자의 관계 등의 요소를 찾아내고 따로 연습한다.
(3) 과정 중심의 접근법	• 1990년대에 일차적으로 모어 수업에서 관심거리가 되었고, 이제는 외국어 수업에서의 쓰기를 위해서도 제안되고 있다. • 수업에 적용할 때 쓰기란 　－ 여러 가지 부분적인 기능의 총합이 아니고 　－ 여러 작업 과정의 (성공적인) 조직을 요구하며 　－ (내용과 언어에 대한) 기존의 지식을 이상적으로 활용해야 하고 　－ (좋은) 텍스트를 만들어 내는 것이 목적이다. • 생산물 중심에서 과정과 쓰는 사람 중심으로의 패러다임의 변화이며, 오랜 연습 후에야 글을 쓸 수 있는 것이 아니라 자기 자신의 글쓰기가 처음부터 쓰기 연습의 중심이 된다. • 가르치는 사람이 '오류'를 처벌하는 데에서 벗어나 학습자에 의한 '텍스트의 점차적인 형성'을 지향해야 한다. • 그러나 부분적인 기능들(어휘, 언어, 특정한 글의 종류)을 연습하지 않는 것은 아니다.

3장

■■
■■

쓰기 교육의 실제

3.1. 쓰기 교육의 목표

피터 냅과 메건 왓킨스(2007:5)에서는 쓰기 교육의 일차적 목적은 '문어'를 효과적으로 사용할 수 있는 지식을 제공해 주는 것이라고 하였다. 쓰기 과제를 받아 놓고 무슨 말로 시작해야 할지 몰라 백지만 쳐다보는 아이들에게 쓰기의 규약—장르와 문법—을 효율적이고 효과적으로 사용할 수 있는 능력을 갖춰 주어야 하며 이런 규약이 없다면 쓰기 과정은 혼란스럽고 비생산적인 과정이 될 것이라고 하면서 '정확한' 언어에 대한 공식이나 규칙, 지침을 주는 것을 넘어서 학생을 논리 정연한 필자로 만들어야 한다고 주장한다.

다음은 서울대학교 언어교육원 한국어교육센터의 2005년 신규강사 연수특강 자료 중 교육과정 및 평가법(최은규, 2005)에 실린 쓰기 교육의 목표이다.

〈표 7〉 서울대학교 언어교육원 한국어교육센터의 쓰기 교육의 목표

	1급	2급	3급	4급	5급	6급
자모 구성, 맞춤법, 받아 쓰기	– 한글 자모의 구성을 알아 올바른 순서대로 쓸 수 있다. – 학습한 내용을 듣고 쓸 수 있다.	– 학습한 어휘의 발음과 표기의 차이를 알아 맞춤법에 맞게 쓸 수 있다.	– 음운 규칙을 이해하고 문장을 받아쓸 수 있다.			

	1급	2급	3급	4급	5급	6급
문장의 길이	– 학습한 문형을 써서 한 개의 연결어미가 사용된 문장을 쓸 수 있다.	– 연결어미(1~2개)가 사용된 문장으로 한두 단락의 글을 쓸 수 있다.	– 다양한 연결어미를 사용하여 2~3 단락의 글을 쓸 수 있다.			
글의 종류	– 단문 중심으로 자신의 의사를 표현하는 짧은 글을 쓸 수 있다. – 초보적인 일기, 편지를 쓸 수 있다.	– 친숙한 주제에 대해 간단한 설명문을 쓸 수 있다. – 형식에 맞게 일기, 편지를 쓸 수 있다.	– 간단한 수필, 기행문, 설명문을 쓸 수 있다. – 안내문, 초대장, 목적에 맞는 축하의 글(생일, 졸업, 결혼 등)을 쓸 수 있다.	– 형식을 갖춘 논설문을 쓸 수 있다. – 연구나 업무에 필요한 간단한 보고서를 쓸 수 있다.	– 다양한 주제의 논설문을 쓸 수 있다. – 연구 계획서, 업무 보고서, 취업에 필요한 자기 소개서를 쓸 수 있다.	– 문예문을 포함한 다양한 종류의 글을 쓸 수 있다.
진술 방법		– 단순한 비교 대조, 비유 등의 방법으로 설명할 수 있다.	– 정의, 비교, 대조, 비유 등의 방법으로 설명할 수 있다. – 간단한 묘사를 할 수 있다.	– 다양한 진술 방법으로 설명할 수 있다. – 묘사, 설득의 글을 쓸 수 있다.	– 목적에 맞게 다양한 진술 방법으로 글을 쓸 수 있다.	– 다양한 진술 방법으로 세련되고 창의적인 글을 쓸 수 있다.
스타일	– 학습한 경어법에 맞게 간단한 문장을 쓸 수 있다.	– 경어법을 적절하게 사용하여 간단한 글을 쓸 수 있다. – 격식체와 비격식체의 적절한 용법을 알아 글을 쓸 수 있다.	– 격식체와 비격식체를 상황에 맞춰 쓸 수 있다.	– 해라체의 평서형 어미 '–다' 형태를 써서 능숙하게 서술할 수 있다. – 빈도수가 높은 관용 표현, 속담, 한문 숙어를 적절히 이용하여 글을 쓸 수 있다.	– 다양한 한자 어휘와 추상적인 개념을 포함한 글을 쓸 수 있다. – 확장된 관용 표현, 속담, 한문 숙어를 사용해서 글을 쓸 수 있다.	– 전문 용어, 시사 어휘를 이용해 글을 쓸 수 있다. – 난이도가 높은 관용 표현, 속담, 한문 숙어를 사용해서 글을 쓸 수 있다.

3.2. 쓰기 활동의 유형

브라운(1994:327-330)에서는 많은 장르의 풍부한 텍스트가 있더라도 교실에서 다루어지는 글쓰기 활동은 제한적이라고 보고 다음 다섯 가지를 교실 쓰기 활동의 주요 범주로 제시하였다.

1) 모방하기 또는 적어두기(Imitative or writing down)
: 글쓰기를 배우는 첫 단계. 철자법 등 규칙을 배우기 위해 단순히 적는다.
받아쓰기(dictation)가 포함됨.

2) 집중적 쓰기 또는 통제된 쓰기(Intensive or controlled)
: 문법 학습 및 평가와 관련된 쓰기. 학습자의 창의력이 필요한 것이 아님.
통제된(controlled) 글쓰기(주어진 단락의 구조 바꾸기 예: 시제를 모두 바꾸기 등),
유도된(guided) 글쓰기(교사 통제는 조금 약화하는 대신 자극을 줌 예: 교사의 질문 등),
딕토 콤프(dicto-comp)(단락 읽는 것을 2~3번 듣고 회상하여 다시 씀)가 포함됨.

3) 스스로 쓰기(Self-writing)
: 교실에서 쓰기의 가장 중요한 부분. 마음속에 자신만을 놓고 씀.
노트 필기, 일기 쓰기, 저널(일지) 쓰기(교사와 주고받는 대화일지 등)가 포함됨.

4) 전시적 쓰기(Display writing)
: 학교 교육과정 안에서 글쓰기는 하나의 생활이다.
단답형 연습문제, 에세이 시험, 연구 보고서 등에도 전시적 요소가 들어 있음.
이러한 전시적 쓰기 기술을 모두 익히는 것이 학문 목적 ESL 학습자에게 요구되는 것.

5) 실제적 쓰기(Real writing)
: 전시적 쓰기와 진정한 의사소통 목적의 쓰기는 하나의 연속선상의 양끝에 존재하는 것.
세 가지 하위 범주
a. **학술적 쓰기**(Academic, 예: 학생 그룹 간, 학생-교사 간 정보 전달, 동료 편집 등)
b. **직업적/기술적**(Vocational/Technical, 예: 직장 영어, 실제 편지, 지시법, 서류 등)
c. **개인적**(Personal, 예: 일기, 편지, 엽서, 메모, 노트, 개인적 메시지, 비형식적 글 등)

다음으로 실제 한국어 교실 환경의 쓰기 활동 유형에 대해서는 강승혜(2002:179)에서 학습자의 언어 능력수준에 따라 다음과 같이 정리하였다.

〈표 8〉 수준별 쓰기 활동의 유형

쓰기활동		활동목적	초급	중급	고급
비담화적 활동	베껴 쓰기	한글 자모 익히기/띄어쓰기 익히기	○		
	문법 활용	불규칙동사/형용사 활용 익히기	○	○	
	받아쓰기	듣고 쓰는 활동으로 베껴 쓰기와 유사	○		
	빈칸 채우기	조사, 어휘 등의 정확한 활용	○	○	
	틀린 것 고치기	정확한 문법 활용 익히기	○	○	
담화적 활동	바꿔 쓰기	문법적, 구조적 연습/통제된 쓰기 (격식체, 시제 일치, 경어법 등의 활용 연습)	○	○	
	담화 완성하기	문장 연결하기	접속사, 담화 표지의 활용	○	○	
		문장 완성하기	앞 뒤 문장의 맥락 잇기	○	○	
		문단 완성하기	담화 텍스트의 흐름 파악하기	○	○	○
	시각 자료 활용한 활동	정보 채우기	시각적 자료(사진, 그림 등)를 활용하여 정보를 찾아 채우거나 사건 등을 묘사하는 능력 키우기	○	○	○
		설명 · 묘사하기		○	○	○
	의미 확장 하기	이야기 구성하기	핵심 어휘들을 중심으로 이야기 구성하는 능력 키우기	○	○	○
		문장 확장하기	담화 구성 능력 확장하기 (다양한 문법 형태 활용)	○	○	○
		다시 쓰기	같은 내용으로 이야기 구성하는 능력 키우기	○	○	○
	읽기 쓰기 통합 활동	읽고 요약하기	이해 기능과 표현 기능을 연결하는 통합적 활동으로 요약하거나, 자신의 의견을 논리적으로 구성하는 능력 키우기		○	○
		모방해서 쓰기		○	○	○
		찬/반 견해 쓰기			○	○
	자유 작문	개인적인 주제를 비롯한 다양한 주제로 자유롭게 자신의 생각을 나타내기	○	○	○
	학문적/전문적 쓰기	연구 논문과 같은 전문적, 학문적 내용의 글을 써 봄으로써 전문적 어휘 능력과 논리적 사고 능력 키우기			○

3.3. 쓰기 수업의 구성 단계

2장에서 보았듯이 쓰기 교육에 관한 시대별 접근법들은 쓰기 과정을 단선적으로 보는가, 순환적·복합적으로 보는가 하는 관점의 변화를 지나왔다. 그러나 이러한 쓰기 교육에 관한 접근법과는 별개로 실제 우리의 일상생활이나 수업 환경에서 이루어지는 쓰기는 그 목적과 환경에 따라 과정이 달라질 것이다. 잉그램 & 킹(Ingram, B. & King, C., 1988:38-45)에서는 상황에 따라 다음 그림 속에 나타난 세 가지 글쓰기 과정이 적절히 선택될 수 있다고 하였다.

:: **Three ways of writing**

One-step writing   Timed writing

Multi-draft writing

1) 방학에 친구에게 글을 쓸 때는 어떤 방식을 사용하는가? ⇨ One-step writing
2) 수업에 제출할 연구 보고서를 쓸 때는 어떤 방식을 사용하는가? ⇨ Multi-draft writing
3) 대학 영어 과정에 입학하기 위한 30분짜리 시험에서 에세이를 쓸 때는 어떤 방식을 사용하는가? ⇨ Timed writing

출처 : 잉그램 & 킹(Ingram, B. & King, C., 1988:38-45)

그렇다면 외국어 수업에서 쓰기는 어떤 단계를 거치게 되는지 살펴보자. 1장에서 보았듯이 쓰기의 범위는 철자 익히기부터 문법 연습을 위한 통제된 쓰기, 자유 작문, 학술적 글쓰기, 문학작품 쓰기까지 광범위하다. 학습자의 수준에 따라 수업에서 요구되는 과제의 유형도 다양하다. 먼저 외국어 교육에서 쓰기 수업의 구성에 관한 몇 가지 모델을 살펴보면 다음과 같다.

〈표 9〉

연구자	쓰기의 단계	기타
브라운 (1994:332–335)	pre-writing ⇨ drafting ⇨ revising	'각 단계에 많은 방법, 전략, 기술이 사용된다.'
크리스토퍼 트리블 (1997:103–117)	Pre-writing ⇨ Composing and drafting ⇨ Revising and editing	'어떤 글은 준비가 많이 필요하며 대부분 고치기는 2번 이상 일어난다.'
베른트 카스트 (2007:186–202)	**쓰기 과제**(요약문, 그림 묘사, 편지 쓰기 등) ➔ **계획 단계** (주제, 독자, 글의 종류, 정보 등 고려) ➔ **외국어로 처음 써 보기**(글의 구조 스케치/흐름도 그리기) ➔ **단선적으로 표현하기**(글 토막 연결/텍스트 형성) ➔ **초안**(오류 수정/정확한 표현 찾기/문제 수정/글의 부분 이동하기) ➔ **수정** (순환적)	'쓰기의 과정은 연속적, 직선적으로 일어나는 것이 아니라 전진과 후진을 반복한다.'
잉그램 & 킹 (1988:34–36)	'Brainstorm and collect ideas ⇨ Organize your ideas and plan your writing ⇨ Write a first draft ⇨ Revise the first draft ⇨ Write your second draft ⇨ Edit and proofread your writing ⇨ Publish and share your final draft'	'쓰기 후 활동으로 쓴 것을 읽기, 전시하기, 출간하기 등이 있다.'

위 표에서 보듯이 모든 환경의 쓰기 수업의 단계를 하나로 통일하여 제시할 수는 없으나 크게 보아 '쓰기 전 활동 → 쓰기 활동 → 쓰기 후 활동'으로 구성된다고 볼 수 있다.[7]

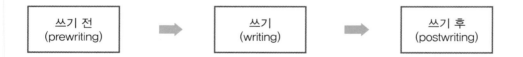

이 활동들은 모두 수업 시간 내에 이루어질 수도 있으나 수업 시간 외의 설문 조사나 숙제 등의 활동을 포함하여 긴 과정을 거쳐 완성될 수도 있다. 또 혼자 쓰기, 그룹으로 쓰기 등이 가능하다. 이 구성 단계에 따른 세부 활동을 예시와 함께 살펴보면 다음과 같다.

....

7) 1960년대를 기점으로 Braddock et al.(1963), Rohman & Wlecke(1964), Britton(1970) 등 쓰기의 과정을 강조한 연구들이 나오게 되었으며 이 연구들은 쓰기 전(prewriting) 과정을 인정하고 교육의 대상으로 파악하여 과정 중심의 쓰기 교육을 불러일으키는 데 많은 도움을 주었다(이재승, 2002:62). Rohman & Wlecke(1964)에서는 성공적인 대학 수준의 필자는 쓰기 전(prewriting), 쓰기(writing), 다시 쓰기(rewriting) 단계를 거쳐 글을 쓴다는 것을 발견하였고 이들의 견해는 이른바 단계적 쓰기 모형으로 잘 알려져 있다(이재승, 2002:65).

1) 쓰기 전 활동

- 자료 보기: 기사, 뉴스, 통계자료, 동영상 등
- 브레인스토밍/마인드맵
- 주제에 관한 토의: 짝 활동/그룹 토의
- 모범 텍스트 읽기: 다양한 장르의 글
- 사전 조사: 설문 조사, 자료 조사, 인터뷰 등
- 개요 쓰기: 글의 구조 계획하기

[예시 1]

:: 과제: '집'을 주제로 수필을 써 봅시다.

1) 다음 주제 중에서 쓰고 싶은 것 하나를 고르세요.

☐ 추억이 있는 집　　☐ 미래의 나의 집　　☐ 한옥　　☐ 기타

2) 선택한 주제에 대해 떠오르는 생각들을 아래 왼쪽과 같이 적어 보세요.

〈보기〉

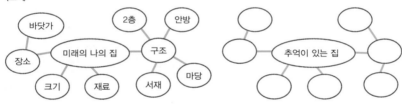

3) 옆 사람에게 메모한 것을 보여 주며 내용을 설명해 보세요.

4) 수필에 들어갈 내용을 아래와 같이 정리해 보세요.

〈추억이 있는 집〉
- 집과 관련된 경험
- 특별히 기억에 남는 추억
- 집의 의미

〈미래의 나의 집〉
- 미래에 살고 싶은 집의 조건
- 그 이유
- 집을 통해 본 나의 생활과 생각

5) 글을 쓰기 전에 다음과 같이 개요를 만들어 보세요.
   제목 – 주제문 – 개요(도입/본문/마무리)

6) 5)에서 만든 개요를 바탕으로 글을 써 보세요.

2) 쓰기 활동

- 수업 시간 내 쓰기/숙제로 쓰기

- 처음 쓰기/고쳐 쓰기/덧붙이기 : 교사와 동료의 피드백

- 혼자 쓰기/그룹 쓰기

[예시 2] 서울대학교 언어교육원 한국어교육센터 5급 학생들의 쓰기 과제

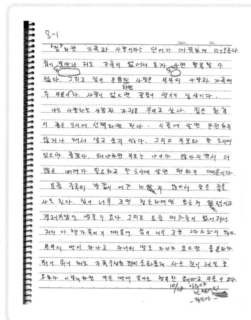

2016년 가을학기 5급 강사한(중국)   2016년 겨울학기 5급 학생들

3) 쓰기 후 활동

- 읽고 의견 교환하기

- 발표하기: 낭독, 개인 발표 등

- 전시하기: 완성된 텍스트를 교실 벽에 붙이기(광고문, 포스터, 모방 시 등)

- 영상 만들기: 짧은 영화(프로젝트 수업), 광고 영상 등

- 저널 인쇄하기: 학급 신문, 연구 보고서 문집 등

- 웹 사이트에 올리기

◀▲ 서울대학교 언어교육원
한국어교육센터 2013년 가을학기
연구반 학생들의 연구 보고서 문집

▲ 서울대학교 언어교육원
한국어교육센터 2013년 가을학기
연구반 학생들의 노트 필기 전시

◀ 서울대학교 언어교육원 한국어교육센터
2011년 겨울학기 5급 학생들의
영상 프로젝트 포스터

덧붙여 베른트 카스트(2007:49~272)가 제시한 쓰기 능력을 길러 주는 다섯 가지 연습 영역을 요약하면 다음과 같다.

❶ 글쓰기를 준비하는 연습
- 어휘 확장과 어휘의 세분화
  - 글쓰기에 대한 두려움을 없애는 단순한 연습
  - 글쓰기를 준비하기 위한, 특정한 주제에 관련된 어휘 연습
  - 글쓰기 준비를 위한 여러 단계의 연습
- 연상표와 기타 '아이디어 망'
  - 연상표 : 단어, 문장, 사진, 그림, 소리, 음악, 사물 등을 출발점으로 연상의 고리를 만듦 → 주제에 따른 구성 → 줄거리의 밑그림
  - '브레인스토밍' : '사고의 폭풍'을 모두 함께 '일으키는' 그룹 활동. 주제에 대해 생각나는 모든 것을 기록 → 수집된 것들을 개념에 따라 분류 → 내용상의 구조를 만듦

→ 텍스트 산출

－ '마인드맵' : 어떤 주제에 대한 사고와 중심 개념들이 위계적으로 조직(중심 줄기와 거기서 갈라지는 문장들의 잎) → 주제의 구조, 글의 짜임을 드러냄

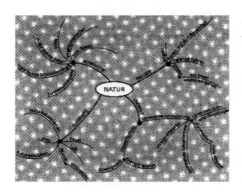

● 맞춤법과 문장부호
　　－ 맞춤법의 중요성, 맞춤법을 즐겁게 배우기
　　－ 구두점 사용 : 구두점이 없는 글에 구두점 넣기

❷ 글을 만들어 나가는 연습
● 문장성분의 위치, 글 안의 이미 알려진 것(테마)과 새로운 지식(레마) 알기
● 접속사: 문장을 연결하고 내용의 관계를 표시, 텍스트 형성을 도움
● 문장의 결합
● 대용어(지시어)를 찾아서 적어 보기, 대용어 연습을 통한 텍스트 만들기
● 인물 소개하기

❸ 글을 조직하는 연습
● 대화를 이야기로 만들기
● 글을 완성하기(원문의 일부를 삭제한 글을 주고 글을 완성하도록 함)
● 텍스트에서 단어로, 단어에서 문장으로, 문장에서 텍스트로 바꾸기
　　－ 경험담을 신문 기사로 만들기, 6하 원칙 이용하기
● 글에서 글로 : 관점을 바꾸어서 쓰기
　　예) 동화 '빨강 모자' : 어머니의 관점, 사냥꾼의 관점, 할머니의 관점, 늑대의 관점 등

- 글에서 글로 : 요약하기(중요한 것을 찾기, 중요한 것을 간단하고 밀집된 형태로 재현하기)
- 그림을 보고 이야기 만들기(TV 앞에서의 대화, 식당 추천)
- 그림에서 단어로, 단어에서 문장으로, 문장에서 텍스트로
- 글의 설계도와 글의 기능(글의 종류, 내용의 구성, 개성적인 글의 구성, 목표어 작업)

❹ 창조적이고 자유로운 글쓰기
- 유도하는 쓰기와 자유로운 쓰기가 모두 가능: 창조적이고 자유로운 쓰기는 '연상'과 관련
- 글을 쓰기 위한 자극
  - 시각적 자극: 사물, 그림과 사진, 가위/사인펜/풀/종이테이프, 단어/문장 쪽지, 주변 세계
  - 음악을 듣고 나서 쓰기
  - 글을 읽고 나서 쓰기 등
- 혼자서 쓰기/그룹에서 글쓰기

❺ 의사소통적이고 실제적인 의사소통 상황에 근거를 두는 글쓰기
- 실제 상황의 의사소통을 준비하는 쓰기 활동으로서 편지, 엽서, 서신 교환, 서식 쓰기, 이력서 쓰기, 보고서, 설명, 평, 공책 필기, 회의록 등을 포함할 수 있다.
  예) 편지 쓰기: '나'에 대한 메모로 편지의 재료를 준비, 편지의 형식을 갖추는 연습, 편지의 내용 해독하기, 주어진 틀을 이용하여 편지 쓰기(편지에 답하기), 개인적인 편지와 형식적인 편지의 차이 알기, 독자의 편지(고민 상담 편지 등)와 회의록 쓰기, 관광 안내소의 편지, 가상의 편지 등

3.4. 한국어 교재의 쓰기 과제

3.2.에서는 쓰기 활동의 다양한 유형에 대해 살펴보았고 3.3.에서는 쓰기 수업의 구성 단계를 쓰기 전–쓰기–쓰기 후 활동으로 살펴보았다. 여기서는 한국어 교재에 나타난 쓰기 과제를 쓰기 활동의 유형과 수업 구성 단계 및 쓰기 텍스트의 종류(장르)를 종합하여 몇 가지 범주로 묶어 살펴보기로 한다.

1) 한글 자모 익히기(베껴 쓰기, 받아쓰기 등)

ㅗ + ㅇ	ㅅ + ㅍ	ㅊ + ㅊ	ㅜ + ㄴ

2) 통제된 쓰기(문법 연습, 유도된 쓰기 등)

〈보기〉
어제는 날씨가 _____.

❶ 나는 지난 주말에 _____.
❷ 내가 잘 만드는 음식은 _____.
❸ 내가 꼭 하고 싶은 일은 _____.
❹ 우리 동네는 _____.
❺ 한국은 _____.

:: 그림을 보고 (　　)의 단어를 알맞게 고쳐 써 보세요.

춥다 + -아/어지다 ⇒ 추워지다

〈보기〉
겨울이 되어 날씨가 (춥다)추워졌어요.

🍎 🍓 🍇	❶ 요즘 과일 값이 (비싸다) _____ .
🏠 ⇔ 🏠	❷ 이사해서 집이 (가깝다) _____ .
🌙 🦉 🦇	❸ 밤이 되어 밖이 (조용하다) _____ .
🧹 ✨ 🧴	❹ 청소해서 집이 (깨끗하다) _____ .

3) 장르별 쓰기(일기, 이메일, 온라인 상담 글, 메모, 신문 기사, 설명문, 기행문, 초대장, 시나리오 등)

4) 자유 작문(다양한 주제: 의식주, 가족, 자연, 건강, 일상생활, 학업 등)

:: 다음 주제 중 하나를 골라 자신의 생각을 써 보세요.

사람들이 유행을 따르는 이유

내가 좋아하는 옷(옷차림), 내가 만들고 싶은 옷(만들어 본 옷)

옷과 헤어스타일, 미래의 옷

옷장 잘 정리하는 방법

신분을 나타내는 옷차림

청바지(또는 다른 옷)의 유래

모피나 명품 옷에 대한 생각

친구를 따라 옷을 사 본 경험

버리지 못하는 옷(정이 든 옷)

세탁하기 까다로운 섬유의 세탁법

패스트 패션(fast fashion)이란?

5) 특수 목적의 쓰기(학문 목적, 직업 목적 등)

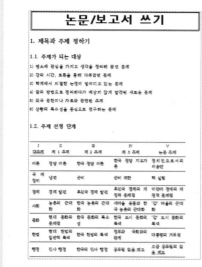

▲ 서울대 연구반 교재(미간행)

4장

쓰기의 평가와 피드백

4.1. 쓰기의 평가

외국어 수업에서 쓰기의 평가는 숙제, 퀴즈, 시험 등을 통하여 이루어진다. 서울대 언어교육원 한국어교육센터의 경우 쓰기 평가는 배치고사, 진급 시험 외에, 작문 숙제와 퀴즈를 포함하는 수행평가 및 어휘·문법과 담화 유형을 다루는 총괄 평가(시험)로 구성된다. 정규반 5급의 경우를 예로 들면, 총괄 평가의 어휘·문법에서는 공통 단어 찾아 고쳐 쓰기, 주어진 표현 알맞게 고쳐 쓰기, 틀린 것 찾아 고쳐 쓰기, 알맞은 표현 찾아 고쳐 쓰기 등이 포함되며 담화 유형에서는 정의하기, 그림 보고 묘사하기, 읽고 메모하기, 자유 작문, 찬성·반대 견해 쓰기 등이 포함된다. 작문 숙제나 담화 유형의 총괄 평가에서는 언어 구성 능력과 언어 사용 능력을 평가하는데 이때 평가의 기준이 되는 세부 항목을 모아서 정리하면 다음과 같다.

- 맞춤법(한글 맞춤법 표기법과 정서법)
- 어휘(적절한 어휘 사용)
- 문법(문법 지식의 정확성과 다양성, 한국어식 문장 표현 사용, 문어체와 구어체 구분 사용, 공식/비공식적 종결 어미 표현 사용)
- 담화(전개 방식의 조직성, 단락의 유기적 조직, 담화 표지 사용의 적절성, 텍스트 형식에 대한 지식)
- 내용(주어진 주제에 맞는 내용, 응집성·논리성, 자연스러운 전개)

- 길이(단락의 유기적 조직, 정해진 분량 준수)
- 기능(과제에서 요구하는 기능 수행, 기능 수행을 위해 수업에서 배운 필수적 표현 사용, 주제에 대한 적합성, 일관성, 자연스러움, 기능 수행 능력)
- 사회언어학(경어법, 공식/비공식적 종결 어미 표현 사용)

참고로 한국어능력시험(TOPIK)의 홈페이지에 게시된 쓰기 영역 작문 문항의 평가 기준표를 보면 다음과 같다.

〈표 10〉 TOPIK의 쓰기 영역 작문 문항의 평가 범주

문항	평가 범주	평가 내용
51–52	내용 및 과제 수행	• 제시된 과제에 맞게 적절한 내용으로 썼는가?
	언어사용	• 어휘와 문법 등의 사용이 정확한가?
53–54	내용 및 과제 수행	• 주어진 과제를 충실히 수행하였는가? • 주제에 관련된 내용으로 구성하였는가? • 주어진 내용을 풍부하고 다양하게 표현하였는가?
	글의 전개 구조	• 글의 구성이 명확하고 논리적인가? • 글의 내용에 따라 단락 구성이 잘 이루어졌는가? • 논리 전개에 도움이 되는 담화 표지를 적절하게 사용하여 조직적으로 연결하였는가?
	언어사용	• 문법과 어휘를 다양하고 풍부하게 사용하며 적절한 문법과 어휘를 선택하여 사용하였는가? • 문법, 어휘, 맞춤법 등의 사용이 정확한가? • 글의 목적과 기능에 따라 격식에 맞게 글을 썼는가?

출처: www.topik.go.kr

4.2. 교사와 동료의 피드백

교사는 학습자의 쓰기 숙제나 시험의 작문 등을 평가하면서 오류 수정을 포함한 피드백을 주게 된다. 어휘와 문법, 적절한 표현 및 철자와 구두점 등의 오류 수정에서부터 문장 단위의 호응, 나아가 담화 차원에서 글의 종류와 목적, 전개와 구성, 내용, 논리성, 설득력 등을 검토하고 적절한 의견을 제시해 주는 것이다. 시험보다는 주로 쓰기 과제에 대한 피드백이 많이 이루어지는데 쓰기 공책을 돌려받는 학생이 너무 실망하거나 좌절하지 않도록 해야 한다는 지적도 있을 만큼 교사가 신경을 써야 할 부분이다. 좋은 글로서 부족한 부분이

무엇이고 어떻게 그것을 채워 나가야 할지에 대해서 함께 고민하는 자세가 중요하다고 하겠다.

〈표 11〉 학습자의 초고 수정하기 예시

자신의 글을 읽으면서, 다음 질문에 대한 답을 통해 수정이 필요한 부분을 알아보시오. 이를 바탕으로 글을 수정하시오.	예 아니오	아니오 (수정이 필요함)
• 내용 점검		
– 주제문이 적절한가? 구체적이며 전체 내용을 포괄하고 있는가?	☐	☐
– 모든 문장의 주제가 선택된 기계에 관련된 것인가?	☐	☐
– 쓰기 과제의 주제인 기계의 유용성과 문제점이 충분히 설명되었는가?	☐	☐
– 글의 내용이 논리적인가?	☐	☐
• 구성 점검		
– 문장들이 적절한 순서대로 나열되었는가?	☐	☐
– 글의 종결 부분이 적절한가?	☐	☐
• 결합성 점검		
– 앞 뒤 문장들이 잘 연결되었는가? 문장을 연결하는 표현들이 적절한가?	☐	☐
– 지시어(대명사 등)가 정확한가?	☐	☐
• 문법 점검		
– 문접 구조가 정확한가?	☐	☐
– 동사 형태가 정확한가? (시제, 3인칭 단수 등)	☐	☐
– 어순이 정확한가?	☐	☐
• 어휘 점검		
– 어휘 선택이 적절한가?	☐	☐
– 어휘가 다양한가?	☐	☐
• 철자법, 구두점 등 점검		
– 구두점 사용이 적절한가?	☐	☐
– 틀린 철자가 없는가?	☐	☐
– 문장과 단락 형태가 정확한가?	☐	☐

출처: 최연희 · 김신혜(2004:173–174)

앞에서 보았듯이 교사뿐만 아니라 동료들도 피드백을 줄 수 있다. 다음은 최연희·김신혜 (2004:173-174)에서 제시한 학습자 자신이 스스로 수정이 필요한 부분을 찾아볼 수 있도록 하는 점검표와 동료의 글을 읽고 수정 의견을 줄 수 있는 점검표이다.

〈표 12〉 동료 학습자의 초고 읽고 평하기의 예시

반 친구와 글을 바꿔 읽어보십시오. 이때 다음 질문에 대한 답을 통해 어떤 면에서 친구의 글이 수정되어야 하는지 알아 보시오.

	예 아니오	아니오 (수정이 필요함)
– 제목이 전체 글의 내용을 잘 나타내고 있는가?	☐	☐
– 제목이 흥미로운가?	☐	☐
– 주제가 명확한가?	☐	☐
– 모든 문장의 주제가 선택된 기계에 관련된 것인가?	☐	☐
• 만일 아니라면, 어떤 문장이 관련성이 떨어지는가?		
– 쓰기 과제의 주제인 기계의 유용성과 문제점이 충분히 설명되었는가?	☐	☐
• 만일 아니라면, 어떤 내용이 더 첨가되어야 하는가?		
– 글의 내용이 논리적인가?	☐	☐
• 구성 점검		
– 글의 서론, 본론, 결론이 분명한가?	☐	☐
– 문장들이 적절한 순서대로 나열되었는가?	☐	☐
– 앞 뒤 문장들이 잘 연결되어 있는가? 문장을 연결하는 표현들이 적절한가?	☐	☐
• 만일 아니라면, 어떤 부분들이 수정되어야 하는가?		
– 글의 종결 부분이 적절한가?	☐	☐
※ 친구의 글은 어떤 면에서 좋은가요?		
※ 기타 평:		

친구의 평을 읽고 수정이 필요한 부분을 점검해 본 후 자신의 글을 다시 작성해 보시오.

출처: 최연희 · 김신혜(2004:173-174)

5장

쓰기의 오류와 수정

5.1. 오류의 개념

먼저 오류의 개념에 대해서 생각해 볼 필요가 있다. 많은 교사와 연구자들이 오류의 개념에 대해 논쟁을 벌일 만큼 오류를 판단하는 기준이 간단한 것은 아니다. 철자법, 어휘, 문법, 문맥 등의 여러 층위에서 오류를 판별할 수 있으며 어떤 경우에는 이것이 불분명할 수 있다. 또 모어 화자가 받아들일 수 있는지를 기준으로 판단하더라도 경우에 따라 모어 화자들 사이에 성별, 지역별, 세대별 차이로 허용 기준이 일치하지 않을 수도 있다. 또 수업 단계에 따라 어떤 학습자 집단에게는 오류인 것이 다른 단계의 학습자들에게는 허용될 수도 있다. 또 교사가 오류를 발견하지 못했더라도 학습자가 의도한 것이 아니었다면 오류가 될 수 있다.

카린 클레핀(Karin Kleppin, 2007:64~76)에 의하면 오류는 다음과 같이 분류될 수 있다.

❶ 오류의 원인에 따른 분류
❷ 코더(Corder, 1967)의 분류 : 수행 오류(mistakes, lapses)와 능력 오류(error)

   에지(Edge, 1989)의 분류 : 실수(slips), 착각(errors), 시도(attempts)
❸ 의사소통에 장애를 주는 오류와 장애를 주지 않는 오류
❹ 언어의 층위에 따른 분류 : 음성/음운 오류, 형태·통사론적 오류, 어휘·의미론적 오류, 화용론적 오류, 내용 오류

⑤ 오류 표시 기호를 사용한 분류 : 표현 잘못, 관사 사용 틀림, 접속사 틀림, 화법 틀림, 정서법 틀림, 시제 틀림, 어휘 선택 틀림, 문장부호 틀림 등

⑥ 이례적 분류 시도 : 냅-포트호프(Knapp-Potthoff, 1987:215)의 분류(옳다고 확신하지만 사실은 오류인 것, 다행히도 발생하지 않은 오류, 다른 사람들이 발견하지 못한 오류, 발생할 수도 있었던 오류, 학습자 스스로 고칠 수 있는 오류, 감수해야 하는 오류, 의도적인 오류, 회피할 수 없는 오류, 불필요한 오류, 더 이상 발생해서는 안 되는 오류)

오류에 대한 가치 판단에 관해 살펴본다면, 1960년대 초까지의 부정적인 입장과 달리 1960년대 말 이후에 오류는 긍정적으로 평가되기에 이른다. 즉 오류는 외국어 학습에서 불가피한 것이며, 학습자가 어디에 있는가와 학습자에게 무엇이 필요한가를 알게 해 주는 진단 도구가 된다는 견해가 성립되었다.

5.2. 오류의 원인

카린 클레핀(2007: 45~61)은 오류의 원인으로 다음과 같은 7가지를 든다.
❶ 모어나 다른 외국어의 영향(간섭)
❷ 목표어 내부의 어떤 요소의 영향
　　ㄱ. 과잉 일반화　ㄴ. 규칙화　ㄷ. 단순화
❸ 의사소통 전략의 영향(회피 전략)
❹ 학습 전략의 영향
❺ 외국어 수업의 어떤 요소의 영향(연습 전이)
❻ 개인적인 요소의 영향
❼ 사회·문화적인 요소의 영향

5.3. 오류 수정의 문제

쓰기에서 오류의 수정은 말하기에서보다는 덜 복합적이 될 것이다. 그러나 쓰기에서 어떤 오류를 어느 정도로, 어떤 방식으로 수정할 것인가 하는 문제는 간단하지 않다. 쓰기에서 오류의 수정에 대해서 언어 학습에 끼치는 영향이 미미하다는 부정적 견해도 있으나 오류 수정의 효과를 지지하는 견해도 있다. 김미옥(2007:444~445)에서는 다음과 같이 오류 수정에 관하여 정리한다.

❶ 오류 수정을 해야 할 것인가 : 단기적인 효과를 단언할 수 없다 하더라도 학습자의 오류는 수정되어야 할 것이다.

❷ 무엇을 고쳐 주어야 하는가 : 학습자들은 무엇보다도 문법적인 오류를 수정해 주기를 원하고 있는 것으로 나타났다.(이러한 결과가 혹시 교육 현장에서 이루어지고 있는 쓰기 학습이 글쓰기보다는 문장 쓰기에 치우친 경향 때문이 아닌지 반성해 볼 필요가 있다.)

❸ 어떻게 고쳐 주어야 하는가 : 많은 학자들이 교사가 모든 오류를 일일이 직접 찾아내 수정하는 직접적인 방법보다는 학습자 스스로 오류를 찾아내고 고칠 수 있도록 유도하는 간접적인 방법을 권장하였다.(학습자의 개인적 선호, 학습자의 학습 목적이나 학습자의 숙달도 수준, 문화적 배경, 성격에 따라서는 직접적인 방법이 오히려 효과적일 때도 있다.)

❹ 누가 고쳐 주어야 하는가 : 교사만이 오류를 수정할 수 있다는 전통적인 관점에서 벗어나 학습자 자신과 동료 학생 등 오류 수정의 주체를 다양화할 필요가 있다.

카린 클레핀(2007:85~110)은 시험/평가 지향적 오류 수정(언어 능력 측정이 중심, 학습자가 가능하면 적게 틀리도록 하는 데 주안점)과 과제 지향적 오류 수정(학습 과정과 학습의 진보가 중심, 오류는 학습을 위한 좋은 기회)을 구분하고 글쓰기에서 오류 수정에 관해 다음과 같이 정리하였다.

● 글쓰기에서 오류 수정은 상이한 단계들로 세분화될 수 있고 이는 순서대로 또는 뒤섞여 진행되거나 독립해서 진행된다.
  − 단계1 : 단순한 오류 표시
  − 단계2 : 수정 기호를 사용하여 오류를 표시함

- 단계3 : 교사가 바로잡음
- 단계4 : 학습자 스스로 바로잡음
- 오류 수정의 범위와 정도
  - 오류는 긍정적으로도 간주할 수 있는 불가피하게 거쳐야 하는 단계라면 학습자의 글에 나타난 모든 오류는 표시되어야 한다.
  - 학생의 글에서 잘된 표현은 긍정적으로 강조해야 한다.(긍정적인 수정)
- 오류의 수정 방식
  - 단순한 오류 표시 : 오류의 위치, 오류의 종류에 따른 표시 색깔
    [예 : 파랑색(정서법 오류), 빨강색(문법 오류), 녹색(어휘 오류) 등]
  - 수정 기호를 사용한 오류 표시, 교사의 코멘트
  - 교사가 틀린 것을 바로잡음 : 수정하거나 대안을 써 줌
  - 혼합 형태 : 밑줄 긋기(부주의나 실수인 경우), 수정 기호 사용(약간의 도움이 필요한 경우), 바로잡은 표현 써 주기(정말 몰라서 틀린 경우 등)
  - 다른 수정 가능성 : 수정 연습(오류 찾아내기, 오류의 원인 찾기 등)
- 오류 평가와 오류의 경중
- 수정된 오류에 대해 학습자와 이야기하기
- 글쓰기에서 오류를 더 효과적으로 수정하는 방법 : 학습자들이 교사의 수정을 어떻게 받아들이는지 설문 조사를 할 수 있다.

5.4. 오류 수정의 예

다음으로 실제 학습자의 쓰기 오류를 수정한 예를 살펴보기로 하겠다. 먼저 오류 수정을 위해서 사용되는 부호를 보면 다음과 같다.

1)	V	글자를 띄어 써야 할 때	2)	⌒	글자를 붙여 써야 할 때
3)	⌀	글자를 빼야 할 때	4)	⌣	글자를 끼워 넣을 때
5)	⌐	여러 글자를 고쳐야 할 때	6)	⌒	순서를 바꿔야 할 때
7)	⌇	위에 이어서 써야 할 때	8)	⌐	아래로 내려서 써야 할 때
9)	⌐	글자를 왼쪽 줄에 맞춰야 할 때	10)	⌐	글자를 오른쪽 줄에 맞춰야 할 때
11)	＞	줄의 간격을 띄어야 할 때	12)	＝	필요 없는 내용을 지울 때

다음으로 문장 단위에서 실제 학생들의 쓰기 오류를 수정한 예를 몇 가지 살펴보겠다.

① 교정 부호를 사용하여 수정한다.

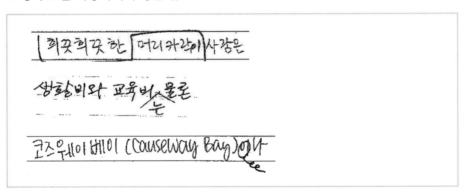

② 스스로 고칠 수 있는 것은 표시만 해 준다.

③ 자연스러운 한국어 표현으로 고쳐 준다.

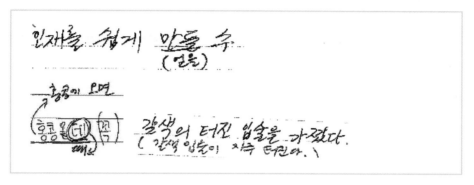

④ 더 좋은 표현을 ( )에 넣어 적어 준다.

⑤ 문장의 호응을 살펴 고쳐 준다.

⑥ 알아야 할 규칙을 함께 적어서 같은 실수를 하지 않도록 한다.

끝으로 카린 클레핀(2007:12~14)이 조사한 학습자들의 '오류 수정에 관한 의견'을 살펴보면서 마무리하고자 한다. 이는 말하기 오류 수정에 관한 것이지만 학습자들의 솔직한 생각을 엿볼 수 있어 여기에 옮긴다. 이러한 의견은 쓰기에서도 오류 수정에 임하는 교사의 태도에 대하여 의미 있는 지침이 될 것이다.

- 수정은 틀리게 말한 사람을 부끄럽게 하는 것이 아니라 도움을 주는 행위이므로 모든 수정에 감사한다.
- 내가 대답한 것을 교사가 받아들이면서 고치지 않은 상태에서 대답을 잘했는지 못했는지 말해 주지 않으면 속상하다.
- 오류를 수정 받는 것이 별로 달갑지 않다. 거침없이 말할 수 있어야 한다.
- 교사가 내 대답을 끝까지 듣고 고쳐 주었는데 결코 잊지 못할 좋은 경험이었다.
- 교사의 어투가 중요하다. 수업 시간에 누구도 망신당하고 싶지 않다.
- 내가 문법적으로 틀리게 말하자 교사는 고쳐 주면서 웃어 댔다. 다른 학생들도 따라 웃었고 나는 마음의 상처를 받았으며 더 이상 말하고 싶지 않았다.
- 성공적으로 오류를 수정 받은 좋은 기억이 있다. 그때 교수는 틀린 것을 고쳐 주고 나서 "괜찮습니다. 독일어는 학생에게 영원히 외국어이니까요. 그러나 많은 노력을 기울여야 할 것입니다."라고 하고 "오류는 대가를 만든다."고 덧붙였다.

6장

■■
■■

결론

지금까지 살펴본 바와 같이 쓰기는 인간의 사고와 관계가 있는 언어 활동으로서 저절로 쉽게 얻어지는 기술이 아니므로 그만큼 외국어로 쓰기는 더더욱 힘든 일이라고 할 것이다. 그동안 의사소통 중심의 외국어 수업에서 말하기, 듣기가 강조되면서 상대적으로 쓰기가 덜 중요한 것으로 생각되기도 했다. 최근 외국어 수업에서 쓰기가 다시 관심의 대상이 되었지만 쓰기 학습을 체계적으로 조직하고 수행하는 문제는 아직 충분히 논의되지 않았다고 볼 수 있다.

피터 냅과 메건 왓킨스(2007:2~3)는 '학생에게 그저 매일 한두 시간 단순히 쓰기에 몰입하게 하는 것은 적절치 않은 교수·학습 전략'이며 '쓰기를 배운다는 것은 학습의 매 단계에서 엄청난 양의 명시적인 교수 방법론을 요구하는 매우 복잡하고 어려운 일련의 과정이기 때문'이라고 하였다.

쓰기는 그 자체가 목적이자 다른 목적의 도구가 되기도 하는 중요한 활동으로서 갈수록 그 중요성이 부각되고 있다. 그러므로 학생들에게 주제를 정해 주고 막연히 쓰도록 하는 것에서 나아가 실제로 쓰기를 잘 해낼 수 있도록 하는 명시적이고 세분화된 다양한 교수 방법론을 개발할 필요성이 있으며 이를 뒷받침해 줄 많은 연구가 지속적으로 필요하다고 하겠다.

강명순(2005), 「쓰기 교육의 연구사와 변천사」, 『한국어 교육론』 3, 한국문화사.

강승혜(2002), 「한국어 쓰기 교육의 이론과 실제」, 박영순 편, 『21세기 한국어 교육학의 현황과 과제』, 한국문화사, 161〜190쪽.

강승혜 외(2006), 『한국어 평가론』, 태학사.

김미옥(2007), 「쓰기 오류 수정에 관한 연구」, *Foreign languages education*, Vol.14 No.3, 한국외국어 교육학회, 429〜451쪽.

김선정 외(2010), 『한국어 표현교육론』, 형설출판사.

김성숙(2015), 한국어 쓰기 교육의 이론과 실제, 도서출판 경진.

김영숙 외(2004), 『영어과 교육론』 2, 한국문화사.

김정숙(1999), 「담화 능력 배양을 위한 외국어로서의 한국어 쓰기 교육 방안」, 《한국어교》10권 2호, 국제한국어 교육학회, 295〜309쪽.

김정숙(2004), 「한국어 읽기, 쓰기 교재 개발 방안 연구 —교수 요목의 유형과 과제 구성을 중심으로—」, 《한국어 교육》 15권 3호, 국제한국어 교육학회, 1〜22쪽.

김정애(2000), 「과정 중심의 한국어 쓰기 교육 방안 : 피드백을 이용한 다시 쓰기 전략을 중심으로」, 이화여자대학교 교육대학원 석사학위논문.

민현식(2000), 「한국어 교육에서의 정서법 교육에 대하여」, 《한국어 교육》 11권 1호, 국제한국어 교육학회, 1〜23쪽.

민현식 외(2005), 『한국어 교육론』 3, 한국문화사.

박영목(1994), 「의미 구성의 설명 방식」, 산청어문 22−1, 서울대학교 국어교육과, 199〜219쪽.

신현숙 외(2012), 『한국어와 한국어 교육』 1·2, 푸른사상사.

안경화(2006), 「한국어 쓰기 교수학습법의 현황과 과제」, 《국어교육연구》 18집, 서울대학교 국어교육연구소, 61〜90쪽.

염창권(1997), 「국어 수업 방법」─쓰기 교수 학습 모형, 초등국어교육학회 편, 박이정.

이미혜(2000), 「과정 중심의 한국어 쓰기 교육 — 작문 수업을 중심으로—」, 《한국어 교육》 11권 2호, 국제한국어 교육학회, 133〜150쪽.

이수미(2010), 「텍스트성에 기반한 한국어 쓰기 교육 방법 연구 : 자기 표현적 쓰기 텍스트를 중심으로」, 서울대학교 대학원 국어교육과 박사학위논문.

이영숙(2005), 「쓰기 교육의 과제와 발전 방향」, 『한국어 교육론』 3, 한국문화사.

이재승(2002), 『글쓰기 교육의 원리와 방법 —과정 중심 접근—』, 교육과학사.

정인아(2012), 「문법 교육」, 『한국어와 한국어 교육』 2, 푸른사상사.

진대연(2005), 「쓰기 교육의 교수 학습」, 『한국어 교육론』 3, 한국문화사.

최연희·김신혜(2004), 「영어 쓰기 교육론」, 『영어과 교육론』 2, 한국문화사.

최연희 편(2009), 『영어 쓰기 교육론 : 원리와 적용』, 한국문화사.

최은규(2005), "교육 과정 및 평가법", 서울대학교 언어교육원 한국어교육센터 신규 강사 연수 특강 자료.

한재영 외(2005), 『한국어 교수법』, 태학사.

허용 외(2005), 『외국어로서의 한국어 교육학 개론』, 박이정.

허재영(2010), 『국어 쓰기 교육의 변천과 발전 : 쓰기 교육 일반론과 대학 작문을 중심으로』, 소통.

Ann Raimes(1983), *Techniques in Teaching Writing*, Oxford University Press.

Bernd Kast(1999), *Fertigkeit Schreiben* , Goethe-Institut. 한국어판 : 안미란 · 최정순 옮김(2007), 『쓰기 교수법』, 한국문화사.

Christopher Tribble(1996), *Writing*, Oxford University Press.

Christopher Tribble(1997), *Writing*, Oxford University Press. 한국어판 : 김지홍 옮김(2003), 『쓰기』, 범문사.

Flower, L. & Hayes, J. R.(1981), "A Cognitive Process Theory of Writing", *College Composition and Communication*, 32-4, 365~387쪽.

Hayes, J. R.(2012), "Modeling and Remodeling Writing", *Written Communication*, 29(3), 369~388쪽.

H. Douglas Brown(1994), *Teaching By Principles*, Prentice-Hall, Inc.

Ingram, B. & King, C.(1988), *From writing to composing: An introductory composition course for students of English*, Cambridge University Press.

Karin Kleppin(1998), *Fehler und Fehlerkorreotur*, Goethe-Institut. 한국어판 : 최영진 옮김(2007), 『외국어 학습자의 오류 다루기』, 한국문화사.

Peter Knapp & Megan Watkins(2005), *Genre Text grammar*, The UNSW Press. 한국어판 : 주세형 외 옮김(2007), 『장르, 텍스트, 문법 : 쓰기 교육을 위한 문법』, 박이정.

Peter Knapp and Megan Watkins(2005), *Genre, text, grammar : technologies for teaching and assessing writing*, Sydney : UNSW Press.

Rohman D. & Wlecke A. (1964), *Pre-writing: The construction and applications of models for concept formation in writing*, Michigan State University, ED 001 273.

Rivers, Wilga M.(1968), *Teaching foreign-language skills*, Univ. of Chicago Press.

Vygotsky L. (1978), *Mind in society*, MA: Havard University Press.

한국어 읽기 교육론

진문이

서울대학교 언어교육원 한국어교육센터

| 학습 목표 |

- 읽기와 관련된 기초 이론을 검토한다.
- 읽기 교육의 원리를 확인하고 이러한 원리에 따른 수업 설계의 필요성을 이해한다.
- 읽기 수업 구성의 단계를 알고 각 단계에 맞는 활동을 계획할 수 있다.

▶▶▶ 차례

1장

■■

읽기와 읽기 교육

말하기, 쓰기, 읽기, 듣기의 네 가지 언어 능력 중 이해 영역에 속하는 읽기는 그 중요성에 비해 개별적인 교수의 영역으로서의 접근이나 이해가 아쉬운 영역이었다. 초기 교수법 중에서 읽기 교육을 강조한 것으로 평가받는 문법 번역식 교수법에서조차 읽기는 수용적 혹은 수동적인 언어 능력으로 간주되었다.[1] 이후 인지 학습 이론이나 의사소통 중심 교수법이 등장하기 전까지, 읽기는 그 자체로 능동적인 언어 능력으로 평가받지 못하고 다른 언어 능력의 보조적, 도구적인 영역으로 다루어졌다. 외국어로서의 한국어 읽기 교육 역시 이러한 흐름과 궤를 같이하다가, 스키마 이론이나 담화 이론을 배경으로 한 읽기 교육에 대한 연구가 이루어지면서 읽기 지도의 중요성이 부각되고 있고, 한국 내의 대학이나 대학원 진학을 목표로 하는 학습자와 읽기를 통해 많은 양의 정보를 받아들일 필요가 있는 고급 단계의 학습자가 늘면서 이들을 대상으로 하는 적극적인 읽기 교육의 필요성이 꾸준히 제기되고 있다.

---

[1] 최초의 외국어 교수법이라고 할 수 있는 문법 번역식 교수법은 읽기를 말 그대로 번역을 위한 과정, 즉 외국어로 쓰인 원서를 번역하기 위한 일차적인 작업으로 보았다. 따라서 어휘나 문법 등 언어적인 문제를 교사 주도로 해결하는 방식으로 읽기 수업을 운영하였다.

1.1. 읽기의 정의와 특성

1.1.1. 읽기의 정의

읽기란 무엇인가. 읽기에 대한 정의는 학자들마다 조금씩 차이가 있다. 외국의 학자들은 읽기를 '기호로 표현된 언어이며 저자에 의해 문자화한 메시지를 읽는 사람이 재조직하는 복잡한 과정',[2] '필자에 의해 시각적 자극으로 부호화된 의미가 독자의 마음속에서 의미로 변하는 것'[3] 등으로 정의하였다. 국내 연구자들의 정의로는, '학습자가 여러 가지 텍스트를 통하여 알아내고자 하는 정보를 얻어내는 과정,[4] '시각을 통한 문자 해독만이 아닌 저자와 독자와의 만남이며 저자가 문자의 배열을 통해 제시한 의미를 독자가 재구성하는 심리적인 과정,[5] '의사소통의 한 부분으로서 문어 텍스트의 작자는 어떠한 의사소통적인 의도를 가정하고 있으며, 독자는 문어 텍스트를 이해하고 이에 반응하는 것',[6] '글에 제시되어 있는 정보와 독자 자신의 배경 지식을 결합하여 글 전체의 의미를 구성하는 의미 있는 정보를 얻고 처리하는 과정[7] 등이 있다. 이와 같은 내용들을 종합하여 읽기에 대한 정의를 내려 보자면, 독자가 자신이 가진 배경 지식을 활용하여 저자에 의해 문자로 쓰인 의미를 재구성하면서 그 나름대로 이해해 가는 능동적인 과정이라고 할 수 있다.

1.1.2. 읽기의 특성

읽기는 텍스트를 구어와 문어로 나눌 때 문어로서의 특성을 가지는 동시에, 언어 능력을 표현 영역과 이해 영역으로 나눌 때 이해 영역의 특성을 가진다. 먼저 읽기의 문어로서의 특성은 축적성과 통시성 및 편재성, 정확성으로 요약할 수 있다.[8] 문자는 기록 매체로서 사용된 기간이 길기 때문에 문자로 축적된 정보의 양은 구어로 축적된 정보의 양에 비할 수 없다. 또한 문어 정보는 통시성과 편재성을 지니고 있기 때문에 시간과 장소의 제약을 받지 않고

---

2) Goodman(1967, Reading: A psycholinguistic guessig game) p.472의 내용을 김미옥(1992)에서 재인용.

3) Gephart(1970, Application of the convergence technique to basic studies of the reading process)의 내용을 김미옥(1992)에서 재인용.

4) 권미정(1999), p.14에서 인용.

5) 최정순(1999), p.51에서 인용.

6) 한송화(2007), p.172에서 인용.

7) 강현화 외(2009), p.129에서 인용.

8) 신현숙 외(2012) p.73의 내용을 요약하여 정리함.

접근할 수 있다. 마지막으로 문어 정보는 기록으로 남겨지는 것이기 때문에 주로 기억에 의존하는 구어 정보보다 정확성이 뛰어나다. 즉, 우리는 문어 정보를 통해 방대한 양의 정보를 시간과 공간에 구애받지 않고 정확하게 제공받을 수 있는데, 이러한 이유로 문어 정보는 매우 중요하다. 이러한 문어 정보의 중요성은 정보의 습득 측면에서 문어 정보를 읽어내지 않으면 안 된다는 것, 따라서 정보의 습득 측면에서 읽기 교육이 필요하며 매우 중요하다는 것과 맞닿아 있다.

두 번째로 이해 영역으로서의 읽기는 언어의 습득 측면에서 표현 영역에 선행한다는 특성을 갖는다. 언어 습득에 대한 다양한 이론들은 이해 영역의 중요성을 강조하였다. 특히 행동주의 이론에서는 언어 습득이 모방과 연습에 이은 습관 형성으로 이루어진다고 보았는데, 이때 모방이라는 것은 모방의 대상을 전제로 한 것이기 때문에 듣거나 읽기를 통해 모방의 대상을 확보하지 않고는 언어를 습득할 수 없다. 또한 언어 학습에 대한 연구들도 듣기와 읽기에 의한 입력을 중요시하였다. Anderson & Nunan은 언어 학습에 있어서 입력의 중요성에 대해 설명하면서, 입력이 언어 습득 엔진의 연료 역할을 하고 초급 학습자의 학습 부담을 덜어 주며 표현 영역에 모범이 되는 본보기를 제공해 준다고 하였다.[9] 결론적으로 언어 습득의 과정을 고려할 때나 언어 학습의 과정을 고려할 때나 읽기는 말하기, 쓰기와 같은 표현 영역에 선행한다는 특성 때문에 매우 중요하다고 할 수 있다.

1.2. 읽기 교육의 목표

앞서 읽기의 정의를 통해 읽기가 독자에 의해 이루어지는 매우 능동적이고 적극적인 활동임을 확인하였다. 그러나 초기의 읽기 교육은 문법 번역식 교수법의 영향으로 발음 교정이나 어휘 및 문법 설명, 지문 해석 등 주로 언어적인 문제를 교사 중심으로 해결하는 방식으로 이루어졌기 때문에 독자, 즉 학습자의 흥미나 관심, 글에 대한 전반적인 이해 등에는 소홀하였다. 김정숙(1996), 최정순(1999) 등에서 지적했듯이[10] 이러한 문제점은 한국어 읽기 교육의

---

9) Anderson & Nunan(2008, Strategies for successful listening and reading development)의 내용을 신현숙 외 (2012)에서 재인용.

10) 김정숙(1996)은 기존의 읽기 교육이 언어 학습을 위한 읽기나 세부 내용 파악을 위한 교육적 읽기였다고 지적하면서 이후의 읽기 교육은 실제 의사소통 능력을 기르는 것을 목적으로 과정 중심의 읽기가 필요하고 의미 해석자로서 독자의 역할이 중요하다고 주장했다. 최정순(1999)은 기존 읽기 교육의 문제점으로, 단어 및 문법적 요소의 암기와 해

현장에서도 확인이 되는데, 보다 성공적인 읽기 교육을 위해서는 효과적인 읽기 교수 방법을 고안하지 않으면 안 된다. 이를 위해 읽기 교육에 대한 목표를 분명히 하고 이러한 목표에 따라 학습자 중심의 교육 방법을 모색할 필요가 있다. 강현화 외(2009:134)에서 '읽기 교육의 방향성을 제시해 주고, 내용 선정과 조직, 유용한 전략 수립에 도움을 줄 수 있으므로 명확한 읽기 교육의 목표를 세우는 일은 매우 중요하다'고 한 데에서 읽기 교육 목표 설정의 당위성을 확인할 수 있다.

한국어 읽기 교육의 목표는 연구자에 따라 매우 다양한데, 대체적으로 의사소통의 기능, 유창한 독해의 기능, 맥락에 맞는 적절한 언어 사용 기능, 즐거움이나 지식 및 문화 정보 습득의 기능 등으로 요약할 수 있다. 이러한 교육 목표를 실현하기 위해서는 학습자의 발달 과정, 즉 숙달도에 따라 단계별로 보다 구체적인 교육 목표를 세울 필요가 있는데, 여기에서는 한재영 외(2005:225-226)에서 제시한 단계별 읽기 교육의 목표[11]를 소개하고자 한다.

〈초급〉

- 글자의 짜임을 알고 글자를 읽는다.
- 기본 음절표를 따라 읽는다.
- 낱자를 바꾸어 다른 글자를 만들고, 정확하게 읽는다.
- 부호의 쓰임에 유의하며 글을 읽는다.
- 글을 정확하게 소리 내어 읽는다.
- 교사의 낭독을 따라서 낱말, 구절, 문장을 정확하게 소리 내어 읽는다.
- 대강의 내용을 파악하며 읽는다.
- 짧은 글을 읽고, 누가, 언제, 무엇을 했는지 이야기한다.
- 긴 글을 읽고, 누가, 언제, 무엇을 했는지 이야기한다.

....

독을 위한 기계적이고 반복적인 학습 강조, 문맥이나 담화 차원이 아닌 문장 차원에서의 과도한 연습, 단순 서술식 사실 전달 형태의 학습 내용으로 학습 동기 부여적 측면이 도외시되던 점, 읽기 등급 편차에 따른 상향적·하향적 읽기 과정이 선택적으로 활용되지 못한 점, 학습 활동이나 교재에 대한 목적의식이 불분명했던 점, 학습자의 경험 인지 지식 체계의 활용이 없었던 점, 단계적으로 구성되지 않아 선수 학습과의 연계성이 부족한 점 등을 지적하고 있다.

11) 한재영 외(2005)는 읽기 능력의 지속적인 성장을 위해서는 학습자의 수준에 맞는 읽기 교육의 목표를 설정하여 그에 맞는 교재의 사용과 활용이 체계적으로 이루어져야 한다고 했다.

〈중급〉

- 글을 읽을 때와 쓸 때의 공통점과 차이점을 이해한다.
- 내용을 메모하며 글을 읽는다.
  - 필요하거나 중요한 내용을 메모하며 글을 읽는다.
  - 글의 내용에 대한 자신의 생각을 메모하며 글을 읽는다.
- 글쓴이의 의도나 목적을 파악하며 글을 읽는다.
- 배경 지식을 활용하여 겉으로 드러난 의도와 속에 숨겨진 의도를 구별하며 글을 읽는다.
- 글쓴이의 의도나 목적이 글의 주제와 어떻게 관련되는지 토의한다.
- 내용의 통일성을 평가하며 글을 읽는다.
  - 읽은 글의 개요를 만들고, 주제에서 벗어난 내용이 있는지 평가한다.
  - 글의 통일성을 판단하는 기준을 알아본다.

〈고급〉

- 다양한 종류의 글을 읽고, 읽는 목적을 고려하여 필요한 정보를 효과적으로 찾는다.
- 글쓴이가 글을 쓸 때에 어떤 정보는 선택하고 어떤 정보는 생략했다는 점에 유의하며 글을 읽는다.
- 표현상의 특징을 알아보며 글을 읽고, 그 효과를 평가한다.
- 주제나 글감이 같은 여러 글을 읽고 표현상의 특징을 비교하고 평가한다.
- 하나의 주제에 대하여 여러 가지 글을 비교하며 읽고, 읽은 내용의 신뢰성과 타당성에 대해 토의한다.
- 읽은 내용의 신뢰성과 타당성을 판단하는 기준을 알아본다.

한재영(2005)의 내용을 바탕으로 발달 단계를 고려한 읽기 교육의 목표를 평가해 보자면, 결국 글 중심의 목표에서 학습자 중심의 목표로 나아가야 함을 말하고 있다고 할 수 있겠다. 덧붙여 초급 단계의 목표는 독해를 위한 기초적인 학습으로 의미가 있는 것이고 실제 읽기 수업에서는 중급 단계 이상의 목표를 중요하게 다루어야 할 것이라고 생각된다.

2장

읽기 이론의 이해

읽기에 관한 초기의 이론들은 학습자보다는 글과 관련된 요인에 치중해 온 것이 사실이다. 이들은 글자, 단어, 단어의 의미, 단어를 연결하여 올바른 문장을 만들어 내는 문법 등에 관심을 가졌다. 그러나 글을 읽는다는 것은 결국 학습자의 이해와 관련된 문제이다. 글의 주제에 대한 학습자의 경험이나 사전 지식, 학습자의 언어적·인지적 능력 등이 글과 상호작용하게 되는 것이다. 여러 연구에서 이미 밝혀진 바와 같이, 학습자의 배경 지식을 적극적으로 활용할 때 글에 대한 이해도가 높아지고 결국 성공적인 읽기 과제를 수행할 수 있게 되는 것이다. 읽기에 대한 연구의 이와 같은 흐름을 염두에 두고, 이 장에서는 읽기 지도의 이론적 배경으로서 읽기에 대한 주요 이론의 내용을 살펴보기로 한다.

2.1. 읽기 과정에 대한 이론

읽기 과정에 대한 연구는 1870년대 인지 심리학에 바탕을 둔 연구에서 그 시초를 찾을 수 있다. 이때의 읽기 연구는 주로 눈의 움직임이나 시각이 미치는 범위, 단어 인식 등 지각 과정에 관한 것이 주를 이루었다. 그러나 오늘날 읽기 과정에 대한 논의는 주로 상향식 모형과 하향식 모형, 상호작용 모형의 개념을 바탕으로 글에 대한 독자의 이해 과정에 관심을 두고 있다.

2.1.1. 상향식 모형(Bottom-up Model)

상향식 모형에 의하면 읽기란 '글자→ 단어 → 구 또는 문장', 즉 하위의 작은 단위에서 상위의 큰 단위로 나아가면서 의미를 구조화하는 과정이다. 즉 음소를 조합해서 음절을, 음절을 조합해서 단어를, 단어를 조합해서 절을, 절을 조합해서 문장을, 문장을 조합해서 글의 의미를 구성하는 과정이 읽기라는 것이다. 이 모형에서는 언어 이해의 과정에서 무엇보다도 먼저, 글 혹은 글자를 정확하게 해독해야 한다고 본다. 문자, 어휘, 문법을 중심으로 하는 1970년대 문법 번역식 교수법이나 청각구두식 교수법에 의한 읽기 지도의 배경이 된 이론이라고 할 수 있으며 특히 읽기에서 어휘의 역할을 강조하였다.

그러나 상향식 모형은 글에 포함된 어휘나 문법적 지식을 정확히 알고 있음에도 불구하고 내용을 제대로 이해하지 못하는 경우를 설명하지 못한다는 한계를 갖는다. 또한 상향식 모형에서 가정하는 것과는 달리 개별 글자보다 단어가 더 빨리 인식되는 경우도 있다는 비판에 직면한다. 이와 같은 한계에도 불구하고 상향식 모형은 외국어 학습에 적용할 경우, 초급 단계의 학습자에게는 아직까지 유용한 접근 방식이라고 할 수 있다.

2.1.2. 하향식 모형(Top-down Model)

하향식 모형은 읽기를 독자가 자신의 배경 지식을 이용해 주어진 텍스트에서 의미를 구성해 가는 역동적인 과정으로 정의한다. 하향식 모형에 따르면, 전체적인 글의 내용이 무엇을 표현하는 것인지를 알면 각 문장을 이해하기 쉽고, 각 문장의 구조나 의미를 알게 되면 각 단어의 확인이 쉬워지고 또한 각 단어를 구성하는 문자도 인지하게 된다. 즉 독자가 메시지를 재구성하는 과정에서 가장 중요한 역할을 하는 것은 텍스트가 아니라 바로 독자 자신의 배경 지식이라는 것이다. 이때의 배경 지식은 글에 나타난 요소에 대한 독자의 의존도를 줄여 주고, 글에 대한 독자의 이해도를 높여 주는 역할을 하기 때문이다.

하향식 모형은 읽기에 있어서 독자를 매우 능동적인 존재로 인정했다는 점, 텍스트에 대한 전체적인 이해 차원이 아니라 단어나 문장 차원의 이해에 치우친 읽기 교육에 대한 대안을 제시했다는 점에서 높이 평가할 수 있다. 다만 텍스트에 사용된 어휘나 문형 등의 의미나 개념을 정확히 이해하지 못하는 경우 배경 지식이 있다고 하더라도 글의 의미를 제대로 이해할 수 없다는 점에서 역시 한계를 갖는다.

2.1.3. 상호작용 모형(Interactive Model)

상호작용 모형은 상향식 모형이나 하향식 모형에서 가정하고 있는 선형적인 처리 과정에 반대하면서 두 모형을 절충한 입장이라고 할 수 있다. 상향식 처리와 하향식 처리가 상호작용하는 과정이 곧 읽기라고 본 것인데, 텍스트에 대한 추측을 주어진 언어 정보에 근거하여 확인하고 다시 추측하고 다시 언어 정보를 확인하는 과정을 반복적으로 수행하는 과정이 읽기라는 것이다. 상호작용 모형은 상위 수준의 처리가 하위 수준의 처리에 영향을 준다는 하향식 모형의 입장을 인정하는 동시에 학습자가 인쇄된 글에도 의존한다는 점을 받아들인다.

2.2. 인지 과정에 대한 이론(스키마 이론)

제2언어 읽기 지도에 대한 이론은 대부분 스키마 이론의 관점에서 이루어져 왔다고 해도 과언이 아니다. 여기서 스키마란 독자, 즉 읽기 지도에 있어서의 학습자가 자신의 과거 경험을 통해 이미 구조화하여 내재화하고 있는 지식의 총체라고 할 수 있다. 스키마는 인간의 기억 속에 존재하는 인지 구조를 의미하며 새로운 정보가 제공되었을 때 기존의 정보에 연관시키는 역할을 한다.

2.2.1. 내용 스키마

내용 스키마란 말 그대로, 흔히들 말하는 배경 지식을 말한다. 어떤 글을 읽을 때, 그 글이 이미 잘 알고 있는 분야나 주제에 관한 것일 때에는 어휘나 문장의 구조가 다소 어렵다고 해도 글의 내용을 쉽게 파악할 수 있지만 전혀 새로운 분야나 주제에 관한 것일 때에는 어휘 수준이 높지 않고 글의 구조가 단순하다고 하더라도 개념 파악이나 내용 이해가 쉽지 않음을 경험했을 것이다. 이러한 경험을 언급할 때의, 어떤 분야나 주제에 관해 '이미 알고 있는 것'이 곧 내용 스키마이다. 배경 지식의 유무가 글의 이해에 얼마나 큰 영향을 주는지는 더 언급할 필요가 없을 테지만, 배경 지식이 문화적 요인에 의해 크게 좌우된다는 점에는 주의가 필요하다. 가령 동일한 사물에 대한 배경 지식이라고 하더라도 문화권에 따라 다른 내용 스키마를 가질 수 있으므로, 글을 읽을 때에는 해당 글의 내용과 관련된 적절한 배경 지식을 활성화시키는 것이 중요하다.

2.2.2. 형식 스키마

형식 스키마는 읽기 과제를 수행하는 데에 상당한 역할을 담당하는 글의 구조에 대한 선경험을 말한다. 글이라는 것은 장르에 따라 각기 다른 구조를 갖기 마련이다. 예를 들어, 논설문의 경우는 서론-본론-결론이라는 구조를, 편지글의 경우는 첫인사-날씨-근황-목적-끝인사라는 구조를 갖는 것이 일반적인데, 이러한 글의 구조에 대한 배경 지식을 형식 스키마라고 한다. 형식 스키마를 갖고 있으면 독자는 글의 구조를 이루는 각 부분에 어떤 내용이 담길지 예측할 수 있다. 또한 글의 구조를 예측하게 되면, 글을 읽는 목적에 따라 어느 부분에 집중하여 읽을 것인지를 결정하여 글을 읽는 방법을 전략적으로 선택할 수도 있다.

2.2.3. 읽기 교육과 스키마 이론

읽기 교수의 장면에서 학습자는 읽기 과제를 수행할 때 내용 스키마와 형식 스키마를 함께 작동시키게 된다. 스키마를 활성화하면 할수록 학습자의 과제 수행 성공률은 높아지므로, 근래의 읽기 교수는 어떻게 하면 학습자의 스키마를 보다 더 활성화시킬 수 있는가에 초점을 두고 있다고 할 수 있다. 흔히 모국어 화자에 비해 외국어 화자는 읽기 과정에서 글에 의한 지배를 더 많이 받는 것으로 알려져 있다. 따라서 읽기 과정에서 외국인 학습자는 모국어 학습자와는 다른 어려움을 겪게 되는 것이다. 외국인 학습자가 겪는 어려움은 이들의 불완전한 언어 지식 때문인 경우가 대부분이며 또한 읽기의 전 단계에서 모국어의 간섭을 받게 되므로 외국어 화자의 경우 이러한 언어적 결핍을 극복하기 위해 스키마를 더욱 적극적으로 활용할 수 있도록 해야 한다. 결국 스키마의 활용 여부, 활용 정도가 읽기 교육의 성패와 직결된다고 할 수 있다.

3장

읽기 교육의 원리

이 장에서는 읽기 교육을 교사 중심이 아니라 학습자 중심으로, 또 학습의 결과가 아니라 학습의 과정에 초점을 두고 운영하기 위해 고려해야 할 읽기 교육의 원리에 대해 살펴보기로 한다. 성공적인 읽기 교수를 위해서는 읽기 교육의 원리에 대한 이해가 선행되어야 하며 이러한 이해를 바탕으로 읽기 수업이 설계되어야 할 것이다.

3.1. 읽기 이해에 영향을 주는 요인

글에 대한 학습자의 이해에 영향을 주는 요인은 크게 세 가지로 분류할 수 있다. 첫째, 독자가 가지고 있는 변인으로서의 언어적 지식, 둘째, 글이 가지고 있는 변인으로서의 텍스트에 관한 지식, 셋째, 독자와 글이 모두 가지고 있는 문화적 요인이다. 학습자가 이러한 요인에 영향을 받게 되면 읽기의 최종 목표인 의미의 이해에 도달하는 데에 어려움을 겪게 된다.

3.1.1. 언어적 지식

읽기에 필요한 언어적 지식으로 가장 기본적인 것은 어휘적 지식과 통사적 지식이다. 어휘는 문장의 의미를 구성하는 가장 기본적인 요소로, 구조적으로 복잡하지 않은 문장의 경우는 통사적 지식이 없더라도 그 문장에 사용된 어휘만으로도 의미를 이해할 수 있다. 그러나 어휘의 의미를 다 알아도 그 문장을 이해하지 못하는 경우가 많기 때문에 어휘의 의미만으로는 그 문장의 의미를 완벽하게 이해하기는 쉽지 않다. 결국 통사적 지식이 있어야 어휘를 적절히 배열하여 의미 있는 문장을 생성할 수 있는 것이다. 즉 독자는 글을 대할 때 통사적 지식에 근거를 두고 의미를 해석하게 된다.

초급 수준의 학습자가 읽기를 어려워하는 것은 이러한 어휘적 지식과 통사적 지식이 부족하기 때문이다. 모국어 읽기는 대체로 1,000개 남짓한 어휘를 알고 통사적 구조를 습득한 후에 이루어지는 반면, 외국어 읽기는 문어와 구어를 동시에 학습하거나 문어가 구어보다 먼저 이루어지는 경우도 있어 선수 학습된 언어적 지식의 도움을 받기 어렵다.

3.1.2. 텍스트에 관한 지식

어휘적 지식과 통사적 지식의 수준이 비슷한 학습자라고 해도 글의 내용을 이해하는 데에 차이를 보이는 경우가 있다. 이러한 차이는 대개 텍스트에 관한 지식의 차이에 기인한다. 텍스트에 관한 지식은 주로 응집성과 텍스트 구조, 텍스트 유형 등에 관한 지식을 말하는데, 이때 텍스트 구조란 형식 스키마에 속하는 것으로 텍스트를 이루고 있는 부분들 사이의 관계를 말한다.[12] 응집성이란 단순히 단어나 문장 차원이 아닌, 전체적으로 통일성을 가지는 통합체로서의 텍스트 응집성을 말한다. 텍스트가 의미적 통일성, 즉 일관성을 가지려면 단지 텍스트의 내용만으로는 부족하고 응집성과 같은 언어적 특질이 있어야 한다.[13] 독자는 응집성을 위한 장치가 텍스트에 나타나 있는 경우에는 그것을 활용해서 문장 간 혹은 단락 간의 관계를 파악하고, 나타나 있지 않은 경우에는 앞뒤의 관계를 추론하여 파악하게 된다.

언어적 응집성의 경우는 지시대명사나 인칭대명사, 접속사 또는 생략 등의 장치가 사용되는데 학습자의 입장에서는 이러한 응집성을 위한 장치들 때문에 즉각적으로 의미를 파악하는 데에 어려움을 겪을 수도 있다.

---

12) 연구자들에 따라 텍스트 구조의 유형을 분류하는 데에는 차이가 있다. 강현화 외(2009)에서는 공통적으로 나타나는 텍스트 구조 유형을 여섯 가지로 정리하고 있는데, 기술 유형, 인과 유형, 열거 유형, 비교와 대조 유형, 순서 유형, 정의와 예시 유형이 그것이다.

13) 글 전체의 연속성을 가져 오는 응집성은 문법적 응집성과 어휘적 응집성으로 나눌 수 있다. 문법적 응집성은 대치어를 사용하거나 간결하고 명료한 표현을 위해 반복되는 말을 삭제하거나 생략하는 것 등을 말하며 어휘적 응집성은 앞에 나온 단어를 똑같은 뜻의 다른 단어나 동의어나 상위 포괄어로 되풀이하는 반복 같은 것을 말한다.

3.1.3. 문화적 요인

문화적 요인은 글의 이해에 큰 영향을 준다. 먼저 글의 주제나 내용을 이해하는 데에 문화적 요인이 중요한데, 자신의 문화적 배경과 친숙한 주제나 내용인 경우에는 그렇지 않은 경우보다 훨씬 쉽게 글의 내용을 이해할 수 있다. 뿐만 아니라 글의 형식에 대한 이해에 있어서도 문화권에 따라 차이를 보인다. 논설문의 경우를 예로 들면, 문화권에 따라 두괄식을 선호할 수도 있고 미괄식을 선호할 수도 있다는 것이다. 주어진 글이 미괄식인 경우, 미괄식을 선호하는 문화권의 학습자는 두괄식을 선호하는 문화권의 학습자보다 글에 대한 접근이 용이하다. 글의 형식에서 나타나는 이러한 문화적 차이는 주어진 글의 형식에 익숙하지 않은 학습자에게 혼란을 주어 글의 내용을 이해하는 데에 어려움을 준다.

3.2. 읽기 목적의 설정

학습자의 흥미와 내적 동기를 유발시키기 위해서는 학습자로 하여금 주어진 글을 읽는 목적을 알게 하는 것이 중요하다. 그렇다면 먼저 우리가 글을 왜 읽는가에 대해 생각해 볼 필요가 있다. 먼저 우리는 정보를 얻기 위해 읽기를 한다. 표지판이나 안내문 등에 제시되어 있는 일상생활에 꼭 필요한 정보를 얻기 위해 거기에 쓰인 글을 읽는다. 두 번째로 읽기는 세상에 대한 지식의 폭을 넓혀 준다. 즉 배움을 목적으로 해서 읽기를 한다는 것이다. 배움을 목적으로 한다는 것은 새로운 지식을 얻기 위해서일 뿐만이 아니라 약간 알고 있거나 애매모호한 것을 분명하게 만들기 위해서일 수도 있다. 세 번째로 우리는 재미를 위해서 읽기를 한다. 즐거움을 위한 읽기는 읽기 그 자체가 목적이 된다.

　이러한 읽기의 목적을 달성하기 위해서는 목적에 맞는 유형의 텍스트를 선택하는 것이 중요하다. 텍스트의 유형에는 다음과 같은 것들이 있다.[14]

- 소설, 전설, 동화, 우화, 수필, 일기, 일화, 전기 등
- 희곡, 시나리오, 방송 대본 등
- 시, 동시, 노래 가사 등

....
14) Françoise Grellet(1981, Developing Reading Skills)의 내용을 한송화(2007)에서 재인용.

- 편지, 전보, 엽서, 메모 등
- 신문과 잡지의 글: 머리기사, 기사, 편집자 주, 독자편지, 광고, 일기예보, 라디오나 TV 등의 프로그램 등
- 전문적인 글, 보고서, 서평, 중수필, 직업적인 편지, 요약문, 발췌문, 주석 등
- 조리법, 사용법, 주의사항, 게임 설명서 등
- 광고, 여행 책자, 카탈로그, 안내 책자 등
- 각종 표지판, 경고문, 안내문, 법률 조례문, 지도나 도표 등의 범례, 형식문(이력서, 지원서, 출입국 확인서 등), 낙서, 메뉴, 가격표, 영화표 등
- 만화
- 통계, 다이어그램, 차트, 시간표, 지도
- 전화번호부, 각종 사전

가령, 정보를 얻기 위한 목적으로 읽기를 하는 경우에는 조리법, 광고, 각종 표지판 등의 텍스트를 선택하는 것이 적합할 것이다. 배움을 위한 목적인 경우에는 전문적인 글이 대표적인 텍스트 유형이 될 것이며, 마지막으로 즐거움을 목적으로 하는 경우에는 소설과 같은 문학 작품이나 만화 등의 텍스트 유형을 선택하게 될 것이다. 그러나 글을 읽는 목적과 텍스트 유형이 고정되어 있지는 않다고 본다. 즉 같은 유형의 텍스트라고 하더라도 누가 그 글을 읽느냐에 따라 목적은 달라질 수 있다. 소설의 경우만 보더라도 대부분의 독자는 즐거움을 위해 읽기를 하겠지만 작가 지망생이나 작가가 그 소설을 읽는다면 배움을 위한 읽기일 수도 있다는 것이다.

읽기 교육에 이러한 내용을 적용해 보자면, 우선 학습자가 읽기 수업을 통해 얻고자 하는 것이 무엇인가, 즉 학습자 개개인의 읽기 목적에 맞는 텍스트를 선정하는 것이 이상적일 것이다. 그러나 여기에는 현실적인 어려움이 따르므로 학습자의 다양한 목적을 최대한 충족시킬 만한 읽기 자료를 선택해서 학습자에게 맞는 읽기 목적을 설정·제시하는 것이 바람직하다고 본다. 교사에 의해 제시된 읽기 자료와 읽기 목적이 자신의 학습 목표에 부합하는 경우에 학습자의 내적 동기 유발이 가능하고 읽을 내용에 대한 학습자의 흥미를 불러일으킬 수 있다. 그러나 학습자가 읽고 싶지 않은 자료이거나 학습자 자신의 학습 목표에 부합하지 않는 목적이 주어진다면 학습자의 학습 동기는 떨어질 수밖에 없을 것이다.

3.3. 읽기 자료 선정

성공적인 읽기 수업을 위해서는 무엇보다 읽기 자료의 선정이 중요하다. 교사가 아무리 효과적인 읽기 활동이나 뛰어난 읽기 전략을 제시한다고 하더라도 학습자 중심의 효과적인 읽기 수업은 학습자의 적극적인 참여 없이는 불가능하며, 학습자의 적극적인 참여를 유도하기 위해서는 학습자를 고려한 자료를 선정하지 않으면 안 되기 때문이다. 앞에서 다양한 읽기 자료들을 유형별로 살펴보았는데,[15] 읽기 교육에서 교사는 학습자에게 필요한 자료가 어떤 유형인지를 파악해야 하고 학습자의 목적에 따라 적절한 자료 유형을 선택해야 하며, 자료 유형에 따라 적절한 읽기 지도 방안, 즉 필요한 읽기 기술이나 전략에 대해 지도해야 한다.

모든 글이 읽기 수업의 자료가 될 수는 없다. 또한 현실적으로 학습자에게 완벽하게 맞는 읽기 자료를 구성하는 것은 그리 쉽지 않다. 따라서 다양한 유형의 읽기 자료 중에서 읽기 교육을 위한 자료를 선정하거나 구성하기 위해서는 기준이 필요하다. 그 기준을 정리해 보자면 아래와 같다.

- 내용 및 주제: 읽기 자료의 내용 및 주제가 학습자의 흥미를 끌 만한 것이어야 한다.
- 난이도: 읽기 자료의 언어 내용이 학습자의 수준에 맞는 것이어야 한다.
- 학습 유용성: 언어 능력과 특정 분야의 내용을 동시에 발달시킬 수 있는 것이어야 한다.
- 실제성: 실제적인 읽기 과제에 가까운 것이어야 한다.
- 전형성: 장르의 전형적인 특성이 잘 드러나는 것이어야 한다.
- 문화 정보: 한국 문화에 대한 정보를 제대로 제공하는 것이어야 한다.
- 함축성: 읽기 자료의 제목이 자료의 전체 내용을 함축적으로 드러내는 것이 바람직하다.

외국인 학습자, 특히 초급 학습자를 위한 자료를 선정하고 구성할 때에 난이도와 실제성은 상충하기 마련이다. 학습자의 어휘 수준이나 문법 수준에 맞추어 자료를 구성하면 이야

---

15) 연구자에 따라 읽기 자료의 유형에는 조금씩 차이가 있다. 앞서 확인한 Grellet(1981, Developing Reading Skills)의 유형은 우리가 실생활에서 접하는 모든 자료를 읽기 자료로 보고 텍스트를 분류한 결과이다. Brown(2001, Teaching by principles)은 보고서, 사설, 수필 등과 같은 사실적인 것, 소설, 드라마, 시 같은 허구적인 것, 그 외에 편지, 연하장, 학술적인 논문, 보고서, 지원서 등의 서류 양식, 광고, 초대장, 만화 등 글로 표현된 수백 가지의 자료를 읽기 자료로 보았다. Silberstein(1994, Techniques and resources in teaching reading)은 읽기 자료를 크게 비산문적인 자료, 설명적 자료, 논증적 자료, 문학 자료의 네 가지로 분류하고 있다. 한송화(2007)에서 재인용하여 요약.

기가 자연스럽지 않고 인위적이어서 실제성이 떨어지게 되고, 가공 없이 실제 자료를 사용하려고 하면 어휘나 문법 통제가 안 되어 교사와 학습자 모두에게 부담이 될 수 있기 때문이다. 따라서 난이도와 실제성의 접점을 찾는 것이 읽기 자료 선정에 있어서 교사의 과제라고 할 수 있겠다.

3.4. 읽기 과제 제시

3.4.1. 읽기 과제의 정의

과제란 쉽게 말하면 수업을 진행할 때 학습자들에게 주어지는 임무를 말한다. 읽기 과제로 범위를 좁혀 말해 보자면, 읽기 수업에서 학습자들은 막연히 글을 읽는 것이 아니라 글을 읽는 동안 완수해야 할 어떤 임무를 부여받게 되는데 이때의 임무가 바로 과제라는 것이다. 사실 과제라는 말은 여러 가지 개념으로 사용이 되는데, 여기에서는 Breen(1987)의 정의를 소개하고자 한다. Breen(1987)에 의하면 과제는 '특별한 목적과 절적한 내용, 명세화된 작업의 절차와 일련의 결과를 지니는 체계적인 언어 학습 노력을 의미한다. 그러므로 과제는 단순하고 간단한 연습 유형부터 문제 해결이나 시뮬레이션, 의사결정과 같은 좀 더 복잡하고 긴 활동에 이르기까지 언어 학습을 촉진하는 전반적인 목적을 지닌 일련의 계획안'[16]이다. 즉 읽기 과제란 주어진 글에 대한 학습자의 이해를 목적으로 하여, 이러한 목적에 부합하는 적절한 내용을 체계적인 절차에 따라 배열한, 다양한 활동이라고 할 수 있겠다.

김은아(2014)에 따르면 읽기 수업에 있어서 과제의 역할은 크게 두 가지이다. 첫째, 과제는 글에 대한 학습자의 이해를 돕고 통제하는 역할을 한다. 학습자는 언어 지식이 충분하지 않아 주요 정보를 구별해 내는 데 어려움을 느끼게 되는데 이때 읽기 과제는 학습자의 주의를 특정한 방향으로 이끌거나 중요한 부분으로 제한하는 역할을 한다. 이로써 과제는 학습자가 보다 쉽게 글을 이해할 수 있도록 하는 역할을 한다. 둘째, 과제는 학습자와 글이 서로 관련을 맺게 하여 글에 나타난 정보를 토대로 의미를 구성하는 전략을 개발할 수 있게 한다. 학습자는 난이도가 높은 글을 접하게 되면 글의 정보에만 의존하여 글을 이해하려는 경향이 있는데 이때 읽기 과제는 학습자가 '아직 할 수 없는 것'이 아니라 '이미 할 수 있는 것'을 보여 줌으로써 학습자에게 이미 있는 지식을 이용하여 글의 성공적인 이해에 도달할 수

---

16) Breen(1987, Learner contributions to task design)의 내용을 강현화 외(2009)에서 재인용.

있는 전략을 개발하게 한다. 덧붙여 김은아(2014)는 읽기 수업에서 과제가 이러한 역할을 성공적으로 수행하게 하려면 몇 개의 읽기 과제를 한꺼번에 주기보다는 수업의 단계에 맞춰 제시해야 한다고 하였다. 즉 글을 읽기 전에는 학습자의 스키마를 활성화하거나 어휘 지식을 미리 준비시키는 것과 같은 과제를 제시하고, 읽기 단계에서는 학습자가 보다 주체적이고 능동적으로 글의 의미를 파악하거나 전략을 개발할 수 있게 하는 과제를 제시해야 한다. 마지막으로 글을 다 읽은 후에는 학습자의 이해를 확인하거나 심화시키는 과제를 제시하는 것이 바람직하다.

3.4.2. 읽기 과제의 유형

과제의 유형은 연구자에 따라서 또는 과제를 나누는 기준에 따라서 매우 다양한데, 여기에서는 일반적인 과제의 유형으로 Nunan(1989)의 내용과 특별히 읽기 과제의 유형을 분류한 Davies(1995)의 내용을 살펴보기로 한다. 먼저 Nunan(1989)은 과제를 실생활적인 과제(real world tasks)와 교육적인 과제(pedagogic tasks)로 분류하였다. 실생활적인 과제라는 것은 학습자들이 실생활의 여러 상황에서 언어를 사용할 수 있도록 실제 상황에서 발생하는 과제를 교실 활동으로 도입한 것을 말한다. 반면에 교육적인 과제는 실생활에서 요구하는 것이라기보다는 교실에서의 교육을 목적으로 이루어지는 인위적인 과제, 즉 실생활에서 발생할 가능성은 없으나 교육적인 목적에서 교실에 도입한 활동을 말한다.

Davies(1995)는 읽기 과제를 능동적인 과제와 수동적인 과제로 분류하고, 학습자의 독해를 점검하는 유형의 과제를 수동적인 과제로, 좀 더 학습자의 능동적인 참여를 유도하고 학습자 나름대로 주어진 정보를 재구성하거나 분석하여 글과 학습자 또는 글쓴이와 학습자 간의 상호작용을 유도하는 과제를 능동적인 과제로 정의하였다. 그러면서 수동적인 과제보다는 능동적인 과제가 학습자로 하여금 배경 지식이나 기술, 전략 등을 활용하게 하여 독립적이고 능동적인 학습자가 될 수 있도록 한다고 하였다. 이와 같은 기준에 따라 Davies(1995)는 다음과 같이 과제를 분류하여 제시하였다.[17]

- 수동적인 과제
  선다형 문제 풀기, 이해 확인 질문에 답하기, 빈칸 완성하기, 진위형 문제에 답하기, 어휘 학습, 사전 학습, 빨리 읽기, 단락 순서 맞추기

---

17) Daveis(1995, Introducing Reading)의 내용을 강현화 외(2009)에서 재인용.

- 능동적인 과제

  주요 부분 표시하기, 빈칸 채우기, 도표 만들거나 완성하기, 표 만들거나 완성하기, 글이나 도표 제목 붙이기, 글 순서 맞추기, 예측하기, 복습하기, 요약하기, 회상하기, 노트 필기하기

학습자는 수동적인 과제보다는 능동적인 과제를 통해 자신의 가설을 명료화하게 되고, 때로는 자신의 가설을 다른 학생들로부터 평가받고, 새로운 관점에 의한 해석에 대해 토론을 하고, 자신이 알고 있는 것을 단순히 대답하는 대신 모르는 것을 질문하게 되고 비판적 읽기를 배우게 된다.

3.5. 읽기 전략 개발

3.5.1. 읽기 전략의 정의

전략이란 학습자가 글을 읽을 때 처음에 계획한 목적과 목표를 달성하기 위해 선택하고 통제하는 의도적인 행동을 말한다. 많은 연구자들은, 읽기 수업에서 성공적인 학습자는 그렇지 못한 학습자보다 더 많은 전략을 사용하며 글에서 얻은 정보를 통합적으로 생각할 수 있는 능력과 텍스트 구조를 인식할 수 있는 능력이 있다는 데에 동의한다. 성공적인 읽기 학습자와 그렇지 못한 학습자를 비교해 보면, 성공적인 학습자는 글을 읽을 때 중요하지 않은 어휘는 건너뛰면서 전체 문단의 이해에 집중하는 반면 그렇지 못한 읽기 학습자는 모든 단어를 읽으려고 하고 전체적인 의미보다는 개별 어휘 이해에 집중한다는 것이다. 성공적인 학습자가 중요하지 않은 어휘를 건너뛰며 글을 읽어 나가는 바로 이 행동을 전략이라고 할 수 있을 것이다.

읽기 전략을 누가 사용하는가, 어떤 목적을 갖고 사용하는가, 어떤 글을 읽을 때 사용하는가, 어떤 상황에서 사용하는가, 어떤 목적을 갖고 사용하는가에 따라 그 유용성이 달라질 수 있고 바로 이 점이 읽기 전략 훈련의 필요성을 시사한다[18] 하였다. 즉 학습자에게 읽기 전략을 훈련할 기회가 제공되느냐 아니냐에 따라 이후의 읽기 수업에 있어서 학습자의 성공률은 달라질 수 있다는 의미이다. 교사는 훈련을 통해 학습자가 읽기 전략을 개발하고 이후

---

18) Cohen(1998)의 내용을 인용.

자신에게 주어진 글을 읽어나갈 때에 그 글에 적합한 전략을 선택할 수 있는 능력을 기를 수 있도록 수업을 구성해야 할 것이다.

3.5.2. 읽기 전략의 유형

읽기 전략의 유형에 관해서도 역시 연구자에 따라 조금씩 다른 견해가 존재한다. 여기에서는 읽기 전략에 대한 대표적인 유형 분류로 Cohen(1998)을 소개하고자 한다. Cohen(1998)은 읽기 전략의 유형을 크게 네 가지로 분류하였다. 첫 번째는 지원 전략인데, 이는 상위 단계의 전략을 돕는 역할을 한다. 훑어 읽기, 건너뛰어 읽기, 글에 표시하기, 어휘 풀이 사용 등이 여기에 속하며 주로 손이나 눈 움직임과 관련된 신체적 움직임이 요구되는 심리 운동학적 수준의 전략을 말한다. 두 번째 전략은 인지 전략이다. 인지 전략은 어휘나 문장 수준에서 글의 의미를 명확하게 이해하기 위해 사용하는 다양한 전략을 말한다. 이 유형의 전략으로는 구문의 간략화, 어휘나 구의 동의어나 유의어 찾기, 핵심적 아이디어 찾기, 텍스트의 기능 찾기 등의 전략이 있다. 세 번째는 응집성 전략이다. 응집성 전략은 담화 수준에서 글의 전체적인 의미 이해와 일관성 파악을 위해 사용하는 전략을 의미한다. 글 조직하기, 문맥 이용하기, 글의 담화 기능 구별하기 등이 이 유형에 해당한다. 마지막으로 초인지 전략을 들 수 있다. 이 유형의 전략은 읽기 과정을 점검하기 위해 사용하는 의식적 전략이다. 계획하기, 자기 평가하기, 계획 수정하기, 잘못된 이해 알아채기 등의 전략을 포함한다.

　앞에서 다양한 과제를 수업의 단계에 맞추어 제공해야 한다고 했는데, 전략 역시 마찬가지이다. 많은 연구자들이 유창한 읽기를 위해 필수적인 기능을 배우고 연습시킬 수 있도록 읽기 지도를 단계적으로 할 것을 권장하고 있는데, 읽기 전 단계에서는 학습자의 배경 지식과 경험을 바탕으로 글의 주제, 구조, 장르 유형을 예측하기 위한 전략을 배치하는 것이 바람직하다. 읽기 단계에서는 초인지 전략의 활용이 중요하다. 성공적인 독자가 되기 위해서는 자신의 읽기 과정을 인식하고 독해력을 증진시키기 위해 필요한 것이 무엇인지를 파악하는 것이 필요하다. 즉 자신의 이해를 스스로 점검하도록 해야 하며 필요한 읽기 전략이 무엇인지를 스스로 조정할 수 있도록 해야 한다. 마지막으로 읽은 후 단계에서는 글의 내용에 대한 이해 정도를 점검하거나 추론적 이해나 비판적 읽기의 기회를 제공하는 전략이 필요하다.

4장

::

읽기 수업의 구성

4.1. 읽기 지도의 단계와 각 단계별 활동

최근 읽기 지도에 관한 일련의 연구에서 강조되고 있는 것은 초기의 문장 차원의 지도를 넘어서는 담화 차원의 지도가 필요하다는 점이다. 이를 위해 문맥 속에서 단어의 의미 추측, 글의 일관성, 논리적 글의 순서, 대용어나 지칭어 찾기, 글쓴이의 의도, 추론 능력, 요약하기, 전개될 내용의 예측, 글의 구조 등에 대한 지도가 필요하다. 즉 성공적인 읽기 지도를 위해서는 글의 종류나 구조에 맞는 읽기 활동을 선택하여 수업을 단계적으로 구성해야 한다. 대개 읽기 수업은 '읽기 전 단계-읽기 단계-읽은 후 단계'의 3단계로 구성하는 것이 가장 바람직하다고 보며, 각 단계별 활동 유형들은 유기적으로 연계되어 학습자가 읽기 과제를 성공적으로 수행할 수 있도록 조직되어야 한다. 아래에서는 단계별로 수행 가능한 활동 유형을 정리해 놓았다. 그런데 중요한 것은 각 단계별 활동 유형이 반드시 현재 제시된 그 단계에서만 수행되어야 하는 것은 아니며, 글의 유형이나 구조 등에 맞게 얼마든지 다른 단계에서 수행될 수도 있다는 것이다. 예를 들어 훑어 읽기나 뽑아 읽기와 같은 활동은 여기에서는 읽기 전 단계 활동으로 제시하였지만 읽기 단계에서의 전략으로 사용될 수도 있다는 것이다.

4.1.1. 읽기 전 단계

읽기 전 단계는 글의 내용과 관련된 정보를 제공하여 학습자의 스키마를 활성화하는 단계로서 동시에 읽기 과제에 대한 학습자의 흥미와 참여를 유도하는 단계이기도 하다. 따라서 교사는 이 단계에서 학습자에게 주어진 글을 읽는 목적이나 이유를 이해할 수 있도록 준비시키고 글의 주제에 대한 배경 지식이나 경험 등을 환기시켜 앞으로 읽을 글에 대해 예측할 수 있도록 도와야 한다. 읽기 전 단계를 성공적으로 이끌기 위해서 교사가 해야 할 일[19]은 다음과 같다.

- 학습자가 읽기 목적을 인식할 수 있도록 하여 그러한 인식하에서 글을 읽도록 지도해야 한다.
- 읽기를 시작하기 전에 읽기 자료를 소개하여 학습자가 관련된 배경 지식을 가져올 수 있도록 준비시켜야 한다.
- 학습자가 읽기 자료에 대한 전반적인 정보를 얻을 수 있도록 하는 하향식 과제를 제공해야 한다.
- 읽기 자료를 적당한 길이로 나누어 읽혀서 학습자간의 읽기 속도 차이로 인한 공백과 학습자의 부담을 줄여 주어야 한다.
- 읽기 자료의 내용을 미리 파악하여 무엇을 강조할 것인지, 학습자가 겪을 어려움이 무엇인지, 이를 어떻게 극복하게 할 것인지 등을 계획해야 한다.
- 길잡이 질문을 제시하여 학습자가 중요한 부분에 초점을 맞출 수 있도록 유도해야 한다.

읽기 전 단계와 관련해서 교사가 위와 같은 역할을 수행한다면 이 단계에서 학습자가 수행할 수 있는 활동으로는 다음과 같은 것이 있다. 앞서 언급했듯이 아래의 활동은 읽기 전 단계에 고정되어 있는 것이 아니라 글의 유형이나 구조에 따라 읽기 단계나 읽은 후 단계의 활동으로도 얼마든지 활용이 가능하다.

....
19) Wallace C.(1992, Reading)의 내용을 강현화 외(2009)에서 재인용하여 요약하였음.

- 그림 보고 말하기

  글에서 함께 제시된, 혹은 교사가 주제와 관계있는 것으로 선택한 그림이나 도표 등을 보고 거기에서 확인 가능한 내용을 말하는 활동
- 제목 보고 내용 예측해 보기

  주어진 글의 제목을 보고 글의 주제나 글의 핵심 내용을 예측해 보는 활동
- 글에서 전개될 가능성 예측해 보고 리스트 작성하기

  주어진 글에서 다루어질 가능성이 있는 내용에 대해 예측해 보는 활동
- 주제에 대해 사전 질문하기

  학습자가 주제와 관련해 어느 정도 사전 지식이 있는지 자기 점검이 가능한 활동으로 이때 학습자의 대답이 정답이든 아니든 관계없음을 밝혀 주어야 함
- 훑어 읽기(Skimming)와 뽑아 읽기(Scanning)

  주어진 글을 빨리 훑어 읽거나 글의 특정 부분에서 주요 내용만을 뽑아 읽으면서 글의 주제나 대강의 내용을 파악하는 활동
- 사전 어휘 활동(의미망 완성하기)

  주제와 직접 관련이 있는 어휘 카드를 작성하고, 작성된 카드를 제시하면서 교사가 구두로 어휘의 의미적 요소나 구조적 요소, 의미 관계 등에 대해 질문함. 이렇게 구축된 어휘 정보를 바탕으로 글을 예측하게 하는 활동
- 주제에 대해 교사가 가진 정보 제공하기

  학습자의 흥미를 끌만한 정보를 교사가 직접 제공
- 문화적 차이에 대해 말하기

  주어진 글이 특정 문화와 관련이 있는 경우에 사용가능한 활동으로 자문화의 경우를 소개함으로써 학습자의 흥미와 참여를 유도하는 활동

4.1.2. 읽기 단계

읽기 단계는 주어진 읽기 과제를 실제적으로 수행하는 단계, 즉 학습자들이 주어진 읽기 자료를 실제적으로 읽는 단계를 말한다. 교사는 학습자의 읽기 전략을 향상시켜 주면서 자연스러운 읽기 과정이 이루어지도록 유도해야 한다.

다음과 같은 활동 유형을 생각할 수 있는데, 읽기 단계에서 반드시 한 가지 활동만을 수행해야 하는 것은 아니며 학습자가 성공적으로 과제를 수행하는 데에 도움이 된다면 여러

가지 활동을 병행할 수 있다.

- 묵독하기
  소리를 내지 않고 읽기. 단, 묵독 과정 중에도 학습자끼리 상의하는 것은 가능
- 문맥에서 어휘의 의미 추측하기
  어휘의 문법적 관계, 문맥에서의 논리적 관계, 단어 형성에 관한 단서 등을 이용해 어휘의 의미를 추측하고 추측한 의미를 바탕으로 글의 의미를 파악하며 읽기
- 텍스트 구조 이해하기
  나열, 묘사, 인과, 비교·대조, 예시 등 주어진 글에서 문장 혹은 단락들이 어떤 관계를 맺고 있는지를 파악하면서 읽기
- 예측 확인하기
  읽기 전 단계에서 예측했던 내용을 확인하면서 읽기
- 담화 표지에 주의하기
  문장과 문장, 단락과 단락을 연결하여 글의 응집성과 논리성, 일관성을 획득하도록 하는 담화 표지에 유의하며 읽기
- 상세 정보 찾기
  정보 제공을 목적으로 하는 글인 경우에 특히 의미가 있는 활동으로, 글에 나타나 있는 상세 정보를 찾으며 읽기

4.1.3. 읽은 후 단계

읽은 후 단계는 글에 대한 이해를 확인하거나 주제에 대한 깊이 있는 이해 또는 다음 읽기 학습에 필요하다고 예측되는 내용을 지도하는 단계이다. 특히 이 단계에서는 말하기, 쓰기, 듣기와 같은 다른 언어 영역과의 통합 학습이 가능하다. 읽은 후 단계에서 수행할 수 있는 활동은 다음과 같다.

- 이해 확인하기
  - 확인 질문하기
  - 그림을 이용한 활동하기(이야기의 순서대로 그림 나열하기 등)

- 줄거리 다시 말하기
- 주제나 핵심 생각 찾기

  글의 주제나 핵심 생각이 글의 어느 부분에 위치하고 있는지를 파악하는 활동
- 어휘 확장하기
- 글의 구조나 단락과 관계된 과제 수행하기

  단어 써 넣기, 문장 완성하기, 이어질 내용 찾기 등
- 상세 정보 찾기
- 요약하기

  사소하고 잉여적인 것을 생략하고 나열된 항목들은 보다 상위의 항목으로 대치하며 주제문을 찾아 글의 핵심 내용을 요약하는 활동
- 토론하기
- 역할극 하기
- 개인적 경험 말하기
- 읽은 내용을 바탕으로 글쓰기

4.2. 읽기 수업의 실제

단계별 읽기 지도의 모형으로 고급 학습자를 대상으로 한 신문 기사 읽기 수업을 구성해 보기로 한다.

행복은 소득순이 아니잖아요
GDP 낮은 코스타리카 1위, 미국은 114위

세상에서 가장 살기 좋은 나라는 코스타리카인 것으로 밝혀졌다. 전체 인구가 500만 명 남짓인 중남미의 작은 나라 코스타리카는 1인당 국민 소득이 그리 높지 않은 편이다. 하지만 최근 영국의 한 환경 단체가 발표한 '행복지구지수(HPI)'에서 76.12점을 얻어 1위를 차지했다. 조사 대상 143개국 가운데 코스타리카의 삶의 만족도는 제일 높았으며, 기대 수명도 세계에서 두 번째로 높았다. 이러한 조사 결과를 두고 한 신문은 "코스타리카는 다른 개도국에 비해 언론·출판의 자유와 민주화 지수에 있어서도 높은 점수를 얻었다"고 전했다.

	행복지구지수		
	나라	기대수명	삶의 만족도
1	코스타리카	78.5	8.50
2	도미니카	71.5	7.58
3	자메이카	72.2	6.72
4	과테말라	69.7	7.43
5	베트남	73.7	6.49
6	콜롬비아	72.3	7.33

자료: 뉴이코노믹스파운데이션

2006년 첫 선을 보인 '행복지구지수'는 물질적 기준으로 삶의 질을 평가하는 국내총생산(GDP) 개념에서 벗어나 기대 수명과 행복감, 생태적 척도 등 3가지 기준으로 삶의 질을 평가한다. 특히 지속적인 성장 가능성을 평가하기 위해 환경적 요소를 반영한다는 점에서 다른 조사와 차별성을 지닌다. 실제로 코스타리카의 경우 전력의 99%를 재생에너지에서 얻고 있다.

행복지구지수 상위 10개 나라는 5위를 기록한 베트남을 제외하면 모두 중남미 국가들이 차지했다. 환경 단체 관계자는 "라틴아메리카 국가들은 비물질적인 꿈, 친구나 친척들 간의 강한 사회적 자본 때문에 높은 점수를 얻었다"고 분석했다. 반면 미국이 114위를 기록하는 등 물질적 부를 자랑하는 국가들의 성적은 기대만큼 높게 나오지 않았다. 보고서는 "서구의 도전은 소득 증대를 유지하는 게 아니라, 더욱 의미 있는 삶과 강한 사회적 연대를 꾀하는 것"이라고 지적했다. 한국은 68위를 기록했다.

– 〈한겨레 신문〉「행복은 소득순이 아니잖아요」 부분 개작

---

❶ 읽기 전 단계

- 학습 목표 확인하기: 예) 신문 기사의 구조를 파악할 수 있다.
- 그림 보고 말하기: 기사에 주어진 순위표를 보고 확인 가능한 내용을 말해 보는 활동
- 제목 보고 내용 예측해 보기: 기사의 표제만을 보고 내용을 미리 얘기해 보는 활동
- 훑어 읽기: 전체 기사문을 훑어 읽게 한 후 전체적인 내용을 추측해 보는 활동

❷ 읽기 단계

- 묵독하기: 기사를 1~2회 정도 소리 내지 않고 읽는 활동
- 글의 구조 파악하기: '표제-부제-전문-본문-해설'로 구성되는 기사문의 구조에 주의하며 읽는 활동
- 상세 정보 찾기: '행복지구지수'를 결정하는 기준이 무엇인지 찾아보는 활동

❸ 읽은 후 단계

- 이해 확인하기: 확인 질문을 통해 기사 내용에 대한 이해를 점검하는 활동
- 요약하기: 기사문의 내용을 3~4문장 정도로 요약하는 활동
- 토론하기: 행복의 조건에 대해서 혹은 행복지구지수의 기준에 대해서 학습자가 자신의 의견을 말하는 활동

참고문헌

강현화 외(2009), 『한국어이해교육론』, 형설출판사.

권미정(1999), 「외국어로서의 한국어 읽기 교육—독해 전략을 통한 효율적인 읽기 방안」, 《한국어 교육》 10–1, 국제한국어 교육학회.

김미옥(1992), 외국어로서의 한국어 교육의 실제—읽기 교육에 관한 연구, 외국어로서의 한국어 교육 17, 연세대학교 한국어학당.

김은아(2014), 「한국어 읽기 교육론」, 서울대학교 한국어문학연구소·국어교육연구소·언어교육원 공편, 『개정판 한국어 교육의 이론과 실제 2』, 아카넷.

김정숙(1996), 「담화 능력 배양을 위한 읽기 교육 방안」, 《한국말교육》 7, 국제한국어 교육학회.

김정숙(2004), 「한국어 읽기·쓰기 교재 개발 방안 연구—교수요목의 유형과 과제 구성을 중심으로—」, 《한국어 교육》 15–3, 국제한국어 교육학회.

김정숙(2006), 「고급 단계 한국어 읽기 자료 개발 방안」, 《이중언어학》 32, 이중언어학회.

김정화(2008), 「한국어 표현·이해 교육법, 한국어 교육」, 서울대 언어교육원 외국인 한국어 교사 양성 과정.

김중섭(2002), 「중국인 학습자를 위한 한국어 읽기 교육 방법 연구」, 《한국어 교육》 13–2, 국제한국어 교육학회.

김지영(2005), 「담화능력 배양을 위한 읽기·쓰기 통합 과제 개발 방안」, 《한국어 교육》 16–2, 국제한국어 교육학회.

김현연(2005), 「텍스트 구조 지도가 읽기에 미치는 영향 연구」, 《국어교육연구》 37, 국어교육학회.

김현진(2005), 「읽기 교육의 교수 학습—스키마 활성화를 통한 효과적인 읽기 활동 방안」, 국제한국어 교육학회 편, 민현식 외 지음, 『한국어 교육론 3: 한국어 교육의 역사와 전망』, 한국문화사.

김희경(2011), 「협력적 읽기 수업의 교수설계 모형」, 《언어와문화》 7-2, 한국언어 문화 교육학회.

리처드 R. 데이, 임병빈·송해성 공역(2000), 『영어 읽기의 새로운 기법을 활용한 교실수업 지도 방법』, 한국문화사.

박수자(1993), 「읽기전략 지도 교재 구성에 관한 연구」, 서울대 박사학위논문.

박영목(2006), 「전략적 과정 중심 읽기 지도 방안」, 《독서연구》 16, 한국독서학회.

박지영(2005), 「한국어 읽기 지도법, 한국어 교육 II」, 서울대 사범대 외국인을 위한 한국어 교육 지도자 과정.

신현숙 외(2012), 『한국어와 한국어 교육 II』, 푸른사상.

심상민(2000), 「한국어 학습자의 읽기 과정에 관한 연구」, 서울대 석사학위논문.

오경숙(2007), 「통합 교수 및 학습자간 상호작용 활성화를 위한 소집단 읽기 수업 방안」, 《한국어 교육 18-1》, 국제한국어 교육학회.

우형식·김수정(2011), 「확장형 읽기 활동을 적용한 한국어 읽기 교육의 효과 연구」, 《외국어로서의 한국어 교육》 36, 연세대학교 한국어학당.

이정희·김지영(2003), 「최고급 단계 내용중심 한국어 읽기 수업의 실제」, 《외국어로서의 한국어 교육》 28, 연세대학교 한국어학당.

전수정(2004), 「학문 목적 읽기 교육을 위한 한국어 학습자의 요구 분석 연구」, 《외국어로서의 한국어 교육》 29, 연세대학교 한국어학당.

정길정 외(2005), 『영어 독해 지도』, 경진 문화사.

주옥파(2004), 「고급 한국어 학습자를 위한 읽기 교육에 관한 연구—논설문 텍스트를 중심으로—」, 《한국어 교육》 15-1, 국제한국어 교육학회.

최은규(2004), 「신문을 활용한 한국어 교육 방법 연구」, 《한국어 교육》 15-1, 국제한국어 교육학회.

최정순(1999), 「학습이론과 이독성(易讀性)에 바탕한 읽기수업 연구」, 《외국어로서의 한국어 교육》 23, 연세대학교 한국어학당.

한송화(2007), 「한국어 이해 교육론」, 『한국어 교수법의 실제』, 연세대학교 출판부.

한재영 외(2005), 『한국어교수법—한국어 교육총서2』, 태학사.

허용 외(2005), 『개정판 외국어로서의 한국어 교육학 개론』, 도서출판 박이정.

Byon, Andrew Sangpil(2004), "Understanding the reading process of beginning American KFL learners: Using Think-Aloud protocols", 《한국어 교육》 15-1, 국제한국어 교육학회

Cohen, A. D.(1998), *Strategies in learning and using a second language*, Longman.

Françoise Grellet(1981), *Developing Reading Skills*, Cambridge University Press.

Nunan D.(1989), *Designing Tasks for the Communicative Classroom*, Cambridge University Press.

한국어 발음 교육론

박지영
서울대학교 언어교육원 한국어교육센터

| 학습 목표 |

- 발음 교육의 중요성
- 발음 지도법의 변천사
- 효율적인 발음 교육의 지도 단계
- 모음 분류 기준과 올바른 조음 방법 지도
- 자음 분류 기준과 올바른 조음 방법 지도
- 초분절 음소의 효율적인 지도
- 음절 구성 유형
- 언어권별 발음 오류 형태와 발음 지도

차례

1장

발음 교육 개관

1.1. 발음 교육의 중요성

한 언어를 새로 배울 때 가장 기본적인 것은 그 언어에 나타나는 발음을 배우는 것이다. 아무리 언어 지식이 많다 하더라도 발음의 정확성이 떨어지면 효과적인 의사소통을 하지 못할 가능성이 많다. 또 발음이 좋지 않은 경우에는 실제 자신의 언어 능력보다 더 낮게 평가받을 가능성도 있다.

입문 단계인 초급에서는 언어의 기본인 발음을 학습해야 하므로 대부분의 교실 수업에서 열심히 연습하고 배울 기회가 있지만, 중급·고급으로 올라가면서 발음은 교실 수업에서 주류에 서지 못하는 실정이다. 그러나 중급·고급에서도 꾸준히 발음 지도를 하지 않는다면 언어 구사 수준은 고급화하는데 발음은 잘못된 발음 형태가 화석화하여서 불균형적인 언어 수행을 하게 된다. 그러므로 무엇보다도 교사가 수업 중에 학생들의 발음에 관심을 가지고 관찰하여 지도하는 것이 우선적인 문제라고 할 수 있다. 초급부터 고급에 이르기까지 모든 단계에서 올바른 발음 지도는 필수적인 것이다.

1.2. 주요 발음 지도법

1.2.1. 문법 번역식 교수법(Grammar Translation Method)

언어 교육의 주된 목표는 문법과 독해에 있었기 때문에 문자 언어가 중요한 비중을 차지하였다. 따라서 말하기와 같은 구두 언어는 중요하게 다루어지지 않았으며, 더욱이 발음이 차지하는 비중은 문법이나 어휘에 비해 훨씬 미약하였다.

1.2.2. 직접 교수법(Direct Method)

'직접 교수법'은 구두 언어 능력의 중요성을 강조하고 원어민과 같은 정확한 발음 습득을 매우 중요하게 여겼다. 이 교수법은 학습자들이 모델이 되는 발음을 듣고 반복하고 따라 하면서 자연스러운 발음을 습득하게 된다고 설명한다. 이러한 '직접 교수법'은 '자연주의적 교수법'으로 이어지게 된다.

1.2.3. 자연주의 교수법(Naturalistic Method)

이 교수법의 초기 단계에서는 학습자들이 발화하기 이전에 단지 듣기만을 하도록 지도된다. 이렇게 되면 학습자들이 발화를 해야 한다는 심리적 부담 없이 듣기에만 초점을 두게 되고, 이러한 과정을 거치면서 목표어의 소리 체계가 내면화하여 학습자들은 나중에 발음에 대한 어떠한 명시적인 교수를 받지 않더라도 목표어의 발음을 잘할 수 있게 된다는 것이다.

1.2.4. 개혁 운동(Reform Movement)

발음 지도를 분석적으로 접근하는 데 공헌하였다. 국제음성협회(IPA)에서는 음성학을 언어의 소리 체계를 분석하고 묘사하는 과학으로 인식하고 국제음성기호(International Phonetic Alphabet : IPA)를 발전시켰다. 음성 기호는 문자 기호와 이를 나타내는 소리가 일대일 대응의 형태를 지녀서 어떠한 언어에서라도 그 소리를 정확하게 표현할 수 있게 해 주었다. 이러한 운동으로 언어 교수에서 구두 언어를 가장 먼저 가르쳐야 하며 음성학 연구의 결과들을 언어 교수에 적용해야 하고 학습자들이나 교사들은 음성학 교육을 받아야 한다는 주장들이 지지받았다.

1.2.5. 청각구두식 교수법(Audiolingual Method)

청각구두식 교수법은 구조주의 언어학과 행동주의 심리학에 기초를 둔다. 따라서 언어를 구조적으로 연관된 위계 구조로 보며, 언어 학습을 모방과 반복에 의한 습관 형성으로 본다. 이 교수법에서 발음은 언어 교육에서 매우 중요한 요소로 간주되어 각각의 소리나 단어를 정확하게 발음하도록 명시적으로 교수한다. '직접 교수법'에서와 마찬가지로 교사는 학생들에게 듣고 따라 할 모델 음과 단어들을 제시하며, 이와 함께 발음 기호나 조음점과 같은 음성학적 정보를 사용한다. 또 발음 학습에는 대조 분석(contrastive analysis) 이론의 영향을 받아 최소 대립 연습 방법을 사용한다. 이러한 청각구두식 교수법은 발음 지도 방법에 커다란 영향을 주어 최소 대립어를 이용한 발음 연습이 지금까지도 많은 발음 교재에서 쓰인다.

1.2.6. 인지주의적 접근법(Cognitive Approach)

1960년대에는 변형생성문법의 영향을 받은 '인지주의적 접근법'이 대두하였다. 이 접근법에서 언어 학습은 습관의 형성이라기보다는 규칙에 제약을 받는 행동이라고 여기게 되었다. 따라서 구조주의와 행동주의 심리학에 반대하고 외국어 교육에서 모국어 화자와 같은 발음은 절대 달성될 수 없는 목표라고 여겨 발음을 문법과 어휘에 비해 덜 강조하게 되었다.

1.2.7. 침묵식 교수법(Silent Way)

1970년대에 등장한 '침묵식 교수법'은 '청각구두식 교수법'과 마찬가지로 목표어의 음과 구조 모두의 정확한 발화에 관심을 둔다. 교사는 말소리-색깔 차트, 단어 차트, 색깔 막대 등의 도구를 사용하여 개별적인 소리뿐만 아니라 구 안에서의 소리 결합, 융합, 억양 등을 교수한다. 이러한 '침묵식 교수법'을 통해 학습자들은 정확한 발화에 대한 내면적인 기준을 명확히 정립하게 된다. '침묵식 교수법'이 '청각구두식 교수법'과 다른 점은 '침묵식 교수법'은 음성 기호를 사용하지 않고 음의 체계에 초점을 둔다는 점이다.

1.2.8. 의사소통 중심 접근법(Communicative Approach)

1980년대에 이르러 언어의 구조보다는 기능을, 정확성보다는 유창성을 강조하는 '의사소통 중심 교수법'이 대두되었다. 이에 따라 언어 교육의 목적이 의사소통 능력 신장이라고 여기게 되었고, 발음 지도에도 새로운 변화가 일어나게 되었다. 외국어로 언어를 학습하는 사람의 발음에는 의사소통을 위해 필요한 최소한의 단계(threshold level)가 존재하므로 아무리 문법, 어휘 부분이 뛰어나더라도 이러한 단계를 넘지 못하면 의사소통이 불가능하다는 것이다. 따라서 의사소통 중심 교수법에서 발음 지도의 목표가 종전의 정확한 발음 습득에서 이해할 수 있는 발음의 습득으로 변화했다.

또 발음 지도의 중심 분야가 분절음에서 의미 전달에 핵심적인 역할을 하는 강세, 리듬, 억양, 음운 약화, 연음 등과 같은 초분절음으로 옮겨졌다.

'의사소통 중심 교수법'에서 발음 지도의 목적은 원어민 수준의 발음에 도달하게 하는 것이 아니라 학습자들이 의사소통을 위해 필요한 최소한의 단계에 도달할 수 있도록 도와주는 데 있다. 따라서 이 영향으로 발음 지도의 목표와 관심 영역이 바뀌게 된 것은 사실이지만, 전체 '의사소통 중심 교수법'에서 발음이 차지하는 비중이 그다지 크지 않다는 시각 하에 '의사소통 중심 교수법'에서 발음 지도는 적절하게 다루어지지 않고 있다.

1.2.9. 최근의 발음 지도 경향

❶ 유창성에 초점을 두어 의사소통에 지장을 주지 않고 이해할 수 있는 발음 습득을 목표로 한다.
❷ 듣기, 말하기 등과 통합하여 교수한다(발음 기반의 듣기 연습 등).
❸ 발음의 분절적 요소와 초분절적 요소 모두에 초점을 둔다.
❹ 학습자 주도의 자기 발음 감시와 교정 능력 배양에 초점을 둔다. 이는 교사에게서 독립해서 자기 자신의 발음 오류를 파악하고 수정할 수 있는 교정 능력을 신장하게 한다.

1.3. 효율적인 발음 교육

효율적이고 올바른 발음 지도를 위해서는 한국어 교사가 한국어의 표준 발음을 구사할 수 있는 능력이 있어야 한다. 그리고 언어를 가르치는 사람 자신이 한국어의 음성학과 음운론에 대해 정확한 지식을 갖추고 있어야 할 뿐만 아니라 음성학적인 훈련도 되어 있어야 할 것이다. 이와 같은 지식과 훈련을 바탕으로 학습자가 부정확하게 조음한 발음에 대해 하나하나 물리적으로 설명할 수 있는 기반을 만들 수 있고, 정확한 발음 지도를 하는 데에 도움을 줄 수 있다. 그러므로 발음 지도에 있어서 학습자에게 절대적인 영향을 끼치는 교수자의 정확한 발음과 목표어에 대한 지식은 필수적이라고 할 수 있다.

한국어 학습자의 발음을 더 효율적으로 교육하려면 한국어의 음운 체계가 각 언어의 음운 체계와 어떤 관계가 있는지 정리하여 유사점과 상이점을 파악하는 것이 중요하다. 발음 강의에서 중요한 것은 학습자가 자주 틀리는 발음을 유형별로 분류하여 비교 설명해 주는 것이다. 예를 들면 일본어권 학습자는 자음 중에서 '평음/격음/경음'이 초성으로 올 때와 /ㄴ, ㅁ, ㅇ/이 받침으로 쓰일 때 정확하게 구별해서 듣거나 발음하는 것을 어려워하므로, 대립 쌍의 목록을 제시하여 제대로 듣고 발음할 수 있는 구체적인 방법을 제시해 줘야 한다.

2장

■■
■■

발음 교육의 단계

2.1. 발음 지도 단계

1) 제1단계 - 청각적인 구분

특정 발음을 잘 못하는 경우는 그 발음을 정확하게 듣지 못할 확률이 높으므로 우선 한국어와 외국어의 음운 체계의 대조를 통하여 최소 단위인 음소의 대립 훈련을 한다. 예를 들어서 일본어권 학습자의 경우는 자음 가운데 많이 어려워하는 /ㄱ, ㅋ, ㄲ/, /ㄷ, ㅌ, ㄸ/, /ㅂ, ㅍ, ㅃ/와 같은 한국어의 '평음/격음/경음'으로 대립하는 자음들을 들려주고 청각적으로 구별이 가능한지를 알아보는 것이 중요하다. 개별적인 음소 단위의 발음 훈련 단계가 끝나면 어휘 단위와 문장 단위의 청취 훈련으로 음을 가려냄으로써 정확하지 않은 발음을 찾아내게 하는 훈련을 한다.

2) 제2단계 - 인지와 이해

음성기관의 그림이나 모형, 교사의 발음 동작 등을 이용하여 한국어의 발음 체계가 어떻게 이루어지는지, 학습자의 모국어와는 어떤 차이가 있는지를 간략하게 설명하고 인식시킨다. 교사가 실제로 발음 동작을 보여 줄 때 과장된 입 모양으로 발음하는 것은 학습자가 오해를 일으킬 수도 있으므로 가장 자연스러운 입 모양으로 하는 정확한 발음을 들려주어야 한다.

3) 제3단계 – 발성

학습자가 실제로 발음하고 연습하는 단계를 말한다. 한국어에서 모음은 자음과 결합하여 음절을 만드는 기본이 되므로 모음부터 발음 교육을 시작하는 것이 편리하다. 학습자들의 입술 모양만 보고도 오류를 점검할 수 있으므로 구체적인 발음 지도가 가능하다.

4) 제4단계 – 확인과 교정

학습자가 만든 발음 오류의 문제점을 진단하고 오류의 원인을 찾아 과학적이고 효과적인 교정 방법을 동원하여 교정해 준다.

2.2. 모음, 자음의 지도 순서

자음보다 모음을 먼저 교육하는 것이 일반적이다. 자음은 반드시 모음에 붙여 써야 그 소리를 실현할 수 있기 때문이다. 그러나 단모음과 이중모음을 모두 교육한 다음에 자음을 교육하는 것이 아니라 단모음, 자음, 이중모음의 순서로 가르친다. 한국어에서 각 모음은 음가가 있지만, /ㅏ, ㅓ, ㅣ/와 같은 모음 하나만으로는 완전한 글자의 모양을 갖출 수 없기 때문에 자음의 자리가 비어 있다는 표시로 모음 앞에 'ㅇ'를 붙여서 표기한다. 한글 자음에 있는 'ㅇ'은 받침에 쓰이는 것으로 음가가 있지만, 모음 /ㅏ/ 앞에 붙이는 'ㅇ'는 음가가 없는 것이다. 개별 발음을 지도한 다음에는 쓰기 연습을 시키는데, 각 모음을 'ㅇ'와 결합하여 쓰는 방법과 필순을 설명한 후에는 스스로 발음하면서 써 보게 한다.

단모음의 교육이 끝난 다음에는 자음 교육을 한다. 자음 가운데 평음에 해당하는 기본 자음인 /ㄱ, ㄴ, ㄷ, ㄹ, ㅁ, ㅂ, ㅅ, ㅈ, ㅎ/을 먼저 교육한다. 먼저 각 자음에 모음 /ㅏ/를 붙여서 그 발음을 들려주고 따라서 발음하게 한다. 윗줄 가로에는 단모음을, 제일 왼쪽 줄 세로에는 기본 자음을 열거해 놓은 표에 자음과 모음을 조립하여 쓰는 연습을 시킨다.

[표 1] 자음, 모음 연결 연습

	ㅏ	ㅓ	ㅗ	ㅜ
ㄱ	가			
ㄴ		너		
ㄷ			도	

	ㅏ	ㅓ	ㅗ	ㅜ
ㄹ				루
ㅁ		머		

　기본 자음 가운데 /ㄱ, ㄷ, ㅂ, ㅈ/은 단어의 첫 음절에 올 때는 무성으로 발음되나 유성음 사이에 올 때는 완전한 유성은 아니지만 부분적인 유성으로 발음되는데, 의미를 구별할 정도로 대립되는 것은 아니다. 한국어에서는 유성음 표시가 따로 있지 않을 뿐만 아니라 뚜렷한 구별이 갈 정도의 차이가 있는 것이 아니므로 한 단어의 어디에 위치하느냐에 따라서 발음이 약간 달라진다.

　평음의 교육이 끝난 다음에는 격음인 /ㅋ, ㅌ, ㅍ, ㅊ/을 가르치고, 그 다음에는 경음인 /ㄲ, ㄸ, ㅃ, ㅆ, ㅉ/을 가르친다. 평음의 연습과 같은 과정을 거쳐서 한 음절로 이루어진 글자를 쓰면서 발음해 보게 한다. 특히 'ㄱ' 계열의 자음과 모음을 연결할 때는 모음이 자음의 오른쪽에 올 때와 아래에 올 때 각각 모양에 차이가 있다는 것을 확인시켜서 글자의 모양이 이상해지지 않도록 주의시킨다.

　자음의 교육이 끝난 다음에는 이중모음 교육으로 들어가는데, 이중모음은 우선 크게 두 가지로 나누어서 단모음과 반모음 /j/가 결합하는 /ㅑ, ㅕ, ㅛ, ㅠ/와 반모음 /w/와 결합하는 /ㅘ, ㅝ, ㅙ/를 지도한다. 그 다음에는 서로 혼동하기 쉬운 /ㅟ, ㅚ/와 비교적 빈도수가 적은 /ㅖ, ㅒ, ㅞ/ 그리고 특별한 주의가 필요한 /ㅢ/를 가르친다. 모든 모음과 자음의 교육이 끝난 다음에는 각 자음과 모음을 결합하면서 쓰고 발음하는 연습을 한 다음에 받침 교육으로 들어간다.

3장

모음의 지도

한글의 모음은 우주의 원리를 따서 만들었는데 기본 문자인 세 글자는 하늘(·)과 땅(ㅡ), 사람(ㅣ)으로 구성되며 이 세 가지 글자가 조합되어 여러 가지 모음을 만들어 낸다는 원리를 알려 주면, 생소한 글자에 대해서 좀 더 흥미를 가지고 빨리 이해할 수 있다.

모음을 지도할 때는 교사의 발음에만 의지해서 하지 않고 각 모음을 발음할 때 입속에서 움직이는 혀의 모양이 어떤지를 보여 줄 수 있는 그림과, 모음을 발음할 때 혀의 위치와 높낮이 그리고 입을 얼마나 벌리거나 다물어야 하는지를 보여 줄 수 있는 모음 사각도를 가지고 교육한다면 더욱 효과적인 발음 지도가 될 것이다. 또 교사가 모음을 발음할 때 입 모양이 어떤지를 학습자들이 관심을 가지고 보고 따라 하게 하고, 잘못된 부분은 교정해 주어야 한다.

3.1. 단모음

단모음은 발음할 때 시작부터 끝까지 음가가 변하지 않고 나는 모음이다.

▲ **모음 분류 기준**

❶ 혀의 최고점의 높이 : 고모음, 중모음, 저모음

② 혀의 전후 위치 : 전설모음, 중설모음, 후설모음

③ 입술 모양 : 평순, 원순

[표 2] 모음의 분류

혀의 높이 \ 혀의 위치	전설모음		중설모음		후설모음	
	평순	원순	평순	원순	평순	원순
고모음	ㅣ	(ㅟ)			ㅡ	ㅜ
중고모음	ㅔ	(ㅚ)				ㅗ
중저모음	ㅐ				ㅓ	
저모음			ㅏ			

단모음은 모음 중에서도 기본이 되는 소리이므로 이들을 변별하여 듣고 발음하는 것은 한국어 발음의 첫 단계로 매우 중요한 부분이다. 위의 표에서 /ㅟ/와 /ㅚ/는 현실적으로 점차 단모음에서 이중모음으로 변하는 과정에 있는 것으로 보여 괄호 안에 넣어 처리하였다.

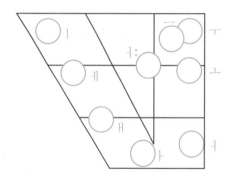

[그림 1] 한국어 모음 사각도

모음을 지도할 때는 모음사각도를 이용하는 것이 이해에 도움이 되고, 혀의 높낮이보다는 손등을 턱의 아래에 두고 턱의 높낮이를 느낄 수 있도록 하는 것이 모음 발음 교육에 도움이 된다.

다음은 단모음 가운데 한국어 학습자들이 가장 어려워하는 모음인 /ㅓ/의 학습 방법의 예이다.

/ㅓ/는 /ㅏ/와 /ㅗ/의 중간 음을 내는 느낌으로 발음하도록 유도한다. /ㅏ/를 발음할 때처

럼 입을 열고 혀끝은 /ㅗ/를 발음하는 것처럼 아랫입술에 힘을 넣어 /ㅗ/의 발음을 내도록 하면 /ㅓ/와 유사한 발음을 얻을 수 있다.

/ㅓ/와 /ㅗ/는 한국어 학습자들이 구별하기 어려워하는 모음 중의 하나이다. /ㅓ/와 /ㅗ/의 발음 차이를 구별하게 하는 교육 방법으로는 손등을 턱 아래에 대고 /ㅓ/와 /ㅗ/를 발음할 때 나타나는 턱 높이의 차이를 느끼게 하는 방법이 있다. 즉 /ㅗ/를 발음할 때의 턱 높이가 /ㅓ/ 발음 시에 비하여 조금 높다는 것을 인식시킬 수 있는 것이다.

그 외에도 손가락을 이용하거나 입 모양을 관찰하게 하는 방법도 있다. 발음할 때 두 입술 사이로 엄지손가락이 들어가면 /ㅓ/, 새끼손가락이 들어가면 /ㅗ/로 구별하고, 입 모양이 둥글면 /ㅗ/, 그렇지 않으면 /ㅓ/인 것이다.

단모음 가운데 발음이 비슷하게 느껴져서 서로 혼동하기 쉬운 것끼리 대립 쌍을 만들어 중점적으로 연습시킨다. 많은 한국어 학습자들이 어려워하는 모음 가운데 /ㅓ, ㅗ/의 발음 차이를 구별하는 교육 방법의 예를 들어 보면 다음과 같다.

❶ /ㅓ/와 /ㅗ/가 들어간 최소 대립어(예: 서/소)를 제시하고 학생들에게 읽게 한다.

❷ 교사의 발음을 듣고 따라 하게 한다.

❸ /ㅓ/와 /ㅗ/의 발음에 차이가 있다는 사실을 청각적으로 인식시킨다.

❹ /ㅅ/ 뒤에 모음 /ㅓ/를 연결해서 '서'를 발음하게 하고, 거울을 보면서 입술이 벌어진 틈에 엄지손가락이 들어갈 정도가 되고 입술 모양이 평평한지 확인하게 한다.

❺ /ㅅ/ 뒤에 모음 /ㅗ/를 연결해서 '소'를 발음하게 하고, 거울을 보면서 입술 모양이 동그랗게 되는지 확인하게 한다.

❻ '서'와 '소'를 번갈아 가며 '서, 소, 서, 소……'와 같이 발음하여 '서'와 '소' 발음 시 입을 벌린 정도와 입술 모양의 차이를 거울을 보면서 확인하게 한다.

❼ '서, 소'를 연습한 것과 같은 방법으로 다른 자음을 /ㅓ/와 /ㅗ/ 뒤에 연결해서 번갈아 가며 발음해 보게 한다.

❽ /ㅓ, ㅗ/가 들어간 단어를 듣고 알아맞히는 게임을 하거나 받아쓰기를 하여 발음을 정확하게 구별해서 듣는지 확인해 본다.

어디　어머니　거리　저기　허리

어서 갑시다.　　　　　　　　　　허리가 아파서 못 가겠어요.
아버지와 어머니가 계십니다.　　서울에서 한국어를 배울 거예요.

저기　　조기　　　　　　　거리　　고리
허허　　호호　　　　　　　정말　　종말

제 고향은 서울입니다.　　　　오 분만 더 기다릴까요?
조 선생님을 만나고 싶어요.　중간시험이 끝나서 제주도에 갑니다.

3.2. 이중모음

이중모음은 모음 하나와 반모음 하나로 이루어지며, 발음할 때 발음 기관의 모양이 일정하게 유지되지 않고 변화하는 모음들이다. 예를 들어서 /ㅑ/를 발음할 때 처음에는 /ㅣ/에서 시작하여 /ㅏ/로 옮겨 가므로, 혀의 위치, 혀의 최고점의 높이, 입술 모양은 처음 시작할 때와 끝날 때가 서로 다르다.

❶ /j/ + /ㅏ, ㅓ, ㅗ, ㅜ, ㅔ, ㅐ/→ 이중모음 /ㅑ, ㅕ, ㅛ, ㅠ, ㅖ, ㅒ/
❷ /w/ + /ㅏ, ㅓ, ㅔ, ㅐ, (ㅣ)/ → 이중모음 /ㅘ, ㅝ, ㅞ, ㅙ, (ㅚ), (ㅟ)/
❸ /ɯ/ + /ㅣ/ → 이중모음 /ㅢ/

'ㅚ/ㅟ'는 발음 자체가 어렵다기보다는 글자를 보고 발음하는 과정에서 혼란이 생기는 경우가 많다. /ㅚ/는 /ㅗ/에서 시작하여 /ㅣ/로 옮겨 가는 발음이고, /ㅟ/는 /ㅜ/에서 시작하여 /ㅣ/로 옮겨 가는 발음이므로, 각각 어떤 소리로 시작하는지를 확실하게 숙지하도록 지도하여야 한다.

한국어의 /ㅢ/는 환경에 따라 세 가지 변이음이 나타난다. 그중에서 첫 음절에서 자음이 앞서지 않으면 이중모음 [ɰi]로 발음되는데 바로 이 발음을 어려워하는 학습자가 많다. 이중 모음 /ㅢ/를 발음할 때는 모음 /ㅡ/와 /ㅣ/를 연이어 발음하되, /ㅡ/는 매우 짧게 발음한다.

❶ 어두로서 자음이 얹히지 않을 때는 [ɰi]로 발음한다.
　　예) 의사, 의자, 의미
❷ 둘째 음절 이하, 또는 자음이 얹힐 때는 [ㅣ]로 발음한다.
　　예) 강의, 회의, 민주주의, 희망, 무늬
❸ 조사로서 쓰일 때는 [ㅔ]로 발음한다.
　　예) 나의 고향, 우리의 소원

4장

■ ■
■ ■

자음의 지도

자음 분류 기준

❶ 조음 위치 : 양순음, 치조음, 경구개음, 연구개음, 성문음

❷ 조음 방법 : 파열음, 마찰음, 파찰음, 비음, 유음, 반모음

❸ 기(氣)의 유무 : 무기음, 유기음

[표 3] 한국어 자음의 분류

조음 방법 \ 조음 위치		양순음	치조음	경구개음	연구개음	성문음
파열음	평음 격음 경음	ㅂ ㅍ ㅃ	ㄷ ㅌ ㄸ		ㄱ ㅋ ㄲ	
마찰음	평음 경음		ㅅ ㅆ			ㅎ
파찰음	평음 격음 경음			ㅈ ㅊ ㅉ		
비음		ㅁ	ㄴ		ㅇ	
유음			ㄹ			

4.1. 파열음(폐쇄음)

파열음은 조음할 때 '폐쇄, 압축, 개방'의 세 단계를 거치게 되는데, 어말이나 같은 조음자리의 장애음 앞에 나올 때는 조음 시 개방 단계가 생략된다. 예를 들어 '밥'이란 낱말을 발음할 때 어두의 /ㅂ/은 정상적으로 개방되나 어말의 /ㅂ/은 개방되지 않으므로 받침 뒤에 모음 /ㅡ/를 붙여서 [바브]와 같이 발음한다거나 [바프]와 같이 기식음을 내면서 파열하지 않도록 주의시켜야 한다. 양순음을 예로 들어 연습해 보면 마지막 발음을 한 다음에도 두 입술이 떨어지지 않은 상태가 계속 유지된다는 것을 보여 줄 수 있어서 더 분명하게 설명할 수 있다.

파열음은 일반적으로 외국인 학습자들이 발음하기 어려워하는 자음이다. 한국어에서는 '평음/격음/경음'의 세 가지 음이 대립하는데, 많은 언어에서는 이 세 가지 중에서 두 가지 정도의 파열음이 있는 경우가 많기 때문에 한국어에서 독특하게 나타나는 대립적인 음을 정확하게 구별하는 데에 많은 어려움을 겪는 것이다. 한국어의 파열음 중 평음에 해당하는 '/ㅂ, ㄷ, ㄱ/은 음성학적으로 말하면 단어의 첫음절에서는 '무성 무기 연음'이다. 그러나 실제적으로는 약간의 기식이 느껴지는 음이기 때문에 평음과 격음의 차이에 익숙하지 않은 학습자들은 이 두 종류의 음이 똑같은 소리로 들린다는 이야기를 많이 한다. 받아쓰기를 시켜 보면 '바다'와 '파다'를 모두 같은 음으로 인식한다거나, 서로 뒤섞어서 반대로 인식하는 일이 종종 있다. 그러므로 평음과 격음의 차이를 뚜렷하게 보여 주기 위해서, 발음할 때 입 앞에 손바닥을 대고 손바닥에 느껴지는 입김이나 얇은 종이를 대고 종이가 흔들리는 정도를 가지고 평음과 격음의 차이를 구별시켜 줄 수 있다. 즉 평음보다는 격음을 발음할 때 입김을 더 많이 느끼고 종이도 더 많이 흔들린다는 것을 시각적으로 보여 주는 방법이다.

또 일부 언어권 학생들은 한국어의 '/ㅂ, ㄷ, ㄱ/을 자신의 모국어에서 '/b, d, g/로 발음하는 것과 같이 완전한 유성으로 발음하는 일이 있어서 매우 어색하게 들릴 때가 있으므로 특히 첫 음절에서 '/ㅂ, ㄷ, ㄱ/과 같은 평음이 나올 때는 유성으로 발음하지 않도록 주의시켜야 한다.

그리고 경음에 해당하는 '/ㅃ, ㄸ, ㄲ/과 평음인 '/ㅂ, ㄷ, ㄱ/은 모두 '무성 무기음'이라는 공통점이 있어서 구별하기 쉽지 않다는 반응도 보이는데, 이 두 종류의 음은 발음할 때 들이는 힘의 정도와 긴장 상태를 비교해서 구별시킬 수 있다.

한편 격음인 '/ㅍ, ㅌ, ㅋ/과 경음인 '/ㅃ, ㄸ, ㄲ/의 구별이 잘 안 되는 학습자에게는 발음할 때 입 앞에 대는 손바닥이나 종이의 변화에 주의해서 차이를 느껴 보게 하는 방법이 좋다. 경음인 '/ㅃ, ㄸ, ㄲ/은 평음인 '/ㅂ, ㄷ, ㄱ/과는 달리 단어의 첫 음절에서도 기식이 나타나지 않는 소리이므로 격음과 경음을 비교해서 발음해 보면 차이를 확연하게 알 수 있다.

예) 불/풀/뿔, 달/탈/딸, 기/키/끼

> 제일 빨리 달리던 파란 자동차가 안 보인다. (/ㅂ, ㅍ, ㅃ/)
> 추워서 떨었는데 털옷을 입고 나니 덜 춥다. (/ㄷ, ㅌ, ㄸ/)
> 가방이 바뀌면 큰일이다. (/ㄱ, ㅋ, ㄲ/)

자음 가운데서도 한국어에 수적으로 가장 많은 파열음의 구별을 어려워할 때가 많으므로 앞서 모음의 지도에서 설명한 것과 같은 방법으로 '자음 찾기 게임'을 통하여 자음을 정확하게 듣고 구별하는 훈련과 발음 연습까지 시킬 수 있다.

4.2. 마찰음

조음기관이 아주 가깝게 접근했을 때 그 좁은 틈으로 공기를 마찰시켜 내는 음이다. 한국어의 마찰음은 '/ㅅ, ㅆ, ㅎ/ 세 개밖에 없는데, 이 중에서 '/ㅅ, ㅆ/'의 대립은 발음할 때의 긴장도의 차이로 설명할 수 있다. '사다/싸다', '수다/쑤다'와 같은 최소 대립어를 통해서 그 차이를 느끼고 발음 연습할 수 있도록 하면 좋을 것이다.

한국어에서는 유성음과 유성음 사이의 /ㅎ/이 종종 약화하여 약하게 유성음으로 발음되는 일이 종종 있다. 일반적으로 이 사실이 한국어 학습에서 유의미한 문제가 되는 일은 드물므로 이것을 초급 단계에서 일부러 연습시킬 필요는 없을 것이다. 다만 학습자들이 /ㅎ/ 발음을 거의 하지 않느냐고 물어 오는 경우나 자연스럽게 따라 하는 발음에서도 지나치게 /ㅎ/을 분명히 발음하는 경우에는 이때의 /ㅎ/은 아주 약하게 발음된다는 사실을 가르칠 필요는 있다.

예) 학교, 허락, 호랑이,
    전화, 이하, 외할머니

살/쌀, 사다/싸다

4.3. 파찰음

파찰음은 명칭에서도 알 수 있듯이 파열음과 마찰음의 특징이 모두 있는 음이다. 따라서 파찰음은 '폐쇄, 압축, 부분 개방, 마찰, 완전 개방'의 다섯 단계로 조음된다. 한국어의 파찰음은 '/ㅈ, ㅊ, ㅉ/'이 있는데, 이것은 파열음의 '평음/격음/경음' 짝의 경우와 마찬가지로 연습하면 된다. 특히 '/ㅈ, ㅊ, ㅉ/'의 연습에서는 뒤에 평순모음이 오는 것을 먼저 연습시키고 난 다음에 원순모음이 오는 것을 연습시킨다. 영어권 학습자 중에는 모국어의 발음 습관대로 '/ㅈ, ㅊ, ㅉ/'을 발음할 때 무조건 입술을 동그랗게 오므릴 때가 있으므로 한국어의 '/ㅈ, ㅊ, ㅉ/'은 뒤에 원순모음이 올 때만 원순성을 가진다는 사실을 알려 주는 것이 좋다.

예) 자전거, 지하철

4.4. 비음

한국어의 비음은 '/ㄴ, ㅁ, ㅇ/'이 있는데 개별적인 발음에서는 대부분의 외국인 학습자들이 그리 어렵지 않게 발음할 수 있는 소리들이다. 그러나 언어권에 따라 받침 부분에서 구별을 잘 못하거나 모국어 발음 습관에 따라 발음하여 어색하게 들리는 경우가 있다(7장 언어권별 발음 지도 참조).

예) 산/ 삼/ 상(일본어권)
   안녕, 만남(영어권)

4.5. 유음

한국어의 유음은 /ㄹ/ 하나밖에 없는데, /ㄹ/은 환경에 따라 [ɾ]계 탄설음으로 발음되기도 하고 [l]계 설측음으로 발음되기도 한다. 탄설음 [ɾ]은 혀끝을 윗잇몸에 한 번 튀기면서 발음하는 것으로, 모음과 모음 사이, 모음과 반모음 사이, 모음과 /ㅎ/ 사이에 나타난다. 탄설음 [ɾ]로 발음해야 할 것을 영어식으로 혀를 말아서 발음하지 않게 한다든가, 설측음 [l]로 발음하지 않도록 주의시키는 것이 중요하다.

설측음 [l]은 [ɾ]이 나타나지 않는 환경, 즉 어말이나 자음 앞에서, 설측음 다음에서 나타나는데 영어의 'pill, full'에서 나오는 것 같은 어두운 /l/인 [ɫ]로 발음하지 않게 하고, 어말이나 자음 앞에서 모음 /ㅡ/를 붙여서 발음하지 않게 하면 된다.

5장

초분절 음소의 지도

5.1. 강세

소리를 발음할 때 들어가는 물리적인 힘의 강도와 지각적 크기를 나타내는 단위를 '강세'라고 한다. 같은 모음이라도 강세를 받으면 강세를 받지 않는 소리보다 더 강한 조음의 힘으로 발음되어 더 크게 들린다. 언어에 따라서는 이러한 강세의 차이에 의해 의미가 구별되는 단어 쌍이 있기도 하지만 한국어의 경우, 이 강세에 의해 의미가 구별되는 단어 쌍은 없다. 그러나 강세의 위치를 잘못 두는 경우에는 말소리가 어색하게 들릴 수도 있다.

강세가 부여되는 단위에 대해서 살펴보면, 영어의 경우에는 각 단어마다 강세가 있어 단어가 강세의 단위가 되지만, 한국어는 강세가 각 단어에 부여되기보다는 '말토막'을 단위로 하여 강세가 놓인다. 말토막의 최소 형태는 강세 음절이 하나로 구성되며, 그보다 큰 형태는 강세 음절의 앞이나 뒤에 하나 또는 그 이상의 약음절로 되어 있다. 이러한 말토막 구조 내에서 강세 음절이 주변의 약음절보다 더 잘 들리게 된다. 강세 위치는 말토막 내에 있는 음절의 구조와 모음의 장단에 의해서 결정된다.

한국어에서는 낱말의 첫 음절에 강세가 오는 경우가 많다. 특히 단음절어나 2음절어의 경우는 첫 음절에 강세가 온다.

- 단음절어 : '산, '집, '방

- 2음절어 : '학교, '사:람, '음:식, '인간

　세 음절 이상으로 된 낱말의 경우는 첫 음절이 받침이 없고 모음이 짧게 발음되면 강세는 둘째 음절에 오기도 한다.

- 3음절어 : '백화점, '교:과서, '방:송국
- 4음절어 : '분명하다, '뒤:따르다, '벌:개지다

- 3음절어 : 자'동차, 지'우개, 화'장실
- 4음절어 : 기'다리다, 고'속도로, 개'구쟁이

　한국어의 강세는 매우 규칙적으로 부과되므로 이러한 강세 규칙의 차이를 이해시키고 발음 지도를 하면 훨씬 자연스러운 한국어 발음을 할 수 있게 된다. 그런데 외국인들에게 강세 위치를 가르칠 때 한 가지 주의해야 할 것은 앞서 언급한 강세 위치는 일반적인 경향만을 보여 준다는 점이다. 한국어의 강세는 영어와 달리 단어 내의 강세 위치가 일정하게 정해진 것이 아니라 발화의 속도, 즉 말토막이 몇 개로 구성되어 있는가에 따라 해당 음절에 강세가 있을 수도 있고 없을 수도 있다. 다음의 발화를 살펴보자.

❶ /오늘 시간 있으세요?/
❷ /오늘 + 시간 있으세요?/
❸ /오늘 + 시간 + 있으세요?/

　이것은 "오늘 시간 있으세요?"라는 발화를 속도에 따라 말토막으로 나눈 것이다. ①은 하나의 말토막으로, ②는 두 개의 말토막으로, ③은 세 개의 말토막으로 발음하고 있다. ①과 같이 발화하는 경우, 강세는 첫 번째 음절인 '오'에만 오게 된다. ②는 두 개의 말토막으로 되어 있어서 '오'와 '시'에 강세를 가지게 되고, ③은 세 개의 말토막으로 되어 있어서 각각 '오', '시', '있'에 강세가 오게 된다. 다시 말해서 한국어 강세는 단어를 단위로 해서 부여되는 것이 아니라 말토막을 단위로 하여 부여되므로 말토막의 수에 따라 강세의 수가 달라지게 된다.

5.2. 억양

음의 높낮이의 차이가 발화 차원에서 화자의 발화 의도나 감정, 태도를 직접적으로 표시하는 기능을 가지면 '억양(intonation)'이 된다. 억양은 단어의 의미를 변화시키지는 않고, 실제 발화 차원에서 화자의 감정이나 태도를 표현하는 데 중요한 기능을 한다.

일반적으로 문장의 끝 부분에 얹히는 억양이 의미 전달 측면에서 가장 중요한 부분을 차지한다. 문장 끝에 얹히는 억양의 음조는 내림조 억양과 오름조 억양이 있다. 서술문, 명령문, 청유문의 억양은 내림조로 끝나고, 의문문은 오름조로 끝나는 것으로 알기 쉬우나, 억양은 늘 문장 형식에 따라서만 결정되는 것이 아니므로 대화 상황에 따라 서술문, 명령문, 청유문에서도 오름조 억양이 쓰일 수 있고, 의문문에서도 내림조 억양이 쓰일 수 있는 것이다. 그러나 이와 같은 억양의 문제는 매우 다양하고 복잡하므로 초급 단계에서는 평서문, 의문문, 명령문, 청유문의 가장 기본적인 억양 유형을 지도하고 급이 올라갈수록 점차로 다양한 유형의 억양 형태를 지도해 가야 할 것이다.

5.2.1. 평서문
화자의 발화 의도에 따라 몇 가지의 변이형이 있다.

- 친구하고 영화를 봤어요.

위 문장의 경우 일반적 평서문이고 화자의 단순 진술일 때에는 '영화를 봤어요.'라는 서술절의 경우 점차 낮아지는 억양 유형을 보이면서 '-요'가 제일 낮게 실현된다. 그러나 그러한 화자의 진술을 들은 청자가 동의하는 정도의 반응으로 반복할 경우에는 '-요' 부분이 약간 올라갔다가 내려오는 유형이 된다.

- 미안합니다.

위 문장의 경우는 화자의 태도와 관련하여 억양 유형이 두세 가지 있을 수 있다. 즉, 화자가 정말 미안하게 생각하여 발화를 할 때는 종결어미 '-다' 부분이 제일 낮은 유형으로 실현되지만, 조금 건성으로(조금은 겸연쩍은 모습) 대답할 경우나 친근감을 표현하고 싶을 때는 종결어미 '-다' 부분이 조금 위로 올라가면서 발화된다.

5.2.2. 의문문

의문문의 경우, '집에 가니?'와 같이 문장 끝이 상승형으로 구현되는 것은 의문사가 없는 경우이고, 의문사가 있는 설명의문문(wh-Question)의 경우는 문장의 끝이 올라가는 듯하지만 끝이 하강조다. 다음의 두 예는 이 차이를 잘 보여 준다.

> ❶ A : 누가 가니? (의문사)
> B : 영희가 가요.
> ❷ A : 누가 가니? (미정사)
> B : 네, 그런가 봐요.

이 두 예에서 ①은 의문사 '누가'가 있는 설명의문문으로서 의문사 '누가'도 첫음절이 높고 뒤가 낮다. 그리고 문장 전체의 억양도 서술어 '가니?'의 경우 '-니'가 올라가다가 끝이 약간 내려온다.

반면에 ②는 '누가'가 의문사가 아니라 '미정사'이다. 따라서 질문의 초점이 ①에서는 '누가'에 놓이지만 ②에서는 서술어 '가니'에 놓이게 된다. 따라서 뒤의 경우 '누가'도 첫 음절보다 두 번째 음절이 더 높으며 뒤따르는 서술어의 경우도 '-니'가 완전한 상승조로 끝난다.

한편 선택형 질문의 경우에는 앞 문장은 상승조로 실현되고, 뒤따르는 두 번째 문장은 하강조로 실현된다.

> ● 같이 갈래, 안 갈래?

5.2.3. 명령문

명령문의 경우도 화자의 청자에 대한 태도와 관련하여 조금씩 변이형이 있다.

> ● 조용히 해. / 조용히 하세요.

예를 들어 '조용히 해.'의 경우 권위를 수반한 강한 명령의 의미를 위해서는 '조용히' 부분은 높고 '해'의 부분은 급격하게 위에서 아래로 떨어지는 억양 유형을 갖는다. 그러나 약간의 권유나 상대방의 입장을 고려하는 태도에서는 '조용히' 부분이 앞 예보다는 조금 낮은 위치에서 발음되고 마지막 '해' 부분이 올라갔다가 내려와서 '해'의 발음이 조금 길어지는 느낌이 있다.

그러나 '조용히 하세요.' 정도의 문장에서는 공손함이나 부탁 정도의 의미를 지니게 되면 낮아지다가 '-요' 부분이 올라가면서 끝나는 유형을 보이기도 한다.

5.2.4. 청유문
청유문의 경우는 제안의 의미가 강하므로 명령문과 유사한 억양 구조를 보인다.

- 자, 우리 학교에 갑시다. / 가자.

'자, 우리 학교에 갑시다. / 가자.'의 경우, 서서히 내려가는 억양 구조나 끝이 내려오다가 올라가는 유형을 띠면서 친근감이나 제안의 수위를 나타낼 수 있다.

5.3. 장단

한국어에서는 표기 형태는 같으나 모음 장단의 차이로 인해 단어의 의미가 달라지는 현상이 나타날 때가 있으나, 외국어로서의 한국어 학습자에게는 중급 이상에서 모음의 장단 차이에 대해 언급할 수도 있겠지만 장단의 구별을 지나치게 강조할 필요는 없다.

5.4. 연접

연접(juncture)은 약간의 간격을 두고 한 기식 단위에서 발화를 하면서 전체적으로는 이어서 발음하는 효과 정도의 특징을 말한다. 한 어절이나 구에서도 어디를 끊어 읽느냐에 따라 의미가 달라지기도 하므로 정확하게 끊어 읽는 훈련을 함께 하는 것이 좋다.

- 꼬리가 긴 | 원숭이 / 꼬리가 | 긴 원숭이
- 사랑해 | 보고 싶다. / 사랑 | 해 보고 싶다.

특히 긴 문장을 발화할 때는 듣는 사람이 문장의 내용을 쉽고 편하게 이해할 수 있도록 문장을 둘 이상의 말토막으로 나누어 발화해야 하는데, 말토막 경계를 문장의 아무데나 두고 발화하면 어색하게 들릴 뿐만 아니라 문장의 의미도 제대로 전달되지 않는다. 말토막 경계의 수와 위치는 문장의 길이, 말의 속도와 스타일, 문장의 문법 구조와 의미 구조, 초점의 영역 등 여러 요인의 상호작용에 의해 결정된다. 모든 단계의 학습자들에게 개별적인 발음 연습만 시킬 것이 아니라 이와 같은 문장 끊어 읽기를 함께 연습시킬 필요가 있다.

6장

음절 구성과 발음

한국어는 음절 문자로 한 음절은 '초성, 중성, 종성'으로 이루어지며, 한국어에서 음운론적으로 가능한 음절 구조 유형은 다음과 같다.

1) V 유형

모음 하나로 음절을 구성하는 경우이다. 예를 들면 '아, 오, 여' 등에서처럼 첫소리와 받침 없이 모음만으로 한 음절을 구성한다. 첫소리에 쓴 'ㅇ'는 표기상 완전한 음절을 보여 줄 수 있도록 글자의 자리를 채우기 위하여 사용한 것으로 소릿값은 없다.

2) CV 유형

'초성+중성'으로 음절을 구성하는 경우이다. 예를 들면 '소, 자, 게'와 같이 받침 없이 자음과 모음만으로 한 음절을 구성한다.

3) VC 유형

모음 다음에 자음이 결합한 경우로 종성 위치의 자음은 받침이 된다. '알, 옥, 옻' 등이 그 예이다.

4) CVC 유형

'초성+중성+종성'으로 구성된 음절 유형이다. 받침으로는 초성에 사용하는 모든 자음을 쓸 수 있지만 종성 규칙에 의하여 7개 대표음인 [ㄱ, ㄴ, ㄷ, ㄹ, ㅁ, ㅂ, ㅇ]으로만 발음된다. 받침에 쓰인 /ㅇ/은 초성에 쓴 것과는 달리 [ŋ]의 소릿값을 가진다. CVC 유형의 음절로는 '강, 달, 국' 등을 들 수 있다. 종성에 자음 두 개, 즉 '겹받침'을 넣는 경우가 있는데, 자음을 두 개 표기하지만 소리는 하나로 나게 된다. 즉, 어말에 자음군이 나올 경우 단순화 과정을 거쳐 하나만 소리가 나지만, 모음이 연결될 때는 두 자음 중 첫 번째 소리는 앞 음절에서, 그리고 두 번째 소리는 뒤 음절에서 소리가 난다. 예를 들어서 '닭'은 받침으로 'ㄹ'과 'ㄱ'이 있지만, 이 음절만을 발음할 때는 [닥]으로 단순화되어 'ㄱ'소리 하나만 난다. 그리고 '맑은'의 경우는 첫 번째 음절 '맑' 뒤에 '은'이 와서 'ㄺ'받침에서 첫 번째 소리인 'ㄹ'은 앞 음절에서 소리 나고 두 번째 소리인 'ㄱ'은 뒤 음절에서 소리가 나므로 결국 [말근]으로 발음되는 것이다.

7장

■:
■■

언어권별 발음 지도

학습자는 목표어를 배우기 전에 이미 자기 모국어의 문법과 언어 체계가 머릿속에 있다. 이 모국어의 언어 체계는 학습자가 목표어의 언어를 학습하는 과정에 지속적으로 영향을 끼치고, 학습자의 목표어 언어 체계는 독창적이고 일시적인 중간 언어의 음운체계로 형성된다. 이러한 중간 언어 음운체계의 형성은 목표어의 음절 구성에 대한 인식에서 시작된다고 할 수 있다. 음절은 자음과 모음이 어울려서 청각적인 기본 단위를 이루는 동시에 발화의 기본 단위로 인식되기 때문이다. 한국어의 음절 구조는 받침 발음이 있는 것이 특징이라고 할 수 있는데, 이 받침 발음은 그 음절의 뒤에 휴지나 자음이 올 때는 폐쇄음으로 발음되고, 모음이 이어질 때는 다음 음절의 첫소리로 발음된다.

예를 들어서 일본어 모국어 학습자의 경우는 '물'을 발음할 때 [mul]로 발음하지 않고 [muru]로 발음하려 할 것이다. 이처럼 일본어 모국어 학습자는 그들의 언어 체계 내에는 CVC 음절 구조가 없기 때문에 실제 목표어에는 없는 잉여적인 모음을 첨가하여 발음하는 것이다.

한국어의 경음 /ㄲ, ㄸ, ㅃ, ㅆ, ㅉ/의 발음은 변이음으로도 발음되지 않는 언어가 많아서 제대로 발음하지 못하는 학습자도 상당수 있다. 그리고 영어권 학습자의 경우는 '만남'의 경우처럼 /ㄴ/이 연이어 나올 때 /ㄴㄴ/을 분명하게 발음하기보다는 이를 한 음운으로 이해하여 두 개 중 하나를 생략하거나 약하게 발음하여 [manam]과 같이 발음하는 경향이 있다. 이와 같은 것이 바로 중간 언어의 특징이라 할 수 있으며, 교사는 학습자에게 나타나는 이러한 중간 언어적 단계를 늘 염두에 두어야 할 것이다.

　　본고에서는 여러 언어권 가운데 학습자의 수가 상대적으로 많은 영어권, 일본어권, 중국어권 학습자가 발음하기 어려워하거나 자주 오류를 나타내는 발음의 유형과 예를 통하여 올바른 지도 방법에 대해 다루기로 한다.

7.1. 영어권

7.1.1. /ㅓ/

영어에는 한국어의 모음 /ㅓ/와 같은 소리가 없기 때문에 영어권 학습자는 이 발음을 매우 어려워한다. 영어에도 [ʌ]로 표기되는 발음이 있기는 하지만, 이것은 중설모음에 속하고 /ㅏ/와 /ㅓ/의 중간 발음이라고 할 수 있으며 /ㅏ/에 좀 더 가깝게 발음되어 한국어의 /ㅓ/와는 음가가 다르다. 한국어의 /ㅓ/는 /ㅗ/보다 낮은 위치에서 소리가 날 뿐만 아니라 원순성도 훨씬 적은 소리이다.

7.1.2. /ㅡ/

영어에는 한국어의 모음 /ㅡ/와 같은 모음이 없기 때문에 영어권 학습자가 모음 /ㅡ/를 정확하게 발음하는 것이 쉽지는 않다. 그러나 영어에 있는 [u]나 한국어의 모음 /ㅜ/와 비교하여 교육한다면 그렇게 어려운 것도 아니라고 본다. 한국어의 모음 /ㅜ/를 발음할 때와 같은 위치에서 발음하면서 입술 모양을 평평하게 하면 한국어의 모음 /ㅡ/를 낼 수 있다. /ㅡ/는 /ㅜ/를 발음할 때와 마찬가지로 아래턱이 거의 닫혀 있는 상태를 유지하고, 입술은 편 채로 아랫니가 조금 보일 정도로 자연스럽게 벌린다. 영어권 화자들에게는 영어의 한국식 발음을 들려줘서 모음 /ㅡ/를 청각적으로 인식할 수 있도록 도와줄 수 있다. 예를 들어 'street, tree'를 각각 [스트리트], [트리]라고 발음해 주고 '버스, 트럭, 치즈' 등의 외래어를 들려주면 쉽게 인지한다.

7.1.3. /ㅢ/

영어권 화자 가운데는 /ㅢ/를 좀 더 발음하기 편한 소리인 /ㅟ/에 가깝게 발음하여서 '의사'를 [위사], '의자'를 [위자]에 가깝게 발음하는 경우도 종종 있다.

7.1.4. 파열음의 경음/격음

파열음 가운데 영어권 학습자에게서 발음의 문제점이 가장 많이 나타나는 것은 경음 계열이다. 한국어에서는 초성의 위치에서 '달/탈/딸', '불/풀/뿔', '기/키/끼'와 같이 경음이 평음이나 격음과 음운 대립을 하여 최소 대립어를 이루는 반면에, 영어에서는 경음이 평음이나 격음과 최소 대립어를 이루지 않는다. 그러나 영어에서도 /s/ 다음에 오는 /p, t, k/는 한국어의 경음과 비슷하게 발음된다. 예를 들어서 'speed, style, sky'의 /p, t, k/는 각각 경음인 [p', t', k']로 발음된다. 따라서 영어권 한국어 학습자에게 한국어의 경음을 학습시키려면 일단 영어의 /s/ 다음에 오는 /p, t, k/의 소리가 경음이라는 사실을 인식시킬 필요가 있다.

평음과 격음의 대립 쌍 중에서도 /ㅂ/과 /ㅍ/의 구별이 가장 어렵다고 하는 학습자들이 많다. 예를 들어서 '발'과 '팔'을 발음하도록 해 보면 두 단어를 똑같이 발음하는 경우가 많고, 받아쓰기를 시켜 보면 두 단어를 전혀 구별하지 못하겠다는 반응을 얻게 된다. 발음하기 어려운 음은 듣기도 어려울 때가 많으므로 '평음, 격음'이 들어간 단어를 듣고 알아맞히는 게임을 하거나 받아쓰기를 하여 발음을 정확하게 구별하여 듣는지 확인해 본다. 평음의 음소 /ㅂ, ㄷ, ㄱ/이 단어의 첫소리로 나올 때는 격음보다는 정도가 훨씬 약하기는 하지만 기식이 있는 소리로 발음된다. 그러므로 첫소리로 날 때는 얇은 종이나 손바닥을 학생의 입 가까이에 대고 발음하여 기식의 정도 차이로 평음과 격음의 차이를 느낄 수 있도록 해 준다.

7.1.5. /ㅅ/

영어권 학습자의 한국어 /ㅅ/ 발음 교육에서 문제가 되는 중요한 차이점 중 하나는 영어의 /s/는 단어의 첫소리로 올 때 /s/ 뒤에 자음이 연결되는 경우에는 한국어에서와 같이 평음으로 발음되고 모음이 뒤에 오는 경우에는 경음에 가까운 소리로 발음되지만, 한국어에서는 /ㅅ/이 단어의 첫소리로 올 때 언제나 평음으로 발음된다는 점이다.

7.1.6. /ㅈ/

한국어의 /ㅈ/은 혀의 앞부분을 경구개에 붙였다가 터뜨리면서 바로 마찰시켜 내는 소리이다. 영어에서 한국어의 /ㅈ/과 유사한 발음이 나는 소리로 [z, ʒ, ʤ]를 들 수 있으나, 한국어의 /ㅈ/과는 모두 음가가 다른 소리들이다. 이 중에서 [z, ʒ]는 마찰음이고 [ʤ]는 파찰음이다. 영어의 [ʤ]는 경구개 치경 파찰음이므로 한국어의 /ㅈ/은 [ʤ]를 발음할 때보다 혀의 위치를 조금 뒤로 당겨서 발음한다. 또 영어의 [ʤ]를 발음할 때는 언제나 입술을 동그랗게 오므리게 되지만 한국어의 /ㅈ/은 뒤에 원순모음이 뒤따를 때에만 입술을 동그랗게 오므리고 발음한다는 차이점도 있다. 그러므로 '자전거'를 영어식의 [zazʌngʌ]나 [zaʒʌngʌ], [ʤaʤʌngʌ] 등과 같이 발음하지 않도록 주의시킬 필요가 있다.

7.1.7. /ㅊ/

영어에서 한국어의 /ㅊ/과 유사한 발음이 나는 소리는 [ʧ]를 들 수 있으나 이것 역시 한국어의 /ㅊ/과는 음가가 다르다. 영어의 [ʧ]를 발음할 때는 [ʤ]의 경우와 마찬가지로 언제나 입술을 동그랗게 오므리게 되지만, 한국어의 /ㅊ/은 뒤에 원순모음이 뒤따를 때에만 입술을 동그랗게 오므리고 발음한다. 그러므로 '차고'를 영어 발음식의 [ʧago]와 같이 발음하지 않고 원순성이 없는 정확한 발음을 할 수 있도록 가르쳐야 한다.

7.1.8. 비음

비음에서는 '안 나요[annajo]'의 경우처럼 /ㄴㄴ/이 연이어 나올 때 영어권 화자들은 /ㄴㄴ/을 분명하게 발음하기보다는 하나를 생략하거나 약하게 발음하여 [anajo]와 같이 /ㄴ/을 하나만 발음하는 경향이 있다. 그밖에도 '만나다'는 [마나다]로, '만남'은 [마남]으로, 또 '밤마다'는 [바마다]로 발음하기도 한다. 이것은 아마도 영어에서 똑같은 자음이 중복되면 하나를 생략하고 읽는 습관에서 온 듯하다(sunny[sʌni], hammer[hæmə], mommy[mʌmi]). 그러므로 /ㄴ/이 연이어 나올 때는 혀끝을 /ㄴ/음을 내는 것처럼 윗니 뒤 잇몸에 대고 강하게 밀면서 발음하도록 해야 한다.

7.1.9. 탄설음 [ɾ]

영어 단어의 첫소리로 나는 /r/이나 모음 뒤에 /r/이 와서 앞의 모음과 같은 음절을 이루는 경우에는 혀를 말아서 발음하는 소리인 [ɹ]로 실현되는데, 이것은 한국어에서 모음과 모음 사이에서 나는 탄설음과는 음가가 다르다. 그러므로 영어권 학습자 가운데는 한국어의 '노래'나 '사람'의 경우처럼 /ㄹ/이 모음과 모음 사이에 올 때 이 /ㄹ/을 혀를 말아서 발음하는 일이 종종 있다. 그런데 미국 영어에서는 모음 사이에 나오는 비강세 음절 머리의 /t, d/를 'city[siɾi], ladder[lɛɾəɹ]'와 같이 탄설음으로 발음하므로 이 소리를 사용하도록 지도하면 쉽게 발음할 수 있다.

7.1.10. 치조 설측음 [l]

한국어에서는 음절 말에서나 /ㄹ/이 연이어 날 때는 혀옆소리로 나는데, 특히 혀끝을 살짝 말아서 내는 치조 설측음 [l]로 나는 것이 보통이다. 예를 들면, '말[maːl], 알다[aːlda], 달라 [dalla]'와 같이 발음되는 것이다. 그런데 영어에서 음절 말에 나타나는 /l/은 한국어에서 음절 말이나 자음 앞에서 실현되는 /ㄹ/의 발음([l])과는 음가가 다르다. 영어에서는 'pill[pił], full[fuł]'과 같이 발음되는데 이것은 연구개음화한 어두운 음인 [ł]로서 한국어의 [l]보다 훨씬 더 뒤쪽에서 발음되는 것이다. 그러므로 한국어의 '달'이나 '별'의 받침 /ㄹ/을 영어의 [ł]로 발음하면 한국어답지 않은 어색한 발음이 된다.

영어에서 /l/은 어말의 '어두운 /l/'뿐만 아니라 대개 단어의 어두(life, late)나 단어의 중간에서 전후에 전설모음이나 중설모음이 있을 때(silly, foolish) 나타나는 '밝은 /l/'도 있다. 이것은 전설이 경구개 쪽으로 올라가는 동시에, 혀끝이 위 치경에 닿고 혀의 뒷부분이 낮게 머물러 있으며 나는 소리이다. 한국어의 어말에서 나타나는 치조 설측음 [l]은 영어의 '밝은 /l/'로 발음하도록 지도하는 편이 낫다.

7.1.11. /ㄹㄹ/ ([ll, ʎ])

'달라[dalla]'처럼 /ㄹ/이 연이어 나올 때 영어권 화자들은 /ㄹㄹ/을 분명하게 발음하기보다는 하나를 생략하고 하나만 발음하는 경향이 있다. 그밖에도 '알려요'를 [아려요]로, '열려요'를 [여려요]와 같이 발음하는 경우도 있다. 이것은 아마도 영어에서 똑같은 자음이 중복되면 하나를 생략하고 읽는 습관에서 온 듯하다(village[vilidʒ], yellow[jeloʊ]). 그러므로 /ㄹ/이 연이어 나올 때는 혀끝을 /ㄹ/을 내는 것처럼 윗니 뒤 잇몸에 대게 한 다음, 더욱 강력하게 울린 소리로 발음하도록 해야 한다.

7.2. 일본어권

7.2.1. ㅔ/ㅐ

❶ /ㅔ/

윗니 아랫니 사이에 새끼손가락이 들어갈 정도의 틈이 나도록 입을 벌리고, 입술을 자연스럽게 편 채로 발음한다.

❷ /ㅐ/

윗니와 아랫니 사이에 엄지손가락이 들어갈 수 있을 정도로 입을 벌리고, 혀의 앞부분은 약간 경구개를 향하여 올리며, 입술은 펴진 채로 자연스럽게 벌린다.

7.2.2. 파열음의 경음 'ㅃ, ㄸ, ㄲ'

경음의 발음은 일본어권 학습자들이 가장 구별하기 어려워하는 발음이다. 일본어권 학습자에게는 일본어의 변이음을 통해 한국어의 경음 발음을 교육할 수 있을 것이다. 촉음 뒤에 오는 'ぱ[pa], た[ta], か[ka]'음은 한국인에게 경음 [ㅃ, ㄸ, ㄲ]와 유사하게 들리는데 일본어 모어 화자는 그것을 의식하지 못한다. 그것은 아마도 이 음들이 일본어에 음소로서 존재하는 것이 아니라 변이음으로 존재하기 때문일 것이다.

/ㅃ/ 발음 교육 방법의 예를 들어 보면 다음과 같다.

❶ '불/풀/뿔'과 같은 최소 대립어를 다양하게 제시하여 음가의 차이를 인식시킨다(비다/피다/삐다).

❷ 일본어의 유사한 발음의 예를 제시한다. 주로 촉음(っ)이 앞에 있는 パ행의 어휘들을 집중적으로 연습시킨다(かっぱ, やっぱり).

❸ 촉음 부분을 발음하지 않고 잠시 휴지를 둔 후 뒷부분의 パ행 부분만을 발음하게 하면 거의 유사한 음을 얻을 수 있게 된다.

❹ 일본어에 없는 모음과 결합되는 /ㅃ/음을 연습시킨다(뼈, 뿌, 빼, 뼈).

❺ 대립어의 구분이 조금 익숙해지면 /ㅃ/으로 시작되는 다양한 어휘를 연습시킨다(빠르다, 뿌리다, 뽀뽀, 빼다).

❻ /ㅃ/ 발음의 위치를 1음절 초성에서 2음절 이하로 다양화하면 발음의 정확성을 높이는 데 도움이 된다(예뻐요, 기쁘다, 바빠요).

❼ /ㅃ/이 포함된 문장을 소리 내어 읽게 하여 문장 단위의 연습을 실시한다.

7.2.3. 평음과 격음

한국어에서 초성의 평음은 약간 유기성을 포함한 음이므로 특히 초성에서 평음과 격음을 구별하기 매우 어려워한다. 일본어권 학습자는 유기성의 조절이 자유롭지 못하기 때문에 평음을 격음으로 발음하거나 듣는 오류가 나타나게 되는 것이다. 한편 한국어 평음의 경우 유성음 사이에서는 유성음화하기 때문에 이것을 격음으로 잘못 발음하는 오류는 나타나지 않는다. 따라서 유성음 사이에서 나타나는 평음과 격음의 구별보다는 초성에 나타나는 예를 집중적으로 연습할 필요가 있다.

초성에서 평음을 발음할 때는 일본어의 /が, だ, ば/를 의도적으로 '가하, 다하, 바하'와 같이 발음하게 하면 격음에 가깝게 발음된다. 일본어의 평음에는 유성음이 존재하기 때문에 유기의 발음을 하도록 유도하는 것이다.

격음의 경우 일본어권 화자의 발음은 기성이 매우 약한 편이므로, 의식적으로 강하게 발음하도록 할 필요가 있다.

7.2.4. 비음

초성에서는 발음의 문제가 없으나 받침의 경우 일본어에는 /ん/만 있어서 받침의 제약이 없는 한국어의 /ㄴ, ㅁ, ㅇ/의 발음이 어려울 수밖에 없다.

받침의 /ㄴ, ㅁ, ㅇ/을 연습하기 위해서는, 먼저 'にほんに(日本に), にほんも(日本も), にほんが(日本が)' 등 /ん/이 ㄴ, ㅁ, ㅇ으로 발음되는 일본어를 제시하여 일본어에서 같은 소리로 인식되는 이 /ん/들이 사실은 미묘하게 서로 다르다는 것을 인식시킨다. 그 다음에는 그것들을 한국어에서는 서로 다른 소리로 인식한다는 것을 알려 주고, 이 3가지 받침소리를 개별적으로 발음하는 연습을 한다.

일본어의 /ん/은 후속 자음이 무엇인가에 따라 어느 소리로 나타날지가 결정되지만 한국어의 경우 후속 자음이 무엇이든 글자대로 발음해야 된다는 것을 확인시킨다.

❶ /ㄴ/ 받침

받침 /ㄴ/은 'こんな'의 /ん/에 해당하는 음으로 ナ행의 [n]과 같다. 받침으로 올 때는 혀끝이 치아의 사이에 보일 정도로 혀를 치아에 세게 밀어내듯 하고 내는 음이다. 학습자

들 가운데는 받침 /ㄴ/ 뒤에 오는 자음의 종류에 따라 [m]이나 [ŋ]으로 발음하는 일이 있으므로 어떠한 경우에도 /ㄴ/의 발음은 [n]으로 내야 한다는 점을 강조해야 한다.

선거   전화   전국   건물   전보   연극

여러분, 오래간만입니다.   손님은 언니 친구였어요.
저는 매운 것을 잘 먹어요.   교문 근처의 건물이 병원입니다.

❷ /ㅁ/ 받침
받침 /ㅁ/은 'ねんび'의 /ん/에 해당하는 음으로 マ행의 [m]과 같다. 받침으로 올 때는 특히 양 입술을 확실히 닫고 비음을 낸다.

땀   감기   점심   시험   남자   인삼

오늘 밤 좋은 꿈 꾸세요.   마음대로 그려 보세요.
어제는 남편과 섬에 갔어요.   김치, 인삼차는 한국의 대표적인 음식이에요.

❸ /ㅇ/ 받침
받침 /ㅇ/은 'りんご'의 /ん/에 해당하는 음으로 입술을 닫지 않고, 혀끝을 앞으로 당기듯 혓줄기를 입천장에 대고 내는 음이다.

농담   장난   경제   양념   공항   동생

방학 동안 여행 많이 했어요?   상민 씨는 정말 성격이 좋군요.
동대문시장에서 가방을 샀어요.   저 건물에서는 강도 보이고 병원도 보여요.

/ㄴ, ㅁ, ㅇ/ 받침들은 입술이나 혀의 모양이나 위치가 현격하게 차이가 나므로 이들을 발음하는 요령을 특징지어 잘 설명해 주는 교정법이 좋다. 곧, 교사가 /ㄴ/을 발음할 때는 혀를 이 사이로 무는 흉내를, /ㅁ/ 받침을 발음할 때는 두 입술을 닫는 흉내를, /ㅇ/ 받침을 발

음할 때는 입술을 조금 벌리는 흉내를 내면서 이 음들의 차이를 구분해 보여 주는 것이 중요하다.

7.2.5. 음절 구조의 교육

일본어는 '자음+모음'을 기본 구조로 삼는 개음절(開音節) 언어이다. 현대 일본어에서 90% 정도의 음절이 개음절로 이루어지고 폐음절이 10% 정도 허용된다. 그래도 말자음(末子音)의 위치에 올 수 있는 것은 /ん/과 /っ/, 두 가지 자음밖에 없으며, 더욱이 어말의 위치에는 /ん/밖에 존재할 수 없다. 따라서 일본어권 학습자가 한국어를 발음할 때 받침에 모음 [u]를 첨가하려는 경향이 있으므로 유의시켜야 한다.

7.3. 중국어권

중국어권 한국어 학습자들이 발음과 관련하여 부딪치는 언어 특수적인 문제 중에 중요한 것으로 한자어의 발음 문제가 있다. 현상적으로 보면 이것은 발음의 오류이지만, 그 원인은 자국의 한자음처럼 발음하는 데서 오는 잘못이라는 점에서 근본적으로 발음 문제는 아니다. 예를 들어 어떤 중국인 학생이 '명령'을 '밍링'으로 발음하는 것은 그 학생이 '명'이나 '령'을 발음하지 못하는 것이 아니라는 점에서 발음 교육의 문제가 아니라 어휘 교육의 문제이다. 그러나 실제로 이러한 잘못을 많이 일으키므로 어휘를 통해 발음 교육을 할 때 한자어의 비중을 일반적인 경우보다 더 높여야 함을 시사한다고 할 수 있다.

7.3.1. /ㅡ/

한국어의 /ㅡ/ 발음은 중국어에 존재하지 않는다. 중국어권 학생들은 이 발음을 처음 배울 때 /ㅓ/ 비슷하게 하는 것이 보통이다. 일단 모음사각도를 통해 /ㅡ/는 /ㅣ/ 발음보다 뒤에서 나므로 /ㅣ/를 발음시킨 후 입을 양쪽으로 좀 더 넓히면서 혀를 뒤쪽으로 천천히 끌어 발음하도록 교사가 스스로 발음하는 모습을 보이면서 학생들에게 따라 하게 한다. 발음하는 과정에서 교사는 두 손으로 양 입가를 천천히 넓히는 모습을 보이면 더욱 효과적이다.

7.3.2. 파열음의 평음과 경음

중국어권 한국어 학습자들이 가장 어려움을 느끼는 것은 평음 계열의 자음이다. 대부분의 경우 한국어의 평음을 경음처럼 발음하는데, 이는 중국어의 /b, d, g/를 한국어의 평음에 대응시켜 발음하는 경향이 있기 때문이다. 중국어의 /b, d, g/는 한국 사람이 듣기에는 거의 경음으로 들리므로 결국 중국어권 학생들이 발음하는 한국어의 평음은 경음과 구별하기 어렵게 되는 것이다. 반면에 경음 계열의 자음은 비교적 발음을 쉽게 배운다. 엄밀히 말해 중국어에는 경음이 없지만, 중국어의 청음 /b, d, g/는 한국어의 경음과 음성적으로 매우 유사하기 때문에 한국어의 경음을 중국어의 /b, d, g/를 발음하듯 유도하면 그리 어렵지 않게 한국어의 경음 발음을 끌어낼 수 있다. 또 한국어의 격음은 중국어의 /p, t, k/와 그대로 대응하기 때문에 아주 쉽게 배우므로 별도의 발음 교육이 필요하지 않다.

중국어권 학생들은 한국어의 평음을 경음처럼 발음하는 경향이 많은데, 완전히 똑같이 하는 것은 아니고 약간 약한 된소리로 발음한다. 우선 청각적으로 평음과 경음의 차이를 인식시킨 후에 가시적인 효과를 얻기 위하여 종이를 이용하는 방법을 사용한다. 얇은 종이를 입 앞에 갖다 대고 평음과 경음을 발음할 때 종이가 흔들리는 모습을 비교하면서 두 가지 소리를 연습시킨다.

경음을 발음할 때 처음 폐쇄된 상태를 좀 더 강조하여 보여 주는 방법도 있다. 이 경우에는 교사와 학생이 서로 눈으로 확인할 수 있는 조음위치에서 발음되는 양순음 /ㅃ/을 예로 삼는 것이 더욱 효과적이다. 처음에 단단하게 폐쇄된 상태를 만든 후 좀 더 세게 빨리 터뜨리는 것을 보여 주면서 따라하게 하면 한국어의 /ㅃ/ 발음을 자연스럽게 익힐 수 있다. 우선 경음 계열의 음소가 들어간 단어만을 집중적으로 연습하고 다음에 평음 계열의 음소가 들어간 단어를 집중적으로 연습하게 한 후 평음과 경음이 들어간 단어를 대조하여 연습하게 한다.

7.3.3. 유성음화된 평음

중국어권 한국어 학습자들은 평음을 익히고 나면 모든 /ㅂ, ㄷ, ㄱ/을 평음으로 발음한다. 그러나 한국어에서 유성음(모음, /ㅁ, ㄴ, ㄹ/)과 유성음 사이에 있는 /ㅂ, ㄷ, ㄱ/은 이음 [b, d, g]로 발음한다. 중국어에는 음절이 연이어 발음되어도 각 음절을 발음할 때와 발음이 달라지는 일은 거의 없으므로 이 부분도 연습을 통해 극복시켜야 한다.

7.3.4. 받침의 파열음

중국어권 한국어 학습자는 받침으로 쓰이는 자음을 어려워한다. 받침으로 쓰이는 폐쇄음 발음에서 한 가지 주의할 점이 있다. 한국어에서는 폐쇄음 받침 뒤에 모음이 오면 연음되고, 비음이 오면 비음화되며, 다른 파열음이 오면 뒤의 파열음이 경음화된다. 그런데 중국어에서는 이와 같은 음운변동이 일어나지 않으므로 2음절 이상의 환경 속에서 폐쇄음 받침 발음을 연습시킬 때는 반드시 해당 음운변동의 교육을 병행할 필요가 있다. 그리고 중화의 개념을 명시적이고 체계적으로 가르치지 않으면 학생들은 이 사실을 자연스럽게 익히는 데 상당히 오랜 시간을 들여야 할 것이다.

7.3.5. 탄설음 [ɾ]

한국어에서 단어 초에서나 (반)모음과 (반)모음 사이의 /ㄹ/은 '노래[noɾɛ]'의 예에서처럼 탄설음 [ɾ]로 발음되는데, 중국어에는 이 발음이 없기 때문에 중국어권 학습자들은 이것을 대개 중국어의 성모 /l/에 대응시키려는 경향이 있다. 구강도를 통해 한국어의 탄설음 [ɾ]을 발음할 때에는 혀가 입천장에 닿지 않음을 주지시켜야 할 것이다. 혀가 입천장에서 떨어진 상태에서 '라라라… …'를 연속적으로 가볍게 발음하도록 연습시킨 후, '러러러… …, 로로로… …, 루루루… …'를 차례로 연습시킨다. 이 경우 만약 중국어의 설첨후음(=권설음)의 영향으로 혀가 안쪽으로 말려 들어가면 나무젓가락을 입속 혀 위에 대고 발음하게 하여 뒤로 말려 들어가는 것을 방지하여야 한다.

중국어에서는 모음이 설첨후음(=권설음)과 결합하여 혀를 마는 모음으로 되는 이른바 '얼화[兒化]' 현상이 있다. 중국인들이 한국어를 발음할 때 모음 뒤에 /ㄹ/이 있으면 미리 발음하려는 경향이 있는데, 중국어의 성모에는 한국어의 탄설음 [ɾ]와 같은 발음이 없고 설측음 [l]만 있기 때문에 결국 중국어의 '얼화' 현상처럼 되어 버린다. 그 결과 한국 사람들의 귀에는 'ㄹ'을 두 번 발음하는 /ㄹㄹ/처럼 들리게 되는데(사람→[살람], 그리고→[글리고]), 이는 대부분의 중국어권 한국어 학습자들에게서 나타나는 공통적인 현상이다. 이런 오류를 바로잡으려면 뒤의 /ㄹ/을 급격하게 발음하려는 습관을 버려야 한다. 그러기 위해서 한국어 교사들은 앞 음절의 모음을 길게 발음한 뒤 다음 음절을 이어서 발음하도록 따라 읽기, 혼자 읽기 등을 통해 훈련시키고, 어느 정도 연습이 되면 정상적인 속도로 읽게 하면 된다.

[표 4] 영어권 학습자들의 잦은 오류 유형과 오류의 예

오류 유형	오류의 예
/ㅓ/를 /ㅗ/처럼 발음함.	'어서'의 /ㅓ/를 분명하게 발음하지 못하고 '오소'처럼 발음함.
/ㅡ/를 잘 발음하지 못하고, 가끔 /ㅜ/ 비슷하게 발음하는 경우도 있음.	'으뜸'을 잘 발음하지 못하고, 가끔 '우뚬' 비슷하게 발음할 경우도 있음.
/ㅡ/ 발음을 잘 못하기 때문에 이중모음 /ㅢ/ 발음 역시 잘하지 못함.	'의사'에서의 /ㅢ/를 잘 발음하지 못함.
평음(/ㄱ,ㄷ,ㅂ,ㅅ,ㅈ/)과 경음(/ㄲ,ㄸ,ㅃ,ㅆ,ㅉ/), 격음(/ㅋ,ㅌ,ㅍ,ㅊ/)을 구별하여 인식하지도 발음하지도 못함.	'가, 다, 바, 사, 자'를 '까, 따, 빠, 싸, 짜'와 구별하지 못하고, 종종 혼동하여 발음함.
모음 앞의 /ㅅ/을 /ㅆ/으로 발음함.	'사랑'을 '싸랑'처럼 발음함.
/ㅈ/을 [ʤ]로 발음함. 무성 환경에서는 [ʒ]로 발음하는 경우도 있음.	'점심'의 /ㅈ/을 한국어와 다른 [ʤ]로 발음함.
/ㅊ/을 [ʧ]로 발음함.	'체조'의 /ㅊ/을 한국어와 다른 [ʧ]로 발음함.
/ㄴ/이 연이어 나올 때 /ㄴㄴ/ 중에서 /ㄴ/ 하나를 생략하고 발음함.	'안녕'을 [아녕]처럼 발음함.
탄설음 [ɾ]를 혀를 말아서 발음하는 소리인 [ɹ]로 발음함.	'도로'에서 /ㄹ/을 [ɹ]로 발음함.
음절 말의 /ㄹ/을 영어의 [ɫ]로 발음함.	'달과'에서 /ㄹ/을 연구개음화한 어두운 음인 [ɫ]로 발음함(즉 혀를 말아 한국어의 [l]보다 훨씬 더 뒤쪽에서 발음함).
/ㄹ/이 연이어 나올 때 /ㄹㄹ/ 중에서 /ㄹ/ 하나를 생략하고 발음함.	'달라'를 [다라]처럼 발음함.

[표 5] 일본어권 학습자들의 잦은 오류 유형과 오류의 예

오류 유형	오류의 예
/ㅐ/ 발음을 /ㅔ/에 가깝게 발음함.	'대문'을 [데문]처럼 발음함.
/ㅓ/ 발음을 /ㅗ/에 가깝게 발음함.	'어서'를 '오소'와 비슷하게 발음함.
/ㅗ/ 발음을 원순성이 약한 음으로 발음함.	'오소'에서 /ㅗ/의 원순성이 약하여 /ㅓ/ 비슷하게도 들림.
/ㅡ/ 발음을 원순성이 약간 있게 발음함.	'으뜸'을 '우뚬' 비슷하게 발음함.
/ㅜ/ 발음을 원순성이 약하게 발음함.	'두루'를 '드르'와 비슷하게도 발음함.
/ㅢ/를 잘 발음하지 못함.	'의사'에서의 'ㅢ'를 이중모음으로 정확하게 발음하지 못함.
모음 간의 /ㅇ/을 [ㄱ]으로 발음하는 경향이 있음.	'잉어'를 '이거', '담쟁이'를 '담재기'로 발음함(특히 관동 지방에서).
경음과 격음을 잘 구별하여 인식하지도 발음하지도 못함(특히 음절 초에서).	'까,따,빠,짜'를 '카,타,파,차'와 구별하지 못하고 종종 혼동하여 발음함.
음절 초에서 평음과 격음을 잘 구별하여 발음하지 못함.	'가,다,바,자'를 '카,타,파,차'와 구별하지 못하고 종종 혼동하여 발음함.
/ㅅ/을 모음 사이에서 유성음화하여 발음함.	'가사'에서의 /ㅅ/을 [z]처럼 발음함.
/ㅎ/을 유성음 사이에서도 약화시켜 발음하지 않음.	'전화'에서 /ㅎ/도 강한 기식이 동반된 /ㅎ/으로 발음함.
음절 초의 /ㅈ/을 유성음으로 발음함.	'자식'에서 /ㅈ/을 유성음으로 발음함.
받침에 쓰이는 /ㄴ,ㅁ,ㅇ/ 발음을 잘하지 못함.	'돈'에서 /ㄴ/, '곰'에서 /ㅁ/, '공'에서 /ㅇ/을 잘 발음하지 못함.
음절 말 폐쇄음 /ㅂ,ㄷ,ㄱ/을 개음절화하여 발음함.	'밥'에서 /ㅂ/ 뒤에 /ㅡ/ 비슷한 발음을 첨가하여 [바브]처럼 됨.
음절 말의 설측음 /l/을 개음절화하여 발음함.	'달'에서 받침 /ㄹ/ 뒤에 /ㅡ/ 비슷한 발음을 첨가하여 [다르]처럼 됨.
유음화를 잘 적용하지 못함.	'논리'를 [놀리]가 아닌 [논리]로 발음함.

[표 6] 중국어권 학습자들의 잦은 오류 유형과 오류의 예

오류 유형	오류의 예
/ㅡ/를 잘 발음하지 못함.	'으뜸'을 분명하게 발음하지 못하여 '으뜸'과 '어떰'의 중간 정도로 들림.
/ㅗ/와 /ㅓ/를 개별적으로도 잘 발음하지 못하고 구분도 잘 못함.	'오소/어서', '어서/오서'를 분명하게 구분하여 발음하지 못함.
/ㅢ/를 잘 발음하지 못함(단모음 /ㅡ/ 발음 문제에서 파생한 것).	'의사'를 잘 발음하지 못함.
평음 발음을 잘 못함.	'발'을 '빨'처럼 발음함.
무성자음이 유성음화 환경에 있어도 무성음으로 발음함.	'방법'에서 뒤의 유성음 /ㅂ/을 초성의 무성음처럼 발음함.
받침 발음을 잘 못함.	'먹었다, 둥글다, 방에, 광고'를 [머어다, 두그다, 바에, 과고]처럼 발음함.
/ㅅ/을 /ㅆ/처럼 발음함.	'사'와 '싸'를 구분하여 발음하지 못함.
/ㅈ/과 /ㅊ/을 잘 구별하지 못함.	'자'와 '차'를 구분하여 발음하지 못함.
/ㅈ/ 계열의 자음과 이중모음이 결합될 때 이중모음으로 발음함.	'가져'를 [가저]로 발음하지 않고 [가져]로 발음함.
탄설음 /ㄹ/ 앞에서 얼화 현상을 일으킴.	'사람'을 [살람]처럼 발음함.
한국어에서 비표준적인 자음동화의 발음을 자연스럽게 함.	'문법, 한국'을 [뭄뻡], [항국]으로 발음함.
유음화를 잘 적용하지 못함.	'신라'를 [신라]로 발음함(이 경우 /ㄹ/은 설측음으로 발음하는 경향이 많음).
비음화를 잘 적용하지 못함.	'종로'를 [종로]로 발음함(이 경우 /ㄹ/은 설측음으로 발음하는 경향이 많음).
파열음 음가를 가진 받침 자음 뒤의 평음을 경음으로 발음하지 않음.	'늑대'에서 '대'를 [때]로 발음하지 않음.
음절 연음에 익숙하지 않음.	'밥을'을 [바블]로 자연스럽게 이어 발음하지 않고 부자연스럽게 절음해 발음하거나 심지어는 '옷이'를 [오디]처럼 발음함.

참고문헌

박영순(2004), 『외국어로서의 한국어 교육론』, 도서출판 월인.

박영순 외(2008), 『한국어와 한국어교육』, 한국문화사.

박지영(2010), 「한국어 발음교수법」, 『한국어 교육』, 서울대학교 언어교육원 외국인을 위한 한국어 교사양성과정 연수집, 431~457쪽.

박지영·유소영(2010), 『이준기와 함께하는 안녕하세요 한국어 1』, 마리북스.

백봉자 외(2000), 「한국어 교사 교육·연수 프로그램 교수 요목 개발을 위한 기초 연구 사업 보고서」, 한국어 세계화추진위원회.

이현복(1989), 『한국어의 표준발음』, 교육과학사.

이호영(1996), 『국어 음성학』, 태학사.

전미순(2001), 「일본어 모어학습자를 위한 한국어 발음 교육 방안 연구」, 경희대학교 교육대학원 석사학위논문.

정명숙·이경희(2000), 「학습자 모국어의 변이음 정보를 이용한 한국어 발음 교육의 효과 ─일본인 학습자를 대상으로」, 《한국어 교육》 제11권 2호, 국제한국어교육학회, 151~168쪽.

하세가와 유키코(1997), 「일본 학습자에 대한 한국어 발음 지도법 ─ 입문 단계를 중심으로」, 《한국어 교육》 제8권, 국제한국어교육학회, 161~178쪽.

한재영 외(2003), 『한국어 발음 교육』, 한림출판사.

한재영·박지영·현윤호·권순희·박기영·이선웅(2005), 『한국어 교수법』, 태학사.

한종임(2005), 『영어음성학과 발음지도』(2판), 한국문화.

한국어 문법 교육론

이정화

서울대학교 언어교육원 한국어교육센터

| 학습 목표 |

- 한국어 교육에서 문법 교육의 영역과 위상을 이해한다.
- 문법 교수의 원리와 최근의 문법 교육 동향을 이해한다.
- 문법 교육의 교수 방법을 이해하고 실제 수업에 적용할 수 있다.

▶ ▶ ▶ 차례

1장

문법 교육론 개관

인간은 누구나 모국어에 대한 일정한 규칙과 원리를 이해하고 사용할 줄 아는 생득적 기제와 모든 언어에 적용되는 보편적인 원리와 규칙을 이해하는 능력을 동시에 가지고 태어난다.[1] 태어나서 일정 기간이 지나면 특별한 교육을 받지 않더라도 자신이 가지고 있는 언어의 규칙과 원리를 입말에 적용하여 사용하게 된다. 언어에 적용되는 규칙이 없다면 언어는 혼란스러울 수밖에 없다. 수많은 낱말들이 어떻게 배열되어야 하고 수정될 수 있는지에 대한 안내 지침 같은 것을 줄 수 없기 때문이다. 언어에 적용되는 이러한 일정한 규칙을 '문법'이라고 하는데, 우리는 흔히 '문법'이라고 하면 형태·통사론, 즉 단어나 문장을 구성하거나 운용하는 방법 또는 이를 연구하는 분야를 떠올리게 된다. 그러나 넓은 의미의 문법은 단어, 문장뿐만 아니라 담화, 텍스트에 이르는 말을 운용하는 방법 또는 이를 연구하는 것을 말한다. 외국인에게 외국어로서 한국어를 가르치는 한국어 교육에서는 넓은 의미로 사용되고 있다.

다음 그림은 반 리어(van Lier, 1995)에서 제시하고 있는 언어의 구성 요소인데 여기에서 우리는 한국어 교사가 알아야 하는 언어 지식뿐만 아니라 학습자가 목표 언어를 사용해서 의사소통을 하기 위해 필요한 언어 지식이 얼마나 많은 언어 단위와 연관되어 있는지를 알 수 있다.

---

[1] 인간의 보편적인 언어 능력을 다루는 것을 보편 문법(Universal Grammar)이라고 하는데 대표적으로 촘스키(Noam Chomsky)의 변형생성문법이 여기에 목표를 두고 있다. 문법은 크게 보편 문법과 개별 문법으로 나눌 수 있으며 개별 문법은 다시 학문 문법과 실용문법(규범 문법)으로 나눌 수 있다.

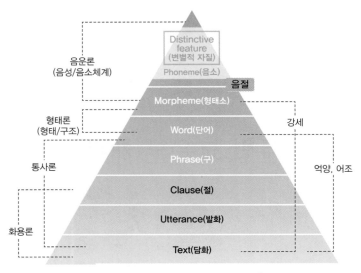

음운론
(음성/음소체계)

Distinctive
feature
(변별적 자질)

Phoneme(음소)

음절

Morpheme(형태소)

형태론
(형태/구조)

Word(단어)

강세

Phrase(구)

통사론

Clause(절)

억양, 어조

Utterance(발화)

화용론

Text(담화)

그림 1. 언어 단위(van Lier, 1995, p.15)[2]

　외국어로서 한국어 교육에서 가르치게 되는 문법은 한국어 모어 화자들이 교육을 통해 배우는 문법 체계와는 조금 다른 성격을 가진다. 한국어 모어 화자들은 보통 학교 교육을 통해 학교 문법을 규범적으로 익히게 된다. 학교 문법의 교육 대상은 초등, 중등 학생들이며 문법의 교육 목표는 '국어에 대한 탐구 과정을 통한 통찰력과 논리적 사고력을 바탕으로 언어와 국어의 문화적 가치 및 국어에 대한 체계적인 지식을 갖추고 국어를 올바르게 사용하여 국어의 발전에 기여하는 태도를 지니는 데 있다'라고 명시되어 있다.[3] 논리적으로 생각하는 능력, 언어 현상을 탐구하는 능력과 그 결과를 말하기, 듣기, 읽기, 쓰기 활동에 활용하는 능력의 신장, 한국어의 문화적 가치에 대한 이해와 한국어를 사랑하고 가꾸어 나가려는 태도 함양 등을 목표로 하고 있는 것이다.

　반면에 외국어로서의 한국어 문법의 교육은 한국어에 대한 직관 능력을 가지지 않은 학습자에게 한국어로 의사소통을 하는 데 필요한 한국어 지식을 얻을 수 있도록 해 주는 것이 목표이다. 따라서 학교 문법의 내용과 한국어 교육용 한국어 문법의 내용이 다른 것은 당연한 귀결이다. 학교 문법을 배우는 사람들은 이미 원활하게 사용하고 있는 언어에 대한

....

2) Bailey, Kathleen, M.(2007), *Practical English language teaching: Speaking*, McGraw Hill. 재인용. 한국어 번역은 필자.

3) 문법 교과 과정 및 교수 목표 등은 교육과정 평가원 사이트(http://www.kice.re.kr)에서 확인할 수 있다.

체계적인 문법 지식을 배우는 것으로 이것을 배우지 않는다고 해서 의사소통에 큰 어려움을 겪는 것은 아니다. 반면에 한국어 교육에서 한국어 교육용 문법을 받아들이는 학습자들은 문법 교육이 되지 않을 경우에 의사소통이 절대적으로 불가능하다는 점에서 그 차이가 크다. 또한 한국어 학습자들은 정의적, 인지적 능력이 완전히 발달한 상태일 뿐만 아니라 본인의 모국어 학교 문법을 익힌 상태에서[4] 한국어 교육 문법을 익히기 때문에 모어와의 대조적 관점에서 문법을 이해하려는 성향이 강하다. 따라서 대부분의 학습자들이 모어에 존재하지 않는 문법 형식인 한국어의 '은/는'과 '이/가'의 차이를 이해하는 데 어려움을 겪는 데 반해 이와 비슷한 조사를 가지고 있는[5] 일본인 학습자의 경우 이를 쉽게 이해하는 것을 볼 수 있다.

방성원(2010:163)에 제시된 〈그림 2〉는 학문 문법으로서의 한국어 문법론과 학교 문법, 한국어 교육 문법의 상관관계를 잘 보여 준다. 학문 문법인 한국어 문법론을 토대로 규범 문법을 정하고 거기에서 학교에서 가르치는 학교 문법을 정해 이를 국어 시간에 교육하고 있다. 그런데 한국어 교육의 측면에서는 한국어 교육 문법의 근간이 될 만한 국가적 차원의 표준 문법이 완전하게 수립된 적이 없다는 점에서 이에 대한 필요성이 제기된다.[6] 한국어 교육 문법의 근간이 되는 표준 문법의 부재로 학교 문법을 근간으로 한국어 교육 문법의 틀을 그려가고 있으나 한국어 교육 문법과 학교 문법은 달라야 하므로 표준 문법의 마련이 시급하다는 주장이 설득력 있게 다가온다.[7]

....

4) 대부분의 대학 부설 언어 교육 기관에서는 고졸 이상의 성인 학습자를 받고 있기 때문에 모어의 학교 문법을 익히고 어느 정도 문법적 지식을 갖추었을 것으로 예상할 수 있으나 실제 교육 현장에서는 동사, 형용사의 구분, 사동, 피동의 이해, 자동사 타동사에 대한 인식 등이 없어 문법적인 개념 학습에 어려움을 겪는 학습자를 종종 만나게 된다. 한국어 모어 화자가 동사와 형용사의 구분을 어떻게 하는지 물어볼 경우 많은 교사들이 '는다, -으세요' 등을 넣어서 말이 되면 동사, 사용할 수 없으면 형용사라고 구분 방식을 알려 주지만 한국어 언어 직관이 없는 외국인 학습자에게 이 방법은 좋은 구분법이 될 수 없다. 그럼에도 불구하고 많은 교사들이 모어 화자와 같은 방법으로 구분 방식을 알려 주고 넘어 가는 경우가 있다.

5) 일본어 조사 'は와'와 'が'의 차이가 한국어 조사 '은/는'과 '이/가'의 차이와 상당히 유사하다.

6) 한국어 교육을 위한 한국어 문법이 달라야 함을 인식하고 체계화하려고 노력한 것으로 국립국어연구원의 외국인을 위한 한국어 문법 구축사업을 들 수 있다. 이 사업의 성과물로 출판된 『외국인을 위한 한국어 문법 1』(국립국어연구원, 2005)은 현재까지도 한국어 교사에게 중요한 참고 자료로 사용되고 있으나 학교 문법을 근간으로 쉽게 설명해 놓은 정도의 수준이다.

7) 예를 들어 1급에서 '만들다, 놀다, 살다' 등의 활용을 가르치면서 'ㄹ'탈락을 처음 접하게 되는데 학교 문법의 경우 'ㄹ'이 예외적인 항목 없이 규칙적으로 떨어지기 때문에 'ㄹ'불규칙이라는 말을 사용하지 않고 'ㄹ'탈락이라는 용어를 사용하는데 이를 그대로 한국어 교육 문법에 사용하고 있다. 한국어 학습자의 입장에서는 다른 경우와 달리 떨어지기 때문에 불규칙이라는 용어를 사용하는 게 이해에 도움이 될 수 있다.

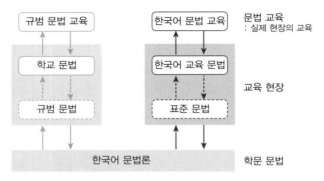

그림 2. 한국어 문법론, 학교 문법과 한국어 교육 문법

그렇다면 한국어 학습자의 학습 목표인 의사소통이라는 목표를 이루기 위해 한국어 학습자가 가져야 할 문법적 지식에는 무엇이 있을까? Canale & Swaine(1980)은 의사소통의 구성 성분으로 다음과 같은 네 가지 능력을 설정하고 있다.[8]

- 문법적 능력(grammatical competence)
  - 어휘, 문법, 발음, 철자, 단어 형성 등 언어학적 지식에 대한 능력
- 담화 능력(discourse competence)
  - 문장 이상의 수준에서 응집력(cohesion)과 일관성(coherence)을 가지고 메시지를 전달하는 능력
- 사회언어학적 능력(sociolinguistic competence)
  - 다양한 사회적 맥락과 상황에 맞추어 발화하고 이해할 수 있는 능력
- 전략적 능력(strategic competence)
  - 언어 지식의 부족함을 극복하기 위해서 전략을 사용하는 능력

의사소통이라는 목표를 이루기 위해서는 문법적 지식을 아는 것에 그치지 말고 이를 사용할 수 있는 능력을 진작시켜야 함을 알 수 있다. 한국어 학습자에게 이러한 능력을 키워주기 위해서는 한국어 교사로서 정확한 문법적 지식을 가지고 학습자가 학습한 문법 내용을 사용에 이를 수 있도록 하는 교수 설계가 필요하다. 교사가 일반적인 문법 체계 자체에

---

8) 전략적 능력을 추가적으로 자세히 기술한 것은 Canale(1983:6-11)이다.

대한 지식을 가지고 있더라도 구체적인 개별 문법 항목에 대한 규칙이나 제약, 유사 문법의 차이 등에 대해서는 미리 살피지 않으면 그 내용을 설명하기 어려운 경우도 많다.[9]

---

9) 모의 수업 실습을 지도하다 보면 종종 규칙에 대한 이해가 부족한 경우를 마주하게 된다. 'A-아/어지다'의 교체는 선행 형용사에 'ㅏ, ㅗ' 모음이 있는 경우와 없는 경우, '하다'가 오는 경우로 설명하는 것이 일반적인데 'ㅏ, ㅗ'가 있으면 '-아지다', 없으면 '-어지다' 'ㅂ' 받침이 있으면 '-워지다' 이런 식으로 설명하는 실습자들이 있다. 'ㅂ불규칙'의 경우 'ㅂ'이 모음 앞에서 '오/우'로 바뀐 후에 '-어지다'를 만나서 '워지다가' 된 것이지 문법의 교체형이 '워지다'인 것은 아니기 때문에 틀린 설명이다.

2장

■

문법 교육의 필요성

한국어는 조사나 어미 등의 문법 형태가 발달한 교착어에 속하기 때문에 한국어 학습자들의 문법 학습에 대한 부담이 더 큰 편이라고 할 수 있다. 실제로 한국어 학습자들을 대상으로 의사소통에 어려움을 겪는 이유를 물어보면 초급에서는 '문법'이라고 대답하는 비율이 아주 높다.[10] 학습자들이 문법 교육의 필요성을 절감하는 것과 별개로 문법 지식이나 문법 교육이 언어 능력 향상에 얼마나 유용한가에 대한 문제에 대해서는 찬반양론이 팽팽하게 대립되어 왔다. 문법 교육의 효율성에 대한 첨예한 대립의 관점은 Thornbury(1999:14~28)에서 확인할 수 있다.[11]

2.1. 문법 교육 유용론

제2 언어 교수에서 문법을 가장 우선시하자는 주장들이 여러 가지 측면에서 제기되어 왔는데 Thornbury(1999:14-17)에서는 그중 일곱 가지 견해를 소개하고 있다.

....

10) 조현용(2000)에서 한국어 학습자를 대상으로 의사소통에서 겪는 어려움의 원인에 대해 무엇이라고 생각하는지 조사한 바에 따르면 초급은 문법(44%), 어휘(28%), 발음(28%)로 답해 문법이 어렵다고 느끼는 학습자가 많음을 알 수 있다.

11) Thornbury(1999)의 내용을 정리하면서 이관규 외 역(2004)을 참고하였으며 Thornbury(1999)의 내용을 그대로 번역 정리하지 않고 필자의 의견과 예 등을 덧붙였음을 밝힌다.

❶ 문장 제조기론(the sentence-machine argument)

문장 제조기론의 핵심은 문법은 학습자의 제한된 어휘를 이용해서 언어를 무한히 창조해낼 수 있는 도구라는 것이다. 따라서 문법 교수는 학습자에게 무한한 언어를 창조해낼 수 있는 수단을 제공한다는 점에서 교육적 가치를 지닌다.

❷ 정치한 조절 기능론(the fine-tuning argument)

정치한 조절 기능론의 핵심은 문법은 문장의 모호성을 교정해주는 데 필요하다는 것이다. 문법은 어휘나 구를 배열해서 제공할 수 있는 것보다 미묘한 의미 차이를 드러낼 수 있도록 해 준다. 예를 들어 '그 사람은 키가 크다'라는 문장과 '그 사람은 키도 크다', '그 사람은 키는 크다'라는 문장은 명시적인 의미 차이가 있다.

❸ 화석화론(the fossilization argument)

화석화론의 핵심은 학습자들의 언어 능력이 더 이상 발전하지 않는 상태, 즉 화석화되는 것을 지연시키는 데 문법이 기여한다는 것이다. 정규 수업이나 스스로의 학습을 통해 문법을 학습하지 않은 학습자의 경우 더 빨리 화석화에 처하게 된다는 것이다. 외국인 노동자들이 체류 기간이 길어져도 더 이상 한국어 능력이 발달하지 못하는 경우를 종종 관찰할 수 있는데 업무가 바빠서 문법을 공부할 여력이 없기 때문에 화석화가 빨리 진행된 것으로 볼 수 있다.

❹ 선행 조직자론(the advance-organizer argument)

선행 조직자론은 문법 교육의 효과가 나중에 언어를 습득하는 과정에서도 긍정적으로 작용할 수 있다는 것이다. 수업에서 배운 문법 항목을 바로 사용할 수 없더라도 차후 모국어 화자들과의 대화 과정에서 학습한 문법 항목에 주의를 기울이게 되고(noticing) 주의를 기울이는 과정에서 언어 능력이 크게 향상된다. 다시 말해 문법 교육은 지속적으로 남아 이후의 언어 습득을 위해 일종의 선행 조직자(advance-organizer) 역할을 한다.

❺ 개별 문법 항목론(the discrete argument)

개별 문법 항목론은 문법이 거대하고 형체가 없는 덩어리처럼 보이는 언어를 개별 항목으로 구분하여 교육이 가능하도록 해 준다는 것이다. 간결한 개별 문법 항목

(discrete item)은 언어를 정리하고 교수요목을 조직하고 개별적인 주의 집중 및 평가가 용이하게 해 준다.

⑥ 문법 규칙론(the rule-of-law argument)
개별 문법 항목론에서는 문법을 학습할 수 있는 규칙의 체계라고 보았는데 이에 대한 교수 학습을 전달(transmission)의 차원에서 바라보고 있다. 전달의 관점에서 교육의 역할은 지식을 가진 사람이 가지지 않은 사람에게 지식(전형적으로는 사실과 규칙의 형태)을 전달하는 것으로 보는 것이 문법 규칙론의 관점이다. 언어 학습이란 규칙 체계를 학습하는 것이고, 문법은 교사에게 조직적인 단계를 가르치고 평가할 수 있는 구조화된 체계를 제공한다.

⑦ 학습자 기대치론(I)(the learner expectations argument (1))
학습자들은 단지 언어를 경험하는 데 그치는 것이 아니라 능률적이고 체계적인 학습 경험을 하기 위해서 언어 수업에 등록한다. 학습자 기대치론은 이런 학습자들의 기대를 무시할 경우 학습자들은 좌절하거나 흥미를 잃을 수도 있다는 관점이다. 실제로 말하기 위주의 수업보다 문법에 대한 학습에 흥미와 열의를 보이는 학습자들을 종종 마주하게 된다.

2.2. 문법 교육 무용론

제2 언어 교수에서 문법이 유용하지 않다는 주장들이 여러 가지 측면에서 제기되어 왔는데 Thornbury(1999:18-21)에서는 그중 일곱 가지 견해를 소개하고 있다.

❶ 실천 방법 지식론(the knowledge-how argument)
실천 방법 지식론은 자전거를 타는 방법이나 자전거의 구조를 이해한다고 해서 자전거를 탈 수 있는 것이 아닌 것처럼 문법적 지식을 안다고 해서 그 언어의 사용을 잘 할 수 있는 것은 아니기 때문에 문법 교육이 불필요하다는 관점이다. 따라서 언어적 지식을 익히는 것보다는 그 문법을 사용하게 될 상황을 연습하는 경험적(experiential) 학

습이 중요함을 주장한다.

② 의사소통론(the communication argument)

1970년대 이래로 문법적 지식은 단지 의사소통 능력(communicative competence)의 한 구성 요소에 불과하며, 언어는 문법 그 이상을 아는 것이라는 주장이 대두되었다. 의사소통적 접근 방법에는 소극적 방법과 적극적 방법이 있는데 '소극적 의사소통 접근법'은 규칙을 학습하고 난 다음에 실제의 의사소통에서 적용하는 것이고, '적극적 의사소통 접근법'은 의사소통을 함으로써 의사소통을 학습하고, 의사소통을 통해 무의식적으로 언어가 습득될 것이라고 본다. 적극적 관점에서 문법 교육은 시간 낭비이며, 불필요한 교수임을 주장한다.

③ 습득론(the acquisition argument)

모국어 화자는 문법 규칙을 배우지 않고 언어를 습득한다. 마찬가지로 외국어도 모국어처럼 적절한 환경이나 언어 사용자와의 접촉을 통해 자연스럽게 습득된다고 보는 관점이다. 따라서 외국어 학습의 경우도 모어의 습득처럼 자연 순서(natural order)로 학습을 해야 한다고 본다.

④ 자연적 순서론(the natural order argument)

촘스키(Chomsky)는 모든 언어에는 보편적인 문법이 있고, 인간은 이 보편문법 습득 능력을 가지고 태어난다고 주장한다. 그러므로 엄격히 문법적 교수요목을 정하고, 정확성을 고집하는 것은 자연적 언어습득 능력을 파괴하는 것이라고 본다. 교재의 문법은 결코 마음에 내재한 문법이 될 수 없다고 보는 것이다.

⑤ 어휘 청크론(the lexical chunks argument)

단어보다는 크지만 대체로 문장보다는 작은 청크(덩어리)를 익히는 것은 학습자들의 실제 상호 작용에서 시간을 절약해 줄 뿐만 아니라 학습자의 언어 발달에 중요한 역할을 하기도 한다. 어린 아이들이 익히는 많은 표현은 뭉치로 학습되며 어느 정도 시간이 지나면 학습된 덩어리들이 각각의 구성요소로 나뉘게 된다고 본다. 최근에 제2언어 교육에서 단어와 청크 학습의 중요성에 대한 인식이 확산되면서 어휘적 접근법

(lexical approach)을 제안하기도 했다.

⑥ 학습자 기대치론(Ⅱ) (the learner expectations argument (2))

학습자들은 문법에 대한 기대치도 있지만 배운 문법을 활용할 수 있는 기회를 갖기를 희망하기도 한다. 대부분의 외국어 학습자의 경우 회화를 가장 중요하게 여긴다는 설문 조사 결과는 이를 뒷받침하는 것이기도 하다.[12]

---

12) 문법의 유용론과 무용론 양쪽에 다 포함되어 있는 학습자 기대치론을 보면 어떤 학습자는 문법 교육에 대한 기대를 하고 또 어떤 학습자는 말하기를 요구하고 있음을 알 수 있다. 이는 '문법 지식'을 '의사소통 능력 향상'으로 이끌어 내는 것이 한국어의 문법 교육이 지향해야 할 바임을 암시한다고 할 수 있다.

3장

문법 교육의 원리

국어 교육과 한국어 교육의 문법 교육이 차별성이 있어야 한다는 사실에 대해서는 누구라도 부인하지 못할 것이다. 문법 교육이 의사소통이라는 최종 목표를 이루는 데 기여하도록 하기 위해서는 어떤 원리에 따라야 할까? 이를 생각해 보기 전에 먼저 Brown(2001)에서 제시한 의사소통 교수법에서의 문법의 중요성을 살펴보도록 하자. Brown(2001:444)에서 제시한 문법 교육의 중요성은 다음과 같다.[13)]

❶ 의미심장하고 의사소통적인 문맥에 깊이 새겨져 있다.
❷ 의사소통적인 목표에 긍정적으로 공헌한다.
❸ 유창하고 의사소통적인 언어 내에서 정확성을 증진시킨다.
❹ 언어학적인 전문 용어로 학생들을 압도하지 않는다.
❺ 가능한 한 생생하고 내적 동기를 부여하는 것이다.

이상의 Brown의 견해는 문법 교육의 목표와 함께 교사의 주의할 점을 몇 가지 제공하고 있다. 결국 문법 교육은 의사소통적인 문맥 안에서 이루어져야 하며, 정확성 증진에 도움을 주어야 하고, 언어학적인 전문 용어 사용을 지양하고 내적 동기를 유발시켜야 한다는 것으

---

13) 다섯 가지 내용 중에서 네 번째 항목인 "언어학적인 전문 용어로 학생들을 압도하지 않는다."는 항목은 문법 교육의 중요성이라기보다는 교사의 유의할 점이라고 할 수 있다.

로 요약할 수 있다. 다음은 이러한 주의할 점을 반영한 문법 교육의 원리이다.[14]

1) 교수요목을 반영한 문법 항목의 배열

문법 항목의 배열이 교수요목에서 설정한 목적을 충분히 반영해야 한다. 문법 교수의 대상 및 방법, 순서의 결정 등은 전체의 교과 과정에서 설정한 목표에 의해 선택, 배열된다. 따라서 문법 항목의 결정은 이미 교수요목 작성 시 고려되어야 하며, 수업 자료 작성에 그대로 반영되어 교실 수업에서 활용되어야 한다. 따라서 결혼이민자, 이주 노동자, 교포반, 정규반 등 프로그램마다 교수요목이 달라지기 때문에 문법 항목의 배열도 조정해야 된다.[15]

2) 숙달도를 고려한 문법 항목의 배열

어휘 교육에서 동음이의어나 다의어를 가르칠 때 한 번에 가르치지 않고 사용 빈도나 학습자 수준에 따라 교수 시기를 조정하는 것과 마찬가지로 문법 항목의 경우도 숙달도에 맞는 항목 배열이 필요하다. 예를 들어 조사 '에'를 가르친다면 형태가 같은 조사라고 해서 모두 한 번에 가르치는 것이 아니라 장소 뒤에 오는 '에'를 먼저 가르치고 뒤에 시간 뒤에 오는 '에'를 가르치게 된다. 또한 '와/과', '하고', '이랑'처럼 형태가 다르고 동일한 기능을 하는 문법 요소들을 한 번에 가르칠지 사용 빈도를 고려하여 순서를 조정할지 어떤 것을 대표 형태로 주고 그것과 같은 기능을 한다고 가르칠지 등 가장 적합한 항목 배열에 대해서 고민해 볼 필요가 있다.[16]

3) 기능과 연결한 문법 교수

문법 교육은 학습 목표와 학습 주제, 기능 등과 관련이 있어야 한다. 이는 결국 의사소통적인 목적을 지향해야 하며 단순한 문법적 지식의 전달에 그치는 것이 아니라 말하기, 쓰기, 듣기, 읽기의 기능 교육과 밀접한 관련이 있어야 한다는 것을 뜻한다. 실제 문법 교수에서 문법 항목이 문형 연습처럼 분리 연습이 아니라 언어의 기술 향상에 기여할 수 있도록 기능

---

14) 문법 교육의 원리는 김재욱(2012)을 근간으로 하여 필자의 견해를 덧붙인 것임을 밝힌다.
15) 교수요목이 프로그램에 따라서 다르게 정해져서 문법 항목의 배열이 달라질 수는 있으나 이것이 숙달도를 넘어서는 재배열이 되어서는 안 된다.
16) 예를 들어 '쭉 가다가 오른쪽으로 돌아가세요.', '빨리 가다가 넘어졌어요.' 두 경우의 'V-다가'를 다른 문법으로 쪼개서 다른 급에서 가르치는 교재도 있는 반면 한 번에 가르치는 교재도 있다. 어떤 것이 효과적인지 충분한 논의가 필요하다.

통합적으로 구성되어야 한다.

4) 과정 중심의 교수

제시된 문법을 유의미하게 사용할 수 있도록 하기 위한 과정적 문법 교육 절차가 필요하다. 교실에서 배운 문법과 표현을 밖에서 사용할 수 없거나 들어본 적이 없다고 느끼지 않도록 〈준비 단계 → 활동 → 활동 후〉 단계로 구성하여 사용 중심의 문법 교수가 될 수 있도록 해야 한다.

5) 개별 교수

문법 교육은 한 번에 하나씩 이루어져야 한다. 한 차시에 하나를 가르쳐야 한다는 의미가 아니라 하나의 문법 연습에는 하나의 문법 항목을 다루는 것이 효과적이라는 것이다. 또한 하나의 문법 항목이 여러 가지 의미를 가지더라도 의미별로 나누어서 한 번에 하나씩 제시해야 한다. 예를 들어 "날씨가 좋은데 산책할까요?"와 같이 배경을 나타내는'(으)ㄴ데/는데'를 가르치면서 "형은 한국어를 잘하는데 저는 잘 못해요."와 같이 대조의 의미를 지니는 '(으)ㄴ데/는데'를 같이 주는 것보다는 분리해서 가르치는 것이 효과적이다.[17]

6) 구체적인 기술

문법 항목의 구체적이고 세밀한 음운·형태·통사·의미·화용적 기능을 기술해서 가르쳐야 한다. 이는 문법 항목들의 추상적인 의미를 제시할 것이 아니라 구체적인 의미를 기술하여야 함을 말한다. 모국어 학습자들이 사용하는 국어사전의 문법 항목 설명과 한국어 학습자들이 사용하는 한국어 문법 사전의 문법 항목의 설명은 완전히 다르게 구성되어야 하는 것처럼 실제 교수에서도 구체적인 의미 제시가 이루어져야 한다. 국어교육에서는 형태소, 어간, 어근 등의 정확한 문법 용어를 사용해서 문법적 지식을 심어 주지만 한국어 교육에서는 이해에 도움이 되지 않는 문법 용어 사용을 배제한다.

---

17) 그러나 문법 항목에 따라서는 같이 가르치는 게 효과적인 경우도 간혹 있다. 예를 들어 "맛있을까요?"의 '-(으)ㄹ까요?'의 경우 대답으로 자주 사용되는 "아마, 맛있을 거예요." '-(으)ㄹ 거예요'를 짝으로 가르치는 게 효과적일 수 있다. 그러나 이때도 '-(으)ㄹ까요?'의 연습과 '-(으)ㄹ 거예요'의 연습을 개별적으로 한 후 통합하는 것이 효과적이기 때문에 개별 교수의 원칙을 거스르는 것은 아니다.

7) 내적 동기 유발

문법 교육은 재미있어야 한다. 외국어 학습에서 학습자의 내적 동기화는 아주 중요하다. 따라서 내적 동기화를 유도하기 위해서 문법이 단순히 지루한 것이 아니라고 인식할 수 있도록 과정을 즐길 수 있는 수업 구성을 해야 한다.

8) 적절한 피드백의 제공

문법 교육에서 적절한 피드백(feedback)이 제공되어야 한다. 학습자에게 피드백을 제공하면서 교사 스스로는 본인이 설계한 문법 연습의 적절성을 평가하게 된다. 학습자가 문법을 연습할 때 그들의 오류를[18] 발견하고 고쳐주는 오류 수정이 일어나야 한다. 그러나 오류의 지나친 초점화는 역효과를 가져올 수 있다. 자연스러운 대화 상황에서 지나친 교정을 해 주는 것은 오히려 언어 습득에 방해가 될 수도 있으며 오류의 지적을 피하기 위해서 회피의 전략을 사용하여 고급 수준에 안 맞는 저급 문법으로만 이야기할 가능성도 있다는 것을 잊지 말아야 한다.

---

18) 오류(error)는 자신이 배우고 있는 언어에 대한 언어 지식이 그 언어의 실제와 달라 범하는 것이고 실수(mistake)는 알면서도 틀리는 것을 말한다. 따라서 학습자의 오류에 주목할 필요가 있다. 일반적으로 오류가 발생하게 되는 원인으로는 모국어의 간섭, 목표어인 한국어 내에서의 부적응 또는 의사소통의 사회·심리적 상황 등을 들 수 있다.

4장

■■
■■

문법 교육의 방법

교수 학습 이론의 발전과 흐름에 따라 문법 교육의 방법은 다양한 변화를 거쳐 왔다. 본고에서는 귀납적 방법과 연역적 방법, 결과 중심 교육과 과정 중심 교육, 제시 훈련 모형과 과제 훈련 모형을 살펴보기로 한다. 여기서 한 가지 주의할 점은 이러한 대칭적인 방법들이 상호 배타적으로 사용되는 것이 아니라 교실 상황이나 학습자 성향 등에 따라서 선택적으로 사용될 수 있다는 것이다.

4.1. 귀납적 방법과 연역적 방법

귀납적 방법과 연역적 방법의 가장 큰 구분 기준은 문법 규칙을 먼저 제시하는가, 언어 실자료를 먼저 제시하는가에 있다. 대부분의 문법 수업은 어느 한 가지로 이루어지는 것이 아니고 적절하게 혼합되기도 하는데 문법 항목에 따라서 효과적인 교수 방법을 선택해야 한다.

4.1.1. 귀납적 방법

귀납적 방법이란 학습자에게 실제적인 언어 자료를 제시하고 이를 통하여 내재되어 있는 규칙을 추출하게 하는 방법으로 모어 화자의 언어 습득 과정에서 자주 사용되는 방식이다. 귀납적 교수 방법의 가장 큰 장점은 문법 규칙들에 의식적으로 초점을 주지 않고 자연스럽게 습득되는 과정을 거치기 때문에 장기 기억으로 저장되기 쉽다는 것이다. 또한 문법에 대한 중압감을 느끼기 전에 학생들이 의사가 전달되는 느낌을 가지도록 해 준다. 규칙을 스스로 발견해 보게 하는 과정은 내적 동기 유발에도 도움이 된다. 그러나 모어 화자와 다르게 한국어 학습자의 경우 잘못된 규칙을 이끌어 낼 수 있으며 규칙 발견에 많은 시간이 소요되고[19] 실제 사용이 아니라 규칙의 발견이 주요한 목표가 되어 버릴 가능성도 있다는 점에서 주의를 요한다.

〈귀납적 방법을 활용한 문법 교수〉

1단계	2단계	3단계	4단계
의미와 용법을 유추할 수 있는 자료 제시	규칙을 추출할 수 있는 언어 자료 제공	명시적인 규칙 추출과 연습	다른 상황에 적용하기

귀납적 방법을 활용한 문법 교수 예시 :

초급 후반 문법 산문체 '-다' 교육

1단계: 목표 문법의 의미와 용법을 유추할 수 있는 연관 자료 제시

놀이공원에서 가족들과 노는 아이의 모습이 담긴 비디오를 보여 주고 나서 비디오 내용을 질문한다.

교사: 여러분 이 아이라고 생각해 보세요. 주말에 놀이공원에 다녀왔어요. 그런데 월요일 아침에 선생님이 여러분에게 질문해요. 그럼 어떻게 대답해요? ○○씨 주말에 뭐 했어요?
학생: 주말에 가족들하고 놀이공원에 갔어요.
교사: 놀이공원에서 뭘 했어요?
학생: 놀이기구를 탔어요. 아이스크림도 먹었어요.

---

19) 실제로는 규칙으로 만들기 어려운 추상적인 문법 영역도 있으며 사동, 피동 접사와 같이 예외가 많아 규칙을 정확하게 알아내기 어려운 경우도 있다.

교사: 재미있었어요?

학생: 네, 재미있었어요. 그런데 사람이 많아서 기다리는 게 좀 힘들었어요.

2단계: 문법 규칙을 추출할 수 있는 언어 자료 제공

〈자료1〉

교사: 여러분~ ○○씨가 놀이공원에 다녀와서 일기를 썼어요. 같이 볼까요?

> 10월 20일 토요일
> 오늘은 가족들하고 놀이공원에 갔다왔다.
> 놀이기구도 타고 아이스크림도 먹었다.
> 재미있었다. 그런데 사람들이 많아서 기다리는 것이 좀 힘들었다.
> 다음에 또 가고 싶다. 다음에는 아침 일찍 가야겠다.

교사: 아까는 주말 이야기를 말로 했어요. 지금은 글로 썼어요. 무엇이 달라졌어요?

〈자료2〉

뉴스하고 신문 기사 비교해서 보여 주기("-습니다"체로 된 뉴스, -다 폼으로 된 기사 유사한 내용의 기사를 준다. 이때, 텔레비전 뉴스 스크립트와 신문기사를 동시에 주고 신문기사에서 종결형을 찾아 밑줄을 긋도록 한다.)

3단계: 규칙을 명시적으로 추출하고 연습하기

학생들이 추출해 낸 규칙에 오류가 없는지 확인하고 명시적으로 써 주면서 형태 변화 연습을 한다. 규칙을 추출하여 써 넣을 수 있는 연습지를 만들어 배부한다.

4단계: 다른 자료에 적용하기

자신이 전에 했던 작문 숙제를 산문체 스타일로 고쳐 쓰도록 해서 학습 결과를 확인한다. 그리고 나서 본인의 주말 이야기를 써 보도록 한다.

4.1.2. 연역적 방법

연역적 방법이란 학습자에게 문법 규칙에 대한 상세한 설명을 제시한 후 그 문법이 사용된 예를 보여 주는 방식으로 체계화된 규칙을 명시적으로 보여주고 예를 통해 확인하고 검증해 나가도록 하는 방식이다.

연역적 방법의 가장 큰 장점은 잘못된 중간언어 단계로 고착되는 것을 막을 수 있다는 것이다. 또한 학습자들이 자신이 주목해서 학습해야 할 문법이 무엇인지 알기 때문에 집중이 가능하고 시간을 효율적으로 활용할 수 있다. 반면에 교사가 일방적으로 전달하고 학습자들이 수동적인 태도를 보이게 되는 교사 중심 전달이 될 가능성이 크며 언어를 배운다는 것이 문법을 아는 것이라는 잘못된 믿음을 줄 수 있다. 연역적 수업을 하는 교사가 가장 하기 쉬운 실수는 학습자들에게 중학교 국어 시간처럼 학습 목표와 문형을 써 주고 나서 수업 내용을 선언한 후 수업을 시작하는 경우이다. 연역적 방법으로 수업을 한다고 해서 기계적인 주입을 해 주는 것은 아니다.

실제 교실에서는 어느 한쪽으로 완벽하게 기우는 경우는 없으며 대체적으로 도입 단계에서는 문법의 의미를 추측하게 해 보는 귀납적 방식의 수업을 진행하고 형태 제시 부분에서는 규칙을 명시적으로 보여주고 형태 연습을 시키는 연역적 방식의 수업을 진행하는 것이 일반적이다. 따라서 어느 한 가지를 선택하기보다는 학습자의 특성, 문법의 특성 등을 고려하여 적절히 사용하는 것이 중요하다.

〈연역적 방법을 활용한 문법 교수〉

1단계		2단계		3단계		4단계
문법 규칙의 의미 설명	→	문법의 형태 · 통사 규칙 설명	→	문법 규칙의 연습	→	다른 자료에 적용하기

연역적 방법을 활용한 문법 교수 예시 :

중급 초반 문법 피동사 교육

1단계: 문법 규칙의 의미 설명

피동 의미를 드러낼 수 있는 그림을 이용해서 문법 의미를 설명한다.

2단계: 문법의 형태·통사 규칙 설명

'-이-, -히-, -리-, -기-' 접사가 들어간 피동사 표로 제시하거나 문형으로 그림과 함께 제시한다.

이	히	리	기
보다 – 보이다	닫다 – 닫히다	걸다 – 걸리다	끊다 – 끊기다
쓰다 – 쓰이다	읽다 – 읽히다	열다 – 열리다	안다 – 안기다
놓다 – 놓이다	막다 – 막히다	팔다 – 팔리다	쫓다 – 쫓기다
바꾸다 – 바뀌다	잡다 – 잡히다	풀다 – 풀리다	씻다 – 씻기다
잠그다 – 잠기다	뽑다 – 뽑히다	듣다 – 들리다	담다 – 담기다

3단계: 문법 규칙의 연습

연습지를 활용해서 문법 규칙이 내재화될 수 있도록 유도한다.

4단계: 다른 상황에 적용하기

피동 상황이 드러나는 그림이나 영상 자료를 보고 묘사하는 연습을 한다.

4.2. 결과 중심 교육과 과정 중심 교육

Batstone(1994:5~6)에서는 학습자가 문법을 익히는 과정에서 무엇을 중시하는지 또 그 과정에서 교사는 어떤 역할을 수행하는지에 따라 결과 중심 문법 교육과 과정 중심 문법 교육으로 구분하였다. 결과 중심 교육에서는 문법의 정확한 전달에 중점을 두며 과정 중심 교육에서는 활동의 참여에 중점을 둔다는 점에서 가장 큰 차이가 있다.

4.2.1. 결과 중심의 문법 교육

결과 중심의 문법 교육은 학습자로 하여금 언어의 형식과 의미에 초점을 두고 문법을 인식하고 구조화하게 하는 방법으로 학습자가 문법적으로 정리된 사항을 정확히 익히고 이를 활용하여 문법적으로 정확한 문장을 생성하도록 유도하는 데 수업 목표가 있다. 피동사 목록을 제시해서 외우도록 하는 것이나 인용 어미를 문장의 종류에 따라 구분해서 주고 생성해 보도록 하는 것이 대표적인 결과 중심 수업이라고 할 수 있다.

결과 중심의 문법 교육은 신속하고 명백하게 문법 형식들의 학습을 촉진하고 높은 수준의 성취에 이르게 한다는 장점이 있다. 학습자에게 뚜렷한 방향을 제시하며, 동기 부여 효과가 강하다. 특정한 형식과 의미에 초점을 모음으로써 학습자가 눈여겨보고 학습자 스스로 구조화하도록 도움을 준다. 그러나 실생활 의사소통에서 문법을 처리하고 사용하는 능력이 발휘될지에 대해서는 예측이 어렵다는 문제가 있다.

문법을 말하기로 이끄는 수업보다는 토픽 준비반과 같은 집약적인 시간에 한국어에 대한 이해 지식을 심어줄 필요가 있는 대규모 수업에서 사용하면 효과적일 것으로 판단된다.

4.2.2. 과정 중심의 문법 교육

과정 중심의 문법 교육이란 학습자를 실제적인 언어 사용 활동에 참여시켜 문법을 자원으로 이용할 수 있도록 하는 방법으로 학습자가 실제 담화 상황 속에서 문법을 실제로 사용하는 과정을 통해 효율적으로 의사를 전달할 수 있도록 유도하는 데 수업 목표가 있다. 따라서 문법 항목을 가르치는 것이 목표가 아니라 충고하기, 조언하기, 설득하기 등의 언어 기능을 수행하는 것이 목표가 된다.

과정 중심의 문법 교육은 학습자들에게 자신의 생활 경험으로부터 이미 친숙한 주제나 소재를 제공하여 주제에 대한 부담을 줄이고 언어의 구조적 부분을 향상시킬 기회를 주는 것이 효과적인데 이런 활동을 통해 담화 활동이라는 목표에 이르게 될 가능성이 높아진다. 또한 학습자가 능동적으로 자신의 문법을 정교화할 수 있는 기회를 제공할 수 있다는 장점이 있다. 반면에 학습자에게 언어 핵심에 대한 개관을 제공하거나 구조적인 접근을 제시하기 어려우며 학습자 성향에 따라서는 과제 처리에 대한 부담감이나 중압감을 크게 느껴 비효율적인 경우도 있다.

실제 교실에서는 결과 중심 문법 교육과 과정 중심의 문법 교육의 특성을 살려 이를 단계적으로 적용하게 되는 경우가 많다. 문법의 의미와 형태에 대한 이해를 제시하는 제시 부분에서는 결과 중심 교수법을 사용하고, 배운 문법을 이용해서 사용에 이르게 하고자 하는 생성 활동에서는 과정 중심 방법을 사용하는 것이 효과적이기 때문에 두 가지 방법을 혼용하게 된다.

4.3. PPP 모형과 TTT 모형

문법 수업이 곧 언어수업이라고 생각했던 문법 번역식 교수법의 시기에는 전체적인 수업의 흐름 속에서 어떻게 문법을 적절하게 적용할 수 있을까? 하는 문제에 대해서 고민할 필요가 없었다. 하지만 과정 중심의 문법 교육 방법에 대한 연구로서 문법을 교수하는 과정에서 어떤 단계를 밟아 문법을 교수할 것인가에 대한 연구가 지속적으로 이루어져 왔다. 통합 교수의 방법으로 제시되고 있는 가장 대표적인 교수 방법이 바로 제시 훈련 모형(PPP)과 과제 훈련 모형(TTT)이다.

4.3.1. PPP 모형

PPP 모형이란 말 그대로 올바른 언어 보기를 제시하고 반복 연습을 통해 바른 언어 자료를 생성할 수 있도록 지도하는 모형이다. 일반적으로 제시(Presentation) → 연습(Practice) → 생성(Production)의 3단계로 진행되며 연역적 방식으로 문법을 제시하고 연습하게 된다.

〈PPP 모형의 수업 단계〉

의사소통 목적에 중점을 두기 전까지의 문법 교육은 제시 및 설명(Presentation)과 연습(Practice)으로 구성된 수업으로 정확성만 강조되고 실제적 적용 능력을 키우는 생성이 너무 간과되어 왔다. PPP 모형은 추가적으로 생성(Production)의 과정을 넣어 문법 사용의 정확성을 통한 언어 사용의 유창성을 강조한 교수 방법으로 문법을 교육했다는 점에서 의의가 있다.

4.3.2. TTT 모형

TTT 모형이란 의사소통 능력 함양을 목표로 과제를 제시하고 과제를 해결함으로써 언어를 습득하게 하는 모형이다. 일반적으로 과제1(Task 1) → 교수(Teach) → 과제2(Task 2)의 3단계로 진행되며 의사소통 능력 함양을 목표로 과제를 제시하여 과제를 해결함으로써 언어를 습득하도록 한다. 과제1은 의사소통적 과제로 학습자를 준비시키는 단계이고, 과제2는 과제1을 반복하거나 유사 과제를 제시하여 정확하게 산출하도록 유도하는 단계이다. 문법에 대한 이해는 귀납적인 방법으로 연습하게 된다.

〈TTT 모형의 수업 단계〉

TTT 모형은 과제를 기반으로 하는 것으로 학습자들은 언어 사용에 있어서 자신의 의사를 보다 효율적으로 전달하기 위한 효과적인 의사소통 과제를 수행하면서 유창성을 익힌 후 다시 이와 유사한 다른 과제를 수행하기 전에 각 문법 항목의 특징을 정확하게 배우는 과정을 거친다.[20] 그러나 과제를 선택하고 배열하고 평가하는 과정에 대한 정밀한 기준이 아직 수립되지 않았다는 문제가 있다.

PPP 모형이 정확성에서 유창성을 이끌어 내려는 목표가 있다면 TTT 모형은 유창성을 먼저 확보하고 정확성을 이끌어 내려고 한다는 점에서 큰 차이가 있다.

....

[20] 의사소통 과제를 중심으로 수업을 진행할 경우 문법의 정확성이 지나치게 간과될 수 있으므로 형태 초점 교수법 (focus on form)으로 보완해 주는 단계를 넣는 경우도 있다.

5장

문법 교육의 실제

5.1. 문법 수업의 절차

한국어 문법 수업의 구성은 수업 목적이나 교실 상황 등에 따라 여러 가지 다양한 방법을 모색해 볼 수 있다. 그러나 여기서는 가장 일반적으로 사용하고 있는 PPP 확장 방식의 수업 절차를 자세히 설명하기로 한다. PPP 방식이라고 해서 고정된 한 가지 교수법만을 이용하는 것은 아니며 각각의 절차마다 필요한 교수 방법론을 가져다 사용하기 때문에 문법 수업의 실제는 훨씬 더 복합적으로 이루어진다. 여기서 소개하게 되는 것은 문법 한 항목에 대한 가장 일반적인 수업 방식이지만 실제 교실에서 이루어지는 문법 수업은 한 과의 진행 속에서 문법 항목을 가르치게 되기 때문에 어휘, 문법, 기능, 주제, 문화 등의 각 영역이 유기적으로 연결되도록 구성해야 된다는 점에서 훨씬 더 다각적인 설계와 검토가 필요하다.

도입 Warm-up		제시 Presentation		연습 Practice		활용 Use		정리 Follow Up
문법 노출 동기 유발 학습 목표 제시	→	문법 규칙 제시 (형태, 의미, 화용 제약 등)	→	구조적 연습 유의미 연습	→	실제 적용 과제 활동	→	정리 및 평가

앞에서 소개한 PPP 방식의 수업이 제시(Presentation) → 연습(Practice) → 생성(Production)의 3단계로 진행된다고 하였는데 실제 교실에서 이루어지는 문법 수업은 일반적으로 이를 확장하여 5단계로 진행하고 있다. 의미 제시와 형태 제시에 앞서 문법 의미를 인지하고 동기를 유발하는 도입 단계를 넣고 마지막에 마무리로 정리해 주는 단계를 넣어서 진행한다.[21]

5.2. 단계별 수업 활동

5.2.1. 도입 단계

도입 단계는 문법 수업의 시작으로서 학습 목표를 제시하고 학습 동기를 유발시키는 단계이다.[22] 교사가 일방적으로 학습 목표를 알려주는 것이 아니라 목표 문법 항목이 사용되는 전형적인 맥락을 제시하여 학습자가 맥락을 통해 문법 의미를 유추해 볼 수 있도록 유도하게 된다. 도입은 교사와 학생 사이의 대화를 통한 방식을 주로 사용하는데 교사의 질문에 답한 학생의 답변을 목표 문법을 사용해서 수정해 주면서 맥락을 이해할 수 있게 하는 것이 가장 일반적이다. 도입은 하나로 그치지 않고 2~3개 정도를 주어서 학습자의 의미 인지를 도와야 한다.[23] 대표적인 도입 방식은 대화를 통한 도입이지만 그림을 통한 도입, 이미 배운 문법을 통한 도입 방법 등을 사용해 볼 수 있다. 학습자의 배경 지식이나 기존의 학습 내용을 알아야 쉽게 구성할 수 있으므로 학습자에 대한 파악과 교재의 분석 등이 선행되어야 한다. 또한 선수 문법을 통한 도입을 할 경우 선수 문법에 대한 정리를 다시 한 번 해 주어야 하며 유사 문법으로 도입을 한다면 어떤 것이 다른지를 분명히 설명해 주어야 한다.

---

21) 실제 수업에서는 4단계에 있는 활용(생성) 부분을 하나의 문법을 활용하는 과제가 아닌 그날 배운 문법과 표현, 어휘 등을 복합적으로 이용한 문제 해결 과제를 수행하는 경우도 많다.

22) 도입 단계에서 잊지 말아야 할 것은 선언적 도입을 하면 안 된다는 것이다. 학습 목표를 인지시켜야 된다는 생각에서 "오늘은 변화를 나타내는 'A-아/어지다'를 배우겠습니다." 이런 식으로 선언적 도입을 하는 예비 교사들이 종종 있는데 동기 유발을 할 수 없으므로 좋은 방법이 아니다.

23) 도입에 사용하는 예는 불규칙 활용을 주지 않는 것이 형태가 아닌 의미에 집중하게 하는 데 유리하다.

1) 대화를 통한 도입

V-(으)려고 도입 : 학생들이 한국어를 배우는 이유를 물어서 도입한다.

교사: 윌리엄 씨, 왜 한국어를 배우세요?

학생: 대학원에 가고 싶어서 한국어를 배워요.

교사: 다니엘 씨는 왜 한국어를 배우세요?

학생: 한국 친구들과 이야기하고 싶어서 한국어를 배워요.

교사: 앤디 씨는요?

학생: 저는 한국 드라마를 보고 싶어서 한국어를 배워요.

교사: 여러분, 윌리엄 씨는 왜 한국어를 배워요?

학생: 대학원에 가고 싶어요.

교사: 네~맞아요. 대학원에 가고 싶어요. 그래서 한국어를 배워요. 윌리엄 씨는 <u>대학원에 가려고</u> 한국어를 배워요.

교사: 다니엘 씨는 왜 한국어를 배워요?

학생: 한국 친구들과 이야기하고 싶어요.

교사: 맞아요. 한국 친구들과 이야기하고 싶어요. 그래서 한국어를 배워요. 다니엘 씨는 한국 <u>친구들과 이야기하려고</u> 한국어를 배워요.

2) 자료를 이용한 도입

A-아/어지다 도입: 변화가 뚜렷한 그림이나 사진을 가지고 도입한다.

교사: 여러분 이 그림을 보세요? 누구인지 아세요?

학생: 네, 피노키오요.

교사: 맞아요. 피노키오예요. 코가 길지 않아요. 그런데 피노키오가 거짓말을 했어요. (코가 길어진 사진 보여 주며) 지금은 코가 어때요?

학생: 길어요.

교사: 네, 아까는 코가 길지 않았어요. 지금은 길어요. 짧았는데 지금은 변했어요. 길어요. 피노키오는 거짓말을 하면 코가 <u>길어져요</u>. 거짓말을 해서 코가 <u>길어졌어요</u>.

3) 선수 문법을 이용한 도입

A/V–지 않다 도입: 이미 배운 문법 '안 A/V'를 이용해 도입한다.

교사: 여러분, 아침 먹었어요?

학생: 아니요. 안 먹었어요.

교사: 왜 안 먹었어요?

학생: 시간이 없어서 안 먹었어요.

교사: 선생님도 바빠서 오늘 아침을 먹지 않았어요. 여러분, 우리 1급에서 '안 A/V'를 배웠죠? 생각나요?

학생: 네.

교사: 우리 오늘 비슷한 문법을 배울 거예요. '안 먹어요'를 '먹지 않아요'라고 말할 수 있어요. '<u>안 A/V'는 'A/V–지 않다</u>'와 같아요. 예를 들어 '오늘은 안 더워요'를 '오늘은 덥지 않아요' 이렇게 말해도 뜻이 같아요.

5.2.2. 제시 · 설명 단계

제시 · 설명 단계는 학습의 목표가 되는 문법 항목을 학습자들에게 제시하는 단계이다. 일반적으로 도입이 끝나면 목표 문법을 제시하는데 이때 판서를 하거나 문형 카드를 사용하게 된다.[24] 제시와 설명 단계에서는 먼저 문법의 의미를 제시하고 나서 형태적인 규칙을 제시하

---

24) 한국어 교육에서 사용하는 문형이라는 말은 국어학에서 사용하는 문장의 형식을 말하는 것이 아니다. 문법적인 형태, 즉 문법과 표현을 아우르는 말로 사용되고 있다. 한국어 교육에서 문형이 될 수 있는 형식은 형태소, 복합 표현,

게 된다. 이때 주의해야 할 것은 지나치게 많은 정보를 주지 말아야 한다는 것이다. 교사가 목표 문법의 문법적인 특성을 탐구하는 동안 알게 된 모든 정보를 학습자에게 전달해야 하는 것은 아니다. 문법 지식 중심의 수업을 지양하고 풍부한 예를 통해 학습자가 제약을 추론해 갈 수 있도록 하는 것이 좋다.

1) 의미 제시

한국어 교사가 제시하는 문법의 의미는 지나치게 추상적인 의미 기술이 되지 않도록 노력해야 한다. 일반적으로 국어학 사전에 기술된 의미를 그대로 학습자에게 전달할 수 없는데 의미의 본질에 가장 가까운 기술일 수는 있을지 몰라도 학습자가 받아들이기에는 구체성이 부족하여 이해에 어려움이 있을 수도 있다. 다음의 몇 가지 의미 기술들을 비교해 보도록 하자.

'이나'의 의미 기술

① 표준국어 대사전 뜻풀이

(받침 있는 체언이나 부사어 뒤에 붙어) 둘 이상의 사물을 같은 자격으로 이어 주는 접속 조사. 나열되는 사물 중 하나만이 선택됨을 나타낸다.

② 국립국어원 홈페이지 교수학습센터 검색 뜻풀이

(명사에 붙어) 두 가지 이상을 나열하여 그중에 어떤 것을 선택함을 나타낸다.

③ 한국어 교재 문법 해설 뜻풀이

명사를 나열하여 그 중 하나를 선택함을 나타낸다.

④ 한국어 교사의 뜻풀이

'이나'는 둘 다 하는 것이 아니에요. 둘 중에 하나만 해요. 예를 들어 '아침에 빵이나 우유를 먹어요'라고 하면 아침에 빵하고 우유를 같이 먹는 것이 아니에요. 어떤 날은 빵을 먹고 어떤 날을 우유를 먹는다는 말이에요.

문법 청크 등을 들 수 있다.

이상의 여러 뜻풀이를 보면 표준국어대사전의 경우 한국어 모어 화자가 주로 사용자이기 때문에 국어학적 정보를 가급적 정확하게 다루고 있다는 것을 알 수 있다. 접속조사라는 품사를 분명히 해 주고 앞에 올 수 있는 것에 대한 것도 분명히 한정하고 있다. 교수학습센터의 경우나 한국어 교재의 경우도 표준국어대사전의 의미 기술을 가져다가 품사 정보 등의 어려운 국어학적 용어만을 제외하고 쉬운 말로 기술하려고 하고 있기는 하지만 큰 차이가 없다. 하지만 한국어 교사의 의미 제시는 굉장히 구체적이면서 어려운 말의 사용을 피하고 있음을 알 수 있다. 문법 의미 기술에 대한 일반화 정도에 대한 차이를 Batstone(1994:11~15)에서 지적하고 있는데 덜 일반적인 단계가 제2 언어 학습에서 더 유용한 문법 기술이라는 주장이다.[25] 이와 같이 학습자들에게 유용한 실제 사용 의미를 주기 위해서는 무엇보다 사용 맥락이 드러날 수 있는 엄선된 예문이 필요하다.[26] 좋은 예문은 목표 문법의 전형적인 사용 의미를 유추하게 하는 데도 도움이 될 뿐만 아니라 규칙 제시에 다시 그 예문을 반복 사용하면 구조를 익히는 데 도움이 되게 할 수 있다.

2) 규칙 제시

문형의 의미를 제시하고 나서는 오류의 생성을 막기 위해 문법 규칙을 제시한다. 문법 규칙이란 문장을 만들어 낼 수 있는 규칙이나 제약 등을 말하는 것으로 형태적 규칙과 통사적 규칙으로 나눌 수 있다.

❶ 형태적 규칙

조사나 어미의 형태적 규칙은 크게 세 가지 유형이 있다. 하나는 주격 조사 '이/가'와 같이 받침의 유무에 따라 규칙이 달라지는 경우, 두 번째는 '-아요/어요'와 같이 어간 끝음절의 모음에 따라 규칙이 달라는 경우, 끝으로 '(으)ㄴ데/는데'와 같이 앞에 오는 말의 품사에 따른 이형태 교체가 그것이다. 받침이나 어간 끝음절에 따라 규칙이 달라지는 것은 음운론적인 규칙

---

25) Batstone(1994:11~15)에서는 문법 기술의 일반화 정도에 대해서 비행기에서 내려다보이는 사물을 빗대어 설명하고 있다. 30,000피트의 상공에서 내려다보는 것과 같은 아주 일반적인 단계, 10,000피트에서 내려다보는 것과 같은 덜 일반적인 단계, 그리고 지상의 높이(ground level)에서 보는 것과 같은 실제적인 단계로 나누고 있다. 한국어 교육에서 문법 의미를 기술할 때는 구체적인 문맥 의미를 드러내는 실제적인 단계가 가장 적합하다는 것을 시사하고 있다.

26) 한국어 교사가 예문을 선정하기 위해 고려해야 할 것으로 가장 중요한 것은 학습자 수준에 맞는 어휘 수준이나 문장 길이를 고려하는 것이다. 그 다음으로 목표 문법의 전형적인 의미를 드러내는 데 도움이 되는 예문을 정해야 한다. 끝으로 이렇게 선정한 예문을 제시하는 순서도 고려해야 한다. 문장의 길이는 짧은 것에서 긴 것으로, 규칙적인 활용을 보이는 것에서 불규칙 활용으로, 사실적인 문장에서 추상적인 문장으로 제시하는 것이 좋다.

이며 앞에 오는 말의 품사에 따라 어미의 형태가 결정되는 경우는 형태론적 규칙이다.

〈음운론적 규칙의 예〉

받침 O → 을	받침 X → 를
책을 과일을	친구를 숙제를

받침 O → 으로	받침 X, 받침ㄹ → 로
손으로 우편으로	비행기로 연필로

받침 O → -을게	받침 X → ㄹ게	ㄹ 받침 → ㄹ게 (어간 'ㄹ'탈락)
먹다 → 먹을게 입다 → 입을게	가다 → 갈게 사다 → 살게	만들다 → 만들게 팔다 → 팔게

ㅏ, ㅗ → -아요	ㅏ, ㅗ 외 → -어요	하다 → -여요(해요)
가다 → 가요 찾다 → 찾아요	쓰다 → 써요 먹다 → 먹어요	일하다 → 일해요 공부하다 → 공부해요

〈형태론적 규칙의 예〉

	받침 O	받침 X
형용사	작다 → 작은데	크다 → 큰데
동사	먹다 → 먹는데	가다 → 가는데
명사	학생 → 학생인데	친구 → 친구인데

❷ 통사적 규칙[27]

통사적 규칙은 주로 제약으로 표현된다. 앞에 올 수 있는 말의 품사 제약, 뒤에 오는 어미의 제약, 주어의 제약, 시제 제약 등을 그 예로 들 수 있다.

〈품사 제약의 예〉

V-(으)려고: 앞에 동사만 올 수 있음

*저는 건강하려고 운동을 해요.

*저는 한국 드라마가 재미있으려고 한국어를 배워요.

〈후행절 제약의 예〉

A/V-아서/어서: 후행절에 청유문, 명령문 올 수 없음

*늦어서 빨리 오세요.

*시험이 있어서 공부합시다.

〈주어 제약의 예〉

V-느라고: 선행절과 후행절의 주어가 같아야 함

*룸메이트가 TV보느라고 제가 잠을 못잤어요.

*제가 이사하느라고 친구가 힘들었어요.

〈시제 제약의 예〉

A/V-아서/어서: 과거시제 선어말어미 '-았/었-'이 올 수 없음

*피곤했어서 모임에 못 갔어요.

*학교에 못 갔어서 숙제를 몰라요.

....

27) 여기서는 통사적 규칙이라고 하였으나 통사적 제약, 화용적 제약의 내용을 함께 제공하는 제약 정보로 묶어서 설명할 수도 있다.

5.2.3. 연습 단계

연습 단계는 학습자가 제시, 설명 단계에서 이해한 규칙을 다양한 연습을 통해 자기 것으로 만드는 내재화 단계이다. 제시 단계에서 얻은 정보를 단기 기억에서 장기 기억으로 바꿔 실제 사용으로 이끌어 가게 하는 단계이기 때문에 문법 교육에서 없어서는 안 될 중요한 단계이다. 이 단계에서는 형태 변화에 초점을 맞춘 통제된 연습 형태를 많이 사용하며 통제된 연습 단계를 거쳐 맥락에 어울리는 의미를 전달할 수 있는 유의미한 연습 단계로 가는 것이 일반적인 방법이다. 그러나 연습의 유형은 문법 항목의 특성과 학습자 성향에 따라 다양하게 선택 적용해야 효과적이다.

1) 통제 연습

통제 연습 단계에서는 모방, 반복 연습을 통해 목표 문법을 자동적으로 생산할 수 있도록 유도한다. 숙달도가 낮을수록 기계적인 연습을 충분히 시키며 이때 주로 사용하는 방식이 청각구두식 교수법에서 사용하는 연습 방식이다. 다음은 한국어 교재에서 사용되고 있는 통제 연습의 예들이다.

예 1) A-(으)ㄹ 것 같다 통제 연습 문제 1

> 보기 다음 주에 바쁘다 → <u>다음 주에 바쁠 것 같아요.</u>
>
> 1) 이 옷이 비싸다   →   _____.
> 2) 길이 많이 막히다   →   _____.
> 3) 저 영화가 무섭다   →   _____.
> 4) 내일 날씨가 좋다   →   _____.

위와 같은 연습은 교사가 제공한 고정된 단어나 구를 활용해 목표 문법의 형태에 익숙해지도록 기계적인 활용 연습을 하는 것이다. 이런 연습을 구안할 때도 받침이 있는 것, 없는 것, 불규칙 활용을 보이는 것 등을 골고루 넣어 주어야 한다.

예 2) A-(으)ㄹ 것 같다 통제 연습 문제 2

위의 연습은 예 1에 비해서 통제가 적어진 편이다. 주어진 문제에 맞는 대답을 할 때 단어가 주어지지 않았고 힌트가 되는 그림이 제공되고 있다. 또한 학생들이 임의로 만들어 사용할 수도 있는 여지를 제공하고 있다는 점에서 유의미한 연습으로 가기 위한 다리가 될 수 있는 문항이라고 할 수 있다. 예시에서는 두 문항만을 제공하였으나 실제 사용할 때는 5~6 문항 정도가 적당하다.

예 3) V-(으)려면 통제 연습 문제

위 문항의 유형은 주어진 두 구 또는 문장을 연결하여 문장을 만드는 연습이다. 주로 연결 어미를 배웠을 때 많이 사용하는 활동으로 문장의 의미에 대한 이해보다는 기계적인 연습을 하게 될 가능성이 크다.

예 4) V-다가 통제 연습 문제

| 보기 | A : 산 정상까지 올라갔어요? |
| | B : 아니요. 올라가다가 다리가 아파서 내려왔어요. |

1) A: 시험 공부 다 했어요?

　B: 아니요. _____.

2) A: 언제 김밥을 샀어요?

   B: 아니요. _____.

3) A: 영화 재미있었어요?

   B: 아니요. _____.

4) A: 지금도 아르바이트를 해요?

   B: 아니요. _____.

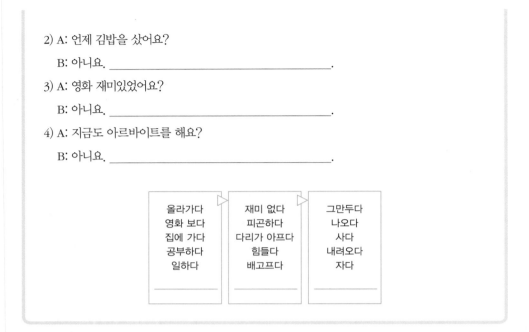

위 문항의 유형도 예 3과 같이 문장 또는 구를 연결해서 문장을 만드는 것이지만 예 3이 기계적인 연결이라면 예 4는 의미 파악이 먼저 이루어져야 하므로 기계적인 통제가 다소 완화된 것이라고 할 수 있다. 또한 이유를 자기가 자유롭게 넣을 수 있는 빈칸도 제공하고 있기 때문에 자기 생각을 유의미하게 말하거나 써 볼 수 있다는 장점이 있다.

여기에서는 지극히 제한적인 유형의 통제 연습만을 소개하고 있지만 문법 유형에 따라 다양한 연습 문제를 구안해서 사용해야 학습자들이 지루하지 않게 연습 활동을 이어갈 수 있다.[28]

2) 유의미 연습

유의미한 연습은 기계적인 구조 연습이 아니라 의미 있는 맥락에서 목표 문법을 연습하도록 유도하는 유형의 연습을 말한다. 자신이 표현하고자 하는 의미를 전달하기 위해 목표 문법을 사용하도록 유도해야 한다. 활용 단계와 다른 점이 있다면 자신의 의사를 전달하도록 하고는 있지만 여전히 특정 문법에 초점을 맞추도록 통제되어 있다는 것이다.

....

28) 다양한 통제 연습 유형은 각 기관의 워크북이나 주교재 연습 활동 유형을 참고하면 좋다. 또한 한국어 교재에 국한하지 말고 외국어 학습 교재를 두루 참고하면 다양한 활동 유형의 연습 문제를 구안하는 데 도움이 될 것이다.

예 1) A/V-았/었으면 좋겠다 유의미 연습

보기

어떤 집에
살고 싶어요?

바다가 가까운 집에
살았으면 좋겠어요

1) A: 어떤 선물을 받고 싶어요?

   B: _____.

2) A: 어떤 영화를 보고 싶어요?

   B: _____.

3) A: 어떤 일을 하고 싶어요?

   B: _____.

4) A: 어떤 사람과 결혼하고 싶어요?

   B: _____.

예 2) A-(으)ㄴ 것 같다, V-는 것 같다, N인 것 같다

우리반 친구들은 어떤 것 같아요? 왜 그렇게 생각해요? 여러분의 생각을 이야기해 보세요.

줄리앙 씨는 혼자 있는 것을 좋아하는 것 같아요.
혼자 책을 읽거나 음악 듣는 것을 많이 봤어요.

위의 연습들은 문법이 제한되어 있기는 하지만 자신의 생각을 표현할 수 있다는 점에서, 즉 학습자 중심이라는 점에서 기계적인 통제 연습의 형태와는 구별된다.

5.2.4. 활용 단계

활용 단계는 제시와 연습을 통해 학습한 문법 항목을 보다 큰 담화 단위 안에서 사용할 수 있도록 하는 의사소통 단계이다. 학습자들이 배운 문법 항목을 사용하여 의사소통을 할 수 있도록 과제를 구성한다. 실제 생활과 유사한 상황에서 학습자 상호 간에 문법을 사용해 보도록 유도하며 말하기뿐만 아니라 듣기, 쓰기, 읽기 등 다른 언어 기능과 통합된 활동 구성이 가능하다. 형태가 아닌 의미에 초점을 두어야 하기 때문에 지나친 오류 수정은 삼간다. 이 단계의 목표는 실제 생활에서의 의사소통 능력을 기르는 것이라는 점을 잊지 말아야 한다. 다음은 활용 단계에서 사용되는 주요 활동 유형이다.

1) 역할극

역할극은 실제 의사소통과 유사한 상황을 가정하여 대화를 해 보도록 하는 활동이다. 목표 문법이 완전히 내재화된 상태에서 사용할 수 있는 활동 유형으로 문형에 대한 이해를 심화하는 데 도움이 될 뿐만 아니라 한국어 담화와 맥락 이해에 도움이 된다는 장점이 있다. 이때 주의해야 할 것은 구체적인 역할을 제시해야 한다는 점이다. 예를 들어 "여행사에 가서 한국 여행에 대해서 알아보세요." 이렇게 지시하는 것보다 역할극에 앞서 여행사 손님으로서 알아봐야 할 것들을 메모할 수 있는 전 단계 활동을 만들면 좀 더 구체적으로 대화를 만들어 나갈 수 있다.

예 1) 교환하기 역할극 지시문

> 어제 산 바지를 집에서 입어 보니까 길이가 좀 짧습니다.
> 긴 바지로 바꾸고 싶습니다. 그래서 가게에 갔습니다.
> 그런데 점원이 보여 준 새 바지는 색깔이 너무 어둡습니다.
> 마음에 드는 바지로 교환해 보세요.

위의 예에서 보는 바와 같이 학습자에게 구체적인 지시를 주어야 역할극의 대화를 쉽게 이어나갈 수 있으며 평가적인 측면에서도 상황에 맞는 담화를 구성할 수 있는지, 교환하기라는 목표를 잘 이루었는지 구체적인 평가가 가능해진다. 다양한 역할극 상황은 교재의 주제, 상황, 기능 등과 연관되기 때문에 여기에서는 따로 소개하지 않는다.

2) 게임

게임은 학습 상황에서 적절한 게임을 사용하여 학습한 문법을 실제로 사용해 보게 하는 활동으로 긴장이 완화된 상태에서 목표 문법을 사용할 수 있다는 장점이 있다. 또한 상대적으로 숙달도가 낮은 학생들도 동등하게 참여가 가능하다는 점에서 효과적이다. 그러나 게임을 설계할 때 학습자의 특성과 성향을 고려해야 한다는 것을 잊지 말아야 한다. 학습자들이 지나치게 수동적이거나 경쟁심이 강할 경우 게임 활동이 역효과를 낳을 수 있기 때문이다. 끝으로 한 가지 더 주의할 점은 게임의 규칙이 지나치게 복잡하지 않아야 한다는 것이다. 특히 초급에서는 게임 설명을 이해하지 못해 게임이 원활히 진행되지 못하는 경우도 있는데 게임의 규칙을 말로 설명하는 것보다 보기를 보여주는 것이 효과적이다.

〈다양한 게임 활동의 유형〉
- 모션 게임
  - 행동 모사를 보고 문형을 이용해서 맞추는 게임
    예) A-(으)ㄴ 것 같다/V-는 것 같다
- 카드 골라 문장 만들기
  - 선행절과 후행절 문장을 연결해서 목표 문형으로 이어 말하는 게임
    예) A/V-(으)ㄹ 테니까, V-고 나서
- 주사위 게임
  - 다양한 문형과 어휘 등을 활용한 주사위 판을 준비하고 주사위를 던져 도착한 지점에서 문형이나 어휘로 말하기를 하는 게임으로 목표 지점으로 먼저 돌아오는 팀이 이김
- 자랑하기 게임
  - 경험이나 능력을 자랑하고 상대도 경험이 있거나 할 수 있으면 지고 상대가 경험이 없거나 할 수 없으면 지는 게임
    예) V-(으)ㄹ 줄 알다, V-아/어 보다

- 스피드 게임
  - 설명 듣고 정해진 시간 안에 많이 맞추는 게임으로 어휘 설명 게임으로 주로 많이 사용하지만 문형을 이용해서도 할 수 있다.
    예) V-는 곳
- 스무 고개
  - 문형을 사용해서 설명하고 질문하면서 맞추는 게임

위의 활동 유형에서 볼 수 있는 바와 같이 게임은 한 문형에 국한해서 진행하기도 하지만 주사위 게임이나 스무 고개처럼 여러 가지 문형과 어휘를 함께 활용해서 복합적으로 진행할 수도 있다.

3) 정보차 활동

정보차 활동은 학습자들끼리 필요한 정보를 교환하는 과정에서 학습한 문법을 이용하게 하는 활동이다. 상대방의 정보를 얻어 내는 과정에서 실제적인 대화를 하게 된다는 장점이 있다.

예 1) 지도 보고 길 안내하기

두 사람이 다른 정보를 담고 있는 지도를 가지고 있고 상대에게서 필요한 정보를 얻어 내는 활동으로 그날 배운 문법인 'V-다가' 주제 어휘인 길 설명 관련 어휘들을 충분히 활용할 수 있도록 유도한다.

4) 문제 해결하기

문제 해결하기 과제는 구체적인 문제 상황을 주고 학습자가 문제를 해결할 때 학습한 문법을 사용하도록 유도하는 활동이다. 그룹 활동으로 진행하면 학습자들이 문제를 해결해 나가는 과정에서 종합적인 의사소통 활동을 이끌어 낼 수 있다는 장점이 있다. 그런데 이때 단계적으로 구성하여 학습자가 구체적인 해결의식을 가지고 활동에 임할 수 있도록 해야 한다.

예 1) 하우스 메이트와 생활 규칙 정하기
  - 1단계: 원하는 하우스 메이트 조건을 정리한다.
  - 2단계: 정리한 조건을 책상 앞에 붙이고 메이트를 찾는다.

- 3단계: 찾은 메이트와 생활 규칙을 정한다.
- 4단계: 같이 살기로 한 메이트와 정한 생활 규칙을 함께 발표한다.

5.2.5. 정리 단계

정리 단계는 학습자가 배운 내용을 정리하고 자신의 학습 성취도를 점검하게 하는 단계이다. 교사 중심이 아닌 학습자 스스로 학습한 내용을 점검해 보도록 하는 것이 중요하다. 교사는 학습자의 미흡한 부분을 보완해 주고 배운 문법을 이해하고 사용할 수 있는지 확인한다. 연습 과정에서 발견된 공통된 오류를[29] 다시 한 번 짚어 주고 끝내는 것도 좋은 정리 방법이라고 할 수 있다. 그런데 오류의 수정도 교사의 일방적인 설명이 아니라 학습자들이 스스로 발견할 수 있는 단서를 제공하고 스스로 수정하게 하는 것이 더 좋다.

이 단계에서 제시·설명 단계의 과부하를 막기 위해 미루어 두었던 설명을 보충해 주거나 유사 표현과의 차이를 제시할 수도 있는데 꼭 필요하다고 판단되는 경우가 아니라면 유사 표현 비교를 통해 과도한 설명을 제공하지 않도록 주의해야 한다. 목표 문법을 사용해 볼 수 있는 간단한 질문을 제시하는 것도 좋다.

예1) 유사 문법 비교 '뿐', '만', '밖에'[30]

뿐	만	밖에
• 앞에 오는 말에 한정됨을 나타낸다.		
• 뒤에 '이다'나 '이 아니다'만 온다. 예) 흐엉 씨는 잘 먹는 것은 고기**뿐**이다. (○)	• 뒤에 긍정과 부정을 나타내는 말을 모두 쓸 수 있다. 예) 흐엉 씨는 고기**만** 잘 먹어요. (○) 흐엉 씨는 고기**만** 안 먹어요. (○)	• 뒤에 반드시 부정을 나타내는 말을 쓴다. 예) 흐엉 씨는 고기**밖에** 안 먹어요. (○) 흐엉 씨는 고기**밖에** 잘 먹어요. (×)

---

29) 오류(error)는 자신이 배우고 있는 언어에 대한 언어 지식이 그 언어의 실제와 달라 범하는 것이고 실수(mistake)는 알면서도 틀리는 것을 말한다. 따라서 학습자의 오류에 주목할 필요가 있다. 일반적으로 오류가 발생하게 되는 원인으로는 모국어의 간섭, 목표어인 한국어 내에서의 부적응 또는 의사소통의 사회심리적 상황 등을 들 수 있다. 따라서 자주 범하는 오류의 경우 문법 교수에서 다루어 줄 필요가 있다.

30) 아래의 내용은 필자가 참여한 프로젝트에서 직접 작성한 내용으로 양명희 외(2014)에 수록되어 있다.

+ '뿐'이 제한의 의미로 쓰일 때는 항상 '뿐이다'의 형태로 쓰인다.

+ '밖에'는 항상 '없다, 모르다, 안 V, 못 V' 등과 같이 부정을 나타내는 말과 함께 쓰여, 앞에 오는 명사만 그러함을 강조한다.

+ '만'은 앞에 있는 것이 유일하다는 것을 강조하지만 뒤에 긍정, 부정이 모두 올 수 있으며 '밖에'를 사용했을 때와 어감의 차이가 있다.

예) 냉장고에 물만 있어요.

　　냉장고에 물밖에 없어요.

냉장고에 '물밖에 없다'고 하면 냉장고에 있어야 할 다른 것이 하나도 없다는 것이 강조되고, '물만 있다'고 하면 물의 존재가 강조되어 화자의 불만 등은 드러나지 않는다.

예 2) 유사 문법 비교 'A/V아서/어서', 'A/V니까'

−아서/어서		−니까	
이유를 이야기할 때 써요.			
길이 막혀서 지하철을 타세요.	(×)	길이 막히니까 지하철을 타세요.	(○)
길이 막혀서 지하철을 탑시다.	(×)	길이 막히니까 지하철을 탑시다.	(○)
길이 막혀서 지하철을 탈까요?	(×)	길이 막히니까 지하철을 탈까요?	(○)
도와주셔서 감사합니다.	(○)	도와주셨으니까 감사합니다.	(×)
늦어서 죄송합니다.	(○)	늦었으니까 죄송합니다.	(×)

위의 예 1은 교사용 참고 자료로 사용할 만한 유사 문법 비교 자료이다. 이렇게 복잡한 내용을 모두 학습자에게 그대로 전달할 수는 없으므로 교사는 학습자에게 꼭 필요한 내용을 골라 쉬운 말로 설명해야 한다. 예 2는 수업에서 사용할 수 있는 유사 문법 비교 자료이다. 학습자가 많이 범하는 오류면서 복잡하지 않은 내용은 위의 예와 같이 간단한 예문을 들어 비교해 가면서 학습자에게 통사·화용적 제약을 설명해 주는 것이 좋다.

6장

마무리

한국어 교사가 가장 경계해야 할 태도 중에 하나가 모어 화자이기 때문에 준비를 하지 않아도 가르칠 수 있다는 생각이다. 진부한 이야기이지만 아는 것과 가르치는 것은 다르다. 아는 것을 전달하는 데는 특별한 기술이 필요하다. 한국어 교사 가운데는 한국어 교육 전공자도 많지만 더러는 아닌 경우도 있다. 특히 비전공자의 경우 먼저, 정확한 국어학적 지식을 쌓는 것이 중요하다. 국어학적 지식을 학습자에게 그대로 전달하지는 않지만 국어학적 지식이 있어야 참고 자료들을 이해할 수 있으며, 정확한 지식을 알아야 학습자 수준에 맞게 변형해서 학습자 중심으로 전달하는 것이 가능하다.

다행히 초보 한국어 교사가 이용할 수 있는 문법 교수 자료가 점점 다양해지고 있다. 대표적인 한국어 문법 사전인 국립국어연구원(2005)『외국인을 위한 한국어문법2』에 문법 항목의 의미와 예문, 오류 문장 등이 실려 있다. 그러나 문법 항목의 의미가 다소 추상적으로 기술되어 있어 그대로 학습자에게 전달하기는 어렵다. 학습자 수준에 맞는 구체적인 의미 기술로 전환해서 가르칠 필요가 있다. 이보다 상세한 문법 정보를 담고 있는 것이 국립국어연구원 〈한국어교수학습센터〉의 '자료 나눔터'에 탑재되어 있는 '문법·표현 교육 내용 검색 시스템'이다. 초,중급 문법 200여 개의 항목의 의미와 용법, 해당 문법을 가르칠 때 필요한 예문, 형태 정보, 문장 구성 정보, 제약 정보, 유사 문법 정보 등을 검색할 수 있도록 되어 있다.[31] 손쉬운 검색으로 한국어 문법을 가르치는 데 필요한 정보를 이용할 수 있으므로 문법

----

31) 이 검색 시스템은 국립국어연구원 프로젝트인 〈문법·표현내용개발 연구〉 보고서를 탑재한 것이다.

수업 준비에 참고할 만하다. 그러나 검색에만 의지하지 말고 자신이 사용하는 교재의 수준에 맞는 어휘와 이미 배운 선수 문법 등을 사용하여 풍부한 예문을 스스로 준비해 두는 것이 좋다. 문법적 의미를 드러낼 수 있는 수준에 맞는 예문이 학습자가 문법을 인지하게 하는 데 큰 도움이 된다. 또한 이미 가르쳐 본 문법 항목일지라도 가르치는 학습자 수준이나 요구에 따라 매번 수정이 필요하기 때문에 교안을 한 번 쓰는 것으로 완성되는 것이 아니다. 가르칠 때마다 본인의 교안을 수정하는 노력이 교수의 질을 높여준다는 것을 잊지 말아야 할 것이다.

참고문헌

강현화·이미혜 공저(2011), 『한국어 교육론』, 한국방송통신대학교출판부.

곽지영 외(2007), 『한국어 교수법의 실제』, 연세대학교 출판부.

국립국어원(2005), 『외국인을 위한 한국어문법 1, 2』, 커뮤니케이션북스.

김재욱(2012), 「한국어 문법 교수법』, 다문화 가정 대상 한국어 교원 양성 과정 교재, 국립국어원.

민현식(2003), 「국어 문법과 한국어 문법의 상관성」, 《한국어 교육》 14권 2호, 국제한국어 교육학회, pp.107–141.

민현식(2011), 「한국어 문법 교육론」, 『한국어 교육의 이론과 실제』 2, 서울대학교 한국어문화연구소·국어교육연구소·언어교육원 공편, 아카넷.

방성원(2010), 「한국어 문법론과 한국어 문법 교육론」, 『언어와 문화』 Vol.6(1), 한국언어 문화 교육학회, pp.157–181.

브라운 H. 더글라스, 권오량 외 역(2004), 『원리에 의한 교수』, Pearson Education Korea.

스콧 손베리, 이관규 외(2004) 역, 『문법을 어떻게 가르칠 것인가?』, 한국문화사.

양명희 외(2013), 「초급 한국어 교육 문법·표현내용개발 연구 보고서」, 국립국어원.

양명희 외(2014), 「중급 한국어 교육 문법·표현내용개발 연구 보고서」, 국립국어원.

조현용 (2000), 「한국어 능력 시험 어휘 평가에 관한 연구」, 《국어교육》 101호, 국어교육연구회.

Bailey, Kathleen, M.(2007), *Practical English language teaching: Speaking*, McGraw Hill.

Batstone, Rob(1994), *Grammar*, Oxford University Press, 김지홍 역(2003), 『문법(Grammar)』, 범문사.

Brown, H. D.(2001), *Teaching by Principles: An interactive approach to language pedagogy* (second edition) New York: Longman.

Brown, H. Douglas(2001), *Teaching by Principles*, Pearson Education Korea.

Canale, M. & Swain, M.(1980), "Theoretical bases of communicative approaches to second language teaching and testing", *Applied Linguistics*, 1(1), pp.1–470

Canale, M.(1983), "From communicative competence to communicative language pedagogy", in J. C. Richards and R. W. Schmidt, eds., *Language and Communication*, New York: Longman.

Thornbury, S.(1977), *How to Teach Grammar*, New York: Longman.

한국어 어휘 교육론

구본관

서울대학교 사범대학 국어교육과

| 학습 목표 |

- 국어의 어휘 교육의 필요성과 방법에 대해 익힌다.
- 어휘 관계를 활용한 어휘 교육 방안에 대해 이해한다.
- 어휘 체계를 활용한 어휘 교육 방안에 대해 이해한다.
- 어휘의 공시적·통시적 변이와 어휘 교육의 관련성에 대해 이해한다.

차례

1장

어휘 교육의 필요성과 방법[1]

1.1. 한국어 교육에서의 어휘 교육의 필요성

인간이 태어나서 처음 배우는 단위는 문장도 아니며 담화도 아닌 바로 단어(어휘)이다. 그러므로 언어 교육에서 어휘 교육의 필요성은 굳이 말로 설명할 필요가 없을 것이다. 사실 외국어 교육에서 가장 중요한 요소는 문법이라기보다 어휘이다. 이는 우리가 외국어로 의사소통을 하는 데에 실패한 경우의 대부분은 문법을 몰라서가 아니라 어휘를 몰라서라는 점에서 증명이 된다. 이런 점을 고려하면 외국인을 위한 한국어 교육을 비롯한 외국어 교육에서 어휘 교육의 필요성은 굳이 증명하지 않아도 된다.

어휘 교육은 단순하게 의사소통을 위해서만 필요한 것은 아니다. 다음의 인용문을 보기로 하자.

단어는 반짝인다.

단어는 광채를 발한다.

---

1) 이 글은 외국어로서의 한국어 교육, 한국어 교원 양성 과정을 위한 교재의 성격으로 쓰였기 때문에 이 분야 관련 개론서인 김광해(1993), 김광해 외(1999), 윤평현(2008) 등과 한국어 교원 양성 과정 교재의 성격을 지니는 구본관(2005), 강남욱(2010), 강현화(2010), 신명선(2010)에서 설명과 용례를 참조하여 수정·기술하였다. 필요한 경우 해당 부분에 구체적으로 인용처를 밝혔으나 개론서라는 점을 고려하여 용례 등에 대해서는 자세한 인용을 생략하였다. 특히 1장의 경우 강현화(2010)을 주로 참조하여 기술하였다.

단어는 마술을 부려 우리를 철자에 구속시킨다.

단어는 주위를 향기롭게 하는 장미와도 같다.

– 진 애이치슨, 『언어와 마음』

어휘는 약속에 의해 우리를 철자에 구속시켜 의사소통을 가능하게 할 뿐 아니라 반짝이는 광채가 있으며 주위를 향기롭게 한다. 조금 더 쉽게 설명하면 어휘는 단순한 의사소통뿐 아니라 그 자체가 가진 언어 문화적 특성을 통해 그 언어 사용자들의 문화를 알게 한다는 것이다.

다음의 사례는 김광해 외(1999)에서 가져온 것으로 외국어 교육이나 제2언어 교육에서 어휘 교육을 통해 문화 교육이 가능하다는 것을 알게 해 준다.

예) 가. 샌님, 영감, 선달, 망나니, 깍쟁이, 김치, 누룽지, 주걱, 숭늉
　　나. 태권도, 배달민족, 단군, 서낭당, 설, 안성맞춤
　　다. 짚신, 멍석, 맷방석, 동구미, 멱서리, 삼태기

이들은 한국어에만 존재하거나 한국적인 문화를 담은 어휘들이다. 이러한 어휘에 대한 학습은 자연스럽게 한국 문화에 대한 학습으로 이어질 수 있다. 따라서 어휘 교육은 한국어 교육과 같은 외국어 교육이나 제2언어 교육에서 의사소통 교육이나 문화 교육을 위해 반드시 필요하다.

1.2. 어휘 교육의 방향

학습자가 자기의 모국어를 배울 때와 외국어 내지 제2언어를 배울 때는 학습 방법이 다르다. 외국어를 배우는 학습자는 특히 어휘 학습의 초기에는 목표 언어의 단어와 자신의 모국어 번역의 짝으로 암기하는 경향이 있다고 한다. 따라서 자신의 모국어와 자기가 배우는 목표어에서 어휘의 의미 영역이 완전히 일치하지 않는 경우 목표어의 의미를 지나치게 확대해서 생각하는 과확장(overextension)이나 지나치게 좁게 생각하는 미확장(underextension)을 보이기도 한다.

과확장이나 미확장을 막기 위해서는 외국어를 배우는 학습자에게 적절한 전략을 사용하여 어휘를 교육해야 한다. 학습자의 모국어와 학습자가 배우고자 하는 목표어의 어휘는 '두 언어에서 완전히 일치하는 경우', '개념은 같으나 달리 분화되어 나타나는 경우', '개념이 완전히 달라 대응시키기 어려운 경우' 등으로 나누어 다른 전략을 사용해서 교수하여야 한다.

먼저 '두 언어에서 완전히 일치하는 어휘'는 두 어휘를 짝으로 학습할 수 있도록 가르치면 된다. 다음으로 '개념은 같으나 달리 분화되어 나타나는 경우'는 이들 간의 일대다의 대응을 적절하게 설명해서 가르쳐야 한다. 잘 알려진 것처럼 영어의 'rice'는 한국어의 '쌀, 벼, 밥, 모' 등에, 영어의 'put on'은 한국어의 '쓰다, 입다, 신다, 걸치다, 매다' 등에 각각 대응한다. 물론 반대로 한국어에서 하나의 어휘가 영어의 여러 어휘에 대응하는 경우도 있다. 마지막으로 '개념이 완전히 달라 대응시키기 어려운 경우'는 설명이 어렵기는 하겠지만 학습자가 개념을 이해할 수 있도록 유의해서 교수해야 한다. 위에서 예를 든 한국어 어휘는 영어를 비롯한 다른 언어의 어휘로 대치하기가 쉽지 않고, 영어의 'identity, smooth'와 같은 어휘도 대응하는 한국어 어휘를 찾기 어렵다. 이들에 대해서는 필요한 경우 앞에서 설명한 것처럼 문화 교육의 관점에서 접근하는 것이 필요하다.

언급한 것처럼 의사소통을 원활하게 하기 위해서는 문화 교육의 관점에서 어휘 교육이 필요하지만 현재 한국어 교육에서의 어휘 교육은 중요성에 비해 소홀하게 다루어지고 있다. 어휘 교육이 따로 이루어지는 경우도 있지만 읽기 교재에서 어휘가 본문의 주석으로 제시되는 데에 그쳐 어휘 학습은 학습자 개인의 노력에 맡겨지는 경우가 많다.

외국어로서 한국어 교육을 할 때, 어휘 교육과 관련하여 다음 사항에 유의할 필요가 있다.

첫째, 학습자의 모국어와 목표어인 한국어의 비교나 대조가 필요하다. 물론 이때는 앞에서 말한 대로 두 언어에서 공통되는 어휘와 차이 나는 어휘의 특성을 세밀하게 고려하여 교수·학습에 활용해야 한다.

둘째, 학습자의 인지적 부담을 덜기 위해 학습할 어휘의 양이나 질, 순서의 조절이 필요하다. 어휘 학습의 양을 조절하는 것이 필요함은 물론이거니와 한꺼번에 그 어휘의 모든 용법을 무리하게 교육하지 않고 다양한 용법을 점차로 익히게 하는 질적인 조절도 필요하다. 즉 낯선 어휘가 다의적인 용법이 있다면 그 어휘가 사용된 문맥적인 의미 하나만을 알게 하고, 이미 배운 어휘는 필요한 경우 다양한 용법으로 확장해서 가르칠 필요가 있다. 물론 양적인 조절이나 질적인 조절에는 어휘 학습의 위계화를 통해 체계적으로 이루어져야 한다.

셋째, 학습 상황에 맞춰 어휘 교육이 이루어져야 한다. 어휘 학습이 별도로 이루어지는 경우도 있겠지만 말하기, 듣기, 읽기, 쓰기 등 다양한 언어 상황에서 동시에 이루어지는 경우가 일반적이므로 이러한 언어 학습 상황에 맞게 어휘 교육이 이루어져야 한다. 듣기나 읽기 상황에서는 이해 어휘(passive vocabulary)의 학습이 이루어지고 말하기나 쓰기 상황에서 표현 어휘 혹은 사용 어휘(speaking vocabulary)의 학습이 이루어진다. 학습자에게 필요한 이해 어휘의 학습과 사용 어휘의 양과 질에서 차이가 있을 수 있으므로 수업 당, 시간 당 교수·학습할 어휘의 양이나 질을 달리해야 한다.

넷째, 조사나 어미와 같은 문법적인 기능을 하는 어휘나 높임법 관련 어휘는 개별적으로 학습하는 것보다 문법을 설명하면서 함께 학습하는 편이 효율적이다. 사실 외국어 교육이나 제2언어 교육에서 어휘 교육은 문법 교육과 잘 분리되지 않는 측면이 강하다. 어휘들 중에서 특히 한국어의 동사나 형용사와 같은 서술어는 어휘의 기능 자체가 논항이 필요하여 문법과 어휘는 분리되지 않는다. 가령 '먹다'라는 어휘는 '철수'라는 행동주와 '밥'이라는 대상을 가지게 되므로 '먹다'에 대한 학습은 '~이, ~을 먹다'라는 문법적인 구조와 같이 학습하여야 한다. 할리데이(Halliday, 1985)에서는 언어를 '어휘–문법'이 합쳐진 체계로 파악했고, 임홍빈(2007)에서 어휘와 문법을 통합한 접근법을 '어휘적 접근법(lexical approach)'으로 부른 것도 취지에서는 동일하다.

1.3. 어휘, 어휘 능력과 어휘 교육

어휘 교육에 대해 논하기 위해서는 어휘 교육에 흔히 사용되는 몇 가지 기본적인 개념 내지 용어에 대해 알아 두는 것이 좋다. 기초 어휘와 기본 어휘, 이해 어휘와 사용 어휘, 일차 어휘와 이차 어휘에 대해서는 강남욱(2010)에 잘 나타나 있어 이를 참조하여 정리하였다.

단어와 어휘

'단어'가 개별적인 낱낱의 의미 단위를 가리킨다면, '어휘'는 단어들의 집합으로 사용되는 복수의 개념이다. 단어는 흔히 '문장에서 사용되는 최소한의 의미 단위'로 정의된다. 한국어에서 조사나 어미와 같이 문법적인 의미를 담당하는 요소도 단어로 분류하는 것이 일반적이기 때문에 단어의 정의를 '문장에서 자립적으로 쓰이거나 자립적인 말에 붙어서 문법적 기능을 담당하는(조사, 어미) 말'로 정의하기도 한다. 이에 비해 '어휘'는 '어떤 일정한 범위 안에서 쓰이는 낱말의 전체'로 정의된다. 일반적으로 어휘는 단어뿐 아니라 관용 표현(숙어, 속담)을 포함하는 넓은 의미로 쓰인다. 따라서 어휘 교육에서는 낱낱의 단어뿐 아니라 단어들의 집합으로 구성된 어휘가 대상이 되므로 반의 관계, 유의 관계와 같은 그 집합을 이루는 단어들 간의 관계도 고려되어야 한다. 아울러 단어뿐 아니라 숙어나 속담과 같은 관용 표현도 어휘 교육의 대상이 된다.

어휘 능력과 어휘 교육

어휘 교육을 통해 도달해야 하는 목표는 학습자의 '어휘 능력(lexical competence)'의 향상이다. '어휘 능력'은 '어휘를 표현하고 이해하는 능력'으로 정의된다. 어휘 능력에는 양적인 능력과 질적인 능력이 있는데, 질적인 능력과 관련하여 어휘를 이해하는 질적인 수준은 다양하다. 다음의 표는 네이션(Nation, 1990:31)에서 제시한 것으로 어휘의 질적인 능력의 다양한 측면을 보여 준다.

[표 1] 단어에 관한 지식
(R:receptive knowledge 수용, P:productive knowledge 생산) 〈Nation(1990:31)〉

형태	구어	R	어떻게 들리는가?
		P	어떻게 발음되는가?
	문어	R	단어가 어떻게 생겼는가?
		P	어떻게 쓰는가? 철자는 어떤가?
위치	문법 구조	R	어떤 구조에서 단어가 나타나는가?
		P	어떤 구조에서 단어를 써야 하는가?
	공기 관계	R	단어의 앞뒤에 어떤 유형의 단어가 올 것으로 예상되는가?
		P	어떤 유형의 단어를 다른 단어와 같이 써야 하는가?
기능	빈도	R	단어의 수준은 어느 정도인가?
		P	단어를 얼마나 자주 사용해야 하는가?
	적절성	R	이 단어를 어디서 만날 것으로 예상되는가?
		P	이 단어를 어디에다 써야 할 것인가?
의미	개념	R	단어의 의미는 무엇인가?
		P	이 뜻을 표현하기 위해서는 어떤 단어를 써야하겠는가?
	연합	R	이 단어가 상기시키는 다른 단어들은 무엇인가?
		P	이 단어 대신에 쓸 수 있는 다른 말은 무엇인가?

이처럼 어휘 교육은 어휘 능력의 양적인 측면뿐 아니라 질적인 측면을 고려하여 이루어져야 한다.

기초 어휘와 기본 어휘

한국어 교육에서 중요하게 사용되는 용어로 '기초 어휘', '기본 어휘', '교육용 어휘' 등도 있다. 현재 한국어 교육에서는 기초 어휘, 기본 어휘, 교육용 어휘 등의 용어들이 혼란스럽게 쓰이는 편이다(조현용, 2000:51~56).

기초 어휘란 일상적인 언어 생활에 쓰이는 필수적인 단어 1,000개 내지 2,000개를 최소한으로 선정한 뒤, 이를 체계적으로 분류하여 제시한 어휘를 뜻한다. 기초 어휘는 '특정 언어 가운데 그 중추적 부분으로서 구조적으로 존재하는 단어의 부분 집단'으로 규정하기도 하고 '한 언어의 근간이 되는 어휘로 오랜 기간 동안에도 잘 변화되지 않는 인간 생활 속의 언어'로 정의하기도 한다(조현용, 2000:56). 기초 어휘로 유명한 것은 오그던(C.K.Ogden) 등이 국제적인 제2언어로서 영어의 기초 어휘를 추출한 'The System of Basic English' 850단어(1930), 손다이크(E.L.Thorndike)가 선정한 2,000 어휘표(1936), 1944년 일본의 국제문화진흥회에서 선정한 일본어 기본 어휘 2,000어 목록 등이 있다. 한국어 기초 어휘로는 임지룡(1991)이 선정한 한국어 1,500단어 등이 있다.

기본 어휘는 먼저 작품이나 한정된 언어 사용 국면에서 몇몇 어휘의 층위를 확인할 수 있는 경우, 여러 층에 걸쳐서 공통적으로 출현하는 어휘소의 집합으로 그 개념을 잡을 수 있다. 혹은 좀 더 한정된 의미로서 언어 사용의 국면이 다양한 여러 영역으로 분리될 수 있다는 것을 전제로 하여 그 영역의 전개를 위하여 가장 기본이 되는 어휘의 집합을 가리키는 뜻으로도 쓰인다(서상규 외, 1998:6). 예컨대 특정한 목적, 특정한 분야를 위한 'ㅇㅇ기본 어휘'라든지 '초등학교 학습용 기본 어휘', '중학교 수학 교육을 위한 기본 어휘', '법학을 위한 기본 어휘' 등을 생각해 볼 수 있다. 조현용(2000:56)에서는 기본 어휘를 '특정한 목적에 의해서 조사·정리된 어휘 목록'으로 규정한 바 있다.

기초 어휘는 일상생활에서 사용 빈도가 높은 단어들로 구성되어 있으므로 한국어 어휘 교육의 초급 단계에서는 기초 어휘가 중요한 교육의 대상이 된다. 그러다가 차츰 기초 어휘를 벗어나는 다양한 어휘들로 어휘 교육의 대상이 확장된다. 기본 어휘와 관련하여 한국어 교육용 기본 어휘가 선정될 수 있다. 한국어 교육용 기본 어휘는 기초 어휘와 중첩되는 것이 많겠지만 기초 어휘가 아니더라도 실제 교육 현장에 쓰이는 용어들이 다수 포함된다.

이해 어휘와 사용 어휘(혹은 표현 어휘)

앞에서 언급했듯이 한국어 어휘 교육은 교수·학습 상황에 따라 듣기나 읽기에서 활용되는 이해 어휘와 말하기와 쓰기에서 활용되는 사용 어휘로 나누어 이루어진다. 이해 어휘란 자기가 직접 쓰지는 못해도 그 의미나 용법을 아는 어휘를 말하며, 수동적 어휘, 획득 어휘라고도 한다. 이에 비해 사용 어휘(혹은 표현 어휘)는 말하거나 글을 지을 때 사용이 가능한 어휘를 말하며, 능동적 어휘, 발표 어휘라고도 한다.

일반적으로 사용 어휘의 양은 이해 어휘의 1/3 정도가 아닐까 하고 추정되고 있다. 특히 제2언어로 외국어를 배울 때 흔히 '말귀를 알아듣는데 말은 잘 하지 못하는 상태'가 두드러지는데, 이해 어휘와 사용 어휘 간의 격차가 큰 상태라 할 수 있다. 예를 들어 〈미녀들의 수다〉에 나오는 외국인 출연자의 경우를 보면 이해 어휘와 사용 어휘가 큰 차이가 있음을 알 수 있다. 중고등학교에서 일반적으로 영어를 배운 우리나라 사람들의 영어 사용 어휘와 이해 어휘에서도 큰 차이가 있음을 알 수 있다.

일차 어휘와 이차 어휘

김광해(1993)에 따르면 '1차 어휘는 흔히 기초 어휘라고 말해지는 어휘들의 집합과 거의 중복되는 내용을 가지는 것'으로 '기초 어휘라는 용어가 학습이나 교육이라는 시각을 감안한 의미가 약한 반면에 1차 어휘는 이를 감안했다는 점이 다르다'고 언급했다. 마찬가지로 김광해(1993)는 이차 어휘를 '1차 어휘와는 질적으로나 혹은 학습의 단계로 보아 한 단계 높은 차원에서 학습되는 어휘들'로 보았다.

일차 어휘와 이차 어휘의 차이를 표로 정리하면 다음과 같다.

일차 어휘	이차 어휘
1. 언어 발달 과정의 초기부터 음운 부문이나 통사 부문의 발달과 병행하여 습득한다.	1. 기초적인 언어 발달이 완료된 후 고등 정신 기능의 발달과 더불어 학습된다.
2. 언중 전체의 공동 자산으로서 기본적인 통보(communication)를 위한 도구로 사용된다.	2. 언중에게 공유되는 것이라기보다는 나뉜 전문분야에 따라 어휘의 분포가 한정되는 것이다.
3. 어휘의 의미 영역이 광범위하여 전문적인 의미 내용보다는 보편적이고 일반적인 의미 내용을 지닌다.	3. 어휘의 의미 영역이 협소하며 용법상의 제약이 존재하며, 전문적이고 특수한 용법으로 사용되는 것이 일반적이다. 전문적인 분야의 작업이나 이론의 전개를 위한 술어로서의 기능을 담당한다.
4. 학습 수준이나 지식 수준의 고저와는 관계없이 대부분의 언중에게 공통적으로 습득된다.	4. 학습의 성취도나 지식의 정도에 비례하여 학습된다.
5. 체계적인 교육 활동이나 전문적인 훈련과 관계없이 일상생활을 통하여 자연스럽게 습득된다.	5. 의도적이며 인위적인 교육과 특수한 훈련 과정을 거쳐서 학습된다.

한국어를 자국어로 배우는 경우 일차 어휘의 경우 자연스럽게 습득되므로 굳이 교육을 통해 학습될 필요가 없고 주로 이차 어휘를 학습하면 된다. 하지만 한국어 교육은 외국어를 배우는 과정이므로 일차 어휘가 우선적으로 학습되어야 하며, 심지어 더 중요하게 교수·학습되어야 한다.

어휘 빈도 조사와 교육용 어휘 선정

한국어 교육에서 어휘를 교육하기 위해서는 교육용 어휘를 선정해야 한다. 교육용 어휘를 선정하기 위해서는 사용 빈도 조사 등을 활용하는 것이 보통이다. 이때 활용된 기초 조사 연구에는 다음과 같은 것들이 있다.

한국어 어휘 사용 빈도 조사 중에서 대표적인 것에는 '문교부(1956), 우리말 찾기 조사', '국립국어원(2002), 현대 국어 사용 빈도 조사 1', '국립국어원(2005), 현대 국어 사용 빈도 조사 2' 등이 있다. 사용 빈도 조사를 통해 고빈도어를 중심으로 학습용 어휘를 선정한 것 중에서 대표적인 것으로는 '국립국어원(2003), 한국어 학습용 어휘 선정'이 있다. 이 문서에서는 '그, 그래, 경복궁, 경주, 거기, 누구, 가다, 가르치다, 가게, 가방, 가수, 가끔, 가장, 가깝다, 가볍다' 등과 같은 5,965개의 어휘 목록을 선정한 바 있다.

사전과 어휘 교육

어휘 교육에 흔히 사용되는 것으로는 사전이 있다. 사전에는 일반적인 언어 사전(대사전, 중사전, 소사전)들이 흔히 사용된다. 한편 의미에 따라 어휘를 분류한 '우리말 분류/갈래 사전'도 있고 관련어를 모아 정리한 '유의어, 반의어 사전'도 있으며, '속담, 관용구 사전', '의성의태어 사전', '방언 사전', '신어, 외래어 사전' 등도 있다. 한국어 교육에 흔히 사용되는 사전으로는 다음과 같은 것들이 있다.

❶ 국어대사전
   ▶ 표준국어대사전(국립국어원, 두산동아, 1999) → 두산동아 '표준국어대사전 CD(웹 서비스 병행) : 규범 사전(50만 단어).
   ▶ 우리말 큰사전(한글학회, 어문각, 1991) → (주)한글과 컴퓨터 '우리말 큰사전 96' : 어문 규정을 따르지 않음.
   ▶ 연세 한국어 사전(연세대학교 언어정보개발연구원, 두산동아, 1998) → 브리태니커 한국

어 사전(웹 서비스 병행) : 실용 사전(5만 단어).
- ▶ 고려대학교 민족문화연구소 사전 : 최근 발간(30만 단어)
- ▶ 금성판 국어대사전 : 어문 규정 반영
② 한국어 교육용 사전
- ▶ 외국인을 위한 표준 한국어 문법 사전(국립국어원편, 커뮤니케이션북스, 2005)
- ▶ 한국어 학습자 사전: 5,000개의 실용 단어 수록(한국어세계화재단편, 신원프라임, 2006)
- ▶ 한국어 학습자를 위한 연어 사전(김하수 외, 커뮤니케이션북스, 2007)
- ▶ 한국어 학습용 어미·조사 사전(이희자·이종희, 한국문화사)

한국어 교육의 대상으로서의 어휘

한국어 교육의 대상이 되는 어휘에는 앞에서 말했듯이 일반적인 개념 어휘뿐 아니라 조사와 어미 같은 기능 어휘를 포함한다. 또한 단어, 단어의 구성 요소인 접사, 연어구, 관용구 등 넓은 의미의 어휘 단위들이 모두 포함된다. 현재 한국어 교육에서는 문법이나 어휘의 학습에서 개별 단어 단위가 아니라 덩어리(chunk)를 단위로 하기도 한다. 특히 '-겠군요', '-었더군요'와 같은 어미결합형, '에서야말로, 에조차'와 같은 조사 결합형, '-을 수가 없다'와 같은 문형(문법 형태)도 어휘 교육의 대상이다.

1.4. 어휘 교육의 순서와 실제적인 어휘 교육 방법

교육할 어휘의 순서: 어휘 목록의 선정과 등급화

학습자에게 교육할 어휘 목록을 선정하기 위해 가장 먼저 해야 할 일은 학습자의 양적, 질적 어휘력을 측정하는 일이다. 학습자 개인의 어휘의 양과 질은 개인마다 차이가 있지만 초급, 중급, 고급에 이르는 한국어 능력에 따른 대략적인 경향성이 발견되기도 한다. 따라서 한국어 능력, 특히 어휘력에 따라 학습자의 어휘력을 측정한 후 교수·학습에 필요한 목표 어휘를 정하는 것이 가능하다.

교육용 기본 어휘가 선정된 다음에는 이를 대상으로 하여, 학습자의 학습 목적과 수준에 따라 급별로 등급화를 해야 한다. 교수·학습에 투입할 어휘 목록 전체를 학습자의 수준에 따라 등급화하는 데에는 대규모 말뭉치를 활용한 사용 빈도 측정 자료가 활용될 수 있다.

사용 빈도가 높을수록 낮은 단계에서 교수·학습될 필요가 있다. 여기에 더하여 말뭉치에서는 빈도가 높지 않더라도 교수·학습에 필요한 어휘가 초급 단계에 집중적으로 포함되어야 한다. 사용 빈도에 의한 객관적인 방법이 실제 교육 현장에 투입되었을 때 문제점을 보일 수도 있으므로 이를 보완하기 위해 실제 교수·학습에 참여하는 교수자의 직관을 더해 최종적인 등급을 결정하는 편이 좋다.

학습자의 능력에 따라 우선적으로 학습해야 할 어휘를 선정하는 데에는 다음과 같은 원칙을 참조할 수 있다.

먼저, 어휘의 양적인 측면에서 사용 빈도가 높은 어휘는 초급에서 가르치고 중급, 고급으로 갈수록 점차 사용 빈도가 낮은 어휘를 가르치는 것이 좋다. 따라서 초급에서는 기초 어휘를 주로 교수·학습하고, 중급이나 고급에서는 그 밖의 다양한 어휘들을 교수·학습하게 된다.

둘째, 어휘의 질적 측면에서 다의어의 경우 초급에서는 그 어휘의 기본 의미를 가르치고 중급, 고급으로 갈수록 점차 확장된 의미를 가르치는 것이 좋다. 아울러 앞에서 언급한바, 한국의 문화를 보여 주는 어휘의 경우라도 초급에서는 의사소통적인 의미를 주로 설명하고, 중급이나 고급으로 갈수록 문화적인 의미를 가르치는 것이 좋다. 아울러 초급에서는 해당 어휘만 가르치지만 중급이나 고급으로 갈수록 해당 어휘의 반의어나 유의어 등을 교수·학습하여 어휘의 확장이 가능하도록 하여야 한다.

셋째, 합성어에 자주 등장하는 어휘를 초급에서 가르치는 것이 좋다. 물론 초급에서 단어 형성의 원리를 강조하는 것은 인지적인 부담을 줄 우려가 있으므로 학습자가 자연스럽게 합성어에 나타나는 어휘의 의미를 활용하게 하는 편이 좋다. 합성이나 파생과 같은 단어 형성의 원리는 중급 이후에서 적극적으로 활용할 수 있을 것이다. 고급에서는 학습자가 이미 아는 어휘를 활용하여 더 많은 어휘를 배울 수 있도록 어원을 사용하는 방안 등이 활용될 수 있을 것이다.

넷째, 현장에서의 교수·학습 상황을 고려하여 교수·학습에 자주 사용하는 어휘는 가급적 초급에서 가르쳐야 한다. 아울러 개별적인 학습 상황을 고려하여 해당 교재, 해당 단원에서 필요한 어휘는 다소 어려운 어휘라도 교수·학습해야 함은 물론이다.

어휘 교육의 실제적 방법

어휘를 교수·학습하기 위한 실제적인 방법으로는 흔히 사용하는 암기를 제외하고도 다양한 방법이나 활동이 있다. 강현화(2010)에서는 한국어 교육에서 흔히 사용될 수 있는 어휘 교육의 방법을 다음과 같이 제시하고 있다.

❶ 실물이나 그림, 동작을 통한 방법

이 방법은 실물을 보여 주거나 손짓, 그림, 사진을 보여 주는 행동들을 활용하는 방법이다. 어휘부 이론에 따르면 인간이 머릿속에 어휘를 저장하는 방식은 언어뿐 아니라 시각, 청각, 촉각, 후각 등 다양한 감각을 활용한다고 한다. 따라서 실물이나 그림을 활용하게 되면 학습자가 쉽게 어휘를 학습할 수 있고, 오래 기억할 수 있게 된다.

이러한 교수·학습 방법을 활용하기에 좋은 어휘로는 교실에 있는 물건이나 가져오기 쉬운 물건, 확인하기 쉬운 동작(걷다, 잡다, 던지다…), 부사(천천히, 빨리, 크게, 작게…) 등을 들 수 있다. 크레파스나 색연필을 사용하여 간단하게 색칠을 하거나 학생들이 입고 있는 옷을 이용해 색깔을 나타내는 어휘를 배울 수도 있고, 일기예보의 그림 정보를 이용하여 날씨 관련 어휘를 배울 수도 있다. 생활 주변의 구체적인 사물을 가지고 위, 아래, 앞, 뒤 등의 공간 지시어를 배운다거나 몸짓으로 쉬운 동작 동사나 의태어를 쉽게 배울 수 있다. 초급 교실에서 흔히 사용하는 방법으로 웹사이트의 그림 자료나 그림 어휘집 등을 활용할 수 있다. 하지만 추상적인 어휘 설명에는 적합하지 않으며 오해의 소지가 있을 수 있다. 예를 들어 '갑자기'를 제시하려고 몸을 움직일 때 학생들은 '빨리'로 해석할 수도 있기 때문이다.

❷ 추상화에 의한 분석적 정의를 활용하는 방법

이 방법은 '학습자가 이미 아는 것만을 가르칠 수 있다'는 학습 이론에 근거한 것으로 학습자에게 완전히 생소한 어떤 것을 묘사하거나 정의하는 것은 사실상 불가능하다고 보는 관점에서 사용한다. 흔히 사전의 뜻풀이에 제시된 내용을 설명하거나 해당 어휘의 기능을 통해 설명하는 방식이다. 예를 들면 '병원'을 설명하면서 '병을 치료하는 곳'이라는 뜻풀이나 '몸이 아플 때 가는 곳이에요', '의사나 간호사가 치료해 주어요' 등의 기능적인 의미를 설명함으로 해서 그 의미를 파악하게 하는 방식이다. 그러나 분석적 개념이 명확하게 제시되어도 학생들이 이해하거나 기억하기 어려우므로 학습자들이 스스로 그러한 정의를 내릴 수 있을 때까지 많은 예를 들어가면서 학생들을 이끌어 줄 필요가 있다.

❸ 문맥을 활용한 제시 방법

이 방법은 실제로 모국어나 화자가 어휘를 학습할 때 자연스럽게 사용하는 방법으로 우리는 태어나면서부터 자연스럽게 이 방법을 통해 어휘량을 확장해 왔다. 다만 외국어 학습의 경우 이런 방법을 좀 더 명시적으로 학습자에게 주지시켜 적극적으로 활용하게 도와줄 필요가 있다.

이 방법은 '의미는 곧 사용'이라는 관점으로, 이에 따르면 어휘를 제시할 때는 그 어휘의 의미 자체도 중요하나 문장 안에서의 용법에 중점을 두어 학습자가 실제로 사용하는 데에 도움이 되도록 해야 한다. 문맥적 정의를 활용한다는 것은 단어의 의미를 직접적으로 설명하지 않고 학습자로 하여금 글 전체에서 해당 단어가 다른 단어와 어떻게 결합하고 있는지를 파악하여 이를 통해 의미를 찾아가도록 유도하는 방식을 말한다. 문맥을 활용하는 어휘 교육은 주어진 글에서 어휘를 이해하는 데에 그치지 않고 새로운 어휘를 활용하게 함으로써 이해 어휘에서 사용 어휘에 이르도록 도와줄 수도 있다. 이때 새로 배운 어휘는 상황을 설정하고 그 상황에서 이 어휘를 사용하여 문장을 만들어 보도록 하는 것이 효과적이다.

❹ 학습자의 모국어로의 번역을 활용하는 방법

이 방법은 특히 초급 학습자에게 유용한 방법이다. 또한 시간이 절약되므로 읽기에서 그다지 중요하지 않은 단어를 빨리 넘어가기를 원할 때 유용하며, 특별히 단어의 품사에 제약을 받지 않고 학습자들이 이해했는지 확인하기 쉽다. 다만, 단어의 개념이 학습자의 모국어의 개념과 같을 때에 사용이 가능하다. 하지만 이 방법은 학습자가 목표어에 노출될 기회를 줄이며 교사는 부호화에 유용한 여러 가지 기술을 사용할 기회를 잃게 된다. 또한 잘못된 번역이나 정확하게 일치하지 않은 개념을 대응시킬 수 있다.

위에서 설명한 네 가지 방식 이외에도 실제로 사용할 수 있는 어휘 학습의 방법은 다양하다. 아울러 실제 어휘 교육에서는 이러한 방법 중 어느 하나만 선택하는 것이 아니라 서로 결합해서 사용하기도 한다. 어휘 교육의 방법을 결정할 때는 설명하려는 어휘의 특성, 교수·학습의 상황, 학습자의 교수·학습 목적, 학습자의 나이나 관심, 지적 수준 등의 변수를 고려해야 함은 물론이다.

모든 교수·학습 활동이 그러하듯 학습자가 흥미를 가지고 배울 수 있도록 하는 것이 중요하다. 교실 현장에서 학습자의 흥미를 유발하고 의사소통 능력을 신장시키기 위해 자주 이용되는 방법이 어휘 게임이다. 어휘 게임은 자모를 교육하는 단계에서 초급, 중급, 고급에 이르기까지 다양하게 활용하게 할 수 있으며 교사 중심의 수업을 학습자 중심으로 전환한다는 장점도 있다. 게임을 통한 학습의 효과는 학습자가 긴장감을 해소하고 자발적이고 창조적인 언어 사용의 측면을 강화하며 강화·복습·발전의 촉매 기능을 할 수 있다는 점을 꼽는다.

강현화(2010)에서는 한국어 교육에서 많이 활용되는 어휘 게임을 다음과 같이 정리하고 있어 참조가 된다.

초급에서 주로 활용할 수 있는 어휘 게임

❶ 실물 보고 한국어로 써 보기: 본 것을 많이 기억해 내고 정확하게 쓰는 사람이나 그룹이 이기는 게임이다.

❷ 같은 소리로 시작하는 말 잇기: 교사가 단어를 제시하면 그와 같은 자음으로 시작하는 단어의 목록을 말하거나 쓰는 게임이다. 혹은 같은 소리로 끝나는 말 잇기 게임도 가능하다.

❸ 모음 찾기 게임: 어휘에서 모음을 빼고 자음만을 제시하면서 교사가 그 어휘를 발음해 주면 학생들이 알맞은 모음을 찾는 게임이다. 이 게임은 발음 수업과 연계해서 할 수 있으며 특정 모음의 구별을 어려워하는 학습자들에게 이용하기에 좋다.

❹ 틀린 철자 찾기: 그룹을 나누어서 틀린 철자가 있는 카드를 찾게 하는 게임이다.

❺ 벽에 붙이기: 수업 전에 배울 단어를 벽에 붙여 놓고 수업이 끝난 후에 암기한 어휘를 말해 보게 한다.

❻ 이야기 듣고 그림 그리기: 이야기를 연상할 수 있는 사진이나 그림을 고른 후 교사가 이야기를 해 준다. 학생은 듣고 그림을 그린다. 그 후 원본과 비교해 본다. 위치를 나타내는 어휘인 '위, 아래, 왼쪽, 오른쪽, 앞, 뒤, 옆' 등을 교수할 때 편리하다.

다양한 수준의 학습자에게 활용할 수 있는 어휘 게임

❶ 보고 기억하고 본문 예측하기: 어휘를 섞은 종이를 나눠 주고 외우게 한 다음 외운 어휘를 말하게 한다. 다음 조별로 본문에 관해 토론하게 한 후 본문을 나누어 준다. 어휘 기억에 도움을 주는 방법이다. 이 방법은 어휘를 보고 본문의 내용을 예측하게 하는 효과가 있으며 '읽기 전 단계'로 활용하면 좋다.

❷ 핵심 어휘 찾기: 읽기 수업과 관련된 게임으로 조별로 나누어 각각 다른 본문을 조에 주고 몇 분 동안 본문을 훑어보게 하고 주제 등에 관한 핵심 어휘를 비교해 보도록 한다. 본문의 길이가 지나치게 길거나 본문이 너무 어려우면 학습자의 흥미를 떨어뜨릴 수 있다.

❸ 이야기 사슬: 학생들에게 하나씩 어휘를 나눠 주고 그 단어를 이용해서 문장을 만들게 한다. 이때 문장들을 연결했을 때 하나의 이야기가 되도록 해야 한다. 학습자들의 의사소통이 자유롭게 일어나고 이야기를 구성하는 능력이 키워진다는 점에서 의의가 있는 게임이다.

❹ 낱말 맞추기(Crossword): 가로, 세로 열쇠의 설명을 보고 단어를 써 나가는 게임이다. 어휘의 복습 방법으로 이용하기에 좋은 게임이다.

❺ 모눈종이 속 어휘 찾기: 사각형 속에 어휘를 숨겨 놓고 어휘를 찾게 하거나, 해당 어휘의 설명을 보고 찾게 하는 게임이다. '학교, 동물, 병원' 등과 같이 어휘의 범주를 정해 놓고 할 수도 있다. 무의미한 음절을 사각형 속에 나열해 놓고 그 속에 유의미한 어휘를 넣어 두는 게임이기 때문에 학습자의 흥미를 유발할 수 있으며, 개인별로 또는 소그룹으로 나누어 찾게 할 수도 있다.

❻ 끝음절 잇기: 교사가 어휘 하나를 제시하면 학생들이 그 어휘의 마지막 음절과 같은 음절로 시작되는 어휘를 계속 이어서 말해 가는 게임이다. 어휘의 맞춤법을 연습하고 확인하는 데 좋은 방법이다.

❼ 귓속말로 전달하기 게임: 단어를 듣고 다른 사람에게 귓속말로 전달하여 얼마나 정확하게 전달했는지 알아보는 게임이다. 문장으로 할 수도 있다. 이 게임은 소리와 단어를 연결하여 단어를 익히기에 좋은 방법이다.

❽ 사전 찾기 게임: 학습자가 어떤 어휘를 말하면 나머지 학생들이 그 발음을 적고 사전을 찾는 게임이다. 중급 이상에서 적당하며 글자의 모양과 발음이 일치하는 어휘를 선택하는 것이 좋다.

❾ 설명 듣고 어휘 맞추기: 한 학생에게만 어휘를 보여 주고 제시된 그 어휘를 한국말로 설명하게 하면 다른 학생들이 알아맞히는 게임이다. 이 게임은 말하기, 듣기 활동이 같이 일어날 수 있는 어휘 게임이다.

❿ 예문 듣고 어휘 맞추기: 특정 어휘에 대한 예문을 몇 개 제시하고 어떤 단어인지 알아맞히는 게임이다.

⑪ 스무고개 게임: 어휘 분류를 활용하여 학생들의 질문과 대답으로 20번 안에 해당 어휘를 맞히는 게임이다.

⑫ 띄어 쓰지 않은 문장을 띄어 읽기: 띄어 쓰지 않은 문장을 얼마나 정확하게 끊어 읽는지 보는 게임이다. 이 게임은 문장 속에서 단어를 익히기에 좋다.

2장

■·
·■

어휘 관계와 어휘 교육[2]

2.1. 의미의 계열 관계와 한국어 교육

2.1.1. 의미의 계열 관계들

의미의 계열 관계는 개개의 단어의 의미가 종적으로 대치될 수 있는 관계이다. 예를 들어 '나는 {강/산}을 좋아한다'에서 '강'과 '산'의 관계가 계열 관계이다. 계열 관계에는 '동의 관계(혹은 유의 관계)', '상하 관계', '대립 관계' 등이 있다.

동의 관계(혹은 유의 관계)

❶ 동의 관계의 개념

동의 관계(유의 관계)는 의미가 같거나 비슷한 둘 이상의 단어가 맺는 관계를 말하며, 이런 관계를 맺는 단어를 동의어(혹은 유의어)라 한다. 동의어는 절대적 동의어와 상대적 동의어로 나뉜다.

▶ 절대적 동의어: 개념 의미·연상 의미·주제 의미가 동일하며 모든 문맥에서 치환이 가능

---

2) 2장의 경우 의미 관계에 대하 설명과 사례는 윤평현(2008), 김광해 외(1999), 신명선(2010)을 참조하여 수정 기술하였고, 한국어의 교육적 의의는 저자가 별도로 기술하였다.

▶ 상대적 동의어: 제한된 문맥에서만 개념 의미·연상 의미·주제 의미가 동일하고 치환이 가능

※ 절대적 동의어는 동의어, 상대적 동의어는 유의어로 부르기도 함.

❷ 동의 관계의 존재 양상

동의 관계는 방언적 차이, 문체적 차이, 전문성의 차이, 내포 의미 차이, 완곡어법 여부 차이 등으로 나눌 수 있다.

▶ 방언적 차이
ㄱ. 백부(伯父): 큰아버지(대구·상주)/ 맏아버지(안동)
ㄴ. 백모(伯母): 큰어머니(대구·상주)/ 맏어머니(안동)

▶ 문체적 차이
ㄱ. 고유어–한자어: 머리–두상(頭上), 이–치아(齒牙), 술–약주(藥酒)
ㄴ. 고유어–서구어: 불고기집–가든, 가게–슈퍼마켓, 삯–페이
ㄷ. 고유어–한자어–서구어: 소젖–우유–밀크, 집–가옥–하우스, 잔치–연회–파티

▶ 전문성의 차이
ㄱ. 의학: 티비(T.B.)–결핵, 캔서–암
ㄴ. 화학: 염화나트륨–소금, 지방–기름
ㄷ. 승려: 곡차–술
ㄹ. 군인: 얼차려–벌, 부식–반찬

▶ 내포 의미 차이
ㄱ. 순사–순경–경찰, 정보부–안기부
ㄴ. 운전사–기사, 차장–안내원, 간호부–간호사
ㄷ. 동무–친구/동지, 인민–국민

▶ 완곡어법 여부 차이
ㄱ. 죽다–돌아가다/세상버리다, 천연두–마마/손님, 폐병–가슴앓이
ㄴ. 월경–보경이/달거리/그날이, 변소–화장실, 강간당하다–폭행당하다

❸ 충돌 결과

사실 이상적으로 보면 한 가지 개념에 대해 두 단어가 필요하지 않다. 따라서 동의어는 서로 경쟁을 통해 하나가 없어지거나 각기 다른 의미 영역을 확보하는 등 다양한 양상을 보인다.

첫째, 현실 언어에서 동의어로 공존하면서 경쟁을 계속하는 경우가 있다.

　　예) 메아리–산울림, 보조개–볼우물, 멍게–우렁쉥이, 물방개–선두리

　　　　목숨–생명, 사람–인간, 달걀–계란, 목도리–머플러, 깃–칼라

둘째, 한 쪽은 살아남고 다른 쪽은 소멸하는 경우가 있다.

　　예) 강–ㄱ룸, 산–뫼, 용–미르, 천–즈믄, 중개인–즈름

셋째, 동의 경쟁을 하던 두 어휘소가 형태상으로 한 덩어리가 되어 복합어를 이루는 경우가 있다.

　　ㄱ. 고유어와 고유어: 틈새, 가마솥

　　ㄴ. 고유어와 한자어: 담장, 개천, 뼈골, 무색옷

　　ㄷ. 한자어와 한자어: 양친부모

　　ㄹ. 서구어와 한자어: 깡통, 드럼통, 배트방망이

넷째, 동의 충돌의 결과 의미 영역이 바뀌는 경우가 있다. 이는 의미 축소와 의미 확대 및 의미 교체로 구분된다.

　　예) 백(百)–온(百→전체), 형체(形體)–얼굴(形體→面)

다섯째, 동의 충돌의 결과 가치 영역이 바뀌는 경우가 있다. 의미의 향상과 타락이 있다.

　　ㄱ. 보람(표적>좋은 결과)–표적(標的), 부인–마담, 숙녀–레지, 소년–뽀이

　　ㄴ. 겨집–여자, 마누라–귀인, 이–치아, 머리–두상, 소젖–밀크, 노리개–액세서리

상하 관계

상하 관계는 단어의 계층 구조에서 한 쪽이 다른 쪽을 포함하거나 다른 쪽에 포함되는 관계를 말한다. 이때 포함하는 단어를 상위어, 포함되는 단어를 하위어라 한다. 예를 들면 '동물–새'에서 '동물'은 상위어이고 '새'는 하위어이다.

❶ 상하 관계의 유형

상하관계: ㄱ. X는 흑인종이다. → X는 사람이다.

　　　　　ㄴ. X는 {부인, 의사}이다. → X는 사람이다.

유사 상하관계: ㄱ. X는 개다. → X는 애완동물이다.

　　　　　　　ㄴ. X는 칼이다. → X는 무기다.

❷ 상·하위어 종류 예

상위어(요일) − 하위어(월요일, 화요일, 수요일, 목요일, 금요일, 토요일, 일요일)

상위어(친족어) − 하위어(아버지, 어머니, 아들, 딸, 할아버지, 할머니, 오빠, 누나)

상위어(교통수단) − 하위어(자동차, 배, 비행기, 지하철)

대립 관계

대립 관계는 서로 공통되는 속성(동질성 조건)을 갖춘 바탕에서 한 가지 속성이 다를 때(이질성 조건) 성립하는 의미 관계를 말한다. 대립 관계에 의한 단어의 짝을 대립어라고 하는데, 대립어에는 반의 대립어(반의어), 상보 대립어(상보어), 방향 대립어가 있다.

❶ 반의 대립어

정도나 등급을 나타내는 대립어로서 '길다−(길지도 짧지도 않다)−짧다'와 같이 중립 지역이 있다.

예) 길다−짧다, 크다−작다, 덥다−춥다, 달다−쓰다

❷ 상보 대립어

상보어는 대립 관계에 있는 어떤 개념적 영역을 상호 배타적인 두 구역으로 철저히 양분하는 대립어를 말한다.

예) 남자/여자, 삶/죽음, 살다/죽다

❸ 방향 대립어

방향 대립어는 맞선 방향으로 이동을 나타내는 대립쌍을 말한다. 여기서 방향은 직선을 이루며 이동하는 물체에 대한 잠재적인 경로로 정의된다.

예) '팔다−사다', '주다−받다', 부모−자식, '꼭대기−밑바닥', '시작−끝', '가다/오다'

❹ 대립어의 의미 특성

〈극성〉

대립어는 '극성'을 가진다. 극성이란 양극(+)과 음극(−)을 지향하는 대립어의 고유한 의미 특성을 말한다. '양'은 적극적이며 긍정적인 반면, '음'은 소극적이며 부정적이다.

〈중화〉

'중화'란 특정한 환경에서 대립이 일시적으로 사라지는 현상을 말한다. 중화는 특히 다음과 같은 두 가지 경우에서 발생한다. 첫째, 둘 이상의 요소들이 공동으로 한 개 요소와 맞서게 될 때 중화가 일어난다. 예컨대 'doctor/dentist(의사/치과의사)'의 대립은 'patient(환자)'에서 중화된다. 둘째, 대립에 참여하는 한 어휘 항목이 공어휘적 상위어를 가질 경우 중화가 발생한다. 예컨대 'dog(수캐, 개)와 bitch(암캐)'의 경우가 그러하다. 중화의 결과 의문문이나 비교 구문 등에서 반의어를 이루는 대립쌍 중 어느 하나만 쓰이기도 한다. 이 경우 주로 긍정적인 의미가 강한 양극의 단어가 사용되고, 음극의 단어는 사용되지 않는 경향이 있다.

예) ㄱ. 연필이 어느 정도 깁니까? ㄴ. *연필 어느 정도 짧습니까?

〈유표성〉

'유표성'은 대립하는 양극 사이에 비대칭적·계층적인 관계를 말하는데, 음운 대립과 마찬가지로 어휘 대립에서도 표지의 유무와 중화의 기준에 따라 유표성을 규정할 수 있다. 아래의 예에서 '생물', '왕' 따위는 무표성을 가진 단어이고, '무생물', '여왕' 따위는 유표성을 가진 단어이다.

예) 생물/무생물(형태상 표지만 적용), 왕/여왕(형태상 표지와 중화의 기준 동시 적용), 길다/짧다(중화의 기준만으로 유표성 규정)

2.1.2. 의미의 계열 관계를 활용한 한국어 어휘 교육

❶ 유의어와 어휘 교육

▶ 유의어를 이용하는 어휘 교육은 전통적으로 가장 널리 사용되는 어휘 교수·학습 방법이었으며 현재도 학교 현장에서 유의어를 사용하여 어휘 확장을 유도하고 있다.

▶ 유의어가 모든 문맥에서 치환되어 사용되지 않으며 유의어 간 차이점도 명확하게 제시해야 한다.

예1) 유의어 간 격틀의 차이: 아름답다/예쁘다

　　가. 수미가 [아름답다/예쁘다].

　　나. 나는 수미가 [*아름답다/예쁘다].

2) 유의어 간 정도의 차이

[+frequent] --- [+sparse]

자주 – 종종 – 때때로/때로– 가끔/이따금/간간이/더러/간혹– 드문드문/띄엄띄엄

3) 유의어 간 연어 관계의 차이

　　좌석을 예약하다, 표를 예매하다

▶ 유의 관계를 가지는 단어를 한꺼번에 교수·학습할 경우 혼동의 우려가 크고 유의
어 중에는 실제 언어 생활에서 빈도가 낮은 것들이 있으므로 초급, 중급, 고급에 맞
게 제시해야 한다.

예) '좋다'의 유의어

초급: 괜찮다, 마음에 들다

중급: 훌륭하다, 적당하다, 알맞다

고급: 뛰어나다, 원만하다, 마땅하다

❷ 반의어와 어휘 교육

▶ 교사는 흔히 반의어를 사용하여 어휘 확장을 시도하기도 한다.

▶ 반의어의 짝이 여럿 있을 경우 동시에 제시하면 혼동의 우려가 있으므로 순차적으
로 제시한다.

▶ 단순하게 반의어를 제시하는 데에 그치지 말고 문맥에서 활용할 수 있게 구 전체를
제시하는 것이 좋다.

❸ 상·하위어와 어휘 교육

▶ 상·하위어를 확장하여 보여 주는 어휘장을 이용하여 어휘 교육을 할 수도 있다. 아래의 예는 강현화(2010)에서 제시한 사례로 상·하위어를 포함한 다양한 어휘 관계를 보여 준다.

▶ 어휘장을 이용하면 어휘를 체계적으로 익히게 하는 장점이 있지만, 초급의 경우 이해할 수 있는 어휘에 제한이 있으므로 지나치게 확대하면 안 된다.

▶ 상·하위어를 교수하면서 필요에 따라 자매어를 동시에 가르쳐서 어휘 확장을 시도하는 것도 좋다.

예1) '시계'를 가르치면서 '손목시계, 벽시계, 탁상시계, 알람시계' 등을 가르침.

예2) '짜다'를 가르치면서 '달다, 맵다, 시다, 쓰다…' 등을 가르침.

2.2. 의미의 결합 관계와 한국어 교육

2.2.1. 의미의 결합 관계들

의미의 결합 관계는 단어의 횡적인 연관 관계를 말한다. 예를 들어 '철수가 밥을 먹었다'에서 '철수–밥–먹다', '철수–가', '밥–을' 등이 결합 관계이다. 결합 관계에는 '합성 관계', '혼성 관계', '연어 관계', '관용 관계' 등이 있다.

합성 관계

합성 관계는 구성 요소 A와 B가 대등한 자격으로 결합 관계를 이루는 관계를 말하며, 이런 관계를 맺는 단어들은 합성어를 이루게 된다. '시간, 수, 거리, 성별' 등의 기준에 따라 합성어가 만들어지는데, 순서는 대체로 고정되어 있어 바꾸기 어렵다.

▶ 시간의 선후에 따른 합성어: 어제오늘/작금, 여닫다

▶ 수의 크고 작음에 따른 합성어: 하나둘, 예닐곱, 일이들, 오륙도

▶ 거리의 원근에 따른 합성어: 이곳저곳, 여기저기, 엊그제, 오늘내일, 국내외

▶ 성별에 따른 합성어: 부모, 장인장모, 신랑신부, 신사숙녀

혼성 관계

합성 관계와 마찬가지로 A와 B가 대등한 자격으로 결합 관계를 이루지만 일부 요소만 결합 관계에 참여하는 관계를 말하며, 이런 관계를 맺는 단어들은 혼성어를 이루게 된다.

> 예) 탁주×막걸리=탁걸리
> 거지×비렁이=거렁이
> 짜장면×스파게티=짜파게티
> 유럽×아시아=유라시아
> 스모크×포그=스모그
> 오피스×호텔=오피스텔

연어 관계

단어가 모여 구와 같은 더 큰 구성체를 이룰 때 이들이 제한적이고 긴밀한 구성을 이루는 관계를 연어 관계라 하며, 이런 관계를 맺는 단어를 연어라 한다. 연어 관계는 규칙적인 통사 관계에 의해 구성되기는 했으나, 어휘적 차원에서 특별히 긴밀하고 제한적인 결합 관계를 보이는 두 단어의 연쇄이다. 연어핵과 연어변에 대해서는 약간의 이견이 있으나 연어핵은 주로 '명사', '일반적인 표현', '투명한 표현'이고, 연어변은 '동사(형용사)', '관용적인 표현', '불투명한 표현'인 것이 보통이다. 예를 들어 '머리를 감다'에서 '머리를'이 연어핵이고, '감다'가 연어변이다.

> 예) 머리를 감다/ 미역(=떡)을 감다, 입이 가볍다/무겁다, 모자를 쓰다, 장갑을 끼다, 양말을 신다

관용 관계

관용 관계는 둘 이상의 단어가 모여 구(句)나 문장을 이룰 때 의미가 특수화되어 있는 고정적인 결합 관계를 말하며, 이런 관계를 맺고 있는 구성체를 관용 표현이라 한다. 관용 표현은 관용어, 관용구, 관용절, 관용문(속담 등) 등으로 나누기도 한다.

▶ 관용 관계의 성립 조건
  언어 내적:

❶ 관용 의미는 구성 요소의 합이 아닌 제3의 의미여야 한다.

❷ 축자 의미를 그대로 드러내는 대응 쌍이 존재해야 한다.

❸ 수사 기법상 비유 표현이되 죽은 은유 표현[사은유(死隱喩), 유연성 상실(有緣性 喪失)]이어야 한다.

예〉 바가지를 긁다 – [실제로 바가지를 긁는다] / [잔소리하다]

언어 외적:

❶ 넓은 지역에서 사용되어야 하는 광역성(廣域性)을 갖추어야 한다.

❷ 많은 사람이 사용해야 하는 대중성(大衆性)을 갖추어야 한다.

❸ 일정 기간 동안 지속성(持續性)을 가지고 언중의 의식 속에 자리 잡은 것이어야 한다.

이러한 내외적인 조건을 만족시켜야만 관용 관계의 자격을 갖게 되는 것이다.

▶ 관용 관계의 유형 분류

예〉 관용어 : 들은풍월 // 애타다 / 기막히다

관용구 : 그림의 떡 / 우물 안 개구리 // 바가지를 긁다 / 시치미를 떼다

관용절 : 간에 기별도 안 가다 / 귀에 못이 박히게

관용문 : 내 코가 석 자다 / 입이 열 개라도 할 말이 없다

▶ 관용 관계의 의미 특성

– 본질적인 의미 특성

❶ 의미의 중의성(重義性): 관용 표현은 1차적으로는 축자적인 의미로 해석되고(❶의 의미), 2차적으로 관용적 의미로 해석되는(❷, ❸의 의미) 중의성을 가진다.

❸ 의미의 비합성성(非合成性): 관용 표현의 의미는 각 구성 요소들의 축자적 의미의 합과 무관한 제3의 의미이다.　A + B = AB (×),　A + B = C (○)

❸ 의미의 불투명성(不透明性): 관용 표현은 축자적 의미와 관용적 의미 사이에 예측 가능성 또는 의미의 유연성이 없어서 불투명성을 띤다.

– 부차적인 의미 특성

관용 표현은 기본적으로 모두 비유적인 의미 특성을 가지고 있으면서 관용 표현에 따라서 부차적으로 과장성, 반어성, 완곡성 등을 가진 것들도 있다.

예) 과장성 : 간이 콩알만해지다, 눈 깜빡할 사이에

반어성 : 모양 좋~다, 자~알 논다

완곡성 : 눈을 감다/밥숟가락을 놓다/황천으로 가다 ⇐ [죽다]

2.2.2. 의미의 결합 관계를 활용한 한국어 어휘 교육

❶ 어휘 교육과 고정적 표현

▶ 어휘 교육에서 '단어'뿐 아니라 '연어 관계'나 '관용 관계'처럼 구 이상의 단위로 이루어진 고정 표현(praseological units)에도 주목해야 한다. 사실 언어에서 많은 어휘들은 관례적으로 사용하는 경향이 있다. 특히 외국어 교육의 교수·학습에서 이런 고정적인 표현의 역할은 매우 크다.

▶ 고정적 표현은 고립된 단위가 아니라 구조화된 언어상의 담화이므로 이를 기능에 따라 분류하여 교수·학습하는 것이 중요하다. 예를 들어 '가만 있어라, 내가 여기 왜 왔지?/가만 있자, 그 사람 이름이 뭐더라?'와 같은 문장에서의 '가만 있어라/있자'는 주로 문장 첫머리에 쓰여서 남의 말이나 행동을 잠시 멈추거나, 화자에게 다른 사람의 주의를 돌리게 할 때 쓰게 되는데, 고정적 표현들은 그 의미뿐만 아니라 그것이 가지는 기능을 함께 학습하는 것이 중요하다.

▶ 또한 이러한 고정적 표현은 언어와 문화 사이의 상관 관계를 잘 보여 주는 영역으로 어휘부 중 문화적 정보를 가장 많이 담고 있으므로 언어를 통한 문화 연구의 좋은 실례가 된다.

❷ 한국어 고정적 표현의 종류

▶ 연어 표현: 배짱을 부리다, 방정을 떨다……

▶ 상투 표현: 코가 삐뚤어지게 술을 마시다, 눈이 빠지게 기다리다……

▶ 속담 표현: 원숭이도 나무에서 떨어질 때가 있다……

▶ 관용적 숙어 표현: 미역국을 먹다, 파리를 날리다……

❸ 흔히 사용되는 주로 다루는 속담 목록

가루는 칠수록 고와지고 말을 할수록 거칠어진다/백짓장도 맞들면 낫다/병 주고 약 준다/낫 놓고 기역자로 모른다/다 된 밥에 재 뿌린다/공든 탑이 무너지랴/찬물도 위 아래가 있다/하늘은 스스로 돕는 자를 돕는다/소 잃고 외양간 고친다/개똥도 약에 쓰려면 없다/비온 뒤에 땅이 굳는다/발 없는 말이 천 리 간다/첫 술에 배 부르랴/가는 말이 고와야 오는 말이 곱다/ 배보다 배꼽이 크다/ 시작이 반이다/ 말 한 마디에 천 냥 빚 갚는다/ 콩 심은 데 콩 나고 팥 심은 데 팥 난다/길고 짧은 건 대어 보아야 안다/고생 끝에 낙이 온다 /바늘 도둑이 소 도둑 된다/오르지 못 할 나무는 쳐다보지도 마라/돌다리도 두드려 보고 건너라 등.

2.3. 의미의 복합 관계와 한국어 교육

2.3.1. 의미의 복합 관계들

의미의 복합 관계는 형태와 의미가 일대일이 아닌 일대다로 이어지는 관계이다. 형태와 의미는 일대일로 대응되는 것이 이상적이지만 실제 언어 현실은 다양한 이유로 다양한 대응 양상을 보인다. 복합 관계에는 '다의 관계', '동음 관계', '중의 관계' 등이 있다.

다의 관계

❶ 다의 관계의 개념

다의 관계(polysemy)는 하나의 어휘소에 유연성을 지닌 둘 이상의 복합적 의미 관계를 말하며, 다의 관계를 이루는 단어를 다의어라 한다. 하나의 언어 기호가 담당하는 의미 폭이 넓어져 다의어가 존재하게 된다.

예) '먹다'의 다의성

ㄱ. 밥을 먹다 ㄴ. 담배를 먹다 ㄷ. 뇌물을 먹다 ㄹ. 욕을 먹다 ㅁ. 마음을 굳게 먹다

ㅂ. 겁을 먹다 ㅅ. 나이를 먹다 ㅇ. 더위를 먹다 ㅈ. 한 골 먹다 ㅊ. 종이가 물을 먹다

위의 예에서 10개의 '먹다'는 다의 관계를 이루는데, ㄱ은 '먹다'의 중심 의미로서 음식물을 입안으로 삼키는 행위이며, ㄴ~ㅊ은 파생 의미가 된다. 여기서 기본 의미와 파생 의미가 다의관계를 유지하기 위해서는 의미적 유연성(motivation)이 유지되어야 한다.

❷ 다의어의 생성

다의어 생성의 원인은 적용의 전이, 사회 환경의 특수화, 비유적 표현, 동음어의 재해석, 외국어의 영향 등으로 나누어 볼 수 있다.

▶ 적용의 전이

낱말은 사용되는 문맥에 따라 다수의 다른 쓰임을 지닌다. 그중 일부는 일시적이지만 다른 것은 의미의 지속적인 차이로 발전하는데, 그 사이가 벌어져 마침내 같은 말의 다른 뜻으로 간주한다. 이러한 현상을 적용의 전이(shifts in application)라고 한다.

```
밝다

빛 → 색 → 표정 → 분위기 → 눈·귀 → 사리

(구체적)                         (추상적)
```

(그림: '밝다'의 전이 과정)

그림에서 보듯이 '밝다'의 적용의 전이는 구체적인 '빛 → 색 → 표정'의 밝음에서 추상적인 '분위기 → 눈·귀 → 사리'의 밝음으로 진행됨을 알 수 있다.

▶ 사회 환경의 특수화

사회 환경의 특수화에 의해서 다의어가 발생하기도 한다.

예) action: 법률가 상호 간에는 '소송(legal action)'을, 군인들에게는 '작전(fighting action)'을 뜻함

▶ 비유적 표현

▶ 비유적 표현(figurative language)에 의한 다의어 형성의 보기로 사물의 유사성에 바탕을 둔 은유(metaphor)와 사물의 인접성에 바탕을 둔 환유(metonymy)로 나누기도 한다.

▶ 은유의 보기: 'crane(학)'에서 비유적 전이로 '기중기'가 나타남.

▶ 환유의 보기: 공간적 인접성에 따른 '동궁'(왕자의 거처 → 왕자), 시간적 인접성에 따른 '아침'(아침 시간 → 아침 식사) 등

▶ 동음어의 재해석

동음어의 재해석(homonyms reinterpreted)의 결과 다의어가 생기기도 한다. 이는 곧 어원적으로는 별개의 낱말이었지만 음성 및 그에 따른 글자의 변화로 동음어가 이루어질 때 의미상 어떤 관련성이 인정되면 다의어로 재해석되는 것을 말한다. 예컨대 '다리[橋梁]'와 '다리[脚]'은 어원적으로 다른 동음어이지만 다의어로 재해석되기도 한다. 또한 동음어의 재해석에 따른 다의어의 발생으로는 민간어원을 들 수 있다. 예컨대 '배(腹)'와 '배(船)'는 동음어이지만, 인체의 배 모양과 통나무 배 모양의 유연성으로 말미암아 민간어원에서는 양자 간에 다의성을 인정하기도 한다.

▶ 외국어의 영향

외국어의 영향(foreign influence)에 의해서 기층어에 의미 변화가 일어나거나 기층어의 자리를 외국어가 차지하는 수가 있다. 이 경우 기층어가 지니고 있던 본래의 의미와 외국어의 영향에 따른 새로운 의미 사이에 다의어가 형성된다. 예컨대 '하느님'은 전통적으로 '천신·옥황상제'를 가리켰으나 기독교의 유일신 'God(여호와)'가 들어옴으로써 다의어가 되었다.

동음 관계

❶ 동음 관계의 개념

동음 관계(homonymy) 역시 한 표현에 여러 의미가 대응되는 복합적 의미 관계이다. 동음 관계에 있는 어휘소를 동음어(homonym)라고 하는데, 동음어는 우연히 형태(소리)만 같을 뿐이지 형태(소리) 속에 담긴 의미는 전혀 무관하다는 점에서 다의어와 차이가 난다. 그리하여 국어사전에서 다의어는 같은 표제어 안에서 다루고, 동음어는 별개의 표제어로 다룬다.

❷ 동음어의 생성

동음어 생성의 원인은 언어 기호의 자의성, 음운의 변화, 의미의 분화 등으로 나누어 볼 수 있다.

▶ 언어 기호의 자의성

사물이나 개념에 이름을 붙이게 될 때 그 의미와 형태(소리)가 우연적으로 결합하는 것이 보통인데, 결과적으로 그러한 우연의 일치가 동음어로 나타나게 된 것이다. 예컨대 '절[禮]−절[寺]'이나 '밤[栗]−밤[夜]'이 동음어(후자의 경우 장단의 차이는 있음)가 된 것은 언어 기호의 자의성에 말미암은 것이다.

▶ 음운의 변화

첫째, 통시적 측면인 음운변화에 의해 동음어가 만들어지는 경우이다. 근대국어에서 'ㆍ'의 소실로 '슬〉살(肉)−살(矢)', 음운의 탈락으로 '목욕〉모욕(沐浴)−모욕(侮辱)', 구개음화로 '뎔〉절(寺)−절(禮)', 축약으로 '가ᅀᆞᆷ〉가음〉감(材料)−감(柿)', 단모음화로 '쇼〉소(牛)−소(沼)', 두음법칙으로 '량식〉양식(糧食)−양식(樣式)' 등의 음운변화를 겪으면서 원래 동음어가 아니던 말들이 동음어로 바뀌었다.

둘째, 공시적 측면인 음운의 변동에 의해 동음어가 만들어지는 경우이다. 자음동화에 의한 '옆문 → 염문(側門)−염문(艶聞)', 말음법칙에 의한 '/벋/:벗−벗', '/입/:입−잎'

'/진다/: 짓다–짖다', '/익다/: 읽다–익다', 연음에 의한 '너머–넘어', '반드시–반듯이', '부치다–붙이다', '시키다–식히다' 등이 그러하다.

▶ 의미의 분화

의미의 분화는 다의어의 의미 분화 과정에 중심 의미와 주변 의미의 거리가 멀어짐으로써 관련성을 잃게 되어 동음어화한 것을 말한다. '水: 물 마신다', '色: 옷에 물이 빠졌다', '回數: 한 물 갔다'의 '물'이나 '頸: 고개가 아프다', '峴: 고개 너머 마을'의 '고개' 역시 애초에는 다의어였을 가능성이 높으나 오늘날은 분화하여 동음어가 된 것으로 보인다. 또한 '해(太陽)'와 '해(年)', '달(月)'과 '달(한 달)'도 본래 다의어이던 것이 의미 분화가 일어나 동음어가 된 보기이다.

❸ 동음 충돌의 해소

여러 가지 이유로 동음 관계가 해소되기도 한다. 동음 관계의 해소, 즉 동음 충돌의 해소는 다음 몇 가지 유형으로 나눌 수 있다.

첫째, 음운 변화에 의한 동음 충돌의 해소이다.

예) 그르다(誤/解) → 그르다(誤)/끄르다(解)

바회(輪/巖) → 바퀴(輪)/바위(巖)

둘째, 형태소 첨가에 의한 동음 충돌의 해소이다.

예) 느끼다(感/慨) → 느끼다(感)/흐느끼다(慨)

살(矢/窓) → 화살(矢)/창살(窓)

셋째, 대치에 의한 동음 충돌의 해소이다.

예) 구실(役/稅) → 구실(役)/ 세금(稅)

뫼(山/飯) → 산(山)/밥(飯)

중의 관계

❶ 중의 관계의 개념

중의 관계는 하나의 표현이 둘 이상의 의미를 지님으로써 해석하는 데 곤란을 느끼게 되는 복합적 의미 관계를 말한다. 중의 관계 내지 중의성은 다의어에 의한 것, 동음어에 의한 것 등으로 나눌 수 있다.

❷ 중의성의 양상

▶ 다의어에 의한 중의성

다의어에 의한 중의성은 다음 몇 가지로 나누어 생각할 수 있다.

첫째, 적용의 전이에 따른 중의성이다. 다음의 ㄱ, ㄴ, ㄷ에서 '손'은 모두 중의적으로 해석이 가능하다.

예) ㄱ. 손이 크다. ㄴ. 손이 거칠다. ㄷ. 손을 씻었다.

둘째, 의미의 특수화에 따른 중의성이다. 다음의 예에서 '믿음'은 일반적인 의미로도 해석되고 특수한 의미(종교적인 의미)로도 해석된다.

예) 그는 믿음이 돈독하다.

셋째, 의미의 일반화에 따른 중의성이다. 다음의 ㄱ~ㅁ은 모두 특수한 의미에서 일반적인 의미로 의미가 확대되어 중의적인 해석이 가능해진 예이다.

예) ㄱ. 박사: 학위 소지자/박식한 사람의 일반 호칭

ㄴ. 선생: 교사/일반인의 경칭

ㄷ. 사모님: 스승의 아내/상급자의 아내

ㄹ. 할아버지, 할머니: 조부모/노인

ㅁ. 아저씨, 아주머니: 숙부모/중년 남녀의 호칭

넷째, 비유적인 표현에 따른 중의성이다. 다음의 ㄱ~ㅁ은 일반적인 의미로 해석되기도 하지만 비유적인 의미로 해석될 수도 있어 중의적으로 해석되는 예들이다.

예) ㄱ. 눈이 밝다.

ㄴ. 귀가 얇다.

ㄷ. 코가 높다.

ㄹ. 입이 짧다.

ㅁ. 발이 넓다.

▶ 동음어에 의한 중의성

동음어가 존재하기 때문에 중의성이 생기기도 한다.

예) 배가 탈이 났다.('배[腹]'과 '배[舟]'로 해석 가능)

▶ 방언에 의한 중의성

드물기는 하지만 방언에 따라 차이가 있어 중의성이 생기기도 한다.

예) 중앙 방언의 '사다'와 '팔다'는 대립어의 자격을 갖는데, 경상도 방언에서 곡물을 거래하는 경우는 '팔다'가 '사다'의 용법까지 포괄한다.

❸ 중의성의 해소

중의성을 띤 어휘나 문장은 문맥(context)을 통해서 해소되는 경우가 많다. 동음어에
의한 중의성은 형태의 첨가로 의미의 혼란을 방지하는 일이 있다. 예컨대 '초'를 '양초/
식초'라고 한다거나, 지명의 '광주'를 '전라도 광주/경기도 광주'로 구별하는 것이 그러
하다. 한자어의 시각적 변별도 중의성을 해소하는 데 기여한다.
예) 理想의 날개, 李箱의 날개.

2.3.2. 의미의 복합 관계를 활용한 한국어 어휘 교육

▶ 다의 관계나 동의 관계 등 의미의 복합 관계를 어휘 교육에 활용하는 것도 유용하다.

▶ 학습자에게 수많은 새로운 어휘를 가르치는 것보다 다양한 다의어의 사용법을 가르치
는 것도 효과적인 학습이 된다. 다의어는 핵심 의미와 주변 의미가 있다. 따라서 핵심
의미를 통해 주변 의미를 연상하게 하는 것도 의미를 확장하는 데에 도움을 준다.
예) '손'의 의미

ㄱ. 신체의 일부분 – 오른손, 손을 흔들다, 손으로 가리키다

ㄴ. 일손이나 노동력 – 손이 많다/부족하다, 여러 사람의 손을 거치다, 손이 달리다

ㄷ. 도움이 되는 힘 – 손을 빌리다

ㄹ. 교제, 관계, 인연 – 손을 끊다, 손을 씻다

ㅁ. 수완·꾀 – 손에 놀아나다

ㅂ. 소유나 권력의 범위 – 손에 넣다, 손에 넘어가다, 손을 빼다, 손에 걸리다, 손에 쥐다

ㅅ. 힘, 능력, 역량 – 손에 달려 있다

ㅇ. 솜씨 – 손이 서투르다, 손이 빠르다

ㅈ. 버릇 – 손이 거칠다

▶ 다의어와 동음어(동음이의어) 간의 경계가 확정적이지 않다. 따라서 초급 학습자에게는
이들의 차이를 굳이 설명할 필요가 없지만 중급이나 고급에서는 다의어의 의미 확장을
이해시키면서 자연스럽게 동음어와의 차이를 이해하게 하는 편이 좋다.

▶ 학습의 단계에 따라 다의어 중 어떤 의미부터 가르칠 것인가도 중요하다. 기본 의미나
의미 빈도수가 높은 항목, 학습에 유용한 것을 먼저 가르치는 것이 좋다. 초급에서 배
우는 빈도수가 높은 기본 어휘들은 다의어인 경우가 많기 때문에 각 학습자의 수준별
로 중심 의미에서 주변 의미로 점차 확대하며 가르치는 것이 필요하다.

3장

어휘 체계와 어휘 교육[3]

3.1. 국어 어휘의 체계

현대 국어 어휘를 어종에 따라 분류하면 '고유어/한자어/외래어'의 3중 체계를 이루고 있다. 짐작할 수 있겠지만 한국어에는 한자어가 매우 많다.

국립국어원 『표준국어대사전』에 실린 단어 50만여 개를 분류하여 통계를 내 보면, 한자어 58.5% 〉고유어 25.9% 〉기타(혼합 형태) 10.9% 〉외래어 4.7%로 한자어가 거의 60% 가까이 차지하고 있음을 알 수 있다. 이는 외국인들이 한국어를 배우고 나서 중급 이상의 수준에 이르렀을 때 고민하는 부분이기도 하고, 또 일본어권/중국어권 등 한자어권 학습자를

[표 2] 『표준국어대사전(1999)』 수록 어휘의 어종별 통계

분류＼어종	고유어	한자어	외래어	기타(혼합 형태)	합계
표제어	111,299	251,478	23,196	54,289	440,262
부표제어	20,672	46,438	165	1,234	68,509
합계	131,971	297,916	23,361	55,523	508,771
백분율	25.9%	58.5%	4.7%	10.9%	100%

....
3) 3장의 경우 어휘 체계에 대해서는 김광해(1993), 구본관(2005ㄴ), 강남욱(2010)을 참조하여 수정·기술하였고, 한국어 교육적 의의는 저자가 별도로 기술하였다.

고려할 때 매우 흥미로운 연구 분야이기도 하다. 또 품사별로 분류해 보았을 때에는 명사 65.7%, 동사 13.4%, 부사 3.5%, 형용사 3.4% 순으로 이 네 가지 품사가 거의 90%를 차지한다.

3.2. 고유어

고유어의 특징을 몇 가지 열거하면 다음과 같다.

❶ 고유어에는 기초 어휘가 많다. 예를 들어, '잠'이라는 말은 '취침(就寢)'이나 '수면(睡眠)'이라는 어휘에 앞서는 기초 어휘라 할 수 있다.

❷ 고유어는 문법적 기능을 하는 어휘가 많다. 예컨대 조사 '-이/가', '-을/를', '-에/에서'라든지 어미 '-니까', '-(으)ㄴ데', '-도록'은 모두 한자어가 아닌 고유어이다. 한국어는 조사와 어미를 운용하여 미묘한 어감을 표현하는 첨가어(添加語)로서, 문법적 기능을 하는 어휘들이 고유어라는 사실은 고대 한국어의 틀은 본래 고유어였으며 이후에 많은 한자어가 유입되었음을 밝히는 근거가 되기도 한다.

❸ 한국어의 고유어는 자음교체나 모음교체 현상이 있다. 자음교체는 '감감하다-깜깜하다-캄캄하다'와 같이 예사소리(평음)-된소리(경음)-거센소리(격음)의 체계에 따라 어감의 차이가 생긴다는 뜻이다. 모음교체는 '반짝반짝-번쩍번쩍, 퐁당-풍덩'과 같이 의성/의태어에 모음이 교체되면서 말의 느낌이 바뀌거나 '잡았다-먹었다'처럼 유사한 모음과 어울리는 현상 등을 말한다. 한국어 모음교체는 영어의 'take-took'과 달리 문법적인 변화가 아니라 새로운 어휘를 만들어 내는 기능을 한다는 점에서 특징적이다.

❹ 한국어에서는 다양한 의성어, 의태어, 색채어 표현이 잘 발달하였다. 이는 다른 외국어에서는 잘 나타나지 않는 우리 고유어의 특징이다. 또한 이 의성어, 의태어, 색채어를 활용한 감각어도 매우 발달했다.

참고 :

濃(진함) ─────────────────→ 淡(옅음)

明 새빨갛다 ─ 빨갛다 ─ 발갛다 ─ (붉다) ─ 발그스름하다

暗 시뻘겋다 ─ 뻘겋다 ─ 벌겋다 ─ (붉다) ─ 벌그스름하다

3.3. 한자어

한자어는 한자를 바탕으로 만들어진 '우리말 단어'를 말한다. 이 말은 형성은 한자로 되어 있을지라도 사용 주체는 한국인이라는 것을 뜻한다. 한자어는 기본적으로 한문 문장에서 기원하지만, 중국, 일본, 한국 등에서는 모두 한문을 문자 생활의 주요 수단이자 지식과 교양을 위한 필수 지식으로 사용했기 때문에 한자어에는 중국에서 기원한 것과 일본에서 기원한 것, 한국에서 자생적으로 생겨난 것이 모두 있다.

> ❶ 가. 중국에서 기원한 한자어: 학문(學問), 공부(工夫), 천하(天下)
>   나. 일본에서 기원한 한자어: 엽서(葉書), 추월(追越), 시말서(始末書)
>   다. 한국에서 자생적으로 생긴 한자어: 약방(藥房), 양말(洋襪), 편지(便紙), 고생(苦生), 복덕방(福德房), 식구(食口), 행차(行次)

일본에서 기원한 한자어 중 '사진(寫眞), 회사(會社), 기차(汽車)'와 같은 말은 완전히 한국어 한자어로 정착이 되었지만 '석식(夕食), 고수부지(高水敷地)'와 같은 말은 '저녁, 둔치'와 같은 고유어가 엄연히 있는 말로서 순화하도록 권장하는 단어이다. 한국어의 한자어에 대해서는 위키 백과사전(http://ko.wikipedia.org/)에 표제어를 '한자어'로 입력하면 한국 한자어에 대한 해설과 한국, 일본, 중국, 베트남 한자어와의 비교 등이 비교적 상세히 나와 있으므로 참고해 볼 만하다. 한국 한자어의 특징을 간략하게 정리하면 다음과 같다.

> ❶ 단어 형성에 제약이 없어서 비교적 활발하게 만들어진다.
> ❷ 형태론적이나 성분상의 제약이 많은 고유어와 달리 한자에는 글자 하나하나가 원칙적으로 독립성이 있고 품사가 고정적이지 않아서 자유롭게 오갈 수 있다. 예컨대 같은 '好'라도 '好感'에서는 형용사, '好奇心'에서는 동사, '好惡'에서는 명사, '好景氣'에서는 접두사로 쓰인다.
> ❸ 고유어로 표현하기에 길고 복잡한 통사적인 구성을 해야 할 개념이 한자어로는 간단히 한 단어로 표현할 수 있다. 예) 애연가(愛煙家), 등산(登山) 등
> ❹ 고유어가 다의어인 경우 한자를 사용해서 더 세분화된 의미를 표현할 수 있다는 특징이 있다. 그래서 학술어나 전문 용어에 등에 한자를 즐겨 써 왔다.

❺ 약자나 약어를 만드는 것이 수월하다. 예) 全國經濟人聯合會 : 全經聯) 고유어인 경우 이러한 특성이 약하다. (밤나무겨울살이 : 밤나겨*)

❻ 고유어와 한국에 들어온 외국어와도 잘 결합하여 새 단어를 잘 만들 수 있다.(된醬, 밥床, 工夫하다, 헛手苦, 代代로, 洋담배, 新유럽, 풀(pool)場 등) 또 구 이상의 단어 중에는 한국어에 토착화되어 거의 한자어임을 인지하지 못하는 단어도 많다.(甚至於, 於此彼, 安寧 등)

❼ 한국어와 한자가 결합하여 동의 중복에 의한 새 단어를 만들기도 한다. 예) 담牆, 모래沙場, 洋屋집, 속內衣 등

❽ 한자어에는 '愛國', '出國' 등과 같이 중국식 어순을 그대로 지키는 경우도 많다. 한자어가 한국식으로 동화된 것도 있는 한편 완전히 동화되지 않고 중국어적인 특성을 지닌 단어도 있어서 한국어 안에서 한자어의 위치는 특이한 점이 있다.

3.4. 외래어

또한 한국어 어휘 중 4.7%를 이루는 외래어가 있다. 외래어는 '컴퓨터, 버스, 첼로, 사우나, 스파게티'처럼 한국어 어휘의 한 부분으로서 이미 자리를 잡은 단어들로서 사전에도 올림말로 등재된 것이며 무분별하게 사용하는 외국어와는 다르다.

외래어의 정의와 언어 생활과 관련된 특징은 다음과 같다.

❶ 외국어 중 국어 생활에 정착되어 쓰이는 말이다.

❷ 여러 나라를 거치며 변형되어 들어온 말이 있다. 예) 히로뽕(philopon), 빨치산(partisan)

❸ 어원을 찾기 어려운 말도 있다. 예) 찰나(刹那), 빵(pan)

❹ 외래어와 외국어의 표기는 원음에 따라 적는 것이 원칙이다. 외래어 표기법은 한글맞춤법, 표준어 규정, 로마자 표기법과 함께 규범으로 정해져 있다. 예) 버스, 호텔, 아파트, 아이스크림, 컴퓨터 등

3.5. 어휘 체계와 한국어 어휘 교육

▸ 고유어는 물론 외래어나 한자어도 한국어의 어휘 교수에 있어서 중요한 부분이다.

▸ 외래어 어휘 교육은 원어와는 무관하게 나라마다 발음과 철자가 다른 경우가 대부분이므로 따로 목록을 마련하여 학습해야 할 영역이다. 또한 현재 많은 외국어가 범람하고 있는 현실을 고려한다면 어휘의 이해를 위해서는, 외래어가 아니더라도 고빈도로 사용되는 외국어의 목록을 확보하여 이를 제공하는 것이 필요하다.

▸ 한자어권 학습자들의 경우 한자어에 구성되어 있는 한자를 활용하여 어휘 확장을 시도할 수 있으나, 단순한 비교가 아닌 철저한 대조 분석이 바탕이 된 한자어 자료를 활용해야 한다. 실제로 한자를 사용하는 동양어권들에서 사용하는 한자들이 기본 의미에서는 관련이 있으나 변이 의미에서는 다른 의미로 나타나는 경우가 많으므로 이를 주의하여야 한다.

▸ 또한 구어, 준말, 의성어 의태어, 간투사 등의 교수도 중요하다.

4장

어휘의 통시적·공시적 변이와
어휘 교육[4]

4.1. 어휘 의미의 통시적 변화

의미 변화의 조건

❶ 세대 간의 불연속적(discontinuous)인 전달

'희한(稀罕)하-'는 단어는 원래 '매우 드물다'의 뜻인데, 신기하고 좋은 일에 나이 든 세대가 적용하니까 젊은 세대들이 단순히 '이상하다'의 뜻으로만 생각한다.

❷ 의미의 모호성(vagueness)

중세 국어 'ᄉᆞ랑'은 '생각(思), 그림(戀), 사랑(愛)' 등의 의미를 지녀서 개념적 본질이 모호하였는데 '사랑(愛)'의 의미로 주로 사용한 결과 오늘날은 '사랑(愛)'의 의미만 지니게 되었다.

❸ 유연성(有緣性, motivation)의 상실

어떤 단어가 본래의 의미를 찾아내기 힘들 정도로 명칭이 변하면 의미도 따라서 변하게 된다. '양말'은 서양의 버선을 뜻하는 '양말(洋襪)'에서 왔다.

❹ 다의성(polysemy)

'아버지'가 '생부(生父)'라는 의미 외에 '하느님, 어느 분야에서 처음으로 공헌을 세운 사

---

4) 4장의 경우 어휘의 변이에 대해서는 김광해(1993), 윤평현(2008), 신명선(2010)을 참조하여 수정·기술하였고, 한국어 교육적 의의는 저자가 별도로 기술하였다.

람'의 의미를 갖는 것을 들 수 있다.

⑤ 중의적 문맥

중세국어 '혜-(계산하다, 數)'에서 파생한 명사 '혬'(또는 '혜윰, 혬가림')이 송강(松江)의 〈사미인곡〉에 "혬가림도 하도 할샤"에서 '생각, 근심'의 의미로 쓰인 것을 들 수 있다.

⑥ 어휘 구조(structure of vocabulary)

앞에서 설명했듯이 동의어, 동음어, 다의어 등이 서로 생존 경쟁을 벌이는 동안 의미 변화가 자연스럽게 부수적으로 발생하게 된다.

의미 변화의 원인

❶ 언어적 원인

항상 인접하여 쓰이는 두 단어는 서로 영향을 주고받아 의미의 변화를 일으키게 된다.

▶ 긍정적인 의미를 지닌 단어가 부정사와 결합하여 빈번히 사용됨으로 인해 부정적 가치를 지니게 되는 경우.

예) 부사 '전혀, 별로' 등과 같은 예들은 부정어와 함께 쓰이다 보니 부정어와만 호응하여 쓰이는 예로 굳어진 것이다.

▶ 통사적 구성에서 일부를 생략하되 생략된 부분의 의미가 나머지 부분에 보존되는 경우

예) 아침(朝飯)〈아침밥, 머리(頭髮)〈머리카락, 아파트〈아파트먼트(apartment) 등

❷ 역사적 원인

제도, 기술, 기물, 도덕적 관습이 시대가 변하였으나 그것을 지칭하던 언어는 바뀌지 않고 계속 사용되기도 한다.

예) 지칭의 대상, 지시물이 변한 것: 펜, 수세미, 칠판

지시물은 소멸하였으나 단어는 남아 있는 것: 영감, 바가지

❸ 사회적 원인

같은 단어라도 사회 환경에 따라 의미가 다르게 쓰인다. 한 지역에서 다른 지역으로, 한 집단에서 다른 집단으로, 한 계층에서 다른 계층으로 옮겨 감에 따라 단어의 의미는 변한다.

▶ 의미의 일반화: 특수 집단의 일반적인 용법으로 차용될 때 의미가 확대되어 일반어로 쓰이는 것을 말한다.

예) 왕: 제일인자(가수왕, 기왕전), 큰(왕눈이, 왕거미, 왕사탕), 선생: 일반적인 존칭

▶ 의미의 특수화: 한 단어가 특수 집단의 언어로 차용될 때에 의미가 축소되어 특수어로 바뀌는 것을 말한다.

예) 아버지: 하느님(天主)(기독교), 출혈: 손해(경제 집단)

▶ 사회구조의 변천

예) 감투를 쓰다, 시집가다, 마당을 빌리다

❹ 심리적 원인

화자의 심리적 특성이나 경향에 의해 의미 변화가 일어나기도 한다. 의미 변화의 심리적 요인은 감정적 표현에 의한 것과 금기에 의한 것으로 나누기도 한다.

▶ 감정적 표현에 의한 것

인도네시아에서 '쓰나미'가 일어나 갑작스런 충격을 주자 이에 대한 관심이 매우 커져, '개인 파산 쓰나미', '영화 괴물의 쓰나미'처럼 확장되어 쓰이는 것이 한 예이다. '빨갱이'가 '빨간 색을 가진 사람이나 사물'에서 심리적으로 강한 '공산주의자'의 의미로만 축소되어 쓰이게 되는 것도 그런 예이다.

▶ 금기어

첫째, 공포감. 초자연적인 존재에 대한 경외감에서 그 명칭의 사용을 금하여 생기게 된다.

예) 호랑이: 산신령, 천연두: 마마

둘째, 우아한 표현을 지향하고 불쾌한 것을 직접 지시하는 것을 꺼려 완곡하게 표현한다.

예) 똥, 오줌: 대변(大便), 소변(小便), 죽다: 숨지다, 돌아가다

셋째, 예의에 근거하여 미풍양속을 해치지 않으려는 의도로 신체의 특정 부분, 성(性), 욕설 등을 피한다.

예) 강간: 성폭행

4.2. 어휘 의미의 지역적·계층적 변화

의미는 지역이나 계층에 따라 다양한 변이를 보이기도 한다. 이러한 변화는 '방언', '은어', '비속어' '높임말' 등으로 나타난다.

방언

방언에는 지역 방언과 사회 방언이 있다. 지역 방언은 지역적인 격리에 따라 나타나는 것이고, 사회 방언은 연령이나 성별, 사회 집단 등에 따라 분화되는 것이다. 여기에서는 주로 성별 방언의 예를 자세하게 설명하기로 한다.

성별 방언

성별 방언에서 문제가 되는 것은 특정한 성을 나타내는 말의 차이와, 특정한 성이 사용하는 말의 차이로 나누어 생각해 볼 수 있다.

▸ 특정한 성을 나타내는 말의 차이

특정한 성을 나타내는 표현에서 차이를 보이기도 한다.

예) 절대적 여성어: 어머니, 미녀, 시집가다

상대적 여성어: 얌전하다, 차분하다, 화장

통성어: 부모, 결혼하다, 분장

상대적 남성어: 나그네, 늠름하다, 씩씩하다

절대적 남성어: 아버지, 미남, 장가가다

▸ 또한 이미 언급했듯이 남성을 나타내는 말은 무표적이고 여성을 나타내는 말은 유표적인 경우도 있고, 어순에서 남성을 나타내는 말과 여성을 나타내는 말이 차이를 보이기도 한다.

예) 의사/여의사, 교수/여교수, 대학생/여대생, 대학교/여자대학교, 주인/여주인

예) ㄱ. 아들 딸, 소년 소녀, 신랑 신부, 장인 장모

ㄴ. 남녀, 시부모, 학부형

ㄷ. 신사 숙녀 여러분 / Ladies and gentleman

▶ 특정한 성이 사용하는 말

예) 여성어(여성이 사용하는 경향이 많은 말)의 특징은 다음과 같다.

첫째, 저속한 간투사 사용을 자제한다.

둘째, 부가 의문문을 자주 사용한다.

셋째, 평서문을 의문문의 억양으로 말하는 경향이 있다.

넷째, 공손한 표현으로 부탁하는 경우가 많다.

은어

폐쇄된 집단 내에서 사용되며, 비밀어라고도 한다. 주로 종교적, 상업적, 방어적 동기에서 발생한다.

예) 심(산삼), 까이(여자 애인), 야로(꿍꿍이) 등

비속어

비속하고 천한 어감이 있는 말을 말한다.

예) 끝내주다, 골 때리다, 동양화 등

높임말

한국어는 주지하듯이 높임법이 발달했는데, 높임법은 조사나 어미에 의해 실현되기도 하지만 어휘에 의해 실현되기도 한다.

❶ 높임말의 개념: 사람이나 사물을 높여서 이르는 말을 말한다.

예) 직접 높임말: 아버님, 선생님

간접 높임말: 진지, 따님, 아드님

객체 높임에 쓰이는 높임말: 뵙다, 여쭙다, 드리다

❷ 높임말의 특징

▶ 한국어, 일본어에 많다.

▶ 한자어가 존칭어인 경우가 많다.

예) 나이/연세, 집/댁

▶ 상황에 따라 의미(존칭, 비칭)가 달라질 수 있다.

예) 당신, 말씀

신조어

❶ 신조어의 개념: 새로운 개념을 지칭하기 위하여 새로 등장하는 말을 이른다.

❷ 신조어의 특징

▶ 사회상의 변동을 반영한다.

▶ 유행어보다 오래 사용된다.

▶ 여러 경로를 통해 만들어진다.

• 외래어 차용: 프락치, 라디오, 철도

• 기존 단어 복합: 어린이날, 손톱깎이, 노래방, 얼짱

• 의미 확대: 영감, 선생님, 완소

※ 유행어: 신조어보다 생명력이 짧으나 사회상을 반영하는 정도는 더 강하다.

4.3. 어휘 의미의 변이와 한국어 교육

▶ 학습자의 모국어에 높임말이 없다면 배우기가 어렵다. 어휘적 높임말의 목록을 만들어 단계적으로 가르치는 것이 필요하며 어휘의 제시에만 그치지 않고 주어의 바뀜에 따른 어휘적 높임말의 교체를 집중적으로 연습시킬 필요가 있다.

▶ 아울러 자신을 낮추는 겸양어에 대한 교수도 필요하다.

▶ 비속어는 교양 있는 사람들의 언어 생활에서는 적당하지 않은 어휘이다. 따라서 표현 어휘로는 가르칠 필요가 없지만, 생활에서 비속어를 들었을 때 이를 습득하여 재활용 하지 않도록 일상어와의 차이점을 설명해 주는 것이 필요하다.

▶ 완곡어는 금기가 되는 어휘를 대체해서 완곡하게 부르는 말로, 언어권마다 '죽음, 배설 물'과 같은 어휘에 많이 나타난다.

▶ 성별어란 남자나 여자들만이 즐겨 쓰는 어휘를 말하며 문형으로도 나타난다. 이에 대한 교수도 필요하다. 특히 한국어 교육에서는 교사가 여성인 경우가 압도적이므로 외국인 학습자가 여성어만 배우는 경향이 강한데, 남성어와 차이가 있다는 점을 주지하게 해야 한다.

▶ 고급 학습자의 경우 어휘 의미의 통시적 변화를 고려하거나, 특히 어원을 활용하는 것도 도움이 된다.

학습과제

(1) 한국어 교육에서 어휘 교육의 필요성에 대해 설명하라.

(2) 어휘 능력과 어휘 교육의 관계에 대해 설명하라.

(3) 어휘 교육의 실제 방법에 대해 예를 들어 설명하라.

(4) 의미의 계열 관계의 유형을 들고 각각에 대해 설명하라.

(5) 의미의 계열 관계를 한국어 어휘 교육에 활용하는 방안에 대해 설명하라.

(6) 의미의 결합 관계의 유형을 들고 각각에 대해 설명하라.

(7) 의미의 결합 관계를 한국어 어휘 교육에 활용하는 방안에 대해 설명하라.

(8) 의미의 복합 관계의 유형을 들고 각각에 대해 설명하라.

(9) 의미의 복합 관계를 한국어 어휘 교육에 활용하는 방안에 대해 설명하라.

(10) 어휘 체계와 어휘 교육의 관계에 대해 예를 들어 설명하라.

(11) 어휘 변이와 어휘 교육에 대해 설명하라.

참고문헌

강남욱(2010), 「한국어 어휘론과 한국어 교육」, 《외국어로서의 한국어 교육 교사 연구 과정 자료집》 2, 서강대학교 한국어 교육원.

강현화(2000ㄱ), 「코퍼스를 이용한 부사의 어휘교육 방안 연구」, 《이중언어학》 17호.

강현화(2000ㄴ), 「빈도가 동사의 어휘교육에 주는 효용성」, 《비교문화연구》 4집, 경희대 외국어학부.

강현화(2001ㄱ), 「다의어의 분석과 교수 방안」, 『국어 문법의 탐구』V, 태학사.

강현화(2001ㄴ), 「한국어 교육용 기초 한자어에 대한 기초 연구―한국어 교재에 나타난 어휘를 바탕으로―」, 《한국어 교육》12-2, 국제한국어 교육학회.

강현화(2002) 「한국어 문화어휘의 선정과 기술에 관한 연구」, 『21세기 한국어 교육학의 현황과 과제』, 한국문화사.

강현화(2010), 「한국어 어휘교육론」, 『2010학년도 한국어 교원 양성과정』, 이화여자대학교 언어교육원.

구본관(2005ㄱ), 「어휘의 변화와 현대국어 어휘의 역사성」, 《국어학》 45.

구본관(2005ㄴ), 「한국어의 형태론과 어휘론」, 『외국어로서의 한국어학』, 한국방송통신대학교출판부.

구본관(2007), 「한국어에 나타나는 언어적 상상력」, 《국어국문학》 146.

구본관(2008), 「교육 내용으로서의 어휘사에 대한 연구」, 《국어교육연구》 21.

구본관(2011), 「어휘 교육의 목표와 의의」, 《국어교육학연구》 40.

김광해(1993), 『국어 어휘론 개설』, 집문당.

김광해(1995), 『어휘연구의 실제와 이론』, 집문당.

김광해(1998), 「유의어의 의미비교를 통한 뜻풀이 정교화 방안에 대한 연구」, 《선청어문》 26, 서울대학교 사범대학 국어교육과.

김광해 외(1999), 『국어지식탐구』, 도서출판 박이정.

김수정(1998) 「문맥을 통한 한국어 어휘 교육」, 이화여자대학교 한국학과 석사학위논문.

문금현(2000) 「구어 텍스트를 활용한 한국어 어휘교육」, 《한국어 교육》11-2, 국제한국어 교육학회.

박재남(2002), 「외국어로서 한국어의 유의어 교육 방안 연구」, 연세대학교 교육대학원 외국어로서의 한국어 교육 전공 석사학위논문.

서상규 외(1998), 「외국어로서의 한국어 교육을 이한 기초 어휘 선정」, 한국어 세계화 추진을 위한 기반 구축 사업 1차년도 결과 보고서.

신명선(2003), 「지적 사고도구어 교육 연구」, 서울대학교 박사학위논문.

신명선(2010), 「한국어 어휘 의미론」, 《2010 한국어 교육》Ⅰ, 서울대학교 사범대학 외국인을 위한 한국어 교육 지도자 과정.

신현숙(1998), 「한국어 어휘교육과 의미 사전」, 《한국어 교육》 제9권 2호, 국제한국어 교육학회.

유현경·강현화(2002) 「유사관계 어휘정보를 활용한 어휘교육 방안」, 《외국어로서의 한국어 교육》27집, 연세대 언어교육원.

윤평현(2008), 『국어의미론』, 도서출판 역락.

이기연(2006), 「어휘 교육 내용 설계를 위한 낯선 어휘의 의미 처리 영상 연구」, 서울대학교 석사학위논문.

이영숙(1992), 「신체 관용어와 외국어로서의 한국어 교육에의 활용」, 《말》 17, 연세대 한국어학당.

이정희(1997), 「외국인을 위한 한국어 어휘교육에 관한 연구」, 경희대 교육대학원 석사학위논문.

임홍빈(2007), 『한국어의 주제와 통사 분석』, 서울대학교출판부.

전혜영(2001), 「한국어 관용표현의 교육 방안」, 《한국어 교육》 12-2, 국제한국어 교육학회.

조현용(2000), 『한국어 어휘 교육 연구』, 박이정.

조형일(2010), 「시소러스 기반 한국어 어휘 교육 연구」, 서울대학교 박사학위논문.

한송화(2001), 「외국어를 위한 어휘 사전의 의미 기술 문제에 대한 제안」, 『제15회 언어정보 연찬회 발표논문집』, 연세대 언어정보개발연구원.

Ronald, Carter(1988), *Vocabulary : Applied Linguistic Perspectives*. Routeledge Publishers(『어휘론의 이론과 응용』, 원명옥 역. 한국문화사).

Ronald, Carter(1998) *Vocabulary: Applied Linguistic Perspectives*(*2nd edition*), Routeledge Publishers.

Halliday, M. A. K.(1985), *An Introduction to Functional Grammar*, Edward Arnold.

Nation, I. S. P.(1990), *Teaching & Learning Vocabulary*, Heinle & Heinle Publishers.

한국어 문화 교육론

■■
■■

조해숙

서울대학교 인문대학 국어국문학과

| 학습 목표 |

- 한국어 문화 교육의 개념과 원리를 이해한다.
- 학습자의 능력과 상황에 따라 한국어 문화 교육의 내용을
적절하게 구성하는 능력을 기른다.
- 한국어 문화 교육의 방법을 적절하게 조직하는 능력을 기른다.

차례

1장

한국어 문화 교육의 개념과 정의

오늘날 우리가 살고 있는 한국 사회는 세계화, 다문화의 흐름 속에서 그와 관련된 여러 분야의 과제들을 안고 있다. 언어 교육의 측면에서는 외국어교육이나 한국어 교육에서 이러한 한국 사회의 다원적 특성을 어떻게 반영하고 해결해 갈 것인가 하는 구체적 문제로 나타난다. 다원화 사회에서 언어 교육의 역할은 단지 언어의 도구적 성격에 기반하여 언어 사용 능력을 기르는 것에만 그치지 않고 언어 교육을 통해 국제 이해 교육으로 나아가야 한다는 인식에 이르렀다. 이러한 인식 아래 한국어 교육에서 문화가 교수–학습의 도구를 넘어 반드시 학습해야 할 실체로 받아들여지면서 부각되기 시작한 분야가 한국어 문화 교육이다. 즉 한국어 문화 교육은 과거에 언어 구사의 능숙도나 유창성을 중요 목표로 삼던 의사소통 중심의 언어교수법에서는 가치를 평가받지 못했던 문화가 언어 교육의 중요한 내용이자 활동으로 인식된 최근에 이르러 생겨난 교과라 할 수 있다. 그런 만큼 문화의 정의나 언어 교육에 포함될 수 있는 문화 내용 등은 아직 완전히 정립되지 않은 편이다. 여기서는 지금까지 이루어진 관련 논의를 바탕으로 한국어 교육에서 문화 교육의 개념과 필요성, 내용, 방법을 요약하고 한국어 문화 교육의 실제를 보이고자 한다.

1.1. 한국어 교육의 개념과 대상

한국어 문화 교육은 한국어 교육과 문화 교육의 화학적 총합이라고 할 수 있다. 따라서 한국어 문화 교육의 개념을 이해하기 위해서는 우선 문화 교육이 필요한 한국어 교육의 대상 및 개념을 점검한 후 그에 따른 문화 교육의 개념을 확인하는 것이 필요하다.

한국어 교육은 외국어로서 한국어를 교육하는 일이다. 이때 '한국어'는 '국어'와 대비되는 용어로, 한국인이 사용하는 "국어를 다른 나라 사람이 이르는 말"로 규정된다. 그런 점에서 한국어 교육은 일차적으로 한국인이 아닌 외국인을 위한 언어 교육 과정인 셈이다. 그런데 한국어를 교육해야 하는 대상은 우리가 일반적으로 떠올리는 외국인들로만 제한하기가 어렵다. 한국인이 일상에서 사용하는 언어를 '국어'로 인식할 수 없는, 보다 넓은 범위의 사람들이 한국어의 교육 대상에 포함될 수 있기 때문이다. 그렇다면 한국어의 교육 대상과 내용을 구성하기 위하여 한국인의 범주를 설정해 보아야 하는데, 이것은 국적, 민족, 지역 등 3가지 기준에 의하여 가능하다.

국적 면에서 한국인은 법적으로 대한민국 국적을 가진 자로 규정된다. 따라서 한국어 교육은 대한민국 국적을 가지지 않은 사람이 대상이다. 하지만 대한민국 국적을 가졌더라도 결혼이주자나 귀화자라든지 해외에 장기 거주하고 있는 교포 등의 경우는 한국어 교육을 필요로 하는 대상이 된다. 민족 면에서 한국인은 한국어를 모어로 가지는 사람들을 일컫는다. 모어(mother tongue)는 모국어와 달리 최초의 인지와 사고 능력을 형성하는 매개체가 되는 언어이다. 이 점에서 한국어 교육은 일차적으로 한국어가 모어가 아닌 사람들을 대상으로 하나, 이 경우에도 더 고려해야 할 점이 있다. 중국 조선족이나 일부 해외 교포의 경우처럼 모어가 한국어이지만 그들이 일상적으로 사용하는 언어는 해당 지역 언어여서 한국어를 재교육하는 것이 필요한 사람들도 있는 것이다. 지역 면에서 한국인은 한반도 남부, 즉 대한민국에서 일상생활을 영위하면서 이 지역의 언어로 소통하고 사회적인 문제의 해결을 도모하는 사람들의 무리를 지칭한다. 따라서 한국어 교육은 대한민국에 거주하지 않는 사람들이 그 대상이 될 것이다.

이상에서 말한 바를 종합하면, 한국어 교육은 한국 국적을 가지지 않았거나 한국어를 모어로 삼지 않으며 한국에서 일상적인 의사소통 행위를 할 수 없는 사람들을 대상으로 하되, 이 셋 가운데 하나라도 해당되면 한국어 교육을 필요로 한다고 볼 수 있다. 주의할 점은 이러한 한국인의 규정은 가치를 함의한 것이 아니라 한국어의 교육 대상과 내용을 구성하는

데 유용한 한에서만 타당성을 지닌다는 점이다. 또 언어 교육 면에서는 국적보다 민족, 지역이 더욱 중요하므로, 한국어 교육은 한국어가 모어가 아니거나 한국어가 주된 의사소통의 언어가 아닌 사람들을 대상으로 그 내용과 방법이 구성된다. 이렇게 되면 한국어의 교육 대상은 해외 동포를 비롯하여 순수한 외국어 학습자나 결혼 이주자, 노동 이주자 등 국내외에 거주하는 외국인들까지 모두 포함하게 된다. 따라서 위에서 기준으로 삼은 각 범주의 조합에 따라 저마다 다른 한국어 교육 내용과 방법을 구체적으로 고안하는 일이 매우 중요하다.

1.2. 문화와 언어문화

한국어 교육에서는 내국인 대상인 국어 교육에서보다 먼저 문화 교육에 큰 관심을 기울여 왔다. 언어 학습이 문화 학습과 자연스럽게 연결되어 있기 때문이기도 하고 한국어를 배우는 동기 또한 문화 탐구인 경우가 많기 때문이다. 그렇더라도 한국어 교육은 언어 능력을 기르는 데 초점이 놓이므로 문화의 모든 면을 수용할 수는 없으며 그것이 바람직하지도 않다. 이런 이유로 언어 교육의 정체성을 잃지 않으면서 문화 교육의 필요성과 효용성을 최대한 반영하기 위하여 문화와 구별되는 언어 문화의 개념을 상정하기도 한다. 우선 문화의 기본 의미를 확인해 보고 언어 학습에서 이것을 어떻게 받아들여 왔는지 살펴보기로 하자.[1]

'문화(culture)'는 라틴어 'cultura, cultus'에서 유래한다. 이는 경작, 경지, 보살핌, 생활 습관, 낭비, 의복, 의식, 교화, 보호, 존경, 제사 등을 의미하며, 원래 손질하다, 거주하다, 경모하다, 제사지내다 등의 의미를 지닌 동사 'colo'에서 파생했다고 한다. 매우 광범위한 의미로 통용되며 변화를 거듭해 온 이 용어는 유럽에서 16세기를 전후하여 주목을 받기 시작하면서 문명(civilization)과 유사한 의미로 사용되었다. 그러다가 18세기 후반에서 19세기 초반 독일에서 프랑스의 문명과 대립되는 의미로 구분하여 사용하게 되었는데 이것이 오늘날 문화의 개념과 가장 가깝다. 동양에서는 19세기 후반 일본에서 동양 고전인 『역경(易經)』의 구절["觀乎天文以察時變, 觀乎人文以化成天下(천문을 살펴 때의 변화를 관찰하고, 인문을 살펴 천하를 교화한다)"]에서 단어를 찾아 이 서양어의 번역어로서 '문화'라는 용어를 사용하였다.

이처럼 문화는 시대정신과 상황에 따라 매우 다양한 맥락과 개념으로 정의되어 왔다. 어

---

1) 문화의 기본 개념 및 특성에 따른 정의는 윤대석, 「한국어 문화 교육론」, 서울대학교 한국어문학연구소 외 공편, 『(개정판) 한국어 교육의 이론과 실제』 2(아카넷, 2014)의 416-417면의 내용을 참조하였다.

쩌면 문화란 우리 자신을 설명하는 전부이고 우리를 둘러싸고 있는 '모든 것'이라고까지 말할 수 있는 것이다. 이러한 문화 개념 및 정의의 다양성 때문에 문화는 불가지(不可知)한 것이라거나 구체적인 실체가 없는, 그래서 가르칠 수 없는 것이라는 편견이 자리해 왔다. 한편으로, 한국어 교육에서 맡아야 할 문화의 본질과 지향을 언어, 문화, 교육이라는 핵심어 안에서 진지하게 모색하려는 노력도 지속되어 왔다. 이 과정에서 '언어 문화'라는 구체적인 개념이 정립된 것이다.

일반적으로 언어는 문화를 그 자체로서 반영하고 있으며, 문화는 언어뿐만 아니라 문학, 예술, 관습, 관념 등 다양한 형태로 표출된다. 1990년대에 국어교육 및 한국어 교육에서 문화에 대한 관심이 본격화하게 된 것도 이 점을 인식하였기 때문이다. 그 후로 언어와 문화 사이의 긴밀성을 강조하고 언어 학습 과정이 곧 목표 언어의 문화 습득 과정임을 인식한 논의[2]를 적극적으로 구체화함으로써 한국어 교육에서 정당화될 수 있는 문화의 요소와 정의를 마련하고자 하였다.

언어 교육 안에서 필요한 문화의 개념을 추출하기 위해서 우선 문화를 그 특성에 따라 구분하여 정의해 보자. 문화의 정의는 매우 다양하게 이루어져 왔으나, 기본적으로 문화 구성원까지 포함하여 문화를 5가지 차원으로 제시한 모란[3]의 예를 참고하여 다음 몇 가지로 규정할 수 있다.

첫째, 산물(product)로서의 문화이다. 인간에 의해 생산되고 채택되는 모든 인공적 산물로서, 도구나 의복, 서적, 건물 등 유형적 산물은 물론 언어나 음악, 가족제도, 교육, 경제, 정치, 종교 등 무형적 산물도 포함된다.

둘째, 수행(performance)으로서의 문화이다. 인간이 개인적으로 혹은 상호적으로 수행하는 활동과 상호작용의 전체를 이르는 것으로, 산물을 사용하는 것과 관련된 행동, 의사소통의 형태, 생활양식, 관습 등을 포함한 확장된 문화 개념이다.

셋째, 관점(viewpoint)으로서의 문화이다. 문화를 실행하는 개인과 공동체의 지침이 되는 시각이나 선입견으로, 문화 산물의 기저에 깔려있는 인식, 신념, 가치, 태도 등을 포괄한다. 이는 명확한 경우도 있지만 대개 함축적이고 무의식적인 것으로, 문화가 삶의 방향이나 전

---

2) "언어는 문화의 일부분이며, 또한 문화는 언어의 일부분이다. 즉 이들은 밀접하게 얽혀 있어서 언어든 문화든 그 중요성을 잃지 않으면서 둘을 떼어낼 수는 없다. (……) 제2언어 습득은 또한 제2 문화의 습득이기도 하다." H. D. Brown, 이홍수 외 역, 『외국어 학습·교수의 원리』(Pearson Education Korea, 2005), 207면.

3) P. R. Moran, 정동빈 외 옮김, 『문화교육』(경문사, 2004), 31-43면 참조.

망을 제시하고 의미를 제공하는 역할을 담당하기도 함을 의미한다.[4]

이 세 가지 차원 외에 문화의 구성원으로서 공동체와 개인도 중요한 요소이다. 문화의 주된 주체와 단위는 공동체인데, 문화를 실행하는 사람들이 속한 집단과 환경, 특정한 사회 상황까지 선천적/비개방적인 것과 후천적/개방적인 것을 모두 포괄한다. 개인도 문화 수행의 주체이며 단위로서, 그가 속한 공동체의 경험과 섞이기도 하고 분리되기도 하면서 문화적 주체성을 가진다.

이상의 문화에 대한 규정은 항상 배타적인 것은 아니며 서로 보완하고 연결되는 가운데 문화의 여러 측면을 드러내준다고 볼 수 있다. 문화 구성원으로서 공동체와 개인도 언제나 구별되는 특성을 지니지 않는 것과 마찬가지이다. 이러한 문화에 대한 개념 규정은 우리가 언어 교육을 위하여 소용될 언어 문화 개념을 상정할 때도 비슷하게 적용된다.

앞에서 살핀 것처럼 사회 속에서 언어와 문화는 밀접한 관계에 있고, 언어 학습 과정 안에서도 이 점을 충분히 의식해 문화 교육을 해 왔으므로 '언어문화'에 대한 개념이 존재하고 있다. 다만 문화와 언어의 상관성을 바라보는 관점 내지 태도가 제한적인가 혹은 포괄적인가에 따라 언어 문화라는 개념은 달리 인식된다.

우선 가장 제한적 의미에서 '언어 문화(culture of language)'를 '언어 영역에서 문화 현상을 찾는 것'으로 보는 관점이 있다. 이는 언어 속의 문화, 언어에서 발견되는 문화, 문화가 투영된 언어 등 언어 영역 내에서의 문화적 현상을 가리킨다. 높임법이나 특수 언어 사용처럼 문법적 영역에 문화가 내재하는 경우와 어휘 속에 문화적 요소를 외재적으로 포함하는 경우 등을 예로 들 수 있다. 이 경우 문화 교육은 언어 교육의 도구로서 부수적 역할을 담당하게 된다.

이와는 달리 언어라는 의사소통 맥락으로 문화를 위치 짓고 '모든 문화 영역에서 나타나는 언어 현상'을 찾는 관점이 있다. 이는 언어 그 자체가 곧 문화라는 전제 위에서 언어와 문화의 겹치는 부분에 주목한다. 이 관점에서 볼 때 문식성(文識性, literacy)은 단순히 기능적인 것이 아니라 문화적인 것을 이해하는 것으로서의 문식성이며, 나아가 비판적 문식성, 교양적

---

4) 1980년대 이후 외국어교육에서 중시해 온 '문화'에 대하여 여러 학자들이 성취문화와 행위문화를 중심으로 재정리를 시도한 예도 이와 비교할 만하다. Tomalin & Stempleski(1993)는 사회구성원이 성취한 총체적인 문물과 일반 행위 문화로 나누고 그 가운데 언어 교육에서는 언어생활과 생활 공동체에서 접할 수 있는 행위 문화가 중요하다고 보았다. 최종적으로 일반 행위 문화를 확대 규정하여 문화를 산물(products-문학, 민속, 미술, 음악, 가공품), 관념(ideas-신념, 가치관, 태도), 행위(behaviours-관습, 습관, 옷, 음식, 레저)의 세 가지로 제시하였다. 모란의 경우와 용어 의미가 유사하지만 각 정의에 포함되는 세부 요소들은 차이가 있다. Tomalin, B. & S. Stempleski, *Cultural Awareness*, Resource books for teachers(Oxford University Press, 1993).

문식성까지 포함하는 것으로 볼 수 있다. 이때 문화 교육은 언어 교육의 하위가 아니라 동등한 자격을 갖게 되는데, 이런 의미에서 '언어와 문화(language and culture)'라는 용어를 사용하기도 하였다.

이처럼 언어 문화 교육에서는 언어 문화의 개념을 보는 두 가지 관점이 구별되어 사용되어 왔다. 대체로 국어 교육에서 제한적 관점의 문화 교육을 추구해 온 반면 한국어 교육에서 포괄적 관점의 문화 교육을 두루 활용하는 편이었다. 하지만 한국어 교육의 범위와 대상이 확장되어 가는 추세에 있으므로 제한적 관점의 문화 교육도 수준에 따라 시도할 만하며 포괄적 관점의 문화 교육은 보다 다양화할 필요가 생겨났다. 이리하여 포괄적 개념에 비중을 두면서도 제한적 관점까지 아우르는 문화 교육의 개념으로서, 언어와 문화의 상호구속성을 강조한 '언어문화(language culture)'[5]라는 용어를 제안하기에 이르렀다.[6] 언어 교육을 언어문화의 교육으로 개념화하게 됨으로써 언어 학습은 문화를 도구로 부리는 능력을 학습하는 것이 아니라 그 삶의 방식을 습득하는 과정이라고까지 말할 수 있게 된 것이다.

이상의 언어 문화를 바라보는 서로 다른 관점은 현재 행해지고 있는 한국어 문화 교육 속에 반영되어 나타나고 있다. 한국어 교육 문화의 현황과 문제점을 간단히 파악해 보기로 하자.[7]

한국어 교육에서 문화 교육은 문화 요소(cultural component) 중심의 문화 교육, 즉 문화에 대한 지식을 학습하는 교육이 먼저 이루어졌다. 한국어 읽기 교재에서 문화 요소에 관한 설명을 읽기 자료나 지식으로 단순 제공하는 방식이 그것이다. 이 방식은 부분적으로 효과가 있으나, 문화의 복합적 특성을 고려하였을 때 문화는 지식으로 학습해야 할 인지적 학습 대상일 뿐만 아니라 일상생활 속에서 체득되어야 할 정의적, 태도적, 경험적 학습대상이라는 점에서 이에 부응하는 현대적 교수-학습 방식이 고안될 필요가 있다.

다음으로 한국어 의사소통 능력을 높이기 위하여 문화 요소를 활용하는 문화 교육 방법이 있다. 한국어 교육에서 문법이나 어휘 교육을 위하여 문화를 활용하거나 말하기, 듣기, 읽기, 쓰기와 같은 의사소통 교육을 위하여 문화를 활용하는 방식이 그것이다. 이 방법은 한국 문화 교육을 한국어 교육의 한 부분으로 보고, 활용 교육의 관점에서 언어 교육에 중

---

5) '언어와 문화'라는 용어는 두 영역이 독립적인 것이라는 의미가 강하며, '언어 문화'라는 용어에서 문화가 부수적 위치에 놓이는 것을 고려하여 새롭게 등장한 용어이다.

6) 한편 문화 산물 중 언어로 수행되는 문화, 곧 활자 문화, 매체 문화 등을 가리키는 '언어적 문화(linguistic culture)'라는 용어도 있다. 이때 문화는 언어를 포함하는 더 큰 개념으로 쓰이는데 한국어 교육에 직접 쓰이는 예는 드물다.

7) 한국어 문화 교육의 현황은 윤여탁, 『문화교육이란 무엇인가』(태학사, 2013) 148-152면 내용을 요약 제시한다.

심을 두고 통합적 교수-학습을 지향한다. 속담이나 어휘 등의 관용 표현을 통해 한국어를 가르치는 경우는 한국어 의사소통 능력을 높이고자 문화 요소를 활용한 것이다.

마지막으로 문화 자체에 대한 교육으로서 한국어 문화 교육을 하는 경우이다. 이것은 문화를 교수-학습에 활용하기보다는 한국어 교육을 통해 문화적 정체성을 실천하는 문화 능력을 기르는 것을 지향한다. 그것이 실현되는 방식은 관점에 따라 여러 가지로 나타날 수 있는데 자국 문화와 한국 문화의 차이를 알고 정체성을 확인하는 단계에 그칠 수도 있고, 한국어 교육에서 문화 교육을 통해 상호 간 차이를 넘어 제2의 정체성을 습득하는 단계에 이를 수도 있다.

위에서 살핀 각각의 경우에도 언어 학습의 과정에서 목표 언어의 문화는 자연스럽게 학습자들에게 학습되며, 문화 습득의 최종 단계에서 문화 정체성의 회복을 지향하게 될 것이다. 이 점을 염두에 두고 한국어 문화 교육은 문화 인식(cultural awareness)을 갖추는 것을 넘어, 문화 문식성(cultural literacy), 문화 능력(cultural competence)[8] 등을 기르는 것을 지향해야 할 것이다.

---

8) 문화 인식은 학습자들이나 향유자들이 문화에 대해 알고 있거나 이해하고 있는 것으로 주로 문화의 내용 요소나 지식과 관련이 있다. 문화 문식성은 문화에 대해서 이해하고 이를 표현하는 능력이며, 문화 능력은 문화에 대해서 이해할 뿐만 아니라 문화적 행동으로 실천할 수 있는 능력이다.

2장

한국어 문화 교육의 내용

한국어 문화 교육의 내용은 학습자의 상태나 그가 처한 상황에 따라 달리 설정될 수 있으며, 달리 설정되어야 한다. 즉 학습자에게 한국어가 모어인지 또는 주된 의사소통의 언어인지와 학습 장소, 학습 목적, 학습 수준 등이 모두 고려되어야 한다. 한국어 문화 교육 내용을 구성하기 위해서는 언어 문화를 대하는 바람직한 시각을 통하여 교육의 목표를 세우고 단계적으로 구분하여 접근해야 한다.

2.1. 한국어 문화 교육의 시각과 목표

한국어 교육을 위하여 언어 문화에 대한 필요성을 인식하고 현장에서 문화 교육을 실천하고자 할 때 교수자가 문화를 보는 시각에 따라 문화 교육의 목표는 크게 차이가 있다. 또 그에 따라 실제 구성할 수 있는 한국어 문화 교육의 내용도 달라질 수밖에 없으므로, 문화 교육 내용을 구성하는 전제로서, 문화를 바라보는 다양한 시각을 점검하는 것은 유용한 일이다.

먼저, 자문화중심주의(ethnocentrism)이다. 자국의 문화를 고유하고 본질적인 것으로 상정하고 다른 나라의 문화에 비해 월등하다고 생각하는 이 시각은 18–19세기 독일에서 근대적 문화 개념이 정착되면서 생겨났다. 자본주의와 근대 제도에서 여타 서양 국가들에 비해 앞선 프랑스와 영국이 문명의 사명을 내걸고 전 세계로 식민지를 확장하자 이에 위기감을 느낀 독일이 이러한 시각의 문화를 옹호하게 된 것이다. 그러나 19세기 후반 독일이 세계 강대국 가운데 하나가 되었을 때 자문화중심주의는 자국의 문화를 타국에 강요하는 문화 제국주의로 변질하였다. 독일처럼 후발국으로 독일 문화 개념을 받아들인 일본 역시 비슷한 길을 걸어갔다고 할 수 있다. 이미 문화 개념 성립 단계부터 내포된 자문화중심주의는 문화를 고유하고 본질적인 것으로 상정하고 민족과 문화를 동일시한다. 이 시각은 고유한 민족 문화를 통해 정체성을 정립하여 제국주의에 맞서는 논리로 작용하지만, 국민국가로서 기반이 잡힌 뒤에는 타민족을 배제하는 배타적 민족주의로 변질되기 쉽고 문화 제국주의로 흐를 가능성이 있다. 국민국가 내부에서도 지배이데올로기를 정당화하는 수단으로 전락한다든지, 세계화 시대에서 고립된 문화로 전락할 우려도 있다.

반면 문화상대주의(cultural relativism)는 문화의 상대성을 인정하여 각 문화가 나름의 의의와 구조적 체계를 지닌다고 생각하는 점에서 자문화중심주의의 위험성을 비켜간다. 이는 자문화중심주의와 문화제국주의에 대한 반발로 시작되었는데, 타문화의 존재 의의를 인정한다는 장점을 가지나, 한편으로 각 문화가 독립된 체계를 유지한다고 상정함으로써 문화 교류나 문화 변용의 가능성을 차단하는 문제점이 있다. 또한 상호 존중이라는 명목 아래 모든 문화 현상을 긍정해 인권탄압이나 여성차별 등 인류의 보편적 문제를 해결할 수 없을 뿐 아니라 문화 갈등 상황을 중재할 수 없다는 한계를 지닌다.

다문화주의(multiculturalism)는 영미권의 다민족, 다인종 국가의 논리로, 한 국가 내에서 살아가는 다양한 민족, 인종이 공생할 수 있는 방안을 모색한다는 점에서 앞선 두 시각의 한계를 넘어선다. 이는 모든 문화를 가치 있는 것으로 인정하는 장점이 있으나 기본 논리는 문화상대주의와 유사하여 여러 문제점을 낳고 있다. 공통의 문화를 인정하지 않아 문화적 갈등을 해결하기 어려우며, 다른 문화의 존재 의의를 긍정하면서도 결국 개인이 속한 문화에 따라 개인을 판단하고 차별하게 되는 문화 계급화 현상 때문에 사회적 갈등이 오히려 심화하기도 한다.

이러한 다문화주의의 한계를 넘어서고자 하는 시각이 상호문화주의(inter-culturism)이다. 이는 유럽 국가에서 다인종, 다문화 현상을 이해하고 해결하려는 노력의 산물로서, 이 시각은 문화를 복수적이고 개방적이며 관계적·중층적·징후적·소통적으로 파악한다. 다양한 문화의 상호존중을 바탕으로 하지만, 문화가 교류를 통해 변화하고 활성화될 수 있는 가능성을 인정한다는 점, 문화가 역동적 지속적 구조로서 작용한다고 보는 점, 문화를 관계, 맥락, 상황과 관련된 징후로 보는 점, 민족 문화를 개인이 가진 여러 문화 가운데 일부로 보는 점,

문화를 소통을 촉진하는 자원으로 인정하는 점 등의 특징을 갖는다. 이 시각 또한 문화 갈등 상황에서 항상 정당화되거나 해결책에 이르지 못하는 문제점을 안고 있으나 현재로서는 문화 교류와 문화 변용이 활성화한 세계화 시대에 가장 적합한 시각이라 할 수 있다.[9]

한국어 문화 교육은 상호문화주의에 입각하여 그 내용과 방법을 구체적으로 모색해 나가는 것이 필요하다. 그 목표는 교수자와 학습자 사이, 학습자와 학습자 사이에 상호문화주의 시각을 바탕으로 문화 문식성을 넘어 비판적 교양 문식성으로까지 확장하는 것이다. 이렇게 최종 설정된 한국어 문화 교육의 목표는 다음과 같은 사례를 참고할 만하다.[10]

❶ 문화 교육을 통해 한국어의 문화적 표현들을 익힌다.
❷ 문화 교육을 통해 한국어 습득과 사용 능력 향상에 기여하도록 한다.
❸ 목표어 문화와 학습자의 모국어 문화를 비교하면서 문화적 편견을 버리고 객관적으로 바르게 이해, 공감하는 능력을 기른다.
❹ 목표어 문화에 대한 정보를 바르게 얻고 정리하여 평가하는 능력을 기른다.
❺ 목표어 문화와 학습자의 모국어 문화의 교류 발전에 기여하도록 한다.

2.2. 한국어 문화 교육의 내용

한국어 문화 교육을 위한 시각과 목표가 마련되면 구체적으로 무엇을 가르칠 것인가를 결정해야 한다. 모든 한국어 문화 교육의 내용을 구성, 조직할 때에 중요한 점은 학습자와 그가 처한 상황을 고려해야 한다는 것과 그에 따라 적절하게 조절되어야 한다는 것이다. 우리가 교육 대상으로 삼은 언어활동으로서의 언어문화는, 실제 인지되고 설명될 수 있는 구체적 대상으로서 '사실(fact)'을 이루고, 뜻을 지니고 있어서 우리 삶에 '의미(meaning)'로 작용하며, '과제(task)'로서 활동에 관여해 그 과제를 해결하는 과정으로 언어활동을 하며, 공동체 문화 혹은 자기만의 '정체성(identity)'을 실현하도록 한다. 이 네 요소를 교육내용의 용어로 바꾸면 사실로서의 언어문화는 '지식(knowledge)'이고, 의미로서의 언어문화는 '경험(experience)'이며, 과제로서의 언어문화는 '수행(performance)'이 되고, 정체성으로서의 언어

---

9) 윤대석(2014), 421–424면.
10) 민현식, 「한국어 교육에서 문화 교육의 방향과 방법」, 《한국언어문화학》 3–2(국제한국언어문화학회, 2006), 144면.

문화는 '태도(attitude)'를 이룬다.[11] 이 각 단계는 인지적 영역의 교육목표인 지식, 이해, 적용, 분석, 종합, 평가의 여섯 단계와도 관련되는데, 한국어 문화 교육은 이 국면들을 교육의 내용으로 포함할 때 언어활동이 가능한 교육을 지향할 수 있다.

우선 지식의 차원에서 한국어 문화를 교육하기 위한 내용은 언어활동의 기반인 언어, 언어활동을 주관하는 사람, 이에 관여하는 세계에 관한 지식으로 조직되어야 한다. 구체적으로는 한국어의 맞춤법이나 발음 표기법과 같은 초보적 기능 지식부터 한국인과 한국의 가치관, 사상 등의 언어적 삶의 모든 지식이 교육내용에 포함될 수 있다. 말하자면 한국어활동에 필요한 모든 맥락과 사전지식을 형성해 줄 수 있는 것을 교육내용으로 삼는다. 이때 문화의 모든 내용을 가르칠 수도 없고 그것이 바람직하지도 않다는 점에서 선정의 준거가 필요하다. 그것이 얼마나 학습자들에게 의미 있는 내용인지, 학습자들의 교실 밖 생활에 얼마나 유용한지를 따지는 내용의 유의미성과 유용성, 그리고 교수–학습 대상으로서 타당한지, 특정 부분에 치우치지 않았는지를 판단하는 내용의 타당성과 통합성이 그러한 준거이다.[12] 한편 이들 내용이 단편적 지식으로 그쳐서는 안 되고 반드시 교육내용으로서 구조화되어야 한다는 점이 중요하다.

다음으로 경험과 수행의 차원에서 한국어 문화 교육의 내용은 언어문화 지식을 언어활동으로 직접 겪고 해냄을 의미한다. 많은 경험 가운데서 의미의 경험을 교육내용으로 하는데, 경험을 통한 의미의 이해 자체는 매우 구체적으로 은유적 사고를 통해 전개되므로 다른 범주에까지 두루 미칠 수 있는 확장성을 본질로 하게 된다. 언어 교육에서 수행은 이미 일반화했다고 볼 수 있으나, 그것이 반복을 통한 학습을 겨냥하는 것을 우려해야 한다. 언어문화의 구체적 발화는 매 상황에 따라 누구도 사용한 적이 없는 것을 언제나 창조하는 것이다. 따라서 수행 차원의 교육내용은 언어활동의 창조적 성격을 중시함으로써 맥락성을 충분히 고려하여 설계하는 것이 바람직하다. 이를 위해서 구체적으로 내용 및 경험 요인이 계속적으로 반복되게 하고(계속성), 단순 반복을 넘어 심화, 확충되도록 하며(계열성), 횡적으로 상호 보강할 수 있도록 하는(통합성) 원칙[13]을 상기할 필요가 있다.

---

11) 김대행, 「언어교육과 문화인식」, 《한국언어문화학》 5-1(국제한국언어문화학회, 2008), 30–31면.

12) 임경순, 『한국문화교육론』(역락, 2015), 32–33면.

13) 위의 책, 34–35면. 이 중 계열성은 일반적으로 '쉬운/ 개인적인/ 일상적인 것'에서 '어려운/ 사회적인/ 전문적인 것'으로 조직, 배열하는 원칙을 따른다.

마지막으로 태도의 차원에서 한국어 문화 교육의 내용은 문화 지식 교육과 문화 수행 교육의 수렴점으로서, 언어형식 자체에 내재된 요소가 아니라 언어활동을 하는 주체인 사람과 관계되어 있다. 즉 학습대상인 목표어 문화에 대하여 어떤 태도를 갖는가의 문제인 것이다. 언어문화의 교육내용으로서 태도는 정체성과 관련되는데 개인적 정체성과 집단적 정체성 모두를 좌우한다. 한국어 문화 교육을 통해 한국 문화를 한국이라는 지역의 맥락에서 이해하는 태도는 물론이고, 한국어 문화를 한국 지역이라는 맥락에서 분리해 학습자 자국의 문화 맥락에서 이해하기도 하고 반대로 자국의 유사한 문화를 한국의 지역 맥락에서 이해하는 태도도 요청된다. 이를 통해 궁극적으로 양자 사이에 소통 및 변화, 교류의 가능성을 모색하는 데까지 나아가는 것이 바람직하다. 이렇게 되면 한국인이 의식적·무의식적으로 지닌 세계관, 가치관을 객관화하는 것과 동시에 학습자 차원에서 객관화할 수 있게 되어 문화 갈등에서 적극적으로 합의점을 모색하거나 한국과 자국의 문화를 변용하여 제3의 새로운 문화를 창조하는 부가적 순기능을 달성할 수 있다.

이제 이상에서 언급한 지식, 경험, 수행, 태도 차원을 고려하면서 한국어 문화의 구체적 교육 내용과 실제 사례를 살펴볼 단계이다. 한국문화의 내용으로 무엇을 선정할 것인가에 대해서는 확고한 이론이나 방법이 없으며, 따라서 특정한 교수요목을 제시하는 것도 어려운 일이다. 여기서는 그동안 한국어 문화 교육 내용의 범위를 소개하고 관련한 논의들에서 중시해 온 특성과 요소를 다루면서 최근 내용을 선택해 보이고자 한다.

한국어능력시험 등급별 문화 관련 소재[14]

초급(1급 · 2급): 소개, 인사, 계절과 날씨, 일상생활, 학교생활, 장소, 사무실, 집, 우체국, 은행, 병원, 쇼핑, 음식, 교통수단, 물건, 위치, 방향, 시간, 취미, 여행, 계획, 운동, 가족, 약속, 일과, 전화

중급(3급 · 4급): 가족, 직업, 만남과 이별, 모임, 상담, 외국 생활, 직장생활, 사건 · 사고, 모양, 외모, 복장, 성격, 환경보호, 경제, 교육, 인터넷, 통신판매, 한국의 문화재, 동호회, 음악회, 독서, 요리, 세탁소, 주유소, 여행사, 카드사, 한의원, 면접, 취업, 시험, 의식, 결혼, 집들이, 대중문화, 과소비, 흡연, 저축

고급(5급 · 6급): 업무, 사건 · 사고, 사회, 문화, 정치, 경제, 언어, 교육, 과학, 철학, 종교, 스포츠, 인간, 사랑, 가치관, 성, 시험, 승진, 요리, 운전, 뉴스, 태도, 규칙, 환경보호, 기후 현상, 인간복제, 생명공학, 언어 학습, 정치 상황, 경제 지표 및 경기 흐름, 국제 관계, 사회적 미담 또는 쟁점, 문화 현상의 주요 특징, 죽음, 이기심, 자유, 태권도, 전통놀이, 전통 음악, 고궁, 통일, 방언

---

14) 한국교육과정평가원, 『한국어능력시험 15년사』(2010), 272-285면; 윤여탁(2013:154)에 인용된 내용을 간추려 제시한 것이다.

한국어 문화 교육 논의들에서는, 이론적 접근과 함께 실제 현장 적용과 관련한 논의를 다룬 외국 사례를 참조하여 문화 교육 내용을 구성해 왔다. 한국어 교육과정에서 다루어야 할 문화 내용의 개요는 한국어 학습자들의 한국어 능력을 평가하는 한국어 능력시험(TOPIK)의 수준별 소재나 아래 한국어 교원 자격 취득과 관련된 문화 영역과 항목을 통해 짐작할 수 있다.

한국어 교원 자격 취득과 관련된 문화 영역과 항목

문화 영역	대항목	소항목
일상문화	한국의 전통 사회	의식주 생활, 경제 체계/기술 체계, 친족 관계, 교육 체계, 정치 체계, 일상생활 관련 의식 체계, 교통, 지리 체계
	한국의 현대 사회	의식주 생활, 경제 체계/기술 체계, 친족 관계, 교육 체계, 정치 체계, 일상생활 관련 의식 체계, 교통, 지리 체계
예술 문화	한국의 전통 문화	예술, 사상 및 종교, 음악, 미술, 무용, 건축, 공예/도예
	한국의 현대 문화	예술, 사상 및 종교, 음악, 미술, 무용, 건축, 공예/도예, 매체 문화
한국문학	한국문학 개론	한국문학사, 시대별 문학의 흐름, 장르별 문학의 흐름
	한국문학의 이해	장르, 주제, 작품, 작가, 성격 및 정체성
한국 역사	한국사	한국 통사, 시대사, 지역 및 집단별 역사
	한국 역사의 이해	사건, 시기 및 시대, 인물 및 단체, 특성 및 정체성

이상에서 외국인을 대상으로 한국어를 가르치기 위한 공식 과정에서는 한국문학과 한국사, 전통 문화 영역이 두루 포함되어 있지만, 실제로 외국인의 한국어 능력 평가는 현대 사회의 일상생활 문화 비중이 훨씬 높다는 점을 주목할 만하다. 외국인을 위한 한국 문화 교육 교재의 한국문화 항목에서도 현대의 산물과 행위 문화가 중심 내용을 이루고 있다.[16] 현재 한국어 문화 교육의 실태는 국내외 한국어 교육의 상황이 다양하기 때문에 복잡하여 파

---

15) 강승혜 외, 『한국문화교육론』(형설출판사, 2010), 74면.

16) 이미혜 외, 『외국인을 위한 한국문화』(박이정, 2010)에서는 외국인을 위한 한국문화 항목으로 다음 내용을 제시하고 있다.
한국생활 즐기기(한국의 화폐와 물가, 쇼핑, 대중 교통수단, 한국의 집, 한국의 특별한 날), 한국의 맛(김치, 떡, 음식 예절, 외국인이 좋아하는 한국음식), 대중문화 한류의 진원지(한류와 한류스타, TV드라마, 충무로와 한국영화, 대중가요, 태권도, 축구와 붉은 악마, 비보이와 남사당, 사물놀이와 난타), 한국인의 여가(여가 생활, 노래방과 찜질방, 한국의 명소 여행), 서울 투어(서울의 거리, 박물관), 한국의 전통 생활 문화(한복, 설날과 추석, 전통 생활문화 체험), 한국인의 풍류(국악, 전통 춤, 도자기), 세계 속의 한국(한국의 위치 기후 인구, 한국인, 한국어와 한글, 다문화 사회, 기업과 경제), 한국 둘러보기(한국의 유네스코 세계문화 유산)

악하기 어렵지만, 대부분의 한국어 학습자들은 한국 대중문화나 매체에 관심이 많고 이것이 한국어 학습 동기로 작용하기도 하기 때문에 현대 한국 문화와 관련된 내용 위주로 구성할 수밖에 없다. 또 상호문화주의에 입각한 한국어 문화 교육 시각과 목표를 달성하기 위해서는 유구한 한국 전통 문화의 우수성을 강조하는 것보다 학습자들의 이해와 접근이 쉽고 실생활에 도움을 얻을 수 있는 내용을 적극 받아들이는 것이 바람직하다.

다만 문화 교육이 한국어 교육으로서 언어 능력을 기르는 데 목표를 두고 있기 때문에 언어문화 항목을 특별히 따로 설정해 지속적인 관심과 성취를 도모할 수 있어야 한다고 본다. 외국어 교육에서의 전체 문화 분류를 '언어문화/ 일상생활 문화/ 성취 문화'로 두거나[17] 한국어 문화 교육용 기본 교수요목을 마련하면서 국어사, 비언어적 표현, 문화어구, 관용 표현, 언어 예절 등을 구체적 내용으로 하는 '한국의 언어문화' 항목을 설정한 경우[18]는 이 점을 반영한 것이다.

최근 임경순의 논의에서는 언어문화를 범주별 분류에 반영하면서 학습자의 수준별 한국어 문화 교육의 내용을 제시하고 있어 좋은 참고로 삼을 만하다. 그는 외국어교육에서 다룰 문화를 크게 언어문화(장르별 문학, 속담, 스토리텔링, 일상 언어와 매체 언어 등 구어, 문어, 다매체 언어로서 문학과 비문학의 언어)/ 생활문화(의식주 생활, 여가 생활, 세시 풍속, 의례, 지리 등)/ 관념문화(가치관, 정서, 종교, 사상, 제도 등)/ 성취문화(미술, 음악, 영화, 연극, 유물과 유적 등)로 나누고 초·중·고급 단계의 문화 교육 내용을 구분해 구체적으로 제시하였다.[19]

초급 단계의 문화 교육 내용은 언어문화(한국어와 기능, 언어예절)와 생활문화(지리, 의식주, 여가, 세시풍속, 의례, 공동체, 일상생활)에 대한 기초적인 능력을 길러주는 데 중점을 두며, 관념문화(가치관·사상·윤리, 상징, 경제, 사회, 역사, 교육, 과학 기술, 체육)의 기본 개념과 개요, 흥미롭고 현대적인 성취문화(음악, 영화)를 다루고 있다. 중급 단계는 초급 단계에 이어 중급용 어휘, 문법, 기능 등 언어문화 내용을 다루고, 생활문화, 관념문화, 성취문화 등 각 항목에 걸쳐 특징, 변천, 현황 등을 파악하는 심화 내용으로 구성된다. 중급 단계 내용부터 언어문화에 한국문학 내용을 다루며, 성취문화에 미술, 연극·드라마, 유물·유적, 기타 항목을 추가함으로써 학습자의 수준을 고려해 내용을 심화한 점이 특징적이다. 고급 단계에서는 중

17) 조항록, 「한국어 문화 교육론의 내용 구성 시론」, 《한국언어문화학》 창간호(국제한국언어문화학회, 2004), 206면.
18) 민현식(2006), 151-154면. 이외 교수요목 내용은 정신문화사와 개관, 한국 생활 문화, 한국의 의식주 문화, 한국의 매체 문화, 한국의 창조, 한국의 문학, 한국의 역사, 한국인의 사고방식, 한국의 인물 등이다.
19) 임경순(2015), 40-56면.

급 단계의 한국언어문화의 특징, 변천, 현황을 바탕으로 고급 수준의 한국어뿐만 아니라 한국어 기능과 한국문학, 생활문화, 관념문화, 성취문화의 각 요소를 학습자 자국 문화와 비교, 비평하는 수준까지 나아가도록 하는 내용이 제시되었다.

이 논의는 한국어 문화 교육의 내용을 구성할 때 문화를 범주화하는 단계에서부터 학습자를 수준별로 교육하는 현장에까지 지속적으로 적용할 수 있는 원칙과 방향을 보여주었다고 할 수 있다.

3장

■■

한국어 문화 교육의 방법

앞 장에서 살펴보았듯이 한국어 문화 교육의 내용은 상호문화주의 시각과 언어 교육의 목표 위에서 문화 산물, 문화 수행, 문화 태도를 모두 고려해 지식, 경험, 수행, 태도의 측면을 실현할 수 있도록 구성되어야 한다. 이러한 문화 교육 내용의 구성 원리는 실제 한국어 교육 현장에서 어떻게 교육 내용을 효과적으로 전달할 것인가 하는 교육 방법으로 연결된다. 이 장에서는 효과적으로 한국어 문화 교육을 수행할 수 있는 방법을 교수자의 전문성과 수업 원리를 전제하면서 살펴보기로 한다.

이 단계에서도 학습자의 상태나 상황에 대한 고려는 필수적이다. 한국어 학습 목적과 학습 장소, 학습자의 수준 등이 모두 고려되어야 하며 각각의 조건에 따라 경우의 수는 훨씬 많아진다. 예를 들면 학습 장소가 국내인지 국외인지, 교실 안인지 밖인지에 따라 적절하고도 가능한 문화 교육 방법은 달라질 수밖에 없는 것이다. 여기서 모든 상황을 가정하기는 어렵지만 일반적인 한국어 학습 과정에서 통용될 수 있는 한국어 문화 교육 방법과 유의점 및 수업 모형을 제시하고, 문학을 활용한 문화 교육 방법의 실제를 들기로 한다.

3.1. 한국어 문화 교육 수업 모형

한국어 문화를 어떻게 교육할 것인가 하는 문제는 실제 학습과 관련된 목표, 교재, 수업, 평가의 모든 면에 걸쳐서 유기적으로 연결되어 있다. 한국어 문화 교육의 목표는 언어 능력의 수준이나 상태보다는 좀 더 구체적으로 진술하는 것이 효과적이다. 언어문화의 학습을 위한 지식 교재는 구조성을 갖추도록 편성되어야 하며, 경험 교재는 확장성을 구현할 수 있도록 다양한 언어 자료가 수록되어야 한다. 수행 교재는 맥락성을 강조하여 과제중심이나 상황중심이 아닌 원리중심의 교재라야 한다. 태도의 교육은 합리성이 전제가 됨으로써 개인과 공동체, 한국 문화와 학습자 문화, 학습자 문화와 다른 학습자 문화 사이에서 그 특성을 판단하고 유사점과 차이점을 비교, 연관, 종합할 수 있도록 교재를 편성한다. 수업과 평가에서도 지식, 경험, 수행, 태도의 네 방향을 구현할 수 있는 다양한 언어자료를 확보, 활용함으로써 통합적인 언어 교육을 지향해야 한다.[20]

이상의 방법을 발전시키기 위해 학습자의 요구를 분석하기, 어법 표현과 문화 교육을 병행하기, 각종 매체 속의 언어 자료를 활용하기, 다양한 주제의 쟁점에 대해 한국어로 강의하고 토론하기, 다양한 모둠 활동, 현장 학습, 학습자는 물론 교수자가 먼저 다양한 문화를 체험하기 등을 강조하기도 한다.

문화 교육의 실제 방법으로는 모란이 제안한 모형을 참고할 만하다.[21] 그는 문화 내용, 학습자가 참여하는 활동, 기대 학습결과, 학습 환경, 교사와 학습자와의 관계성 등을 포괄한 문화 경험의 측면에서 문화 교육에 접근하여 다음과 같은 순환적 문화 교육 과정을 제시하였다. 이 모형에 의하면 문화 교육은 학습자를 중심으로 방법을 아는 것(참여), 대상을 아는 것(설명), 이유를 아는 것(해석), 자신을 아는 것(반응) 등으로 구성된다.

....

20) 문화 교육 교수-학습(방법)의 목표, 교재, 수업, 평가에 관해서는 김대행(2008), 45-55면 참조.

21) P. R. Moran, 정동빈 외 옮김(2004). 경험 학습 주기 설명과 각 단계에서의 질문 내용은 임경순(2015:71-73) 및 윤대석(2014:433-434)을 참고하였다.

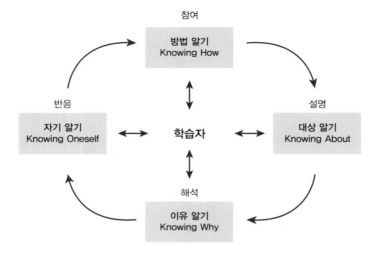

'방법 알기'에서는 태도, 행동, 기술, 말하는 것, 바라보는 것 등 모든 행위의 문화 실행을 포함한다. 학습자들은 이를 통해 목표 문화 사람들의 생활에 직접 참여해야 한다. 이는 그 문화에 적합하도록 행동을 변화시킨다는 의미이다. 이 단계에서 교수자와 학습자가 제기할 수 있는 문제들은 다음과 같은 것들이다.

> ▶ 방법 알기(참여)
>   • 당신은 무엇을 말하는가?
>   • 당신은 무엇을 하나?
>   • 당신은 그것을 어떻게 말하는가?
>   • 당신은 그것을 어떻게 하는가?
>   • 무엇이 적절한가?

'대상 알기'에서는 문화적인 정보(사실, 자료, 또는 생산물에 대한 지식, 실천, 문화에 대한 관점 등)를 습득하는 모든 활동을 포함한다. 이는 문화의 본질과 다른 문화를 배우고 입문하는 과정, 또는 학습자 자신의 문화에 대한 정보에 대한 것뿐 아니라 특정한 문화와 언어에 대한 정보를 말한다.[22]

....
22) 이 단계에서 가능한 질문과 과제는 다음과 같다.
　　▶ 대상 알기(설명)

'이유 알기'는 근본적인 문화 관점, 즉 지각, 믿음, 가치, 그리고 문화의 모든 국면에 놓여 있는 태도 등에 대한 이해를 증진하는 것이다. 이는 관찰, 정보, 문화에 대한 경험에 대하여 학습자들이 구조적으로 탐구하는 과정이다. 이유를 아는 것은 학습자들이 직면하는 문화 현상을 증명하고 분석하며 설명하는 기술을 필요로 한다. 그것은 필연적으로 학습자 자신의 문화와의 비교를 포함한다.[23]

'자기 알기'에서는 개개의 학습자들이 문화적 경험의 중심 부분으로서 자기의 가치, 의견, 감정, 반응, 사고, 관념 그리고 자기의 문화적인 가치들을 아는 것이다. 즉 그것은 자기 인식 (self-awareness)을 다룬다. 학습자들은 목표 문화를 이해하고 통합하며 그에 적응하기 위하여 그들 자신과 문화를 이해할 필요가 있다.[24]

모란의 문화 학습 단계는 고정된 것이 아니라 시간의 진행에 따라 목표 문화에 참여하는 과정 속에서 역동적으로 진행된다. 문화 학습은 문화적인 차이와의 지속적인 만남의 과정이라 할 수 있겠는데, 그 과정에서 각 단계의 순환과정이 진행되면서 발전해 나간다. 그리고 그 발전의 정도는 문화학습의 결과에 따라 결정된다.

결국 한국어 문화 교육은 언어 능력에 초점이 맞추어진 언어 교육과 달리 언어능력을 포함

    - 어떤 일이 생겼는가?
    - 무엇을 보고 들었는가?
    - 세부 사항은 무엇인가?
    - 설명은 무엇인가?
    - 해석은 무엇인가?

23) 이 단계의 중심 질문과 과제는 다음의 것들이다.
    ▶ 이유 알기(해석)
    - 그것은 무엇을 의미하는가?
    - 당신의 설명을 어떻게 정당화하는가?
    - 다른 가능한 설명은 무엇인가?
    - 어떤 설명이 가장 실현 가능한가?
    - 이것은 당신의 문화와 어떻게 비교되는가?
    - 다른 문화와는 어떻게 비교되는가?
    - 유사성과 차이점을 어떻게 설명하는가?

24) 이 단계의 중심 질문과 과제는 다음과 같다.
    ▶ 자신 알기(반응)
    - 어떻게 생각하는가?
    - 어떻게 느끼는가?
    - 그것에 동의하는가?
    - 이것이 당신에게 어떻게 영향을 끼치는가?
    - 당신은 다음에 무엇을 하는가?
    - 행동에 대한 가능한 선택에는 무엇이 있겠는가?
    - 다른 사람들은 그것에 대해 어떻게 하는가?

한 문화능력을 갖추도록 하는 데 목표가 있다. 따라서 실제 한국어 문화 교육에서 수업의 방법적 원리는 목표, 교재, 내용, 방법, 자료, 교수자의 측면에서 유기적으로 구성될 필요가 있다.

이제 이 장에서 살펴본 바, 한국어 문화를 교육하는 다양한 방법과 강조점 및 유의점을 고려하고 모란의 학습 단계를 한국어 교육 현실에 맞도록 적용하여 고안된 문화 중심의 수업 모형을 제시할 수 있다. 아래 각 단계는 유기적으로 연결되어 있으며 학습자의 수준에 따라 각 단계는 적절히 선택되거나 변용할 수 있다.[25]

첫째, 언어와 문화 경험 단계

이 단계에서는 언어문화를 포함하여 생활문화, 관념문화, 성취문화 등에 대하여 다양한 내용과 형태, 자료, 활동 등을 경험하게 된다. 문화 내용과 관련된 다양한 언어적 텍스트가 주어지고 어휘, 문법뿐 아니라 의사소통의 수행에 초점을 맞춘 총체적인 언어활동이 이루어진다.

둘째, 문제 발견과 해결 모색 단계

이 단계에서는 앞의 언어와 문화 경험 단계의 과정이나 결과를 통하여 언어와 문화적인 문제를 발견하고 해결을 모색하는 단계이다. 문제는 학습자 스스로 발견할 수도, 교수자에 의하여 유도되고 주어질 수도 있다. 다만 교수자와 학습자, 학습자와 학습자의 상호 대화적 관계 속에서 문제를 발견해내는 일이 중요하며, 학습자들은 문제를 발견함으로써 그것을 해결할 수 있는 방안을 모색하도록 한다.

셋째, 문화 비교·해석 단계

이 단계는 문제 해결 과정을 통하여 알게 된 지식을 바탕으로 학습자 자신의 문화와 비교함으로써 공통점과 차이점을 찾도록 하며, 그것이 갖는 의미가 무엇인지 해석해 나가는 단계이다. 해석은 모든 측면에 담겨있는 구조, 가치, 믿음, 행위 등의 의미를 밝히고 이해를 높이는 일이다.

넷째, 정체성 형성 및 문화 이해 단계

이 단계는 앞의 단계에서 파악한 의미를 바탕으로 자기를 이해하고 문화적 상대성을 인식하는 단계이다. 다른 문화와 교류할 때 정체성의 혼란에 빠지지 않도록 자기와 자기의 문화 정체성을 이해하며, 다른 문화와 비교 해석하는 과정 속에서 자기의 문화적 상황과 위치를 인식하도록 한다.

다섯째, 문화 발전과 생산 단계

이 단계는 자기 자신과 인류 문제를 인식하고 이를 바탕으로 긍정적 문화를 교류하여 계

---

25) 임경순(2015), 66–67면.

승 발전시킬 수 있도록 기획하고, 비판적 대안으로서 새로운 문화를 생산하기 위한 활동을 하는 단계이다.

3.2. 한국어 문화 교육 방법의 실제

지금까지 한국어 문화 교육이 왜 필요하며 무엇을 어떻게 가르쳐 효과적인 결과를 얻을 것인가에 대하여 논의해 왔다. 이제 한국어 학습자를 대상으로 한 문화 수업 방법의 실제를 제시하여 마무리를 삼고자 한다.

한국어 문화 교육을 위한 수업 방법은 매우 다양하다. 시나 소설, 설화, 드라마 등 문학을 활용한 방법이나 광고와 신문, 영화, 만화, 애니메이션 등 매체를 활용한 방법도 있으며, 속담, 어휘, 세시풍속, 전통 놀이 등 고유한 산물을 통한 방법들이 널리 알려져 있다. 어떤 소재를 선택하느냐에 따라 그것을 적용할 수 있는 수단도 문서로 제공한 자료를 읽는 방식 외에 토론이나 역할극, 프로젝트나 웹 활용, 현장 학습을 통한 체험 등으로 다양화되고 있다.

한국어 문화 교육은 단순히 의사소통을 원활히 하게 하거나, 한국어를 둘러싼 문화적 맥락을 학습자에게 전달하는 데 그치는 것이 아니라 학습자 문화와 적극적으로 소통함으로써 상호 변용을 촉진하는 데 목표를 둔다. 이처럼 문화 교육을 통해 문화적 문식성, 비판적 문식성까지 나아갈 수 있으려면 문학 교육의 역할이 중요하다. 문학은 비판적 문식성을 기르는 중요 도구로, 학습자가 자기 문화와 한국 문화에 대한 성찰과 비판을 거쳐 문화 변용과 교류를 경험하게 하는 상호문화주의의 시각을 구체화하기에 적합하기 때문이다. 문학의 내용은 기본적으로 집단과 개인의 성찰을 전제로 하며, 문학의 언어는 일상어의 요소를 집약적으로 강화한 일상어의 정수이자 원형이라 할 수 있다. 따라서 문학을 통한 문화 교육에 의해 실제적 의사소통 능력을 기를 수 있을 뿐 아니라 한국 사회 문화를 깊이 이해하는 문화 능력을 갖출 수 있다.[26] 한국어 문화 교육에 문학을 활용할 때 유의할 점은, 문학 자체에 대한 이해로 기울어져서는 안 되고, 학습자의 수준을 고려해 중급 이상 학습자를 대상으로 하

---

26) 외국어교육에서 문학 작품을 활용하는 가치는 이미 수차례 언급된 바 있다. 그중 J. Collie & S. Slater(1987)는 문학 작품이 묘사, 서사, 풍자, 비유 등의 언어를 익힐 수 있는 가치 있는 실제 자료이며, 문화 맥락을 알게 하는 문화적 풍부함, 어휘, 표현, 문체의 다양성 때문에 학습 언어 세계를 확장하는 데 도움을 주는 언어적 풍부함을 갖추었으며, 문학 작품을 읽는 학습자가 대상 언어를 통한 상상력을 넓혀 고급 언어 능력을 길러주는 개인적 연관을 지닌다고 평가하였다. 임경순(2015), 93면에서 재인용.

는 것이 바람직하며, 텍스트를 선정할 때 학습자의 상황이나 상태를 고려하되 가급적 대중 문학보다 본격 문학, 고급 문학을 선택해 학습자가 참여할 여지를 넓혀야 한다는 것이다.

여기서는 영미권 한국어 학습자를 대상으로 하여 한국 전통시가인 시조를 활용한 문화 교육 방법의 실제를 보이고자 한다. 문학을 통한 문화 교육에서 고전보다는 당대 작품을 활용하는 것이 학습자의 접근과 흥미를 쉽게 이끌 수 있다거나, 시 작품은 어휘나 언어 구조가 복잡하고 어려워 정확한 의미를 제시하지 못한다는 의견도 있다. 하지만 중급·고급 한국어 학습자들은 복잡하고 정교한, 풍부한 한국어 교육으로 발전할 필요가 있으며, 시조는 현대에 이르기까지 꾸준히 창작되어 외국에도 알려진 한국의 전통 시가 양식이라는 점에서 학습자들이 문화의 비교, 변용, 통찰을 경험할 수 있는 좋은 자료이다.

여기서는 시조 '추강에 밤이 드니…'[27]를 자료로 삼아 문학 작품의 이해를 배제하지 않으면서 문화 이해에 초점을 둔 수업 모형을 제시한다.

목표

- 시조의 형식과 향유방식, 주제의 경향, 창작의 배경을 설명한다.
- 작품의 내용, 표현을 이해하고 작가가 시를 창작한 심정에 공감한다.
- 노래로 듣는 것과 낭송할 때 차이와 효과를 경험하고 직접 시조 창작에 활용한다.
- 현대시조 및 학습자 자국의 전통시와 비교한다.

단계

❶ 언어와 문화 경험 단계
- 시조를 간단히 개관한 후, 조선시대 시조시와 시조음악이 주로 남성사대부들에 의해 풍류방이라는 문화공간에서 향유된 전반적 상황을 설명한다.

❷ 문제 발견과 해결 모색 단계
- 작품을 읽기 전 창작 배경을 개관한 다음, 어휘 및 구와 행의 의미를 파악하면서 작품을 낭송한다.

---

27) "추강(秋江)에 밤이 드니 물결이 차노매라/ 낚시 드리치니 고기 아니 무노매라/ 무심(無心)한 달빛만 싣고 빈 배 저어 오노라"

- 작품 창작을 전후한 월산대군(1454~1488)의 정치적·개인적 상황과 연관시키면서 작품의 의미를 설명하고 시인의 심정을 느끼도록 한다.
- 작품의 형식과 가곡창의 향유 방식을 설명한 다음, 작품을 가곡창으로 감상한다.

❸ 문화 비교·해석 단계
- 시조의 형식, 내용을 영시나 일본의 단형시의 경우와 비교한다.
- 각 시들의 차이점 및 이유를 발견하고, 효용 면에서 어떤 유사성을 지니는지 이해한다.
- 학습자 자국의 전통시의 특징과 시조의 특징을 비교·해석한다.

❹ 정체성 형성 및 문화 이해 단계
- 고시조의 현장성과 미학적 상투성이 지닌 의미를 이해하고, 현대시 내지 외국시와 비교하여 그 특성을 발견한다.
- 현대의 세계화·다원화 추세 속에서 시조가 국외에 알려진 사례를 찾고 시조의 국제적 인식에 대한 의견을 공유한다.
- 시조가 영역된 예를 제시하여 번역할 때의 유의점을 들고, 학습자가 실제 영시로 번역하거나 학습자 자국어로 번역해 소개하는 활동을 한다.[28]

❺ 문화 발전과 생산 단계
- 개화기시조 작품이나 현대시조 작품을 제시하여 고시조가 변용, 재해석되어 새롭게 창조되고 있음을 이해하게 한다.
- 학습자의 현실 경험을 바탕으로 한 현대시조를 창작하여 발표, 평가하는 활동을 한다.

....
28) 이성일이 영역한 예를 아래에 제시한다. 그는 'river,' 'ripples'/ 'cold,' 'keep,' 'casting'/ 'fishing,' 'fish'/ 'bait,' 'back,' 'boat,' 'bearing' 등이 원시에서 들리는 [치소리의 연속('추강,' '차노매라,' '드리치니')이 번역시에서 다른 두운으로 치환되어 들리도록 고려하였다. Sung-Il Lee, *The Crane in the Clouds: Shijo: Korean Classical Poems in the Vernacular*(Homa & Sekey Books, 2013).

As night settles on the autumn river,
The ripples turn cold.
Though I keep casting my fishing rod,
The bait draws no fish.
I row back an empty boat, bearing
Only the moonbeam void of thought.

참고문헌

강승혜 외(2010), 『한국문화교육론』, 형설출판사.

김대행(2008), 「언어교육과 문화인식」, 《한국언어문화학》 5-1, 국제한국언어문화학회.

민현식(2006), 「한국어 교육에서 문화 교육의 방향과 방법」, 《한국언어문화학》 3-2, 국제한국언어문화학회.

윤대석(2014), 「한국어 문화 교육론」, 서울대학교 한국어문학연구소 외 공편, 『(개정판) 한국어 교육의 이론과 실제』 2, 아카넷.

윤여탁(2003), 「한국어 교육에서 문학교육 방법: 현대시를 중심으로」, 《국어교육》 111, 한국어교육학회.

윤여탁(2013), 『문화교육이란 무엇인가』, 태학사.

이미혜 외(2010), 『외국인을 위한 한국문화』, 박이정.

임경순(2015), 『한국문화 교육론』, 역락.

조항록(2004), 「한국어문화교육론의 내용 구성 시론」, 《한국언어문화학》 창간호, 국제한국언어문화학회.

한재영 외(2005), 『한국어교수법』, 태학사.

Moran, P. R., 정동빈 외 옮김(2004), 『문화교육』, 경문사.

한국어 평가론

장은아
서울대학교 언어교육원 한국어교육센터

| 학습 목표 |

- 언어 평가의 이론적 원리를 학습한다.
- 외국어로서의 한국어 능력 평가 문항을 개발할 때
  고려해야 할 다양한 지침과 원칙들을 이해한다.
- 평가 대상과 목적에 맞는 한국어 능력 평가 도구를 개발하고
  사용할 수 있는 능력을 기른다.

▶▶▶ 차례

1장

언어 평가의 개념

1.1. 평가의 개념

평가란 어떤 사물이나 사람의 가치를 판단하는 행위이다. 여기에서 사물이나 사람이란 평가의 대상을 의미하고, 가치 판단을 내린다는 것은 평가의 목적을 의미한다. 이러한 가치 판단은 의사 결정을 내리기 위한 과정이며, 평가 대상에 대해 올바른 가치 판단을 하기 위해서는 그 대상에 대한 자료와 정보를 수집하는 작업이 필요하다. 바람직한 평가를 하기 위해서는 제대로 된 정보와 자료를 수집하는 과정과 절차가 매우 중요하다. 이와 같이 평가란 최종의 궁극적인 결과만을 의미하는 것이 아니라, 평가 대상에 관한 정보나 자료의 수집에서 그에 대한 해석과 판단에 이르는 일련의 전체적인 과정을 모두 아우르는 개념이라고 정의할 수 있다.

1.2. 언어 평가의 개념

언어 평가는 학습자의 언어 능력을 측정하는 것이 목적이다. 학습자의 언어 능력이란 언어를 사용해서 의사소통할 수 있는 능력을 의미한다. 따라서 학습자가 의사소통 능력을 구성하는 다양한 요소들을 이해하고 이를 표현하는 것이 언어 학습의 목표이며, 언어 평가에서는 이러한 목표 달성을 위해 학습자가 얼마나 효과적으로 언어를 사용할 수 있는가를 측정하게 된다. 그러나 언어 평가의 상황에서 실제의 의사소통 상황을 그대로 재현한다는 것은 매우 어렵기 때문에 평가에서는 이와 같이 제한된 상황과 조건 속에서 학습자가 자신의 언어 능력을 어느 정도 발휘하는지를 측정해야 한다. 이를 위해 이완기(2003:25)에서는 추정의 원리(Extrapolation)를 제시한다. 추정의 원리란 학습자가 실제 의사소통 상황에서 자연스럽고 효과적으로 언어를 사용할 수 있는 구성 요소들을 기준 수행(criterion performance, 혹은 준거 수행)이라고 정해 놓고, 이를 학습자가 시험에서 보여 주는 다양한 지식, 능력, 기능, 즉 평가 수행(test performance)을 통해 어느 정도까지 달성할 수 있는지를 측정하는 것이다. 이러한 평가 수행을 통해 학습자가 지닌 언어 능력을 완벽하게 평가해 낸다는 것은 사실상 불가능한 일일 것이다. 단지 이러한 평가 수행에 대한 추정을 통해 학습자의 잠재적 언어 능력이 측정될 수 있을 것이다. 따라서 평가 수행에 대한 정확한 측정과 해석을 통해 학습자가 지닌 언어 능력을 파악하는 작업이 언어 평가에서 관건이라고 할 수 있다.

1.3. 언어 평가의 목적과 기능

(1) 개별 학습자들의 학습 강점과 약점을 진단
언어 평가를 통해 학습자들의 언어 능력을 진단하고 그들이 어느 부분에 강점이 있고 어느 부분에 약점이 있는지 파악할 수 있다. 이를 통해 얻은 평가 결과는 학습자뿐만 아니라 교사에게도 다양한 정보를 제공해 주는 기능을 한다.

(2) 학습자 선발
언어 평가의 결과를 통해 학습자의 과제 수행 능력을 파악할 수 있고, 해당 프로그램에 학습자를 참여시킬지 여부를 결정할 수 있다. 이러한 학습자 선발의 기능은 평가의 가장 현실적인 목적이 될 것이다.

(3) 학습자의 총체적인 숙달도 등급의 확인
언어 평가를 통해 학습자의 숙달도가 어느 수준에 있는지 파악할 수 있고 이를 배치에 활용할 수 있다. 언어 평가의 이러한 배치 기능은 언어 교육의 효율성과 효과라는 측면에서 매우 중요한 역할을 한다.

(4) 학습자에게 학습 동기와 학습 목표를 부여

평가도 교육 활동 중의 하나이므로 학생들의 사고력을 배양하고 학습에 대한 흥미와 도전 의식을 줄 수 있도록 제작되고 활용되어야 한다. 충실히 공부한 학생은 노력한 만큼의 결과를 얻을 수 있도록 문항을 제작하여 학습자에게 긍정적인 자아 개념을 형성해 줄 수 있어야 하고 학습자의 수준을 약간 상회하는 문항을 출제함으로써 호기심과 도전 의식을 불러일으킬 수 있어야 한다. 이러한 도전 의식은 학습자에게 학습의 목표를 부여하는 기능도 하게 된다.

(5) 교육프로그램 평가와 교수요목 설계의 기초 자료 제공

이는 언어 교육과정 프로그램에 대한 평가를 의미한다. 이러한 평가는 교육 프로그램이 초기에 설정한 목표를 어느 정도 달성했는지를 파악하기 위한 것으로, 이러한 평가 결과는 교육 프로그램 운영에 대한 다양한 정보와 다음 교육과정의 교수요목 설계를 위한 기초 자료를 제공해 준다. 이를 통해 볼 수 있듯이 평가란 교육의 마지막에 행해지는 최종 단계가 아니라 순환적인 단계이며 교육과 평가는 상호 보완의 순환적인 관계임을 알 수 있다.

(6) 언어 교육의 연구 자료로서 공헌

언어 교육에서 이루어지는 평가 결과는 다양한 연구 자료로 활용될 수 있다. 언어 평가 결과의 축적을 통해 교수·학습 방법을 개선할 수 있고 효과적인 교육 자료 개발이 가능하며 언어 습득 분야의 연구 자료로서 활용될 수 있다. 따라서 평가가 이러한 연구 자료로서 기능을 잘 수행할 수 있도록 바람직하게 실시될 필요가 있다.

2장

언어 평가의 요건

2.1. 타당도(validity)

타당도란 검사가 측정하고자 하는 것을 실제로 측정할 수 있는 정도를 의미하는 것이며 이는 검사에서 가장 중요시되는 요소이다. 즉 타당도는 무엇(what)을 측정하는가와 관련된 개념이다. 타당도는 한 가지 검사의 고유한 속성이 아니라 검사에서 얻은 결과로 그 검사의 타당성의 근거를 제시하는 과정이므로 모든 내용에 대해 타당한 검사라는 것은 존재하지 않으며, 다만 타당도의 정도를 나타내어 타당도가 낮다, 적절하다, 높다 등으로 표현해야 한다. 또 한 검사가 모든 목적에 부합할 수 없으므로 타당도를 제시할 때에도 이 검사는 무엇을 측정하는 데 타당하다고 표현해야 한다. 이러한 타당도의 종류에는 다음과 같은 것들이 있다.

(1) 내용 타당도(content validity)

이는 검사 전문가들이 해당 검사가 측정하려고 하는 속성을 제대로 측정했는지를 판단하는 주관적인 타당도로, 교과 내용의 중요한 요소들을 문항 내용이 모두 포괄하는가(내용 포괄성, content coverage)와 시험 문항이 평가하고자 하는 내용과 관련이 있는가(내용 관련성, content relevance)의 두 종류로 구별된다. 이러한 두 가지 개념에 입각하여 전문가가 타당한 검사라는 판단을 내린다면 그 검사는 내용 타당도를 입증 받게 되는 것이다. 이러한 내용 타당도는 비록 객관적인 자료에 의해 계량화되지 않는다고 하여도 전문가의 판단에 의한 것이므로 과학성이 상실된 개념이라고 볼 수는 없다.

(2) 구인 타당도(construct validity)

구인 타당도란 조작적으로 정의되지 않은 인간의 어떠한 심리적 특성이나 성질에 대해 과학적인 개념으로 그것에 대해 분석하고 조작적인 정의를 부여한 후 검사가 이러한 특성이나 성질, 즉 구인들을 제대로 측정했는지를 검정하는 방법이다. 구인 타당도는 검사가 타당한 이론적 바탕에 근거를 두며 이것이 검사 내용에 올바르게 반영되었는지에 따라 결정된다. 구인 타당도 분석을 위해서는 일반적으로 요인 분석이라는 통계적 방법이 사용되므로 과학적이고 객관적이라고 할 수 있다. 또 눈에 보이지 않는 인간의 심리적 특성과 성질에 대해 부여한 조작적 정의가 타당한지를 밝혀 주는 지표가 되므로 많은 연구의 기초가 될 수 있다. 다만 구인 타당도 분석을 위해 사용하는 요인 분석에는 일반적으로 300명 이상의 응답자가 필요하다는 것이 단점으로 지적된다.

(3) 예언 타당도(predictive validity)

예언 타당도는 한 검사에서 얻은 점수가 미래의 행위를 얼마나 잘 예측하는지, 즉 예언 능률의 정도에 의해 표시되는 타당도이다. 예언 타당도는 상관계수에 의해 추정되는데, 이것이 미래 행위에 대한 추정이고 이전에 행한 검사의 내용과 관련된 미래의 행동을 예언하는 것이므로 측정에 어려움이 따를 수 있다는 단점이 있다.

(4) 공인 타당도(concurrent validity)

공인 타당도는 새로이 제작한 검사가 이미 기존에 타당성을 보장받은 검사와 유사한가를 통해 타당도를 검증하는 방법이다. 이를 위해서 우선 새로이 제작된 검사를 실시하고 그 후에 동일한 대상에게 공인된 검사를 실시한 후 두 검사 점수 간의 상관계수를 추정하는 방법을 사용한다.

2.2. 신뢰도(reliability)

신뢰도란 측정하고자 하는 것을 얼마나 오차 없이 정확하게 재는가와 관련된 평가 도구의 일관성과 관련된 문제이다. 이것은 어떻게(how) 측정하는가와 관련된 것으로서 평가의 방법과 연관된 문제이다. 평가의 신뢰도가 낮아지는 것은 평가의 과정이나 방법에 일관성이 없는 경우, 즉 시험과 관련된 경우와 평가에 대한 측정, 즉 채점과 관련된 경우의 두 가지를 원인으로 볼 수 있다. 따라서 신뢰도를 시험 신뢰도와 채점 신뢰도로 구분하여 각각 살펴보면 다음과 같다.

(1) 시험 신뢰도

이는 동일한 대상에게 동일한 조건하에서 반복하여 시험을 치렀을 때 동일한 결과를 얻을 수 있는 정도와 관련된다. 시험 신뢰도에 영향을 끼치는 요인으로는 다음과 같은 것들을 들 수 있다.

❶ 문항 수

적은 수의 문항으로 능력을 측정할 때보다 많은 수의 문항으로 검사를 실시할 경우 신뢰도가 높아진다. 그러나 신뢰도를 높이기 위해 무한대로 많은 문항을 제시하는 것은 불가능하므로 적정한 신뢰도 수준을 유지하는 데 필요한 적절한 수의 문항 제시가 필요하다.

❷ 문항 난이도

문항의 쉽고 어려운 정도를 나타내는 것을 난이도라고 하며, 이 난이도가 적절할 때 신뢰도가 증가한다. 따라서 적절한 수준의 문항 난이도를 유지하는 것이 바람직하다.

❸ 문항 변별도

문항 변별도란 잘하는 학생과 그렇지 못한 학생을 구분하는 정도를 말한다. 문항의 변별도가 높을수록 바람직한 평가이며 변별력이 높을수록 신뢰도가 높아진다.

❹ 평가 내용의 범위

시험을 통해 평가되는 내용의 범위가 넓으면 문항 사이의 동질성이 확보되기 어려워서 신뢰도가 떨어지게 된다. 따라서 문항 내용의 범위를 좁힐 때 신뢰도가 증가한다.

⑤ 시험 시간

시험을 실시할 때 시간이 충분해야 신뢰도가 높아진다. 따라서 속도 검사보다는 역량 검사가 신뢰도 측면에서는 바람직한 평가이다.

(2) 채점 신뢰도(scoring reliability)

채점자의 채점의 일관성과 관련된 개념이 채점 신뢰도이며, 이는 채점자 내 신뢰도와 채점자 간 신뢰도로 구분된다.

❶ 채점자 내 신뢰도

채점자 내 신뢰도란 채점자 개인의 일관성과 관련된 개념이다. 만약 채점자 자신의 채점 기준이 일관되지 못하여 동일한 답지에 대해 처음에는 엄격한 채점을 하다가 시간이 지남에 따라 관대한 평점을 하게 된다면 채점자 내 신뢰도는 낮아지게 된다.

❷ 채점자 간 신뢰도

채점자 간 신뢰도는 각기 다른 채점자가 동일한 피험자에게 얼마나 유사한 점수를 부여하였는가를 보는 것으로서, 채점자들 사이에 점수 차이가 크다면 이러한 경우에 채점자 간 신뢰도는 낮아진다.

채점자 내 신뢰도와 채점자 간 신뢰도는 서로 별개의 개념이 아니다. 만약 채점자 개인의 채점 기준이 일관되지 않아서 채점자 내 신뢰도가 낮은 경우에는 채점자 간 신뢰도를 구하는 것은 의미가 없는 것이 된다. 따라서 채점자 내 신뢰도는 채점자 간 신뢰도를 확보하기 위한 필요조건이 된다.

▲ 타당도와 신뢰도의 관계

타당도가 무엇을 측정하는가 하는 문제임에 반해 신뢰도는 한 측정 도구가 피험자의 특성을 얼마나 잘 측정하는가 하는 문제와 연관된다. 타당도가 높기 위해서는 신뢰도가 높아야 한다. 그러나 신뢰도가 높다고 해서 반드시 타당도가 높은 것은 아니다. 즉 타당하지 않은 점수는 아무리 믿을 만하다 해도 의미가 없는 것이다. 이와 같이 신뢰도는 타당도의 선행 개념으로서 타당도를 위한 최소한의 필요조건이며 충분조건은 아니라는 점을 이해할 필요가 있다.

2.3. 실용도(practicality)

실용도란 시험에 비용과 시간, 노력이 적게 들고 결과의 해석과 활용이 용이한가를 고려하는 개념이다. 검사가 실용성이 있기 위해서는 검사의 제작과 실시가 용이해야 하고(평가 제작과 실시의 용이성), 채점을 위해 소요하는 시간과 비용이 최소화되어야 하며(채점의 용이성), 결과의 해석이 용이해야 하고(해석의 용이성), 검사의 신뢰도와 타당도 등이 검증되어 적용과 일반화의 폭이 넓어야 한다(활용성). 실용도는 특히 피험자가 다수인 경우에 문제가 될 수 있으므로 이러한 경우에 실용도가 반드시 확보되어야 한다.

3장

■▪
▪▫

언어 능력 평가의 역사[1]

스폴스키(Spolsky, 1975)는 언어 능력 평가의 역사를 직관적 성격을 띤 과학 이전의 시기(pre-scientific period), 과학적 성격을 띤 심리 측정과 구조주의적 시기(psychometric-structural period), 통합적 성격을 띤 심리언어학과 사회언어학적 시기(psycholinguistic-sociolinguistic period)의 세 단계로 구분한다. 최근에는 의사소통적 경향을 보여 주는 많은 언어 평가의 연구와 노력이 이루어지므로 여기에 의사소통적 시기(communicative period)를 추가하여 다음과 같이 분류해 볼 수 있다(Weir, 1990).

3.1. 과학 이전 시기(the pre-scientific period)

이 시기는 언어를 문학적, 문화적 전통 전수를 위한 수단으로 여기던 시기로서 '문법 번역식 교수법(Grammar-Translation Method)'이 주를 이루었으며 이 시기의 언어 평가는 주로 외국어 번역, 언어 구조 분석, 어휘 등에 관한 것이 주를 이루었다. 이 시기에는 제대로 훈련받지 못한 교사들에 의한 임의적인 언어 평가가 자주 이루어졌으며, 교사의 개인적 인상에 의존한 주관적 평가가 주를 이루었다. 따라서 검사의 신뢰도와 타당도가 부족한 평가가 이루어졌으며 의사소통을 위한 구어의 중요성은 거의 무시되던 시기이다.

....
1) 이 부분의 내용은 이완기(2003)와 강승혜 외(2006)를 요약하여 다시 기술한 것이다.

3.2. 심리 측정-구조주의 시기 (the psychometric-structuralist period)

이 시기에는 미국에서 비교적 정교한 통계학과 심리 측정학이 발달하기 시작하였고 심리학에서는 행동주의, 언어학에서는 구조주의가 발달하고 있었다. 이러한 학문들의 전반적인 특성은 과학주의와 객관주의 경향이 강하다는 것이며, 이러한 경향이 평가에도 영향을 끼쳤다. 어휘, 발음, 문법 등을 세분화한 객관식 선다형 문항이 많이 사용되었고 통계적 평가가 가능해져 평가의 신뢰도를 높일 수 있었다. 그러나 이러한 객관식 위주의 분리식 평가는 타당도가 매우 낮은 평가가 될 수밖에 없는 문제점이 있었으며 언어의 실제적인 사용 측면을 간과하여 종합적이고 고차원적인 언어 구사 능력을 체계적으로 측정하지 못했다는 비판을 받는다.

3.3. 심리언어학과 사회언어학적 시기 (psycholinguistic-sociolinguistic period)

1970년대에 들어서면서 언어 평가에 대한 통합적 접근이 대두하였다. 이 시기에는 심리학 분야에서는 인지심리학(cognitive psychology), 언어학에서는 촘스키(Chomsky)의 변형생성문법 (generative-transformational grammar)이 출현하여 언어에 대한 심층 분석을 가능하게 하였고 언어 습득과 인지의 중요성을 강조하였다. 따라서 언어 교육과 평가에서도 의사소통의 통합적이고 전체적인 성격을 반영하려는 노력이 이루어졌다. 그러나 여전히 언어 평가에 있어서 타당도의 문제는 남아 있었고, 언어 평가에 출제된 내용이 사회적 맥락에서 볼 때 언어의 실제 사용에 부적당하였다는 비판이 제기되었다.

3.4. 의사소통적 시기(Communicative Period)

이 시기에는 언어 능력을 단지 단일 요인으로 보는 시야에서 탈피하여 평가에서 언어 표현의 정확성보다는 주어진 과제의 실현에 바탕을 둔 의사소통의 효율성이 중심이 된다. 배크

먼(Bachman, 1990)은 의사소통적 언어 평가의 특징으로 ① 정보차(information gap), ② 과제 의존성(task dependency), ③ 더 넓은 범위의 언어 능력을 측정하려는 시도(attempt to measure a much broader range of language ability) 등을 제시하였다. 이와 같이 의사소통에 의한 평가는 타당도가 높다고 기대되나 채점의 객관성과 신뢰도 확보의 문제가 항상 따르게 된다. 따라서 이 부분에 대한 많은 연구와 노력이 필요하다.

4장

평가의 유형

4.1. 객관식 평가(objective tests)와 주관식 평가(subjective tests)

이는 채점 방식에 따른 분류로서 객관식 평가는 선다형, 진위형 등의 평가와 같이 기계적 채점이 가능한 평가 유형이다. 반면 주관식 평가는 자유 작문 시험이나 면접 등과 같이 전문 평가자가 주관적 판단에 의해 평가하는 방식을 말한다. 그러나 주관식 평가도 전문가에 의해 이루어지므로 타당하고 공정한 평가가 이루어질 수 있다.

4.2. 직접 평가(direct tests)와 간접 평가(indirect tests)

직접 평가는 인터뷰나 작문 시험과 같이 학습자의 언어 능력을 직접적으로 평가하는 것을 의미한다. 간접 평가란 선다형, 빈칸 채우기 등을 통해 학습자의 언어 능력을 간접적으로 평가하는 것을 의미한다.

4.3. 분리 평가(discrete point tests)와 통합 평가(integrative tests)

분리 평가는 언어를 부분적인 구성 성분으로 분리하여 듣기, 말하기, 읽기, 쓰기의 각 기능 안에 음운, 형태, 어휘, 통사 등을 하위 범주로 두고, 그 구성 성분을 정확히 측정하는 것을 목표로 한다. 반면 통합 평가는 학습자의 언어 능력을 종합적으로 측정하는 방법으로, 다양한 언어 능력을 동시에 포착함으로써 종합적인 언어 능력 파악이 가능한 평가이다.

4.4. 준거 지향 평가(criterion-referenced tests)와 규준 지향 평가(norm-referenced tests)

준거 지향 평가는 학습자의 언어 능력이 정해진 교수 목표에 도달했는지를 평가하는 것으로, 주어진 교육 목표가 학생이 도달해야 하는 준거(criterion)가 된다. 따라서 다른 학생과의 비교에 초점을 맞추기보다는 학생들이 정해진 교육 목표를 달성했는지 여부에 관심을 갖는다. 이는 절대평가라고 불리기도 한다. 운전면허 시험이나 한국어능력시험(TOPIK)이 대표적인 준거 지향 평가의 예라고 할 수 있다. 규준 지향 평가는 집단 내의 상대적인 위치를 통해 평가 결과를 해석하는 방법을 말하며 상대평가라고 불리기도 한다. 이때 비교를 위한 기준을 규준(norm)이라고 하며 일반적으로 집단의 평균점이 규준이 된다. 규준 지향 평가에서는 검사 점수의 분포가 정상분포가 될 것을 가정한다. 일반적으로 대부분의 학교에서 이루어지는 평가들이나 지능검사, 학력검사 등이 규준 지향 평가의 예가 된다.

4.5. 성취도 평가(achievement tests)와 숙달도 평가(proficiency tests)

성취도 평가는 언어 프로그램의 목표에 어느 정도 도달했는지를 평가하는 것으로서 특정한 교육 기간 안에 다루어진 교과 내용에 따라 시험 범위가 정해지고 그 내용 안에서 어느 정도의 성취를 이루었는가를 평가하는 것을 말한다. 숙달도 평가는 학습자의 전반적인 언어 능력을 측정하는 것을 목표로 한다.

4.6. 진단 평가(diagnostic tests)와 배치 평가(placement tests)

진단 평가는 학습자의 강점과 약점을 진단하고 문제가 되는 부분의 보완을 위해 이루어지는 평가로서 일반적으로 교수 학습의 시작 단계에서 이루어진다. 배치 평가는 학습자가 지닌 능력을 평가하여 학습자의 능력에 알맞은 적절한 단계나 반에 배치하는 것을 목적으로 한다.

4.7. 표현 능력 평가(production tests)와
이해 능력 평가(recognition tests)

표현 능력 평가는 말하기, 쓰기와 같이 언어의 표현 기능과 관련된 평가를 의미하며 언어 생성 능력을 평가하는 것이 목표이다. 이해 능력 평가는 듣기, 읽기와 같이 이해 능력에 관한 평가로서 언어 수용 능력을 평가한다.

5장

언어 평가 도구의 개발

언어 평가 도구의 제작에서 실시 후 결과 해석까지 단계를 개관하면 다음과 같다.

5.1. 평가의 기획

평가가 잘 이루어지려면 세심한 기획을 필요로 한다. 이를 위해 우선 교육과정 목표를 기초로 평가의 목표를 설정하고 이러한 목표들을 특정한 평가 항목으로 나누는 세분화 작업이 필요하다. 그 후 평가의 형태를 결정하고 문항 형식과 문항 수를 결정해야 한다. 이때에는 피험자들에게 제공되는 시간뿐만 아니라 채점에 소요되는 시간까지도 고려하여 결정해야 한다.

5.2. 영역별 평가 항목 선별

평가 항목은 보통 듣기, 말하기, 읽기, 쓰기 등과 같이 분리된 영역으로 개발되는 것이 일반적이나, 요즘은 실제 언어가 사용되는 실제 언어 상황을 고려하여 통합적인 평가 영역을 설정한 후 이에 맞는 평가 항목을 선별하기도 한다. 이러한 사항들을 모두 고려하여 영역을 설정하고 그에 적합한 평가 항목들을 선별하는 작업을 거치게 되며 이것을 바탕으로 출제 구상표를 작성하게 된다.

5.3. 문항과 지시문 작성

문항은 채점의 기본 단위이며 평가의 타당도와 신뢰도는 평가 문항의 질에 의존한다. 따라서 평가 도구를 구성하는 문항이 양질의 문항이 될 수 있도록 주의를 기울여야 한다.

(1) 좋은 문항이 갖추어야 할 조건

① 문항의 내용과 평가의 목표가 일치해야 한다.
② 문항은 복합성이 있어야 한다.
③ 문항의 형식과 내용은 참신해야 한다.
④ 문항을 체계적이고 명료하게 구성해야 한다.
⑤ 학습 동기를 유발할 수 있는 문항을 구성해야 한다.
⑥ 문항 제작 원리와 검토 지침에 충실해야 한다.

(2) 문항의 유형

① 진위형(true-false, yes-no question)

진위형 문항은 양자택일의 문항 유형으로 진위형 문항을 제작하는 지침은 다음과 같다.

ㄱ. 진술문이 복합문이나 긴 문장이 되지 않도록 한다.
ㄴ. 한 가지 해석만 가능한 절대적인 진위의 진술문이 되도록 한다.
ㄷ. 진술문은 긍정문으로 작성하도록 하며, 부정문을 사용할 경우 표시를 해 주어야 한다.
ㄹ. 사소한 어휘를 조작하여 거짓 진술문을 작성하지 않도록 한다.
ㅁ. 진과 위의 진술문 길이와 문항 수가 서로 균형을 이루도록 해야 한다.
ㅂ. 정답 배열이 무작위가 되도록 해야 한다.

진위형 문항은 한 검사에 많은 평가 항목을 포함할 수 있고, 문항 제작에 소요되는 시간이 적으며 채점이 신속하고 신뢰할 수 있다는 장점이 있다. 그러나 단편적인 정보에 대한 이해를 묻는 문항 구성이 될 수 있으며 추측이나 우연에 의한 오차를 통제할 수 없다는 단점이 있다.

❷ 배합형(matching form)

배합형은 문제와 답지를 배합하여 수험자가 연관 있는 요소들끼리 연결하도록 구성한 문항 유형으로, 배합형 문항의 제작 지침은 다음과 같다.

ㄱ. 지시 사항이 분명해야 한다.

ㄴ. 전제와 답지 군이 동질성이 있어야 한다.

ㄷ. 문제의 수가 너무 많지 않도록 그 수와 길이를 적절히 제한해야 한다.

ㄹ. 추측에 의해 답을 할 확률을 제거하기 위해 답지의 수가 문항의 수보다 많게 한다.

배합형 문항의 장점으로는 신속하고 객관적인 채점이 가능하다는 것과 문항 제작에 소요되는 시간이 적게 걸린다는 점을 들 수 있다. 반면 배합형 문항은 좋은 배합형 제작이 어렵다는 점, 단편적인 정보 지식의 기억을 평가하는 것에 제한되기 쉽다는 점, 배합이 진행됨에 따라 추측 요인이 작용할 가능성이 높다는 단점이 있다.

❸ 선다형(multiple-choice form)

선다형은 문제와 세 개 이상의 답지로 구성되며, 피험자가 하나나 그 이상의 정답을 선택하게 하는 문항 형식이다. 선다형 문항을 제작할 때의 지침은 다음과 같다.

ㄱ. 지시문은 중요한 내용을 포함하면서도 함축적이고 간결해야 한다.

ㄴ. 조사나 시제 등 문법에 의해 정답을 시사하지 않도록 한다.

ㄷ. 가능한 한 긍정문으로 문항을 구성하며 부득이하게 부정어를 사용할 경우에는 표시를 하여 피험자의 주의를 환기한다.

ㄹ. 이중부정은 피한다.

ㅁ. 정답지와 오답지의 길이가 비슷하게 조절한다.

ㅂ. 매력적인 오답지를 제공하여 오답지가 교란지로서 기능하도록 한다.

ㅅ. 한 문항의 답지는 내용, 형식, 구조면에서 동질적이어야 한다.

ㅇ. 한 문항의 내용이 다른 문항 정답의 선수 요소가 되지 않도록 해야 한다.

ㅈ. 정답 번호의 비율이 비슷하도록 조절해야 하며, 정답은 무선 배열되도록 해야 한다.

선다형 문항은 문항의 채점이 쉽고 객관적이며 문항의 오답지를 수정하여 문항의 난이도를 조절할 수 있고 문항 양호도 분석을 위한 통계 처리가 쉽다는 장점이 있다. 반면 선다형 문항은 좋은 문항을 만들기 위해 상당한 훈련이 필요하며 진위형에 비해 반응 시간이 오래 걸리고 추측에 의해 답을 맞힐 확률을 제거하기 어렵다는 단점이 있다.

④ 단답형(short-answer form)

단답형은 간단한 단어나 구, 문장, 숫자, 그림 등 제한된 형태로 답을 하는 문항 유형이다. 단답형 문항을 제작할 때에는 다음과 같은 점에 주의해야 한다.

ㄱ. 질문이 명료해야 한다.

ㄴ. 채점 기준표가 매우 상세하게 구성되어 정답으로 간주될 수 있는 모든 답이 고려되어야 한다.

ㄷ. 듣기와 같이 내용 이해를 측정하는 평가에서는 철자법이나 문법적 오류가 있는 답지의 처리를 어떻게 할 것인지 미리 기준을 세워야 한다.

ㄹ. 답을 쓸 수 있는 충분한 공간을 제공해 주어야 하며 괄호의 길이로 인해 정답의 길이를 추측하지 못하도록 해야 한다.

단답형 문항은 배합형이나 선다형 문항에 비해 제작이 쉽고 선택형 문항에 비해 추측 요인을 줄일 수 있으며 채점 시간이 오래 걸리지 않는다는 장점이 있다. 반면 단답형 문항은 정답이 명확히 하나가 되도록 문항 구성을 하기가 어렵고, 의도하지 않은 다양한 답이 나올 수 있으므로 채점이 어렵다는 단점이 있다.

⑤ 논술형

논술형은 주어진 질문에 답을 하기 위해 여러 개의 연속된 언어 행위로 답을 하는 문항 형태로서 상대적으로 반응의 자유도가 높고 응답의 분량이 많은 문항 유형이다. 논술형 문항을 제작할 때 유의해야 할 사항은 다음과 같다.

ㄱ. 과제 수행 시간을 고려하여 문항을 구성한다.

ㄴ. 채점에서 고려해야 할 사항들을 미리 상세화한 채점 기준표를 준비해야 한다.

ㄷ. 여러 개의 문항 중에서 선택하여 답을 하도록 하는 것은 바람직하지 못하다.

논술형 문항은 문항 제작이 비교적 용이하며, 정보의 선정, 조직, 분석, 통합, 비교 등과 같은 높은 수준의 언어 기능을 측정할 수 있고, 추측 요인이 제거될 수 있다는 장점이 있다. 반면에 문항의 양호도 검증이 어렵고 객관적 채점이 어려우며 채점에 많은 시간과 노력, 전문성이 필요하다는 단점이 있다.

5.4. 문항 검토와 사전 평가

(1) 문항의 검토

문항들이 일차 제작된 후에는 출제자는 출제자의 자가 검토와 동료와의 상호 검토 과정을 통해 문항을 점검한다.

(2) 사전 평가와 문항 분석

많은 피험자가 응시하고 평가 결과가 중요한 결정에 활용되는 민감도가 높은 평가의 경우에는 사전 평가가 반드시 이루어져야 한다. 사전 평가에서는 문항의 변별도와 난이도가 분석된다. 난이도란 각 문항의 쉽고 어려운 정도를 나타내는 수치로서 전체 응답자 중 문항을 맞힌 응답자의 비율로 나타낸다. 변별도는 능력이 있는 피험자와 그렇지 못한 피험자를 구분해 주는 정도를 나타내는 수치로서, 점수가 낮은 집단보다 점수가 높은 집단에 의해 더 많이 정답으로 인식된 문항들의 변별도가 높다. 따라서 사전 평가를 통해 너무 쉽거나 어려운 문항이나 변별도가 낮은 문항은 제외하거나 수정한다.

5.5. 최종 형태 제작

사전 평가를 통해 문항들의 양호도를 분석하고 문제가 있는 문항들을 선별, 교정한 후 각 문항에 대한 배점을 결정하고 문항을 배열한다. 일반적인 문항 배열의 순서는 난이도가 쉬운 것에서 어려운 것으로 배열하며, 정답지 번호의 비율이 일정하고 정답 배열 순서가 무선이 되도록 배열해야 한다. 또 문제지의 시각적 형태와 질이 피험자의 수행에 영향을 준다는 사실을 유념하여야 한다. 문제가 문제지의 한 쪽 끝과 다음 쪽의 처음에 걸쳐 나오지 않도록 해야 하며, 단답형, 논술형 문항은 답을 쓸 충분한 공간을 제공하는 등, 최종 형태 제작 단계에서는 문제지의 편집에도 세심하게 신경을 써야 한다.

6장

∷·

한국어 능력 평가의
영역별 유형과 유의점

6.1. 영역별 평가의 유형

언어 영역	평가 유형
(1) 듣기	① 음운이나 단어 듣고 맞는 것 고르기 ② 문장 듣고 문장의 일부 채우기 ③ 문장이나 대화 듣고 적절한 반응 찾기 ④ 문장 듣고 유사한 문장 찾기 ⑤ 담화 듣고 담화의 요소 파악하기 ⑥ 그림 보고 맞는 설명이나 대화 찾기 ⑦ 담화 듣고 맞는 그림 고르기 ⑧ 담화 듣고 그림 나열하기 ⑨ 담화 듣고 그림, 지도, 도표 등을 완성하기 ⑩ 담화 듣고 담화의 중심 소재 및 내용 고르기 ⑪ 담화 듣고 내용과 일치하는(일치하지 않는) 것 고르기 ⑫ 듣고 받아쓰기 ⑬ 듣고 정보 찾기 ⑭ 세부 내용 파악하기 ⑮ 화자의 태도, 어조 파악하기
(2) 말하기	① 개인적인 인터뷰 ② 짝짓기 인터뷰 ③ 그림이나 자료를 활용한 말하기 평가 ④ 역할 놀이 ⑤ 토론하기 ⑥ 발표하기

언어 영역	평가 유형
(3) 읽기	① 단어나 문장의 내용에 맞는 그림 찾기 ② 유의어, 반의어 찾기 ③ 문장 내의 틀린 부분 찾기 ④ 문장 내 단어의 의미 찾기 ⑤ 문장 내 적절한 어휘, 문장 고르기 ⑥ 대화 구성하기 ⑦ 문장을 읽고 관계있는 문장 찾기 ⑧ 텍스트 읽고 글의 중심 소재 찾기 ⑨ 문맥에서 어구의 의미 파악하기 ⑩ 접속사 고르기 ⑪ 중심 내용 파악하기 ⑫ 주제문 찾기 ⑬ 제목 고르기 ⑭ 지시어 내용 찾기 ⑮ 글의 기능이나 목적 파악하기 ⑯ 단락 순서 제시하기 ⑰ 문장이나 단락 삽입 · 삭제하기 ⑱ 정보 파악하기 ⑲ 세부 내용 파악하기 ⑳ 필자의 태도 파악하기 ㉑ 전후 이야기 추측하기 ㉒ 단락과 주제 연결하기 ㉓ 글의 제목이나 목차로 글 내용 파악하기
(4) 쓰기	① 그림 보고 쓰기 ② 빈칸 채우기 ③ 고쳐 쓰기 ④ 틀린 것 고치기 ⑤ 어순에 맞게 문장 완성하기 ⑥ 문장 연결하기 ⑦ 문장 완성하기 ⑧ 대화 완성하기 ⑨ 상황에 맞게 문장 구성하기 ⑩ 정보 채우기 ⑪ 설명, 묘사하기 ⑫ 이야기 구성하기 ⑬ 문단 완성하기 ⑭ 읽고 요약하기 ⑮ 자유 작문

6.2. 영역별 평가의 유의점

(1) 듣기 평가

듣기 평가를 개발할 때에는 평가 자료가 실제적이고 명확해야 한다. 그러나 실제 자료는 짜임새가 없거나 불완전한 발화가 많고 난이도도 고르지 못하기 때문에 완벽하게 실제적인 자료를 평가에 반영하는 데 어려움이 따른다. 따라서 실생활에서 쓰임직한 자료로 평가를 구성하는 것이 최선의 방법일 것이다. 또 듣기 평가에서는 학습자의 숙달도 수준에 따라 다양한 실제 생활의 듣기 담화 유형이 반영되어야 하고 수험자의 숙달도 수준이나 평가 목표, 주제에 따라 평가 유형이 선정되어야 한다. 듣기 평가에서는 지엽적 언어 요소보다는 전체 내용의 의미를 파악하도록 하는 데 역점을 두어야 하며 듣는 내용의 배경이 반드시 들어가도록 문항을 구성해야 한다. 또한 듣기 자료는 잉여성과 중복성이 충분히 확보되도록 해야 하며 듣고 나서 쓰기를 통해 평가를 하게 되는 경우에 듣기 능력과 관계없이 쓰기 능력에 의해 평가 결과가 좌우되지 않도록 해야 한다. 선택지 구성에서는 듣기 자료에 나온 말이 등장해야 하며 듣기 내용보다 쉬운 말로 짧게 구성해야 한다. 평가 시행에 있어서는 피험자에게 시험 실시 방법에 대한 구체적인 지시 사항을 알려 줘야 하고 듣기에 사용되는 장비를 점검해야 하며 교사는 이러한 장비 사용에 숙달되어야 한다.

(2) 말하기 평가

말하기 평가에서는 문법 능력의 측정보다는 실제 수행에 초점을 두도록 평가를 제작해야 하며 평가가 이루어지는 상황과 평가 과제가 실제적이고 학습자의 흥미를 유발할 수 있어야 한다. 또한 목표로 하는 기능과 내용에 맞는 평가 유형의 적절한 결합이 중요하며 학습자의 수준을 고려하여 다양한 유형의 말하기 수행이 평가되어야 한다. 말하기 평가는 구어의 특성상 결과를 반복적으로 검토할 수 없다. 따라서 평가 상황을 녹음하거나 녹화하고 이를 반복해 관찰함으로써 더 정확하고 객관적인 평가를 할 수 있다. 그러나 이런 기계적인 작업이 학습자에게 부담을 줄 수 있으므로 주의를 해야 한다. 또 말하기 평가에서 평가자는 되도록 많은 말을 하지 않도록 하고 학습자가 스스로 발화할 수 있는 분위기를 조성하며, 의도하지 않은 다양한 돌발 상황이 일어날 수 있으므로 이러한 것들에 대처할 수 있는 능력을 기르기 위한 평가자의 훈련이 반드시 필요하다. 채점에 있어서도 채점 기준을 사전에 정확히 설정하고 이것을 채점자가 동일하게 적용하도록 해야 한다.

(3) 읽기 평가

외국어 읽기 교육의 목표는 단순히 문자로 표기된 어떤 것을 소리로 읽을 수 있는 것이 아니라 외국어로 쓰인 글의 의미를 이해할 수 있도록 하는 데 있다. 따라서 외국어로서의 한국어 읽기 평가의 목표는 한국어로 쓰인 글을 담화로서 전체적으로 이해할 수 있는지를 제대로 평가하는 데 있다. 이를 위해서는 실생활에서 접할 수 있는 다양한 유형의 텍스트를 평가 자료로 활용해야 한다. 이때 학습자의 숙달도 수준에 따라 길이와 난이도를 조정해서 사용해야 하지만 이러한 경우에도 자연스러움을 훼손하지 않도록 유의해야 한다. 또한 지엽적 언어 요소보다는 전체 글의 의미를 파악하도록 하는 문제를 출제해야 하며 표현과 이해, 심미적 효과 등과 같은 언어 사용의 본질을 보여 줄 수 있는 명문과 명작 등 읽을 가치가 있는 읽기 자료를 선택하여 출제하는 것이 바람직하다.

(4) 쓰기 평가

쓰기란 단순한 전사부터 고도의 의미 창조 기능까지 포함하는 의사소통 수단이다. 따라서 쓰기 평가에서는 모국어가 아닌 언어로 사고하고 표현하는 방법까지를 평가해야 한다. 이를 위해 쓰기 평가에서는 어휘 구사 능력, 정확한 문법적 지식, 기능 수행력과 문장 구성력, 담화 구성력과 같은 총체적인 의사소통 과정이 평가되어야 한다. 수험자가 글을 쓰는 진정한 목표와 방향을 확실하게 알고 글을 쓸 수 있도록 해야 하며 언어 구조나 어휘 연습의 차원을 넘어 나타내고자 하는 의미를 효과적으로 표현할 수 있는 데 중점을 두어야 한다. 글을 쓸 수 있는 충분한 시간과 분위기를 조성해 주어야 하며 그림 자료 등을 제시하여 글쓰기를 할 때에는 그림의 내용이 분명하게 나타나서 글의 내용을 구성할 수 있도록 해야 한다. 쓰기 평가에서는 채점의 문제가 대두하는데, 쓰기 평가의 채점 방법에는 분석적 채점 방식과 종합적 채점 방식 두 가지가 있다. 분석적 채점은 기계적으로 정확성 측면만을 평가하고 오류의 수를 세어 채점하는 방법이다. 그러나 이러한 방법은 객관적일 수는 있지만 타당도 측면에서는 무의미한 평가가 되기 쉽다. 반면 종합적 채점은 정확성을 측정하는 방법과 함께 문장을 구성하는 여러 가지 다양한 구성 요소를 구분하고 분석하여 그 각각에 대해 평가자가 전체적인 평정(評定)을 하는 것이다. 이 경우에 채점자는 평가와 관련된 모든 범주를 고려할 수 있고 부분적인 정확성뿐만 아니라 글의 전체적인 구조까지도 파악할 수 있다는 장점이 있다. 따라서 쓰기 평가의 채점에는 분석적 방법과 종합적 방법을 절충하여 활용하는 것이 바람직하다.

7장

한국어능력시험
(TOPIK, Test of Proficiency in Korean)

7.1. 한국어능력시험의 목적

- 한국어를 모국어로 하지 않는 외국인과 재외 동포들에게 한국어 학습 방향을 제시하고 한국어 보급을 확대
- 한국어 사용 능력을 측정 평가하여 그 결과를 유학과 취업 등에 활용

7.2. 응시 대상

- 한국어를 모국어로 하지 않는 외국인과 재외 동포
  (한국어 학습자, 국내·외 대학에의 유학 희망자, 국내·외 한국 기업체와 공공 기관 취업 희망자, 외국의 학교 재학자나 졸업자)

7.3. 성적 유효 기간

- 성적 발표일로부터 2년간 유효

7.4. 주관 기관

- 국립국제교육원

7.5. 시험의 활용처

- 정부초청 외국인 장학생 진학 및 학사 관리
- 외국인 및 12년 외국 교육과정 이수 재외동포의 국내 대학 및 대학원 입학
- 한국 기업체 취업 희망자의 취업 비자 획득 및 선발, 인사 기준
- 외국인 의사 자격의 국내 면허 인정
- 외국인의 한국어 교원 자격 시험(2-3급) 응시 자격 취득
- 영주권 취득
- 결혼 이민자 비자 발급 신청

7.6. 평가의 기본 체계

- 한국어 숙달도 평가
- 획득한 점수에 따른 인정 등급 판정

7.7. 평가의 유형

	평가 유형	인증 등급
1	TOPIK I	한국어 능력 1급, 2급
2	TOPIK II	한국어 능력 3급, 4급, 5급, 6급

7.8. 평가 유형별 평가 영역

	평가 유형	평가 영역
1	TOPIK I	읽기, 듣기
2	TOPIK II	읽기, 듣기, 쓰기

7.9. 시험 유형별 문항 수와 시험 시간

● 문항 구성 및 문제 유형

1) 수준별 구성

시험 수준	교시	영역(시간)	유형	문항 수	배점	총점
TOPIK I	1교시	듣기(40분)	객관식	30	100	200
		읽기(60분)	객관식	40	100	
TOPIK II	1교시	듣기(60분)	객관식	50	100	300
		쓰기(50분)	주관식	4	100	
	2교시	읽기(70분)	객관식	50	100	

2) 문제 유형

● 객관식 문항(사지선다형)
● 주관식 문항(쓰기 영역)
    - 문장완성형(단답형): 2문항
    - 작문형: 2문항(200~300자 정도의 중급 수준 설명문 1문항, 600~700자 정도의 고급 수준 논술문 1문항)

7.10. 시험의 수준 및 등급

- 시험수준: TOPIK I, TOPIK II
- 평가등급: 6개 등급(1~6급). 획득한 종합점수를 기준으로 판정되며, 등급별 분할점수는 아래와 같다.

구분	TOPIK I		TOPIK II			
	1급	2급	3급	4급	5급	6급
등급 결정	80점 이상	140점 이상	120점 이상	150점 이상	190점 이상	230점 이상

※ 35회 이전 시험기준으로 TOPIK I은 초급, TOPIK II는 중·고급 수준이다.

- 주관식 쓰기 영역 평가 기준

문항	평가 범주	평가 내용
51–52	내용 및 과제 수행	• 제시된 과제에 맞게 적절한 내용으로 썼는가?
	언어 사용	• 어휘와 문법 등의 사용이 정확한가?
53–54	내용 및 과제 수행	• 주어진 과제를 충실히 수행하였는가? • 주제에 관련된 내용으로 구성하였는가? • 주어진 내용을 풍부하고 다양하게 표현하였는가?
	글의 전개 구조	• 글의 구성이 명확하고 논리적인가? • 글의 내용에 따라 단락 구성이 잘 이루어졌는가? • 논리 전개에 도움이 되는 담화 표지를 적절하게 사용하여 조직적으로 연결하였는가?
	언어 사용	• 문법과 어휘를 다양하고 풍부하게 사용하며 적절한 문법과 어휘를 선택하여 사용하였는가? • 문법, 어휘, 맞춤법 등의 사용이 정확한가? • 글의 목적과 기능에 따라 격식에 맞게 글을 썼는가?

출처: www.topik.go.kr

7.11. 등급 판정 및 인증서 발급

- 영역별 실제 획득 점수 표시
- 총점과 평균 표시
- 인증 등급 표시 (불합격자의 경우 공란)
- 기존의 과락 제도 폐지
- 초급, 중·고급 성적표 배부

참고문헌

강승혜(2002), 「한국어 쓰기 교육의 이론과 실제」, 『21세기 한국어 교육학의 현황과 과제』, 한국문화사.

강승혜 외(2006), 『한국어 평가론』, 태학사.

김왕규 외(2002), 「한국어능력시험의 평가기준 개발 연구」, 한국교육과정평가원.

김정숙 · 조항록 · 김유정 · 이미혜 · 정명숙(2001), 「"한국어" 초급(읽기 · 쓰기) 실물 교재 개발 최종 보고서」, 한국어세계화재단 한국어 세계화추진위원회.

박도순(2007), 『교육평가』, 교육과학사.

성태제(1996), 『문항 제작 및 분석의 이론과 실제』, 학지사.

성태제(2002), 『현대교육평가』, 학지사.

임병빈 역(1993b), 『영어교육평가기법(Techniques in Testing)』, 한국문화사.

임병빈(1999), 『영어 교수학습 평가』, 한국문화사.

이영식(1997), 「최근 언어평가의 연구와 이론적 배경」, 《영어교육》 52(1).

이완기(2003), 『영어 평가 방법론』, (주)문진미디어.

전은주(1999), 『말하기, 듣기 교육론』, 박이정.

Bachman, L. F.(1990), *Fundamental considerations in language testing*, Oxford: Oxford University Press.

Brown, H. Douglas (1994), *Principles of Language Learning and Teaching*, 신성철 역(1996), 『외국어 교수 · 학습의 원리』, 한신문화사.

Ur, Penny(1984), *Teaching Listening Comprehension*. Cambridge University Press

Wallace, Catherine(1992) *Reading*. Oxford University Press.

Weir, C. J.(1990), *Communicative Language Testing*, Hemel Hempstead: Prentice Hall.

교육부 국립국제교육원(2013), 한국어능력시험 체제 개편에 따른 문항 틀 제작 및 표준 문항 개발 연구 공청회 자료.

한국학술진흥재단(1997), 제1회 한국어능력시험 문제지.

한국학술진흥재단(1998), 제2회 한국어능력시험 문제지.

한국교육과정평가원(1999), 제3회 한국어능력시험 문제지.

한국교육과정평가원(2000), 제4회 한국어능력시험 문제지.

한국교육과정평가원(2001), 제5회 한국어능력시험 문제지.

한국어 세계화 추진을 위한 기반 구축 사업 1차년도 결과 보고서(1998), 문화관광부 한국어 세계화추진위원회.

한국어 세계화 추진을 위한 기반 구축 사업, 한국어 초급 듣기 교재 결과보고서(2000), 한국어 세계화추진위원회.

http://topik.or.kr

한국어 교재론

■ ■
■ ■

김은애

서울대학교 언어교육원 한국어교육센터

| 학습 목표 |

- 교재 선정 시 유의할 점과 교재 개발의 기본 원리를 이해한다.
- 교재 개발의 절차와 내용에 대해 학습한다.
- 교재 평가 및 선정의 기준을 알아본다.
- 기능별 교재와 특수 목적 교재의 유형 및 특징을 알아본다.
- 한국어 교육용 부교재의 종류와 활용에 대해 살펴본다.

▶▶▶ 차례

1장

들어가는 말

교육 현장의 3대 요소는 교사와 학습자와 교재이다. 교재는 교사와 학습자를 연결하는 교수·학습의 매개체이며 가르칠 내용을 담고 있는 제일 중요한 자료이다. 언어 교재는 언어를 공부하는 학습자에게 있어 목표어에 대한 지식을 습득하는 가장 중요한 원천이다. 한국어 교재의 경우 주로 한국어를 가르치는 교사나 한국어 교육 유경험자가 교재 개발에 관여해 왔다. 2000년대 들어 현재까지 많은 한국어 교재들이 출판되었고 또 현재에도 개발 중이기 때문에 교사가 되어 수업용 교재를 선택할 경우 어떤 기준에서 선택할 것인가에 대해 깊이 생각하고 신중하게 선택해야 한다. 또한 교육 현장에서 사용할 교재에 대한 효과적인 활용 방안도 모색해야 할 것이다.

2장

교재의 정의와 기능

2.1. 교재의 정의

교육은 인간의 발달과 행동 변화를 추구하는 활동이므로 그 주체와 대상, 내용이 있어야한다. 또한 교육은 한 국가나 기관의 교육 철학과 교육 목표에 따라 만들어진 교육과정에맞춰 행해진다. 이 교육 내용이 문서 등의 매체 형식으로 교수자와 학습자에게 전달되는 것이 바로 교재이다.[1] '누가(who)', '누구에게(whom)', '무엇(what)'을 가르치고 배울 것인가를교육의 세 가지 구성 요소로 보았을 때 교재는 이 '무엇'을 담고 있는 총체물이다. 조항록(2003:257)에서는 교재가 교육과정과 교수요목 하에서 실제의 교육 내용을 담고 교사와 학습자 간의 교육의 매개체이며 대상이 됨으로써 교재는 교육과정, 교수요목과 밀접히 연관된다고 하였다. 서종학, 이미향(2007:14)에서는 교재를 교육 목표를 구현하기 위해 교육자가가르치고자 하는 내용, 곧 교육과정을 문서 등의 매체로 작성하여 학습자의 교육에 맞게 전달하는 수업 진행용 교육적 도구라고 정의 내리고 있다. 교재를 교육 내용을 담은 수업 진행을 위한 도구라고 생각한다면 교사의 언어 등 교사가 교육 현장에 동원하는 모든 자료까

---

1) 교재의 정의를 살펴보면 다음과 같다.
   • 지식과 기술 따위를 가르치며 인격을 길러주는 것이다(표준국어대사전).
   • 교육 목적 및 목표를 달성하기 위해 교육과정을 반영한 교육 내용을 교사와 학습자에게 제공하는 총체적 도구이다(이지영, 2014:892).
   • 한국어 교재란 한국어 교육을 위해 개발된 교육 자료의 묶음이다(김정숙 외, 2006:67).

지 교재의 범위를 확대시켜 생각할 수 있으나 보통 연구나 논의의 대상이 되는 교재는 문서나 매체 형식을 통해 만들어진 자료이다.

2.2. 교재의 기능[2]

서종학(2007)에서는 선행 연구를 종합 정리하여 교재의 기능을 4가지로 나눠 설명한다.

〈표 1〉 교재의 기능

1	교수 · 학습 목표 제시	• 교수 목표 반영 • 교육과정 구현 • 학습 동기 유발
2	교수 · 학습의 내용 규정	• 교수, 학습 내용 제공 • 표준이 되는 언어 제공
3	교수 · 학습의 전략 제공	• 교수법 제공 • 학습법, 연습 방법 제공
4	평가의 대상과 자료 제공	• 교수 자료와 평가 대비 자료 제공 • 교수 평가의 근거 제공

　첫째로는 교수·학습 목표 제시, 둘째로는 교수·학습의 내용 규정, 셋째로는 교수·학습의 전략 제공, 넷째로는 평가의 대상과 자료 제공을 들고 있다. 수업 전 단계에서는 교수·학습 목표 제시를 통해 교수·학습 목표를 구체적으로 설정할 수 있고 학습 동기를 유발할 수 있다. 또한 수업 수준의 일정성이 확보되고 교육과정에 따른 학습 내용을 제시할 수 있다. 수업 중 단계에서는 교수·학습의 내용이 제공된다. 언어 교재에서는 표준이 되는 언어가 제공된다. 수업 중 단계에서는 교수·학습의 전략도 제공된다. 해당 교재를 사용하는 수업에서 지향하는 교수법이나 학습법, 연습 방법을 제시한다. 수업 후 단계에서는 교재에 제시된 자료를 토대로 평가에 대한 대비를 할 수 있게 된다.[3] 이 자료들은 직접 또는 변형되어 평가에서 사용 가능하다. 또한 교재를 사용한 후 수업 시간과 가르치는 내용의 양, 수준이 적절했는지를 점검하거나 평가할 수 있다. 장기적으로 결과를 수집하여 훗날 교육과정을 수정하거나 새 교재 개발 시 반영할 수 있다.

....

2)　서종학, 이미향(2007)의 내용을 토대로 필자가 수정·보완한 것이다.

3)　교재는 연습을 통한 정착 기능을 수행하고 수업 수준의 일정성을 제공한다(이지영, 2014:893).

교재를 사용하는 것이 수업과 학습에 긍정적인 영향을 준다는 것은 부인할 수 없는 사실이다. 교사가 주어진 교재의 특성과 내용을 잘 이해하고 상황에 맞게 잘 사용하고 학습자 또한 교재에서 알려 주는 내용과 학습 방법을 잘 파악하고 꾸준히 연습해 나갈 때 교재는 교재로서 최대치의 기능을 하게 될 것이다.

3장

한국어 교재의 역사와 개발 현황

3.1. 한국어 교재의 변천사[4]

한국어 교재의 변천사는 크게 5기로 나누어 볼 수 있다.

　제1기는 한국어 교육의 초창기로 1959년에서 1975년 사이에 해당하며 한국이 경제적으로 안정되기 이전이다. 이때는 청각구두식 교수법이 기본이 되는 교체 연습과 모국어 사용을 강조했다. 하지만 청각구두식의 교체 연습과 모국어 사용은 실제 언어생활과 거리가 있어서 실용성이 떨어질 뿐만 아니라 학습자의 흥미 유발에도 어려움이 있었다. 선교사를 위한 교재가 나왔고[5] 미국 뉴욕, 시카고, 하와이 등지에 한국어 학교가 설립되었다.

　제2기는 1976년에서 1988년 사이에 해당하며 한국어 교재의 변화가 시작되었던 변화기라고 볼 수 있다. 특히 이 시기에는 이전의 종교적 목적을 가진 유럽과 미국인 학습자 중심에서 벗어난 다양한 학습 목적을 가진 일본어권 학습자가 증가하였다. 이 시기에는 읽기의 중요성을 강조하여 교사들이 문화 교육 차원에서 재미있는 이야기를 직접 써서 읽기 교재로 사용하거나 읽기 교재를 따로 개발했다. 대학교 부설 언어 교육 기관들이 신설되었고 국외

---

4)　제1기~제4기는 백봉자(2001)에 따른 분류이다. 거슬러 올라가면 신라 시대와 고려 시대의 자료에서 한국어 교육과 관련된 기록을 찾아 볼 수 있으며 개화기 전후 선교나 외교, 무역 목적으로 외국인이 쓴 교재도 있었던 것으로 알려져 있다.

5)　선교사를 위한 명도원이 1964년에 건립되고 한국어 교재가 개발되었으며 이 교재에는 한국어와 한국 문화에 대한 설명도 들어 있다.

에서는 자체적으로 개발한 교재와 문교부에서 지원한 초등학교용 국정교과서가 재외 동포용 교재로 사용되었다.

제3기는 1989년에서 2000년 사이에 해당하며 시기적으로는 1988년 서울올림픽 성공을 계기로 한국어 학습자의 급속한 증가가 일어난 한국어 교재의 발전기이다. 한국어 학습자의 증가에 따라 대다수 국내 대학이 한국어 교육에 관심을 갖고 기관별 교재를 내놓기 시작했다. 이때 서울대, 연세대, 고려대, 경희대, 서강대, 선문대 등의 교재가 출판되었다. 또한 이 시기에 들어 청각구두 교수법에서 벗어난 의사소통 교수법이 교육 현장에서 시도되었는데, 그 변화 과정을 한국어 교재에서도 찾아 볼 수 있다. 이 시기에 한국교육과정평가원에서 개발한 재외 동포 대상 교재가 해외에 배포되었다.

제4기는 2001년부터 현재까지에 해당하는 한국어 교재의 도약기로 볼 수 있다. 각 대학 기관에서는 기존 교재의 개정판이나 새 교재를 출판하고 있으며, 대학 기관뿐만 아니라 사설 학원이나 사설 출판사에서도 한국어 교재를 출판하고 있다. 현재의 교재는 학습자의 언어권, 학습자 상황 요인, 언어 범주, 언어 기능별로 다양화, 전문화되었다. 교재는 의사소통 중심을 지향하면서 동시에 언어적 지식 습득을 위한 문법과 어휘 연습을 포함하고 있으며 학생들의 동기와 흥미 유발을 위해 다양한 삽화와 사진 자료, 시청각 자료를 사용하고 있다. 국외에서도 각 지역의 전문가들이 모여서 개발한 교재가 나오기 시작했으며[6] 학습용 멀티미디어 교재, 온라인 교재 등이 개발되어 있다.

제5기는 대략 2010년부터라고 할 수 있다. 한류의 시작과 확산으로 한국어에 대한 관심이 확대되었고 이에 맞춰 교재 개발도 속도를 더하게 되었다. 국가기관에서는 기 개발한 교재의 번역본과 현지 문화를 고려한 현지화 교재를 개발하였고 교재의 범주는 매우 넓어졌다.

3.2. 한국어 교재 개발 현황과 특징

최근 들어 교육 목표, 교육과정, 대상 집단, 사용 환경 등을 고려하여 다양하고 독특한 교재들이 개발되어 왔고 현재도 개발 중에 있다. 각 교재는 과학적인 실험과 조사를 통해 데이터를 추출하고 한국어의 제반 특성, 관련 교수법과의 연계 하에 학습자의 요구를 바탕으로 합

---

6) 미국에서는 KLEAR(Korean Language Education and Research Center)에서 개발한 교재 〈Integrated Korean〉 시리즈를 대표적인 예로 들 수 있다.

리적인 방법으로 개발되고 있다. 또한 교재의 개발이 단일 교육기관 차원뿐만 아니라 기관 간의 협력이나 국가 프로젝트로 진행되고 있다.

개발된 한국어 교재들은 언어 영역별, 학습자 연령별, 학습 목적별, 교재 사용자별, 교재 사용 언어별로 분류할 수 있다. 언어 영역별로는 말하기 교재, 읽기 교재, 쓰기 교재, 듣기 교재, 문법 교재, 어휘 및 표현 교재, 발음 교재, 그리고 이 모든 기능을 통합한 통합 교재가 있다. 학습자 연령에 따라서는 어린이 교재, 청소년 교재, 성인 교재 등 각 연령대의 학습자가 사용하기에 적합한 교재가 있다. 학습 목적에 따라서는 일반 목적과 특수 목적 교재로 나눌 수 있는데 특수 목적 교재는 과학, 기술, 직업 목적, 학문 목적 등의 특수한 목적으로 한국 어를 배우는 학습자를 위해 제작된 교재이다. 또한 교재 사용자에 따라서 학생용과 교사용 이 별도로 제작되어서 개발되며, 마지막으로 다양한 언어권별 외국어가 사용된 교재도 있다. 아래는 박영순(2003:171)에 제시된 한국어 교재의 유형이다.

〈표 2〉 한국어 교재의 유형[7]

영역별	회화, 듣기, 읽기, 쓰기, 말하기-듣기, 읽기-쓰기, 문법, 문화, 어휘
지역별	한국, 일본, 중국, 북미, 호주, 유럽, 러시아, 우즈베키스탄
국적별	한국인, 외국인, 기타
수준별	초급, 초급1·2, 중급, 중급1·2, 고급, 고급1·2, 최고급
성격별	교수·학습용, 자습용, 교사용, 인터넷용(+온라인용, 앱)
위상별	주교재용, 부교재용, 과제용, 평가용, 워크북
목적별 (기능별)	관광용, 교양용, 특수 목적용(언론, 외교, 통상, 군사 등), 어린이용, 중고생용, 대학 학습용, 한국학 전공자용, 한국어 교사용
언어권별	영어, 중국어, 일어, 프랑스어, 독일어, 러시아어, 베트남어, 태국어, 스페인어 등

---

7) 김정숙 외(2006:68)에서 재인용.

4장

■■
■■

한국어 교재 개발

한국어 교재도 다른 언어 교재와 동일하게 정해진 교육과정과 교수요목을 기반으로 하여 개발된다. 김정숙 외(2006:67)는 한국어 교육과정이 한국어 교육의 목적부터 내용, 절차, 방법, 평가 등을 포괄하는 총체적이고 전반적인 교육 계획이라면 이를 구체적이고 명시적으로 가장 잘 드러내는 것이 교재라고 밝히고 있다. 교재의 개발은 교재의 설계도라 할 수 있는 교수요목에 근거해 이루어지며 따라서 교육과정과 교수요목, 교재, 그리고 이를 이용한 실제 교육은 상호 의존적이며 불가분의 관계에 있다.

교육과정[8]은 정규교육의 경우 국가적 차원이나 사회적 차원에서 교육하기 위해 기본적으로 필요한 제도적 틀과 그 안에 포함된 기본적인 내용으로 볼 수 있다. 정규교육이 아닌 경우에는 해당 교육기관이 정한 교육의 목표를 달성하기 위한 교육 관련 전반적인 틀과 그 안에 포함된 내용으로 이해된다. 교수요목은 이러한 교육과정을 단계별 또는 영역별로 상세하게 기술한 교육 계획으로서 실제 교육은 이 교수요목에 의해 진행된다.

---

8) 교육과정에 대한 자세한 내용은 최은규(2017)를 참조하도록 한다.

4.1. 교육과정과 교수요목

4.1.1. 교육과정

교육과정과 관련한 일반적인 논의를 한국어 교육에 연관해서 보면 기준에 따라 다양한 분류가 가능하다.

〈표 3〉 한국어 교육과정과 교재의 상관성[9]

교육과정	교육 목표	필요한 교재
순수 어학 교육 목적의 교육과정	• 학습자의 한국어 의사소통 능력 배양	• 주제, 과제와 기능, 기본 대화, 어휘, 문법 학습용 주 교재 • 말하기, 듣기, 읽기, 쓰기 교육용 교재 • 발음, 문법, 한자, 작문 학습용 교재 • 한국 문화 학습용 교재
한국어 교육 전공 목적의 교육과정	• 한국어 교육 전문 인력 배양 • 한국어 사용 직무 수행 능력 배양	• 주제, 과제와 기능, 기본 대화, 어휘, 문법 학습용 주 교재 • 말하기, 듣기, 읽기, 쓰기 교육용 교재 • 발음, 문법, 한자, 작문 학습용 교재 • 한국어학 관련 교재 • 한국 문화 학습용 교재 • 한국 문학 강독 등 한국학과 응용 한국어 관련 교재
학문 목적의 교육과정	• 전공과목 학습에 필요한 한국어 능력 배양	• 주제, 과제와 기능, 기본 대화, 어휘, 문법 학습용 주 교재 • 말하기, 듣기, 읽기, 쓰기 교육용 교재 • 발음, 문법, 한자, 작문 학습용 교재 • 학문 목적 한국어 교재 • 전공 관련 교과목을 위한 교재
직무 수행 능력 제고 목적의 교육과정	• 직무 수행에 필요한 한국어 능력 배양	• 주제, 과제와 기능, 기본 대화, 어휘, 문법 학습용 주 교재 • 말하기, 듣기, 읽기, 쓰기 교육용 교재 • 직무 관련 교과목을 위한 교재
민족 교육 목적의 교육과정	• 한국어를 통한 민족 교육	• 주제, 과제와 기능, 기본 대화, 어휘, 문법 학습용 주 교재 • 한국 예절, 한국 문화, 한국 역사 등 민족 교육 관련 교재

4.1.2. 교수요목

교육과정이 설정되면 다음으로 교수요목을 작성해야 한다. 교수요목은 교육 내용을 상세화하고 교수·학습의 순서를 정해 놓은 것이다. 외국어 교육에서의 교수요목은 교육 목표의 실천을 위해서 단원을 체계적으로 제시해야 하기 때문에 교수 방법과 밀접한 관련을 가지며 이를 연결해 주는 교재와도 밀접한 연관을 갖는다. 외국어 교수요목과 관련한 논의로서 브

....
9) 조항록(2003:258)의 내용을 요약한 것이다.

라운(J. D. Brown, 1995)의 논의를 예로 들 수 있다. 브라운이 논의한 교수요목은 다음 여덟 가지로 정리할 수 있다.

첫째, 구조 교수요목(structural syllabus)이 있다. 구조형(structural) 교수요목에서는 음운, 문법과 같은 언어 구조를 중심으로 난이도나 빈도에 따라 내용을 구성한다. 예를 들면 문장이나 단락 구조가 쉬운 것에서 복잡한 것으로 나아가는 것이다.

둘째, 상황 교수요목(situational syllabus)이 있다. 상황형(situational) 교수요목의 경우는 학습자가 접하게 되는 개개의 상황에서 필요한 글을 쓸 수 있도록 내용이 제시된다. 예를 들면 은행 무통장 입금표 작성하기 등이 여기에 해당된다.[10]

셋째, 주제 교수요목(topical syllabus)이 있다. 주제형(topical) 교수요목은 특정 주제나 화제에 따른 교수요목으로 작문 숙제, 발표 원고, 백일장 등에서 많이 이용되는 '-에 대해서'라는 식으로 내용을 제시한다.

넷째, 기능 교수요목(functional syllabus)이 있다. 기능형(functional) 교수요목은 주로 다양한 언어 표현 기능들로 구성되는 교육과정이다. 자기 소개하기, 과거의 경험을 정리·표현하기 등에 이용될 수 있다.

다섯째, 개념 교수요목(notional syllabus)은 거리, 시간, 수량, 질, 위치, 크기 등과 같은 개념 범주들의 학습을 위한 것으로 각 개념을 표현하는 데 중점을 둔다. 특히 어떤 특성을 묘사하는 글쓰기에 응용될 수 있다.

여섯째, 기능 기반 교수요목(skills-based syllabus)은 언어 학습이나 학문 연구에 필요한 언어 기술을 학습시키는 데 목적을 둔다. 읽기와 관련이 깊지만 쓰기와 읽기의 통합 교육에도 활용될 수 있다. 예를 들어 주제문 작성 연습을 위한 주제문 찾기 활동 등이 여기에 포함된다.

일곱째, 과제 기반 교수요목(task-based syllabus)은 최근에 많이 강조되는 것으로 과제나 활동에 기반을 둔 학습으로 구성된다. 이력서 쓰기, 응시 원서 쓰기, 인터뷰 항목 만들기, 독자 투고문 쓰기 등을 예로 들 수 있다.

마지막으로 혼합 또는 다층 교수요목(mixed or layered syllabus)이 있는데 이는 앞에 제시된 두 개 이상의 교수요목을 혼합한 형태이다.

조항록(2003:265)은 외국어 교수요목과 한국어 교재와의 관련성을 아래와 같이 정리하고 있다.

---

10) 식당 상황에서의 대화, 장학금 심사의 면접을 앞둔 상황에서의 장학금 신청서 작성하기 등을 생각할 수 있다.

교수요목	기본 개념	한국어 교재와의 관련성
구조 교수요목	• 음운, 문법과 같은 언어 구조를 중심으로 작성한 교수요목 • 배열 기준: 난이도가 낮은 것부터 높은 것으로, 빈도수가 많은 것으로부터 적은 것으로, 의미 기능이 간단한 것으로부터 복잡한 것으로 배열	1990년대 중반까지 교재가 채택한 주된 교수요목
상황 교수요목	• 언어 활동이 이루어지는 장소나 상황을 중심으로 작성한 교수요목 • 식당, 길, 지하철역, 시장과 같이 발화 장면을 중시	최근에 일부 교재에서 중심적인 교수요목으로 채택
주제 교수요목	• 각 등급에 맞춰 채택된 주제를 일정 기준에 따라 배열한 교수요목. 대체로 상황 교수요목과의 혼합 형태를 보여 줌 • 가족, 날씨, 음식, 전화 등을 예로 들 수 있음	최근에 개발되는 한국어 교재에서 주로 채택하는 교수요목
기능 교수요목	• 소개하기, 설명하기, 요청하기, 제안하기 등 언어 활동의 기능적 측면을 중심으로 작성한 교수요목 • 주로 주제 교수요목과 연계되어 사용	최근에 개발되는 교재에서 주로 채택
개념 교수요목	• 물건, 시간, 거리, 관계, 감정, 용모 등과 같이 실생활 관련 주요 개념을 중심으로 작성한 교수요목 • 유용성이나 친숙도에 따라 배열	때때로 주제 교수요목의 일부가 포함됨
기능 기반 교수요목	• 대의 파악, 주제 파악, 화자 의도 파악하기, 추론하기 등 언어 기능 중 특정 기능을 중심으로 배열한 교수요목	주로 이해 기능으로 이 분야의 교재가 매우 적기 때문에 현재까지 채택된 사례를 찾기 어려움
과제 기반 교수요목	• 지시에 따르기, 편지 쓰기, 면접하기, 신청서 작성하기 등 실생활 과제 중심으로 배열한 교수요목	주제 교수요목 등과 함께 때때로 채택
혼합 교수요목	• 둘 이상의 교수요목을 함께 활용하여 작성한 교수요목 • 엄밀한 의미에서 최근의 대부분의 교수요목이 이에 속한다고 볼 수 있음	최근에 개발되는 교재에서 주로 채택

　　이상의 교수요목 중 어느 하나가 절대적으로 우월하다고 볼 수는 없다. 교재 개발과 관련한 교수요목의 채택은 교육이 이루어지는 환경적 특성, 교육목표와 교육과정을 충분히 고려하여야 하며 교수 방법과도 연계가 되어야 한다.

4.2. 한국어 교재 개발의 기본 원리

4.2.1. 한국어 교재의 구성 원리

김정숙 외(2006)는 한국어 학습자의 요구와 교육 여건이 다양한 만큼 학습 목적을 비롯해 학습자의 연령, 모국어, 교육 조건 등의 변인에 따라 다양해져야 한다고 밝히며 한국어 교재를 개발함에서 있어 일반적으로 적용할 수 있는 기본 원리를 아래와 같이 일곱 가지로 제시하고 있다.

❶ 한국어 교수·학습 목적을 충실히 반영해 교재를 개발해야 한다.
❷ 학습자나 교육 환경을 비롯한 다양한 변인을 고려해 교재를 개발해야 한다.
❸ 정확하고 자연스러운 한국어를 익힐 수 있도록 교재를 구성해야 한다.
❹ 한국어와 함께 한국 문화를 교육할 수 있도록 교재를 개발해야 한다.
❺ 한국어 교재 개발자가 자신의 기준으로 교육 항목을 선정하고 교육 방법을 결정해 교재를 구성하던 것에서 벗어나 학습의 주체가 되는 학습자의 요구를 반영해 교육과정, 교육 방법, 교육 절차를 설계하고 교재를 구성해야 한다.
❻ 과정 중심의 교육 효과를 극대화할 수 있도록 한국어 교재를 구성해야 한다.
❼ 다양한 매체를 이용해 한국어 교재를 개발해야 한다.

이 원리들은 교재의 틀을 구성하고 내용을 채워 나가는 데 있어 필수적인 것들로서 교재의 형식적·내용적인 면에 대한 전체적인 가이드라인으로 볼 수 있다.

4.2.2. 한국어 교재 개발의 기본 원리와 절차

최근 한국어 교육계에서는 기존의 교재를 분석하는 연구가 활발히 진행되었다. 이 연구 결과들을 토대로 교재 개발 방안을 정리하면 다음과 같다.

❶ 교재 개발 전에는 학습자의 요구 조사가 선행되어야 한다.
❷ 기존 한국어 교재를 분석하고 그 장단점을 확인해야 한다.
❸ 교육목적을 설정하고 교육과정과 교수요목을 설계하여 이를 구현할 수 있어야 한다.
❹ 문법, 문화, 발음과 같은 교재의 세부 내용 구성을 위해서는 이론적인 뒷받침과 함께 경험적 데이터의 활용이 필요하다.
❺ 개발하고자 하는 교재의 수와 수준을 나누는 것이 좋다.
❻ 교재 내용은 학생의 배경지식을 충분히 활용할 수 있도록 한다.
❼ 교재의 자료는 실제적이고 흥미롭게 구성해야 한다.
❽ 교재는 학습 성취 수준을 평가하고 이에 대해 처방할 수 있어야 한다.

한국어 교재 개발의 과정은 크게 '요구 조사-교수요목 설계-교재 집필-평가'의 순서로 이루어진다. 김정숙 외(2006)에서는 이 과정을 '학습자의 요구 조사-교육 목적·목표 설정-교육 내용의 범주 결정-교육 내용 선정 및 방법 결정-교육 내용의 배열 및 조직-교재 집필-교육과정 및 교재 평가'로 세분화했으며 이 과정은 단선적인 과정이 아니라 이전 단계와 이후 단계가 상호 영향을 주는 순환적인 과정으로 이루어진다고 강조했다.

〈표 5〉 한국어 교재 개발의 절차[11]

----

11) 김정숙 외(2006)를 기초로 하여 실제 한국어 교재 개발 단계에서 실행되는 세부적인 내용들을 넣어 만든 표다.

5장

교재의 평가 및 선정

5.1. 교재 평가 및 선정 시 고려해야 할 사항

교재의 평가는 이상적인 교재 개발을 위하여 기준이 설정되고 적용된다는 점에서 의미가 크다. 교재의 평가 기준은 더 나아가 교재 선택 시 중요한 판단 기준으로 활용될 수 있다.

커닝스워스(Cunningsworth)는 교재 평가의 목적을 다음과 같이 세 가지로 든다.[12]

❶ 새로운 교재를 선정하기 위해
❷ 이미 사용하는 교재의 장단점을 파악해 장점은 최대한 살리고 단점은 변용이나 보충 자료를 통해 최소화하기 위해
❸ 교사가 교재 평가를 통하여 교재에 대한 이해와 통찰을 얻기 위해

바람직한 교재 평가의 시작은 교재의 목적과 목표, 교수 학습 상황, 학습자, 교사 등의 항목에 대한 고려다.

교재의 목적과 목표 항목에서는 언어 교육 프로그램의 목적, 구체적인 목표, 교수요목, 구성 요소가 어떻게 교재에 드러나고 조직화되어 있는지 살핀다. 또한 해당 목적과 목표의

---

12) 권오량(2000:89)에서 재인용.

성취를 어떻게 측정할 수 있는지를 살펴본다.

교수 학습 상황 항목에서는 학습자의 모국에서 한국어가 갖고 있는 위상과 역할, 학습자가 한국어를 배우는 이유가 무엇인지 살핀다. 학습 가능한 시간과 프로그램의 집약도, 학급 규모와 학습자 집단이 동질적인지를 살펴야 하며 수업 환경도 반드시 고려해야 한다.[13]

학습자 관련 항목으로는 학습자의 나이, 수준, 경험, 동기, 이전 언어 학습 경험, 선호하는 학습 스타일, 흥미 등을 들 수 있다.

교사 관련 항목으로는 교사의 역할, 선호하는 교수법, 주도적으로 가르칠 수 있는 능력 등을 고려해야 한다. 교수 시 교사 개인의 독창성 발휘 정도와 교사에 의한 교수요목의 변형 가능 여부를 고려해야 하며 교사가 기존 교재의 개작과 추가의 권한을 가지고 있는지, 만약 그렇다면 교사가 그 작업을 수행할 만한 시간과 경험이 있는지 등도 고려해야 한다.

5.2. 교재 평가 및 선정의 기준

교재 평가 및 선정의 기준은 교육과정과 교수요목, 교재의 구성, 언어 목록(내용), 언어 기술, 주제, 방법론, 교사용 지도서, 그 외 실제적인 고려 사항들로 나누어 생각해 볼 수 있다.

❶ 교육과정과 교수요목

교재의 목표가 교수 프로그램과 학습자의 요구에 부합하는지 살핀다. 또한 교재의 교수 학습 상황에 대한 적합도, 이해 가능 정도, 필요한 내용의 포함 정도, 좋은 교육 자료로서의 역할 정도, 변형 가능 정도, 다른 교수 학습 형태에 적용 가능 정도 등을 기준으로 평가·선정한다.

❷ 교재의 구성

구성 요소, 내용 조직 양상, 구성 순서 등을 기준으로 고려한다. 교재가 학습자에게 적절한 등급별 구성과 진도를 제공하고 교수요목에서 요구하는 사항들을 성취하기에 적합한지 살펴야 한다. 구성에 있어서 교재의 재사용과 교정이 적당한지도 고려한다. 문법 설명의 적정성, 개별 학습 적합성, 교재 사용의 용이성, 레이아웃의 선명도 등을 기준으로 교재를 평가·선정한다.

---

13) 수업에 필요한 기기 사용 가능 여부를 살피는 것도 포함된다.

❸ 언어 목록(내용)

교재가 학습자의 수준과 요구에 맞는 주요 문법 항목들을 다루는지와 적당한 양과 적합한 범주의 어휘 학습을 위한 교재인지를 살펴야 한다. 교재에 발음 교육이 포함되어 있는지, 문장 차원을 넘어서 언어 구조와 담화를 다루는지, 언어 사용이 사회적 상황에 적합한지 등을 고려해야 한다.

❹ 언어기술(skills)

교사가 가르치고자 하는 내용과 교수요목에서 요구하는 네 가지 언어 기능이 모두 다루어지고 언어 기능의 통합적 활동이 포함되어 있는지를 살펴야 한다. 또한 학습자의 수준이나 흥미에 적합한 내용인지도 고려해야 한다. 듣기 녹음 상태는 양호해야 하며 내용이 배경 정보를 수반하는 실제적인 것이어야 하고 질문과 활동들이 학생들의 이해를 도와야 한다. 듣기의 구어 자료는 실제 생활에서의 상호작용과 같이 잘 구성되어 있어야 한다. 쓰기 활동은 충분한 안내와 조절, 정확성의 정도, 긴 글쓰기의 경우에는 조직화 정도와 적절한 문체의 사용 등의 측면에서 적절하게 구성되어 있는지를 살펴보아야 한다.

❺ 주제

교재에서 제시된 주제가 학습자의 흥미를 반영한 다양하고 광범위한 주제인 동시에 학생들의 지식과 경험을 풍부하게 확장하는 데 도움을 주는지를 살펴야 한다. 또한 학습자의 수준 내에서 주제가 충분히 복잡하면서도 정교하며 사회·문화적 내용들과 연관시킬 수 있는지도 고려한다. 남녀가 평등하게 묘사되고 다루어지는지, 다양한 인종, 직업, 장애인 등과 같은 내용들을 다루는지 등도 주의해서 살펴봐야 할 점이다.

❻ 방법론

교재에서 다루어지는 언어 학습 방식이 교수·학습 상황에 적합한지를 살핀다. 구체적으로는 교재가 학습자 수준을 고려하고 학습자의 학습 방식과 기대에 부응하는지에 대해 살펴야 한다. 교재에서 새로운 언어 항목을 제시하고 연습하는 데 사용된 방법과 그것의 적합성을 살펴야 한다. 교재에서 서로 다른 언어 기능들이 어떻게 교수되고 어떤 방식으로 의사소통 능력을 계발하는지도 살핀다. 교재가 학습 전략 등의 학습을 돕기 위한 장치들을 포함하는지와 학습자들이 자신의 학습에 대해 일정 정도 책임을 지도록 기대되는지 등을 기준으로 해서 선정 여부를 결정해야 한다.

❼ 교사용 지도서

교사에게 교재와 수업 자료 사용에 대한 적절한 안내를 제시하고 그 내용이 이해 가
능하며, 교사에게 실질적인 도움을 줄 수 있는지를 살핀다. 교사용 지도서는 교수 방
법이나 문화 등에 대한 전반적인 내용과 특징적인 정보를 다루고 있어야 하며 교재의
문항에 대한 해답도 제시하고 있어야 한다.

❽ 실제적인 고려 사항

교재의 값, 내구성, 깔끔한 외양, 구입의 용이성, 추가 구입의 용이성, 교재 사용에 필
요한 장비와 교사의 해당 장비 사용 가능 여부 등이 있다.

이해영(2001a)에서는 교재의 평가 및 분석 기준을 외적 구성과 내적 구성으로 나눠 제시
한다.

〈표 6〉 교재의 평가 및 분석 기준

외적 구성
• 책은 튼튼하고 외관이 보기 좋은가? • 교재의 가격은 적절한가? • 교재는 어디서나 쉽게 구입할 수 있는가? • 어휘 목록, 색인, 소사전, 컨텐츠 맵을 포함하여 사용이 편리한가? • 배치가 명료하여 책에서 원하는 것을 쉽게 찾을 수 있는가? • 테이프, 비디오, 교사용 지침서 등 관련 구성물이 제공되며 구입이 용이한가? • 교재의 효과적인 사용을 위해 교실 환경 등 특별한 장비가 필요한가? • 전제되는 한국어 학습 상황은 한국인가, 외국인가? • 저자 또는 기관 정보가 명시적이어서, 교재 선택에 참조로 활용될 개발자의 교수적 특성에 관한 정보가 있는가?

내적 구성	
교재 구성 목표	• 교재가 그 책의 지침이 되는 원리를 일관되고 명확하게 밝히고 있는가? • 사용자(기관, 학습자, 교사)가 설정되어 있으며 이들의 요구가 반영되었는가? • 교재는 유연성과 융통성을 보이고 있는가?
주제	• 학습자가 고유한 흥미를 유도할 만한가? • 주제가 다양하여 학습 자료와 활동의 개별화에 도움이 되는가? • 제공된 주제가 학습자의 경험을 풍부하게 하는 데 도움이 되는가? • 주제가 학습 내용과 학습자의 언어 수준, 연령, 지적 능력에 적합한가? • 제공된 주제가 실제의 사회적, 문화적 맥락과 연결되어 현장 적용성이 있는가? • 성, 인종, 직업 등에 대한 사회적 편견은 없는가?
문법	• 새로운 언어 항목의 제시 및 연습을 위해 어떤 기법이 사용되었으며 그것이 학습자에게 적합한가? • 문법 항목이나 이를 다루고 있는 방식은 학습자의 요구에 부합되는가?

내적 구성	
	• 제시된 문법은 학습자의 숙달도에 비추어 보았을 때 적절한가?[14] • 형식뿐만 아니라 실제적인 사용이 다루어졌는가? • 새로운 문법 항목이 이미 배운 문법 항목과 관련이 있는가? • 새로 나온 문법 항목은 후에 충분히 반복되는가? • 문법 항목에 대한 연습은 4가지 언어 영역과 연계되어 있으며, 실제적인 과제 중심으로 구성되었는가? • 문법을 위한 참고 부분이 있어 자습, 개별 학습 등에 적합한가?
어휘	• 어휘 교육을 위한 자료가 양과 주제 범주의 측면에서 다양하고 충분한가? • 어휘 학습은 학습자의 어휘력을 향상시키는 역할을 하고 있는가? • 각 단원이나 텍스트에 제시된 어휘가 학습자의 숙달도, 인지 능력에 비추어 보았을 때 적절한가? • 새로 나온 어휘는 후에 충분히 반복되는가? • 어휘 학습이 학습자의 어휘 학습 전략 개발에 도움이 되는가?
발음	• 발음 방법의 소개, 카세트 테이프의 제공 등으로 학습자의 자율적 학습을 돕고 있는가? • 학습자의 발음과 억양 관련 학습 전략 개발에 도움이 되는가? • 발음 연습이 듣기, 대화 연습과 함께 이루어지는가? 혹은 개별적으로 이루어지는가? • 개별음의 조음, 단어의 강세, 구어적 축약형, 문장의 강세, 억양, 음운 규칙이 체계적으로 다루어져 학습자의 체계적 학습을 돕는가?
담화와 화용	• 교재가 문장 이상의 언어 사용의 규칙과 구조를 다루어 활용성이 있는가? • 문체와 화용적 적절성이 다루어졌는가? • 제시된 연습 자료의 담화에 불예측성 요소가 포함되어 있는가? • 담화 표지의 사용, 간접 표현 등의 사용과 관련하여 의사소통 전략의 사용 등이 포함되어 있는가? • 순서 교대, 인접 쌍, 선호 조직 등 상호작용의 특징을 반영하는 담화 자료를 포함하고 있는가? • 제시되는 학습 활동이 학습자의 의사소통 전략 개발에 도움이 되는 활동인가?
문화	• 성취 문화 중심인가? 일상 문화 관련 내용을 포함하고 있어 현장 적용성을 높이고 있는가? • 교재가 문화적 충격이나 목표 문화에 대한 거부감을 최소화하는 데 기여하고 있는가? • 문화 내용은 설명과 제시 위주로 소개되는가? 과제 활동에 포함되는가? • 제시된 활동은 학습자가 목표 문화에 대한 이해와 평가를 가능하게 하여 자율 언어 학습을 도울 수 있도록 구성되었는가?
학습 활동 (학습자 중심 수업의 전제)	• 학습 목표가 학습자에게 명확하게 제시되어 있어 학습자가 학습에 주도성과 책임감을 갖도록 하는가? • 학습자의 적극적인 참여를 제안하고 유도하며, 이것이 학습자의 기대와 부합하는가? • 학습 활동이 개인화 될 수 있도록 허용되어 그들 자신의 학습에 주도성과 책임감을 갖도록 하는가? • 학습자들을 위한 학습 기술이나 학습 전략 개발에 도움이 되는 학습 활동이 제안되어 있는가? • 학습자의 개별적 특성에 따라 학습 활동이 선택될 수 있도록 되어 있는가? • 자기 점검 평가 활동을 통해 자신의 학습을 반추할 기회를 얻는가?

....

14) 난이도, 학습 가능성, 실용성 등의 측면에서 등급화와 진도가 학습자의 수준에 맞는가—즉 문법 항목 제시가 너무 많고 빠르지는 않는가, 난이도가 학습자의 숙달도에 비추어 볼 때 적절한가, 초급의 경우 진짜 초급을 위한 것인가, 유급자를 위한 것인가—등에 대한 점검과 관련이 있다.

6장

∎∎
∎∎

기능별 교재

6.1. 말하기 교재

말하기 교재는 샘플로 제시된 대화가 구어의 특성을 잘 드러내어 실생활의 상호작용을 익힐 수 있도록 설계되어야 한다. 이해영(2001a)에서 밝힌 말하기 교재 관련 점검 사항은 아래와 같다.

〈표 7〉 말하기 교재 점검 사항

- 구어에 얼마나 중점을 두고 있는가?
- 구어 자료가 학습자의 실생활의 상호작용을 익히도록 되어 있는가?
- 말하기를 위해 어떤 자료와 교실 활동을 포함하는가?
- 실생활 관련 말하기 과제를 포함하고 있는가?
- 대화나 토론 등의 활동을 위한 특별한 전략들이 있는가?
- 학습자가 구어 상황에서 불예측성을 다루는 데 도움이 될 만한 연습이 있는가?
- 듣기, 읽기, 쓰기 등 다른 영역과의 통합 활동이 제안되고 있는가?
- 통합 시 제공되는 활동은 필수적 선택으로, 또는 수의적 선택으로 제안되어 학습의 개별화를 돕는가?
- 학습 활동이 개인화될 수 있는 기회가 제공되는가?

6.2. 듣기 교재

듣기 교재의 자료는 듣기 활동에 필요한 구어의 유형을 잘 반영해야 하며 새로운 경험과 정보를 제공하되 듣기 자료와 활동이 학습자의 인지적 수준에 적절하게 부합되어야 하므로 어떤 종류의 자료가 들어 있는지를 살펴야 한다. 또한 녹음 자료의 실제성, 음질, 말의 속도, 억양 등을 살펴야 한다. 이해영(2001a)에서 밝힌 듣기 교재 점검 사항은 아래와 같다.

〈표 8〉 듣기 교재 점검 사항

- 듣기 활동에 요구되는 구어의 유형을 잘 반영하고 있는가?
- 어떤 종류의 듣기 자료가 포함되어 있는가?
- 듣기 자료가 실제에 가깝게 녹음되었는가?
- 녹음된 테이프 내용의 음질, 말의 속도, 억양, 실제성 등은 양호한가?
- 듣기를 위한 비디오테이프가 있는가? 있다면 얼굴 표정, 몸짓 등을 보여 줄 수 있도록 시각적 매체가 잘 이용되는가?
- 듣기 자료와 활동은 학습자의 인지적 수준에 적절하게 부합되는가?
- 듣기 자료가 새로운 경험과 정보를 제공하고 있는가?
- 듣기 자료의 전체적인 양과 개개의 길이는 학습자의 숙달도에 잘 맞는가?
- 어떤 종류의 교실 활동이 제시되어 있는가? 실제적인가?
- 듣기의 실생활 과제를 포함하고 있는가?
- 듣기 능력 향상을 위한 학습 기법이나 전략 개발에 초점이 있는가?
- 말하기, 읽기, 쓰기 등 다른 영역과의 통합 활동이 제안되고 있는가?
- 통합 시 제공되는 활동은 필수적 선택으로 제시되는가? 아니면, 수의적 선택으로 제안되어 학습의 개별화를 돕는가?

6.3. 읽기 교재

읽기 교재 관련해서 점검해야 할 사항에는 읽기 자료, 읽기 활동, 과제 등이 있다. 읽기 자료는 다양한 유형, 다양한 주제, 다양한 경험과 정보를 포함하고 학습자의 인지적 수준과 흥미에 부합해야 한다. 읽기 교재는 문어적 특성이 잘 드러나야 한다. 이해영(2001a)에서 밝힌 읽기 교재 점검 사항은 아래와 같다.

〈표 9〉 읽기 교재 점검 사항

- 읽기 자료의 유형이 다양하게 제시되는가?
- 읽기 자료의 주제는 다양하고 편견은 없는가?
- 읽기 자료가 학습자의 인지적 수준과 흥미에 적절하게 부합되는가?
- 읽기 자료가 다양한 경험과 정보를 제공할 수 있는가?
- 읽기 자료의 전체적인 양과 개개의 길이는 학습자의 숙달도에 잘 맞는가?
- 읽기 자료가 한국어 문어의 특성을 보여 주고 있는가?
- 읽기 자료가 문어 자료로서의 질은 양호한가?
- 읽기 능력 향상을 위한 학습 기법이나 전략 개발에 초점이 있는가?
- 말하기, 듣기, 쓰기 등 다른 영역과의 실제성 있는 통합 활동이 제안되고 있는가?
- 통합 시 제공되는 활동은 필수적 선택으로 제시되는가? 아니면, 수의적 선택으로 제안되어 학습의 개별화를 돕는가?
- 과제 활동이 흥미, 정보 수집 등 일상생활의 개연성 있는 읽기의 목적이 반영된 학습 활동인가?
- 읽기의 실생활 과제를 포함하고 있는가?
- 학습 활동이 개인화될 수 있는 기회가 제공되는가?

6.4. 쓰기 교재

쓰기 교재는 문어적인 글쓰기 활동을 제안해야 한다. 즉 문어체와 텍스트의 유형에 따른 다양한 문체를 학습할 수 있도록 교재가 구성되어 있어야 한다. 교실 활동은 유도된 쓰기, 통제된 쓰기, 문단 쓰기 등의 활동을 유도하여 쓰기 능력을 향상할 수 있어야 하며 여러 종류의 쓰기 규칙과 단락 구성이 적절히 교수되어야 한다. 이해영(2001a)에서 밝힌 쓰기 교재 점검 사항은 아래와 같다.

〈표 10〉 쓰기 교재 점검 사항

- 문어적인 글쓰기 활동이 제안되는가? 즉, 텍스트의 유형에 따른 문어체의 다양한 문체가 강조되는가?
- 쓰기 능력의 향상을 위해 어떤 교실 활동을 포함하고 있는가? 가령 유도된 쓰기, 통제된 쓰기, 문단 쓰기 등의 활동이 유도되는가?
- 여러 종류의 쓰기 규칙이 교수되는가?
- 단락 구성이 적절히 교수되는가?
- 정확성에 얼마나 중점을 두는가?
- 쓰기 활동은 과정 중심인가? 결과 중심인가?
- 쓰기 활동의 목적과 독자층을 설정하고 활동이 제시되는가?
- 실생활 쓰기 과제를 포함하고 있는가?
- 말하기, 듣기, 쓰기 등 다른 영역과의 통합 활동이 제안되고 있는가?
- 통합 시 제공되는 활동은 필수적 선택으로 제시되는가? 아니면, 수의적 선택으로 제안되어 학습의 개별화를 돕는가?

7장

■■
■□

특수 목적 교재

7.1. 웹 기반 한국어 교재[15]

웹 교재는 학습 과정에 있어서 학습자의 적극적이고 능동적인 참여를 이끌어 낸다.[16] 특히 웹의 매체적 특성은 학습자 중심의 수업 구현을 위한 중요한 도구가 된다. 자유롭고 자발적인 접근이 가능하고 게시판 등을 통해 실제적인 의사소통과 상호작용도 가능하다. 멀티미디어 환경을 통해 다양한 정보를 접할 수 있다는 점도 장점으로 꼽을 수 있다. 학습자는 자신의 학습 상태를 웹을 통해 점검할 수 있고 학습 전략에 관한 정보를 제공받고 훈련받는다. 또한 웹에서 자신의 속도와 수준에 맞춰 개별화된 학습활동을 할 수 있으며, 선택의 다양성이 주어진다. 이러한 개인화된 활동, 경험적 학습활동의 기회는 학습자의 내적 동기를 유발해 학습 효과를 높일 수 있다. 학습자는 웹이라는 매체의 장점인 다차원적 상호작용의 기회를 제공받고 이를 통해 시공간적 제약 없이 자율적인 학습을 할 수 있다.

웹 기반 한국어 교재 개발 시에도 다른 교재와 마찬가지로 요구 분석, 교수 설계, 학습 내

....

15) 김정숙 외(2006:300)는 한국어 교육 분야의 웹 교재가 1998년부터 등장하기 시작하였으며 컴퓨터 네트워크를 통하여 교수자와 학습자 간의 상호작용이 가능하고 하이퍼텍스트 기능이 훨씬 향상되었다는 점에서 종래의 CD롬 교재와 차별화된다고 설명하였다.

16) 재외동포재단의 'Teen Korean(http://www.teenkorean.com)', 국립국제교육원의 '한국어 배우기(www.kosnet. go.kr)', KBS의 'Let's Learn Korean'과 서울대학교 언어교육원의 'Click Korean(초급) (http://lei.snu.ac.kr/site/kr/klec/click-korean)' 등이 있다.

용, 교수 학습 전략, 상호작용, 지원 체계, 평가 등의 항목을 충분히 고려해야 한다. 장은아(2009)에서는 웹 기반 교재 개발 시 주의할 점을 아래와 같이 정리하였다.

❶ 요구 분석

일반 교재와 마찬가지로 학습자의 언어권과 요구, 학습 환경 등을 충분히 살펴야 한다. 또한 개발될 교재가 100% 온라인 교육용인지 혼합형 교육용인지 고려해야 할 필요가 있다.

❷ 교수 설계

학습 목표와 학습 맵을 제시해야 하고, 학습 내용의 수준을 단계별로 구분하여 제시해야 할 필요가 있다. 선정된 학습 요소는 학습자의 수준과 교재의 특성에 적합하고 학습자의 참여를 독려할 수 있어야 한다. 웹의 화면 구성은 학습자가 쉽게 접근하고 이동할 수 있도록 적절히 배치되어야 한다.

❸ 학습 내용

말하기, 듣기, 읽기, 쓰기의 언어 기능의 학습과 함께 발음, 어휘, 문법 학습, 한국 문화 학습 내용을 포함해야 한다. 또한 내용의 학습 난이도와 분량이 적절해야 한다.

❹ 교수 학습 전략

웹의 특성을 이용한 자기 주도적 학습이 원활하게 이루어질 수 있어야 한다. 즉 학습자의 수준에 맞는 선택적 학습과 개별화된 학습이 가능해야 한다. 이를 위한 학습 동기 유발, 학습 지원 장치가 있는지 살펴야 한다.

❺ 상호작용

웹 교재의 학습 내용이 제공하는 피드백은 유의미해야 하며 상호작용 요소는 학습자 분석과 학습 내용 분석을 토대로 선정되어야 한다.

❻ 지원 체계 및 평가와 관련된 학습 관리 시스템을 갖추었는지, 학습 진도와 과제 관리가 가능한지, 학습 내용에 대한 평가와 결과를 제공하는지 등을 살펴야 한다.

7.2. 학문 목적 한국어 교재

최근 한국의 대학이나 대학원 진학을 위해 한국어를 배우는 외국인 학습자들이 증가하고 있다. 이들을 위한 한국어 교육의 최종 목표는 한국 내 대학에 진학하여 학문적 활동을 수행할 수 있도록 하는 것이다.

김정숙 외(2006)는 학문 목적 한국어 교재 개발 시에 학문 목적 학습자들의 요구뿐만 아니라 교육 정책가나 교사, 학부모, 교육 의뢰인 등의 요구, 교육 시간과 학습 규모 또한 교사의 언어적 능력 등을 함께 고려해야 하고 이를 토대로 교재나 학습 자료를 구성해야 하며 교육 목표 또한 내용적인 측면, 수행적인 측면에서 학문 목적 학습자에게 맞게 설정해야 한다고 밝혔다. 교재의 내용은 학문 목적 학습자의 학문적 요구에 부합되는 내용을 선택해야 한다. 학습자들의 특수한 상황을 고려하여 학문적 주제 관련 어휘와 핵심 용어, 담화 표지와 표현, 문법, 문체, 담화 구조를 체계적으로 다루어야 하며 학문적 연구 활동이 필요한 특정 상황에서 필요한 기술과 전략도 다루어야 한다. 실제 학문적 활동과 유사한 학습활동이 제공되어야 하며, 네 가지 언어 기능이 학습 기술과 연관하여 학습되도록 구성되어야 한다. 특히 강의 듣기와 시험이나 보고서 작성 등에 필요한 쓰기 기능이 강화된 학습을 할 수 있도록 교재가 구성되어 있어야 할 것이다. 학문 목적 한국어 교재는 학문 목적 학습자와 교사의 협력 학습이 가능하도록 설계되어야 하고 개별 학습에도 사용될 수 있도록 친절한 안내와 함께 자기 주도적 학습을 가능하게 하는 학습 전략을 제공해야 한다. 학습 기술 이외에도 학업 수행을 위해 필요한 도서관 이용하기, 자료 찾기 등의 내용도 포함될 수 있다. 또한 학습 후 학문 목적 학습자가 자신의 자가 평가를 도울 수 있는 활동이 포함되어 있어야 한다.

7.3. 직업 목적 한국어 교재

직업 목적 한국어 교육이란 한국에서 직장에 다니거나 외국에서 한국인과 자주 접촉하면서 한국어를 사용해야 하는 학습자를 대상으로 하는 교육을 말한다. 직업 목적 한국어 학습자란 취업을 위해 한국어를 학습하는 사람부터 직업과 관련된 업무를 수행하기 위해 한국어를 학습하는 사람까지를 통칭한다.

국내 직업 목적 한국어 교육은 대상을 더 상세화해서 단순 근로자를 1차 대상으로 삼고 전문 근로자를 2차 대상으로 삼는 것이 바람직하다. 단순 근로자 교육은 제조업, 건설업, 서비스업 종사자를 주 대상으로 삼아야 하며 전문 근로자 교육은 교육 분야 종사자, 무역·경영 분야 종사자, 연구원 등으로 구분하여 실시할 수 있을 것이다.

단순 근로자인 이주 노동자를 위한 한국어 교재는 일상생활, 직장 생활, 현장 업무 상황을 모두 담은 통합 교재여야 한다. 따라서 현장 전문가와 한국어 교육 전문가가 함께 집필하는 교재가 필요하고 그 결과물을 모든 교육 기관이 공유할 수 있도록 해야 할 것이다. 김정숙 외(2006)는 한국에서 거주하는 이주 노동자들은 한국 사회에 익숙하지 않아서 고충을 겪게 되는 경우도 많기 때문에 이들을 대상으로 한 교재에서는 이들 자신의 권익 보호를 위한 보고 기능을 담아야 할 것이라고 강조했다. 이들은 말하기, 듣기 기술만을 사용해 의사소통을 하므로 초급 수준에서는 말하기, 듣기 등 구어에 대한 교육의 비중을 높이고 중·고급 수준에서는 읽기, 쓰기와 같은 문어 교육의 비중을 차츰 높여 나가도록 하는 것이 바람직하다.

전문 근로자를 위한 직업 목적 한국어, 특히 비즈니스 한국어 교재 개발 시에는 언어권, 직위, 연령 등의 학습자 변인에 따른 실제 과제에 대한 요구 차이를 반영해야 한다. 회의, 회식, 프레젠테이션, 경조사 등을 포함한 사회·문화적 측면 등 다양한 학습 조건과 환경을 고려하고 비즈니스 상황에 적절한 담화 구조 학습, 특정 전문 어휘와 공적 담화에서 통용되는 어휘 목록, 한국의 기업 문화를 포함해야 한다.

7.4. 다문화 가정 여성[17] 대상 한국어 교재

2000년대 중반을 넘어서면서 국제결혼의 비율은 높아지고 이 가정들에서 태어나는 자녀들의 수도 증가하고 있는 추세이나 외국인 배우자들의 한국어 구사 능력 부족은 심각한 수준이다. 지역에 따라서 표준어와 방언의 구분 학습이라는 이중고까지 겪고 있다. 외국인 배우자들의 한국어 구사 능력 부족은 부부 간 대화의 어려움을 초래하고 자녀와 엄마와의 소통이 줄어들게 되는 원인이 된다. 특히 자녀와의 관계에 있어서 엄마의 한국어 구사 능력의 부

---

17) 국립국어원에서는 다문화 가정을 이룬 외국인을 칭하는 표현으로 '결혼이민자'라는 용어를 사용한다.

족이 자녀의 인지 능력이나 언어 능력 발달에 장애가 된다는 점은 간과해서는 안 될 문제다.

다문화 가정 여성은 가족 구성원들에게서 효율적인 도움을 받지 못하고 있으며 한국어를 학습할 수 있는 기회도 규칙적으로 제공되지 않는다. 한국어 학습 초기 단계에서는 1주일에 최소 8~10시간의 수업이 이루어져야 하나 대부분 방문 지도사의 방문 수업 형태로 이루어지는 한국어 학습은 1주일에 1회, 1회에 2~3시간이 전부이며 장기간 계속되지 않는다. 다문화 가정 여성을 위한 한국어 교육이 장기간 지속적으로 이루어지게 하는 것과 한국어 교육 전문 교사를 양성하는 것은 국가적 과제라고 볼 수 있다.

다문화 가정 여성 대상의 교재를 개발할 때에는 사회적 측면, 학습자의 측면, 학부모의 측면, 교수·학습 상황 측면을 모두 고려해야 한다.

❶ 사회적 측면

다문화 가정 여성은 사회와 가정 내에서 핵심적인 구성원의 역할을 해야 한다. 지역 사회의 다양한 상황과 경어법, 반말의 교육이 초급부터 이루어져야 한다.

❷ 학습자의 측면

학습 동기와 목표를 충족시킬 수 있는 학습이 이루어져야 한다. 대표적인 학습 동기와 목표로는 한국 생활에의 적응, 가족과의 대화 등을 꼽을 수 있다.

❸ 학부모의 측면

다문화 가정 여성은 장차 한국에서 학부모가 될 사람들이다. 자녀와의 의사소통은 물론 자녀의 학교생활을 돕는 데에 문제가 없어야 한다.

❹ 교수·학습 상황 측면

적합한 교육 과정을 설계하고 그에 맞는 교재를 개발하여야 한다. 방문 교육 또는 집합 교육을 위한 교재뿐만 아니라 학습자가 자기 주도적으로 학습할 수 있는 교재도 개발되어야 한다.

8장

■■
■■

한국어 교육용 부교재의
제작과 활용[18]

외국어를 배우는 학습자들에게 모국어 환경과 유사한 환경을 만들어 주고 그 환경에 계속 노출되게 하면 학습 효과가 극대화되겠지만 현실적으로 그런 환경을 만드는 것은 불가능하다. 따라서 교사들은 학습 효과를 높이기 위해 다양한 방법을 동원한다. 수업에서 부교재[19]를 사용하는 것도 학습 효과를 높이기 위한 시도의 일종으로 볼 수 있다. 그러나 한국어 교육 현장에서 다양한 부교재를 수업 목적에 맞게 사용하는 것이 그리 쉬운 일은 아니라고 할 수 있다. 어학 교육으로서의 역사가 짧아 부교재 개발이 원활하게 이루어질 시간이 충분하지 않았기 때문이다. 아직까지 효과가 검증된 수업 교육 자료들이 많이 출판, 보급되지 않았고 교사들은 스스로 부교재들을 만들어 사용하는 경우가 많다.[20]

교육 현장 경험이 쌓일수록 수업에서 사용할 수 있는 부교재를 제작하는 요령과 부교재의 양은 늘어난다. 그러나 실제로 사용해 보면 부교재의 양과 학습 효과가 반드시 비례하지 않는 경우도 있다는 것을 알 수 있다. 따라서 이 장에서는 한국어 교육용 부교재 제작과 활용에 대해 생각해 보고자 한다.

....

18) 김은애(2016)의 내용을 요약, 정리하였다.
19) 교재는 주 교재, 부교재, 보충 교재로 구분할 수 있다. 부교재와 보충 교재는 주 교재의 부족함을 보충하거나 보다 원활한 이해를 돕는 연습을 전개할 수 있게 한다. 부교재에는 연습서, 참고서, 사전, 시청각 자료, 과제, 활동 등이 포함된다(이지영, 2014:893).
20) 국립국어원의 〈한국어교수학습센터〉, 세종학당재단의 〈누리세종학당〉, 재외동포재단의 〈스터디코리안〉 등에서 홈페이지를 통해 한국어 교육용 부교재를 제공하고 있다.

8.1. 교육용 부교재의 정의

수업에서 사용될 수 있는 모든 것을 포함한다. 정해진 수업 목표와 내용에 부합되는, 주교재 이외의 자료를 말한다. 가까이 보면 교사의 말에서 시작하여 교육을 목적으로 제작된 자료, 실제 자료 등 다양한 종류의 자료들이 있다.[21]

8.2. 교육용 부교재 사용 목적

학습 효과를 높이기 위해 부교재를 사용한다. 모국어 환경과 유사한 환경을 만들어 줌과 동시에 학습자의 이해를 돕고 학습자들이 쉽게 응용할 수 있는 자료들을 사용함으로써 학습자들이 목표 언어를 배우는 데 들이는 시간과 노력을 절약할 수 있다.[22]

8.3. 교육용 부교재의 기능

첫째, 이해를 증진한다. 학습자들이 교재와 교사의 설명만으로 이해하기 어려운 어휘나 상황의 경우 그림이나 연출된 사진, 비디오 등을 이용하여 쉽게 이해시킬 수 있다.

둘째, 활용 가능성을 높인다. 새 문형이나 표현을 배울 경우 학습자가 배운 것을 이해하는 단계를 넘어 체화(internalize)시켜 실제로 활용하게 되기까지 많은 시간이 필요하다. 부교재를 사용할 경우 이해 단계에서 시간을 절약함은 물론 해당 부교재를 자주 접함으로써 체화가 달성되는 시간, 목표 문형이나 표현이 습득되는 시간을 단축해 준다.

셋째, 평가에 도움을 준다. 사용한 부교재를 그대로 혹은 약간 변형하여 평가에 사용할

---

21) 해당 목표 언어를 사용하는 나라에서 그 언어를 배우는 경우 모든 환경이 자료로 사용될 수 있다. 외국에서 배우는 경우 교실 환경만이라도 목표 언어 환경으로 완벽하게 만들어 놓아야 학습의 효과를 높일 수 있다. 매년 미국 미네소타 주에서 열리는 한국어 몰입 프로그램 '숲 속의 호수(Sup Sogu˘ i Hosu)'와 최근 한국의 몇몇 지자체에서 시도하고 있는 '영어 마을'도 목표 언어 환경 안에서만 생활하도록 하여 학습의 효과를 높이고 있다.

22) 송정희 외(1999)에서는 교육 재료가 갖추어야 할 여건들로 가르치는 입장보다는 배우는 입장에서 더 효율적으로 사용될 수 있어야 하고 무엇보다도 학생들의 언어의 수준에 알맞은 내용을 선택해야 하며 학습하는 내용과 이를 가르치기 위하여 활용되는 교수법과 맞아야 한다고 주장했다. 또한 배울 내용을 미리 준비할 수 있으며 배운 내용을 복습하고 평가할 수 있는 교육 재료여야 한다고 밝힌다.

수 있다. 이렇게 함으로써 평가 시 학습자들의 심리적 부담감을 덜어 줄 수 있다.

넷째, 교사와 학습자 간의 의사소통을 돕는다. 매개어가 없는 초급의 학습자와 교사 사이에서는 말 대신 그림 자료 등을 사용하여 표현하고 싶은 내용을 전달할 수 있다.

다섯째, 교사의 역할을 일부 대신할 수 있다. 컴퓨터를 이용한 프로그램이나 시청각 자료를 사용하여 수업하는 경우에 해당된다. 학습자들이 배운 내용을 혼자 연습하거나 학습자 자신의 속도에 맞춰 공부할 경우에도 필요하다.

8.4. 교육용 부교재의 선택 기준

먼저 사용하려고 하는 부교재가 수업에서 가르치고자 하는 내용과 맞는지를 확인해야 한다. 일단 적합하다고 판단이 되면 어느 시점에서 부교재를 사용할 것인지도 미리 계획을 세워야 한다. 또한 수업에 꼭 필요한 부교재인지 살펴봐야 한다. 사용하지 않아도 되는 자료를 굳이 사용함으로써 수업 내용이 복잡해져서 학습자들의 이해를 오히려 방해하고 학습 효과를 떨어뜨릴 수 있기 때문에 꼭 필요한 부교재만을 사용하는 것이 좋다.

8.5. 교육용 부교재 선택 시 고려할 점

교육용 부교재 선택 단계에서는 교사의 정확한 판단이 필요하다. 부교재 선택 시 교사가 반드시 고려해야 할 것은 다음과 같다.

1) 학습자 관련 요인

❶ 학습자의 연령, 성별, 성격

수업 현장에서 학습자의 나이는 우선적으로 고려되어야 할 사항이다. 학습자의 연령이 어릴 경우 사회적 경험이 많지 않으므로 교사가 상식적이라고 생각하는 내용에 대해서도 잘 모를 수 있다. 성별에 따라 관심의 초점이 다르므로 학습자의 성별도 고려해야 한다. 항상 성별에 맞는 주제만을 학습시킬 필요는 없지만 특정 성별에 치우친 내용을 다루지 않도록 유의해야 한다. 또한 전 시간이나 다른 학급에서 학습자들이 재미있게 사용한 부교재를 다른 학급에서 사용했을 때 결과가 다르게 나올 수 있다. 이처럼 동일한 부교재를 동일한 방식으로 사용했는데도 결과가 다르게 나오는 경우는 학습자들의 성격과 무관하지 않다. 교사는 학습자들의 성향을 항상 고려해야 하며 학습자들에게 좋은 부교재가 무엇인지 잘 생각한 후 선택해야 한다.[23]

❷ 학습자들의 숙달도 수준 및 선행 학습 정도

수업에 참여하는 학습자들의 학습 수준에 따라 선택되는 부교재도 달라진다. 아주 유익한 내용을 가진 부교재라 할지라도 학습자들이 쉽게 이해하지 못할 수준의 난이도를 가지고 있다면 사용하지 않는것이 좋다. 같은 부교재를 사용할 경우라도 학습자들의 숙달도 수준과 선행 학습 정도에 따라 실제로 학급에서 행해지는 학습활동은 달라질 수도 있다.

❸ 문화 · 사회적 배경

학습자의 출신 국가나 종교에 따라 상당한 문화적 차이가 있을 수 있다. 이로 인해 여러 나라에서 온 학습자들로 구성된 학급의 경우 학습자 간의 이견이나 충돌도 있을 수 있다. 교사는 부교재나 자료를 선택할 때 이런 점을 미리 감안하여 신중하게 선정해야 한다.

❹ 학습 목적

학습자가 목표 언어를 배우고자 하는 목적이 무엇인지에 따라 수업의 내용도 달라져야 한다. 따라서 수업에 사용되는 부교재도 그 내용에 따라 선택되어야 한다. 진학, 취업, 사업 등 학습 목적에 따라 커리큘럼 및 사용되는 부교재도 일반적인 학습자용 부교재와는 다르게 제작되고 선택되어야 한다.[24]

....

23) Brown(2002, 이홍수 외 역)에서는 성격 유형과 직업에서의 성공, 시간 관리, 학업, 결혼, 육아, 그 밖의 것들과의 상관관계에 대해서 엄청난 관심이 모인다고 말하고 있다. 특히 학습자들이 느끼는 두려움이 문제가 되고 있는데, 이는 능력 부족에 대한 두려움, 의사소통에 대한 두려움, 평가에 대한 두려움이고, 성격에 따라 두려움을 표현하는 방식과 두려움을 떨쳐 내는 방식이 다를 수 있다고 밝히며, 교사는 학습자들이 편안하게 느낄 수 있는 정서적 환경을 만들어 줘야 한다고 역설한다.

24) 실제로 대학 진학을 목적으로 하는 학습자의 경우 자기 소개서, 연구 계획서 쓰기 등을 포함한 서류 작성을 포함한 진학 지원 단계의 지도를 받고, 진학 후 대학(대학원) 수업에 대비한 표현 능력 갖추기, 논문을 쓰기 위한 자료 수집과 정리 방법, 논문 작성법 등에 대한 수업을 받게 된다. 각 기관의 경우 연구반이나 7급 과정에서 이러한 목적을 가진 학습자들을 위한 수업을 운영하고 있다.

2) 기술·환경적 요인

교육용 부교재를 사용하기 위해 특별한 시설이나 기자재가 필요할 경우 반드시 설치가 가능한지를 먼저 살펴야 한다. 또한 설치가 제대로 되어 있을 경우에도 사용 전에 매번 미리 점검을 해야 한다. 교사들이 많은 준비를 했음에도 불구하고 기기의 미작동이나 오작동으로 인해 사용하지 못하고 포기하는 경우가 교육 현장에서 종종 일어난다.

3) 경제적 요인

교육용 부교재를 사용하기 위해 새 시설을 만들거나 기기를 설치해야 할 경우 그에 따르는 비용의 문제를 먼저 고려해야 한다. 너무 많은 비용을 들여야 하거나 비용을 많이 들인 후에 활용을 잘하지 못하는 경우가 예상된다면 차선책으로 다른 부교재를 선택, 제작하는 것에 대해서도 고려해 볼 필요가 있다.

8.6. 교육용 부교재 제작 시 주의할 점

첫째, 내용을 명료하게 표현해야 한다. 부교재를 통하여 설명하려고 하는 내용을 명확하고 알기 쉽게 표현해야 한다. 의도된 활동을 수행하도록 해야 하는 경우 활동 내용을 알려 주는 지시문도 학습자들이 쉽게 이해할 수 있도록 만들어야 한다. 교사에게 쉽고 간단해 보이는 활동도 학습자들의 입장에서 보면 대단히 난해하고 힘든 활동이 될 수 있음을 간과해서는 안 될 것이다.

둘째, 학습자들이 학습에 대한 동기를 유지하고 흥미를 갖도록 부교재를 제작해야 한다. 아무리 좋은 내용이 들어 있는 부교재라 할지라도 학습자들이 그 부교재를 사용하는 것에 대해 흥미를 갖지 않거나 무관심할 경우 부교재를 사용해서 얻을 수 있는 효과는 거의 없다. 따라서 부교재를 제작할 때 앞서 언급한 학습자 관련 요인을 미리 분석하여 학습자 중심의 부교재를 만들어 제공하는 것이 중요하다.

셋째, 시간과 노력을 절약할 수 있어야 한다. 많은 비용과 노력을 들여 외관상으로 멋있는 부교재를 만드는 것보다 내용이 알찬 부교재를 만드는 것이 중요하다. 부교재를 만드는 데에 들인 시간, 노력에 대비해 볼 때 사용 효과나 활용성이 떨어질 경우 해당 부교재는 좋은 부교재라고 말할 수 없다.

8.7. 부교재의 종류

1) 언어 자료

언어 자료는 예문과 의사소통 중심의 과제로 나눌 수 있다.

예문은 교육용 부교재 중 가장 기본이 되는 자료다. 예문을 교사가 만들 경우에는 인쇄나 복사를 한 연습지의 형태로 학습자들에게 배부되거나 교사의 판서를 통해 학습자들이 보게 된다. 이미 출판된 책이나 신문에서 예문을 선택하여 학습자들에게 제공할 수도 있다.[25]

의사소통 중심의 과제는 유창성에 초점을 두고 시행한다. 의사소통 중심의 과제를 시행할 때는 구체적이고 실제적인 목표 달성을 목적으로 해야 한다. 도입-제시-연습-사용-마무리의 순으로 진행하는 것이 좋으며 가능하면 실제적인 자료를 많이 활용하도록 한다. 정보 찾기, 문제 해결, 토론, 역할극, 게임 등 다양한 유형의 과제로 만들어 수행하게 한다.

2) 청각 자료

청각 자료는 교사의 육성, 시디(CD)나 오디오 파일, 실제 자료 파일 등을 들 수 있다. 교사의 육성은 학습자와 직접 의사소통이 가능하다는 점이 가장 큰 특징으로 꼽힌다. 시간과 장소에 관계없이 수업을 진행할 수 있다. 그러나 교재와 교사의 육성만으로 수업이 이루어질 경우 자칫 준비 없는 수업으로 보일 수도 있다.

3) 시각 자료

시각 자료로는 교과서, 칠판(화이트보드)과 카드, 사진, 차트, 실물이나 모형 자료 등을 들 수 있다.

칠판(화이트보드)은 수업 현장에서 가장 많이 쓰이는 기본적인 교구다. 칠판에 표현되는

---

25) 실제 자료(authentic material, authentic text)의 대표적인 예로 신문, 전단 등을 들 수 있다. H. D. Brown(1994)의 경우 부교재용 자료를 'scripted text', 'semi-scripted text', 'authentic text'로 구분한다. 초급 과정에서는 신문 광고에 나온 짧은 문장 이해하고 기사를 읽어 가며 문어체 활용 어미 찾기를 하거나 일기예보의 내용이나 형식 파악하기 등을 할 수 있다. 중급 과정에서는 직접화법, 간접화법 학습의 자료로 신문 기사를 이용할 수 있으며 기사 읽고 중심어 찾기, 기사 내용 요약하기 등도 수업에서 해 볼 수 있다. 고급 과정에서는 논설문 읽고 토론하기, 논설문 써 보기 등을 실시할 수 있다. 전단(피자, 중국집의 홍보용 광고 전단)을 사용하는 경우 초급 단계에서는 음식의 값을 말하거나 물어보는 정도에서 시작하여 주문하기로 활동을 발전시킬 수 있다. 중급 단계에서는 잘못 배달된 상황에 대한 설명을 하거나 잘못된 주문을 바로 잡기 등의 활동을 할 수 있으며 각 단계에서 학습한 문형을 사용해 역할극(Role Play)을 하는 것도 가능하다.

학습 내용은 수업의 구체적인 자료로 쓰일 수 있다. 그림을 그리거나 색분필을 사용하여 시각적 효과를 높일 수 있으며 다른 학습 자료들을 칠판에 붙여서 사용할 수 있다. 판서를 하게 될 경우 판서 시간이 너무 길어지거나 교사가 학습자들에게서 등을 돌린 상태로 오래 있게 되면 학습 효과가 떨어질 수 있으므로 될 수 있으면 학습자와 계속 시선을 교환할 수 있을 정도의 각도를 유지하면서 판서하는 것이 바람직하다.

카드에는 자·모음 카드, 명사, 동사, 형용사 카드, 종결어미, 연결어미 카드, 문형 카드, 그림 카드 등이 있다. 카드들은 어휘나 문법 교수 시에 유용하게 사용할 수 있다. 그 밖에 사진, 차트, 실물이나 모형 자료도 시각적 자료로 활용될 수 있다. 사진, 차트, 실물 또는 모형 자료는 학습자들에게 쉽게 설명이 전달되지 않는 내용을 교수할 때 사용하면 좋다.[26]

4) 시청각 자료

시청각 자료로 DVD와 비디오테이프 등을 들 수 있다.

DVD에는 학습용으로 제작된 것과 드라마, 영화 자료 등이 있다. 한글 자막이 나오는 영화 DVD들이 있어 학습용으로 유용하게 쓸 수 있으나 자막에 오류가 없는지 교사가 수업 전에 반드시 확인해야 한다. 수업에서 학습자들이 활동하는 장면을 녹화해 놓을 경우 학습자들의 수행 평가와 오류 교정의 자료로도 쓸 수 있다.

근래에 이르러 한국어 교육용 교재나 부교재는 학습 목적, 기능이나 용도에 따라 아주 다양하게 개발되어 왔으며 최근에도 계속 개발이 이루어지고 있다. 학습자들이 학습 목적과 수준에 맞는 교재로 학습하고, 다양한 부교재와 교육 자료를 접하고 스스로도 사용하며 적극적으로 수업에 참여할 때 학습자 중심의, 학습 효과가 극대화되는 수업이 될 것이다.

부교재를 개발하는 것 자체가 중요한 것이 아니라 수업 목적에 맞는 부교재들을 선택하고 적절하게 사용하고 나아가 학습자들이 그 부교재를 정확하게 사용하도록 지도하는 것이 더 중요하다. 이것이 바로 교사의 몫이다. 교사는 항상 학습자들에게 관심을 갖고 끊임없이 새로운 아이디어와 자료를 만들어 내고 보완함으로써 수업의 지휘자, 조정자의 역할을 다해야 할 것이다.

....

26) 실물 자료는 부가 설명이 많이 필요하지 않고 학습자들이 직접 볼 수 있기 때문에 짧은 시간에 학습이 가능하다. 특히 한국에만 있는 물건이나 음식에 대한 내용을 다루는 경우 그림이나 사진보다는 실물을 보여 주고 직접 사용하게 하거나 먹어 보도록 하는 것이 좋다. 실물 자료를 구하기 어려울 경우 모형으로 대치하여 사용해도 좋다.

9장

맺는 말

교재는 교육에 대한 모든 이론과 실제를 포함해야 한다. 한국어 교육용 교재 속에는 목표 교육 내용과 학습자를 위한 한국어 학습에 대한 이론 및 교사의 교수 행동에 대한 이론이 포함되어 있어야 한다. 교재는 교사와 학습자 간의 상호작용을 위한 자료이기 때문에 실제 교수 학습 상황에서 매우 유기적인 상호작용을 할 수 있도록 구성되어 있어야 한다.

언어 교재는 학습자의 학습 동기를 유발하고 자발적인 학습활동을 자극하여 학습 결과를 만들어 내는 역할을 한다. 교재는 정확한 사고와 판단력을 기를 수 있는 소재를 제공하고 언어의 개념을 일반화하여 사고의 발전을 촉진시키고 학습 내용을 이해시키는 데 필요한 시간을 절약할 수 있게 한다. 또한 많은 학생들에게 동일한 경험 내용을 동시에 줄 수 있다는 점에서 매우 경제적이며 학생의 개인차를 최소화하는 데 유용하다.

학습자들은 언어 교재를 통해 목표 언어를 사용할 수 있는 구체적인 경험을 제공받고 학생 스스로 문제점을 발견하여 해결하는 기능을 배우며 교재를 통한 직접적인 연상이나 간접 경험을 통해 현실적 경험을 하게 됨으로써 학습 기억을 영속화할 수 있다. 교재는 목표어에 대한 지식의 구조를 기억하기 쉽게 하는 수단이 되며, 학습자는 교재를 사용함으로써 단시간 내에 목표 언어 사용권의 문화와 그 사회에 대한 이해를 증진할 수 있다.

교재를 평가·선정하거나 교재를 개발하는 것은 매우 어려운 작업이므로 지금까지 논의한 사항들을 바탕으로 이론과 실제가 조화를 이룬 교재를 선정하고 개발하는 작업이 교육 현장에서 적극적으로 이루어져야 할 것이다. 또한 교재가 학습 집단, 학습 단계, 사용 기관 등의 학습자 요인에 따라 유연하게 사용되어야 하듯이 교재 분석의 기준도 여러 가지 요인에 따라 상황과 현실에 맞게 응용되어야 하며, 교재 연구와 교재 개발 상황이 발전하면서 교재에 대한 요구가 변하듯이 교재 분석 기준도 변해야 할 것이다. 따라서 교재의 평가 및 개선을 위한 교재 분석 연구는 꾸준하게 지속되어야 할 것이다.

참고문헌

강승혜(2003), 「한국문화 프로그램 개발을 위한 한국어 학습자 요구분석」, 《한국어 교육》 14-3, 국제한국어 교육학회.

권오량(2000), 「영어교재론」, 황적륜 편, 『현대영어교육의 이해와 전망』, 서울대학교출판부.

김은애(2016), 「한국어 교육용 부교재 제작 및 활용」, 『한국어 교원을 위한 한국어 교육학』, KNOU Press.

김인규(2003), 「학문 목적을 위한 한국어 요구 분석 및 교수요목 개발」, 《한국어 교육》 14-3, 국제한국어 교육학회.

김정숙(1992), 「한국어 교육과정과 교과서 연구」, 고려대학교 대학원 박사학위논문.

김정숙(2003), 「통합 교육을 위한 한국어 교수요목 설계 방안 연구」, 《한국어 교육》 14-3, 국제한국어 교육학회.

김정숙 · 정명숙 · 이경희 · 안경화 · 김지영(2006), 《한국어 교육 총서》 5, 『한국어 교재론 개발』 최종 보고서, 문화관광부 한국어세계화재단.

민현식(2000), 「한국어 교재의 실태 및 대안」, 《국어교육연구》 7, 서울대 국어교육연구소.

민현식(2004), 「한국어 표준교육과정 기술 방안」, 《한국어 교육》 15-1, 국제한국어 교육학회.

박건숙(2003), 「국내 웹 기반의 한국어 교육 사이트에 대한 비교 · 분석 연구」, 《한국어 교육》 14-3, 국제한국어 교육학회.

박기화(2000), 「영어교육과정」, 황적륜 편, 『현대영어교육의 이해와 전망』, 서울대학교출판부.

박영순(2003), 「한국어 교재의 개발 현황과 발전 방향」, 《한국어 교육》 14-3, 국제한국어 교육학회.

배두본(2000a), 『영어 교재론 개관』, 한국문화사.

배두본(2000b), 『외국어 교육과정론』, 한국문화사.

백봉자(1999), 「서양어권 학습자를 위한 한국어 교재 개발 연구」, 《한국어 교육》 10-2, 국제한국어 교육학회.

백봉자(2001), 「교재와 교수법을 통해 본 한국어 교육의 역사와 과제」, 《외국어로서의 한국어 교육》 25-1, 연세대학교 언어교육원 한국어학당.

이지영 외(2014), 「한국어교육학사전」, 서울대학교 국어교육연구소 편, 도서출판 하우.

서종학 · 이미향(2007), 『한국어 교재론』, 태학사.

송석요 · 김성아(공역)(2003), 『Syllabus의 구성과 응용(David Nunan, Syllabus Design)』, 범문사.

송정희 · 장한업 · 한민주 · 한상헌(1999), 『불어교육론』, 우하출판사.

윤팔중(1985), 『교육과정 및 교육평가』, 문음사.

이병민(2003), 「외국어 교육에서 학습자 변인으로서 언어학습 전략: 연구 동향 및 방향」, 《한국어 교육》14-3, 국제한국어 교육학회.

이지영(2014), 『한국어교육학사전』, 서울대학교 국어교육연구소 편, 도서출판 하우.

이해영(2001a), 「학습자 중심 수업을 위한 교재 분석」, 《한국어 교육》 12-1, 국제한국어 교육학회.

이해영(2001b), 「한국어 교재의 언어 활동 영역 분석」, 《한국어 교육》 12-2, 국제한국어 교육학회.

이해영(2002), 「한국어 교육에서의 교사용 지침서 개발 연구」, 《한국어 교육》 13-1, 한국어 교육학회.

이해영(2004), 「학문 목적 한국어 교육과정 설계 연구」, 《한국어 교육》 15-1, 국제한국어 교육학회.

장은아(2009), 『한국어 교재론』, 서울대학교 언어교육원 한국어교육센터 한국어교사양성과정 강의집.

조항록(2003), 「한국어 교재 개발을 위한 기초적 논의」, 《한국어 교육》 14-1, 국제한국어 교육학회.

최은규(2014), 「한국어 교육과정론」, 『한국어 교육의 이론과 실제 2』, 아카넷.

황인교(1998), 「외국인을 위한 한국어 교재 개발」, 《한국어 교육》 9-2, 국제한국어 교육학회.

Brown, H. D.(2002), 이흥수 외 역, 『외국어 학습 교수의 원리』, Pearson Education Korea.

Brown, H. D.(1987), *Principles of language learning and teaching* (2nd edition), Englewood Cliffs, N. J. : Prentice Hall.

Brown, H. D. (1994), *Teaching by Principles*, Upper Saddle River : Prentice Hall.

Brown, J. D.(1995), *The elements of language curriculum: a systematic approach to program development*, Newbury House Teacher Development.

Cunningsworth, A.(1995), *Choosing your coursebook*, Heinemann.

McDonough, J. & Shaw, S.(1993), *Materials and methods in ELT*, Cambridge: Blackwell.

Tomlinson, B. (Ed.).(1998), *Materials development in language teaching*, Cambridge: Cambridge University Press.

한국어 교안 작성법

김민애

서울대학교 언어교육원 한국어교육센터

| 학습 목표 |

- 한국어 수업의 특성을 이해하고 한국어 수업을 설계할 수 있다.
- 한국어 수업 운영과 수업 자료 활용 방법을 이해하고 익힌다.
- 한국어 수업 교안의 형식과 내용을 이해하고 작성할 수 있다.

▶▶▶ 차례

1장

■:

교안 작성의 준비

1.1. 교안의 의의

교안(敎案)은 교수 학습의 계획을 기술한 것이다. 무엇을, 어떤 순서로, 어떤 말로, 어떤 방법으로 가르칠 것인가에 대한 계획을 기술한다. 교안 작성을 통해 계획을 수립하는 과정은 잘 짜인 수업을 만들기 위한 필수적인 단계이며 제한된 수업 시간을 이용하여 최대한의 학습 효과를 이끌어 내기 위해서는 없어서는 안 될 요소이다.

잘 짜인 효율적인 수업 계획을 세운 교사는 자신 있는 태도로 수업 진행을 할 수 있다. 이런 확신에 찬 태도는 교사가 학습자와 긴밀한 신뢰 관계를 구축하는 데 매우 중요한 역할을 하게 된다. 또한 교안 작성을 통해 교수 학습 목표를 구체적이고 명시적으로 설정함으로써 수업의 방향을 잡을 수 있다. 각 시간의 출발점, 도달점에 대한 분명한 계획을 세울 수 있으며, 각 수업의 연계와 전체 교수요목 구현의 완성도를 높일 수 있다. 또 한 반을 교사 몇 명이 팀으로 가르치는 경우가 많은데 이때 교안이 있어야 일관되게 프로그램을 진행할 수 있다. 또한 수업에 대한 모든 형태의 피드백을 교안에 반영하여 다음 번을 위한 더 나은 수업을 계획할 수 있다. 교안과 수업에 대해 여러 차례 이런 과정을 거친다면 보다 완성도 높은 수업 모형을 구축할 수 있을 것이다. 여러 교사가 공동으로 교안을 작성해 가는 기관에서는 다양한 시각과 의견을 반영할 수 있으므로 더욱 의미가 있다.

학습자들의 한국어 학습 동기와 요구가 더욱 다양해지고 있다. 교안의 완성도가 높으면 이러한 학습자의 요구와 학습 동기에 맞춰 수업을 준비할 수 있다. 수업의 중요한 기본 틀을 유지하되 예문, 질문, 연습 유형 등을 변용하여 학습자 특성에 맞출 수 있기 때문이다. 교안은 수업에서 반드시 유지해야 할 사항과 변용이 가능한 부분을 확인하게 해 주는 안내 지도와 같은 역할을 한다.

1.2. 한국어 수업과 교안의 중심 내용

한국어 수업의 목표는 학습자가 한국어로 원활한 의사소통을 할 수 있도록 하는 것이다. 의사소통능력은 체계화된 지식을 이해하는 것으로는 도달할 수 없는 능력이라는 점에서 다른 지식 습득 교과와 분명한 차이점이 있다. 한국어 어휘의 뜻을 아무리 많이 알고 문법 규칙을 아무리 명확하게 이해했다 하더라도 이해 과정이나 표현 과정을 실제로 이행해 보지 않고서는 결코 한국어로 의사소통을 할 수 없다.

따라서 한국어 수업은 학습자들이 실제로 의사소통을 해 보면서 한국어를 배우는 시간이라고 할 수 있다. 그러므로 한국어 교사는 지식 전달자여서는 안 된다. 한국어 교사는 학습자가 한국어로 의사소통을 할 수 있게끔 그 실제적인 필요성과 구체적인 상황을 만들어 줘야 한다. 학습자의 실제 요구에 부합하는 한국어 사용 장면을 연출하여 강력한 동기를 가지고 그 장면에 적합한 의사소통을 하도록 이끄는 역할이 한국어 교사의 핵심 역할이다.

외국어로서의 한국어를 배우는 학습자들은 모국어로는 자유롭게 자신이 표현하고자 하는 내용을 표현할 수 있다. 한국어 의사소통이 서툰 대개의 경우 어떤 개념이나 의식이 형성되어 있지 않아서 표현을 못하는 것이 아니라 한국어로 표현하는 방법을 몰라서 못할 뿐이다. 따라서 한국어 수업에서는 학습자들이 표현하고자 하는 것을 한국어로 어떻게 표현하면 되는지를 가르쳐야 한다. 이때 보다 실제적인 의사소통 욕구를 학습자가 가지게 되면 더 적극적으로 한국어 표현 방식을 찾고 익히고 적용할 것이다. 한국어 수업을 준비할 때 교안에서 어휘의 개념을 길게 설명하거나 문법 규칙이나 체계를 자세하게 설명할 계획을 세우기보다는 학습자의 의사소통 욕구를 자극할 장치 혹은 충분한 시간 동안 한국어 의사소통을 시도해 볼 수 있는 장치 등을 마련하는 것이 학습 효과를 더 높일 수 있는 방안이 될 것이다.

학습자가 수업에서 한국어를 실제로 많이 사용하게 되면 한국어 학습에 대한 만족도가 높아지고 그 다음 단계로 나아갈 학습 의욕도 강화된다. 따라서 매 수업 교안에는 학습자가 스스로 한국어로 말해 보도록 유도하는 계획들이 충분히 있어야 한다.

2장

한국어 수업의 설계

2.1. 교수·학습 내용의 설정

수업에서 무엇을 가르쳐야 하는지 한국어 수업의 내용을 분석해 보면 어휘, 문법, 발음, 주제, 의사소통 기능, 과제, 문화 등의 7가지 요소를 들 수 있다. 다음 대화를 예로 들어 보자. 예시한 대화는 『서울대 한국어1』의 1과로 한글 자모를 배운 후 바로 이어지는 과이며, 학습자들이 처음 접하게 되는 한국어 대화문이다. 이런 간단한 대화문을 중심으로 200분의 수업은 어떻게 구성될까?

〈초급 대화 예〉

> 나 나: 안녕하세요? 저는 나나예요.
>
> 마이클: 안녕하세요? 저는 마이클이에요.
>
> 나 나: 만나서 반가워요, 마이클 씨.
>
> 마이클: 반가워요. 나나 씨는 어느 나라 사람이에요?
>
> 나 나: 저는 중국 사람이에요.

우선 대화 속 문법 항목으로는 종결어미 '~이에요/예요', 평서문과 의문문, 주제격 조사 '은/는' 등이 있다. 여기서 중요한 것은 문법을 지식이나 체계로 가르치는 것이 아니라 어떻게 활용할 수 있을지를 가르쳐야 한다는 것이다. 이 문법 항목이 무엇을 표현하기 위해 쓰이는 것인지, 즉 해당 문법 항목이 수행하는 의사소통적 기능이 가장 중요한 교수·학습 내용이 된다. '~이에요/예요'로 예를 들면 종결어미로서의 특성이나 체계보다는 '~이에요/예요'를 사용하여 '설명하기', '소개하기' 기능을 수행할 수 있도록 하는 데 목표를 두고 수업을 구성해야 한다는 것이다. 평서문과 의문문에서도 'N이에요.'와 'N이에요?'로 물어보기와 대답하기 기능을 적절하게 수행하도록 하는 것이 주 수업 내용이 되어야 한다.

다음 수업 내용으로 어휘를 보자. 어휘는 주제 어휘와 새 어휘로 나눠 생각해 볼 수 있다. 이 대화에서 내용의 중심이 되는 주제 어휘로 '인사 표현'과 '나라 이름'을 설정할 수 있다. 대화에서는 '안녕하세요?', '만나서 반가워요.' 등의 간단한 첫 인사 표현과 '중국'이라는 국가명이 하나 등장했을 뿐이지만, 학습자들의 대화에서 제시된 것 외의 관련 어휘 목록, 즉 다양한 첫 인사 목록이나 여러 국가명의 한국어 표현에 자연스럽게 관심을 갖는다. 이처럼 공통성이 있어 자연스럽게 환기되는 관련 주제 어휘 목록들은 한국어 수업의 주요 수업 내용이 된다.

정리하면 문법과 의사소통 기능, 어휘와 주제는 상호 관련성을 가지며 하나의 수업 내용 항목으로 묶이게 된다.

또한 이 대화를 제대로 수행하기 위해서는 발음 요소도 중요하다. 여기서는 의문문의 억양법이 중요한 발음 교수 항목이 된다. 의문문과 평서문 종결어미의 정확한 사용을 위해서는 억양을 정확하게 구현하는 것이 매우 중요하기 때문이다.

또 주요한 수업 내용으로 '과제'가 있다. 한국어 수업에서 과제란 과업(task)을 말한다. 우리가 살아가면서 해결해 나아가야 할 여러 가지 문제를 과업이라고 할 때 한국어 수업에서 과제란 한국어로 해결해야 하는 어떤 과업들을 말하는 것이다. 과제는 무엇보다 실제성이 높아야 한다. 실제 살면서 부딪힐 법한 문제들을 수업 상황에서 미리 연습해 볼 수 있어야 과제라고 할 수 있을 것이다. 수업에서 그런 효과를 내기 위해서는 교안에서부터 매우 실제적인 의사소통 목적과 상황을 설정해야 한다. 예를 들어 예시한 대화에서 배운 것을 실제 생활에서 적절하게 사용할 수 있는 장면으로 '학교에서 학기 첫 날' 혹은 '직장에서 거래처 사람과의 첫 인사' 등의 다양한 '첫 만남' 장면을 생각해 볼 수 있다. 처음 만난 상황에서 실제로 어떤 인사를 해야 할지, 자기소개는 어떻게 해야 하며 대화는 어떻게 이어 나가야 할지를 알고 실제로 수행할 수 있도록 연습하는 것은 이 과에서 매우 중요한 수업 내용이 된다.

언어 수업은 보다 엄밀하게 말해 언어 문화 수업이라고 할 수 있다. 외국어 사용은 문화 행위가 수반된다. 따라서 수업 내용을 계획할 때 문화에 대한 내용도 생각해야 한다. 문화에 대해 다양한 방식으로 제시할 수 있겠지만 이 과의 경우 과제 수행과 관련하여 필요한 사회 문화적 행위에 대해 학습할 수 있다. 예를 들면 과제 수행 장면이 '첫 인사'이기 때문에 한국의 인사 예절에 대해 알고 예절에 맞게 인사할 수 있도록 연습하는 것이 주요 수업 내용이 될 수 있다.

2.2. 학습 목표의 설정

앞에서 본 바와 같이 한국어 수업에서는 어휘와 주제, 문법과 의사소통 기능, 과제와 문화, 발음 등이 수업의 주요 내용이 된다. 따라서 학습 목표도 이런 요소들을 모두 포괄하여 다층적으로 기술할 필요가 있다.

- 문법+의사소통 기능
  예) 'N은/는 N이에요/예요'를 써서 자기소개를 할 수 있다.
- 어휘+주제
  예) 국가명을 익혀 국적에 대해 말할 수 있다.
- 발음
  예) 평서문과 의문문의 억양을 구별해서 말할 수 있다.
- 과제
  예) 처음 만난 사람과 인사하고 자기소개를 할 수 있다.
- 문화
  예) 한국의 인사법을 이해하고 예절에 맞게 인사할 수 있다.

2.3. 수업의 절차와 구성

한국어 교재에서 한 과가 어떻게 구성되는지를 보면, 일반적으로 2~4개 정도의 문어 및 구어 텍스트가 핵심 내용인 본문 역할을 하며, 본문을 이해하고 익히기 위한 어휘, 문법 항목, 이에 대한 연습 문제 등이 중요한 자리를 차지하고 있다. 이런 내용으로 수업을 할 때 진행 순서는 다음과 같다.

| (복습) | 도입 | 어휘
(연습) | 문법
(연습) | 대화
글 | 활용
과제 | 정리 |

● **복습**

한국어 수업에서는 이전에 배운 언어 항목을 계속 재활성화하는 것이 필요하기 때문에 복습은 대단히 중요하다. 매 시간 앞서 배운 내용을 간단하게 복습하는 것은 재활성화의 가장 기본적인 형태이다. 배운 내용 다시 정리하기, 필수 어휘나 문형, 문법 항목을 활용한 대화 다시 해보기, 간단한 퀴즈, 받아쓰기 등의 방법으로 학생의 학습 정도를 확인해 볼 수 있을 것이다.

또한 학생들의 과제물 점검을 통해 학습자 오류 양상을 파악하여 자주 틀리는 부분, 잘못 이해했거나 잘못 적용한 부분 등을 바로잡아 주는 것도 복습 시간에 다뤄야 하는 부분이다.

● **도입**

도입 단계에서는 학습 내용 및 주제를 소개한다. 특히 교재의 그림이나 간단한 문답을 통해 관련 배경 지식을 활성화하고 학습자의 관련 경험을 환기시키는 것이 효과적이다. 예시한 나나와 마이클의 대화의 경우 두 사람이 악수를 하며 인사하는 등의 처음 만나 인사하는 상황의 그림이나 사진을 이용하여 학습자들에게 '여기가 어디인 것 같아요?', '두 사람이 무엇을 하고 있어요?', '여러분도 이렇게 인사한 적이 있어요?', '그때 무슨 이야기를 했어요?', '요즘 인사를 나누고 친해지고 싶은 사람이 있어요?' 등의 질문을 하면서 호기심을 자극해 학습 동기를 불러일으키면 학습 효과를 높일 수 있다. 처음에는 매개어를 사용해야 하겠지만 점차 한국어로 대화를 할 수 있도록 한다.

● **어휘**

주제 관련 어휘 목록이나 새 어휘를 다룬다. 어휘의 뜻과 용법을 중심으로 제시, 연습, 활동에 대한 계획이 필요하다. 어휘의 뜻은 사진이나 그림 등의 시각자료를 효과적으로 활용하는 것이 좋으며 주제 혹은 상황과 관련된 어휘 목록을 한 장면에서 다룰 수 있도록 자료를 준비하는 것이 좋다. 어휘의 뜻을 확인한 후에는 그 어휘를 활용해 볼 수 있도록 하는 대화를 제시하고 연습을 시켜야 한다. 앞에서 예시한 초급 대화와 관련해서는 민속 의상이나 국기를 시각 자료로 준비하여 국가명 말하기 연습을 시킬 수 있을 것이다.

● 문법

보통 새 문법 항목을 1~2개 정도 연습한다. 문법 항목을 어떻게 효과적으로 제시하여 학습자들이 그 용법을 효과적으로 이해하여 사용할 수 있게 하는가, 어떻게 재미있게 충분히 연습하도록 하는가, 문법 항목을 실제적인 상황에서 구체적인 목적을 가지고 적용 및 활용해 보도록 하는가 등에 대한 계획이 필요하다. 이런 과정을 제시, 연습, 활용의 단계로 구분할 수 있는데 문법 항목마다 반복한다. 이런 반복을 거쳐 한 과의 목표가 완성된다고 할 수 있다. 이런 문법 항목은 목표 과의 중심 대화나 글을 이해하는 데도 중요하지만 더 큰 의미는 의사소통 능력의 중심 뼈대를 만들어 가게 한다는 점이다. 그래서 문법 항목을 수업에서 다룰 때는 선수 학습한 문법 항목들을 재활성화하고 통합하여 문장의 복잡성과 정교함을 발전시켜 표현 능력을 향상시킬 수 있도록 해야 한다. 다시 강조하면 한국어 수업에서 개별 문법 항목은 해당 과에서 이해하고 끝나는 것이 아니라 다양한 장면에서 거듭 활용하여 충분한 연습이 이루어지도록 해야 실제 의사소통능력으로 자리 잡게 된다.

● 대화와 글

어휘와 문법에 대한 제시와 연습을 거친 후 실제적인 대화나 글을 통해 개별 언어 항목의 기능 및 용법을 확인하고 통합하여 정보를 전체적으로 이해하게 된다. 내용 이해 여부를 확인하는 문답 활동, 제시된 대화나 글의 모방, 활용 활동 등이 대화나 글을 다루는 효과적인 방법이다. 이때 대화는 듣기와 말하기 기능과 관련이 있고 글은 읽기와 쓰기 기능과 관련이 있다. 또한 대화와 글은 발음 교육을 위한 자료이기도 하다. 대화의 음성적 모방과 글 낭독을 통해 자연스러운 발음과 억양을 학습하게 할 수 있다. 예시한 대화의 경우 비격식적인 상황에서 자기소개하기를 배운 후 듣기 활동으로 국적에 대한 짧은 대화를 들을 수 있으며, SNS의 자기소개 글로 보고 모방하여 학습자가 SNS에 직접 자기소개 글을 올리게 해볼 수도 있을 것이다.

● 과제

어휘, 문법, 발음, 대화와 글 등을 통해 새로운 언어를 학습했다면 과제 단계에서는 학습한 내용을 바탕으로 학습자 스스로 의미와 맥락을 구성해 내도록 하는 데 초점을 두어야 한다. 외국어를 익히는 수업에서 학습자의 역할이 중심이 되도록 하기 위해서 특히 과제 활동을 할 때는 교사의 세밀한 계획이 필요하다. 교사는 계획 단계, 즉 교안에서부터 세밀한 학습자 활동 유도 장치를 마련해야 한다. 과제 수행을 하는 것은 학습자여야 하기 때문에 교사가 뒤로 물러서 있어야 하지만 학습자 집단의 특성도 고려해야 하고 실제 운영에 있어서도 상황에 맞는 대처가 필요하기 때문에 계획부터 실행까지 교사의 보이지 않는 노력이 상대적으로 더 많이 필요한 단계이다. 과제 활동은 다양한데 다음과 같은 기능별 활동을 통합하여 구성할 수 있다.

> 말하기: 게임, 인터뷰, 토론, 발표, 역할극 등
> 쓰기: 받아쓰기, 그림 보고 쓰기, 특정 상황에 맞는 쓰기, 주제 쓰기 등
> 듣기: 듣고 답하기, 그림이나 지도 그리기, 빈칸 메우기 등

● 정리

요약 정리 후 간단한 평가를 하거나 숙제를 주거나 다음 시간에 대한 안내를 한다.

3장

PPP 교수 모형과 교안 작성의 실제

3.1. PPP 교수 모형

이미혜(2007)에서는 언어 수업의 상향식 접근 방식의 대표적인 방식으로 PPP 모형을 들고 있다. PPP 모형은 문법을 명시적으로 제시하고 연습, 생성 단계를 거쳐 실제적인 언어 사용 능력을 기르도록 유도한다는 강점이 있어 한국어 수업에서 일반적으로 적용하는 모형이다.

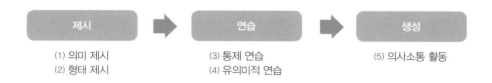

3.1.1. 의미 제시: 의미, 기능 정보의 제시

의미 제시란 학습자한테 목표 문법 항목이 어떤 상황에서 어떤 목적으로 사용되는지를 알게 해주는 과정이다. 이미혜(2007)에서는 상황 정보를 제시하는 단계라고도 하고 있다. 문법을 학습하는 목표를 실제 의사소통에서 해당 문법 표현을 활용할 수 있도록 하는 데에 둔다면 문법을 개별적인 지식으로 다루어서는 목표를 달성할 수 없다. 목표 문법 항목이 의사소통 상황에서 어떤 의미와 기능을 수행하는지, 바꿔 말하면 어떤 목적을 수행하기 위해 어떤 문법 항목을 사용해야 하는지를 학습자들이 알아야 문법을 지식으로서가 아니라 의사소통 도구로서 활용할 수 있게 된다. 학습자들은 매 문법 항목을 익힐 때마다 그 첫 단계로 문법이 어떻게 활용되는지 적절한 담화 구조와 함께 그 의미 기능을 배워야 한다.

어떤 문법 표현의 의미와 기능은 설명으로 전달하기보다는 그 표현에 쓰이는 대표적이고 전형적인 상황을 예시하는 예문을 제시하는 방법으로 이루어진다. 이때 학습자들이 이미 알고 있는 어휘를 사용하여 새로운 문법에 집중하는 데에 다른 부담이 생기지 않도록 한다. 따라서 학습자들이 배운 어휘와 문법이 무엇인지 파악하여 충분히 활용하도록 해야 의미 제시 단계의 목표를 달성할 수 있다.

의미 기능, 화용 정보의 예를 보자. 우선 'A−아/어지다'가 목표 항목인 경우를 생각해보자.

> 어제보다 날씨가 **추워졌어요**.
> 과일 값이 **비싸졌어요**.
> 기분이 **좋아졌어요**.

예문으로 'A−아/어지다'의 의미 기능은 '변화'임을 알 수 있다. 또한 전후 '비교'의 상황에도 많이 쓰이고 있음을 알 수 있다.

이번에는 'V−(으)려고'의 예를 보자. 예문을 통해 'V−(으)려고'의 의미 기능은 '의도', 즉 마음 속 생각이나 계획임을 알 수 있다.

> 한국어를 **배우려고** 한국에 왔어요.
> 빨리 **가려고** 지하철을 탔어요.
> **공부하려고** 책을 샀어요.

의미 기능이 이런 것이라고 할 때 의미 정보 혹은 화용 정보를 제시하는 방법을 몇 가지 예시하면 다음과 같다.

❶ 구체적인 상황과 선수학습 내용을 이용하여 제시

'A-아/어지다'를 가르칠 때 이용할 수 있는 상황과 교사의 제시

상황
변화: 날씨, 물가, 기분 등
비교: 작년과 올해, 고향과 한국, 병 전후, 계절 등

교사의 제시
교사 : 어제는 머리가 아팠어요. 오늘은 좋아요.
　　　　오늘은 **좋아졌어요.**

　　　　어제는 날씨가 아주 추웠어요. 오늘은 따뜻해요.
　　　　날씨가 **따뜻해졌어요.**

❷ 시각 자료의 활용

'V-(으)려고'를 가르칠 때 이용할 수 있는 시각 자료

말풍선의 활용
⇨ 의미 기능이 '의도', 즉 마음 속 생각이나 계획
⇨ 말풍선 유형 중 생각 풍선의 활용이 적절함.

'V-아/어 있어요 (상태 설명)

⇨ 놓여 있어요, 걸려 있어요, 앉아 있어요 등

'V-다가'와 'V-(으)면서 '의 비교 설명 ('동작의 전환'과 '동시 동작')

⇨ 밥을 먹다가 전화를 받았어요.

⇨ 밥을 먹으면서 전화를 받았어요.

'V-다가'와 'V-아서/어서' ('동작의 전환'과 '순서')

⇨ 학교에 가다가 친구를 만났어요.

⇨ 학교에 가서 친구를 만났어요.

'V-을/는/은 것 같아요 (추측 표현의 시제 차이)

⇨ 비가 올 것 같아요.

⇨ 비가 오는 것 같아요.

❸ 대화를 하면서 목표 문법으로 바꿔 말하기

교　　사 : 지나 씨 어제 뭐 했어요?

학　　생 : 집에서 쉬었어요.

교　　사 : (전체 학생에게) 지나 씨가 뭐라고 했어요?

학생들 : 집에서 쉬었어요.

교　　사 : 네, 그래요. 집에서 쉬었**다고 했어요**. 집에서 쉬었**다고 했어요**.

　학생들이 처음 배우는 목표 문법 부분에서는 천천히, 반복해서 말해 준다. 학생들이 목표 문법을 소리로 인지했을 때 문형 카드를 제시하여 확인하게 하는 것이 좋다.

❹ 직접 시범 보이기

교   사 : 커피 좋아해요?

학생들 : 네, 좋아해요.

교   사 : 저는 피곤**할 때** 커피를 마셔요. 피곤**할 때** 커피를 마셔요. 여러분, 언제 커피를 마셔요?
　　　　　(학생 반응을 유도할 그림이나 카드 등 필요할 수 있음. 학교 올 때, 졸릴 때, 쉴 때)

'A/V−(으)ㄹ 때'처럼 의미가 분명하고 형태가 비교적 짧은 경우 바로 문법을 제시할 수 있다.

3.1.2. 형태 제시

형태 제시 단계는 형태적인 정보를 이해하고 적용해 보는 단계이다. 형태 정보란 형태론적, 통사론적, 담화적 규칙과 정보를 모두 포괄하는 말이다. 또한 유사한 의미 기능을 지닌 문법과의 유사점과 차이점에 대한 정보도 포함된다. 이 단계에서는 학습자들이 효과적으로 언어 자료를 관찰하고 비교하고 분석할 수 있도록 교사가 정보를 제시해야 한다. 형태 제시 단계에서 제시해야 하는 정보는 다음과 같다.

❶ 형태론적 정보

• 앞에 오는 명사, 동사, 형용사의 받침 유무에 따른 형태 교체

조사: 이/가, 은/는, 을/를, 예요/이에요 등

의자**가** 있어요.

책상**이** 있어요.

어미: -(으)며, -(으)면서, -(으)려고 등

> 집에 **가려고** 버스를 탔어요.
> 아침에 먹**으려고** 빵을 샀어요.

● 모음 조화에 따른 형태 교체

어간 마지막 모음의 양성, 음성 여부: -아요/어요, -았어요/었어요, -아서/어서 등

> 의자에 앉**아서** 기다렸어요.
> 옷을 만들**어서** 팔았어요.

● 어간의 동사, 형용사 여부에 따른 형태 교체

어미: -ㄴ데/은데/는데, -(은)ㄴ/는 N, -다/는다, -나요?/-(으)ㄴ가요

> 좋**은** 사람을 만났어요.
> 좋아하**는** 사람을 만났어요.
> 밥이 맛있**다**. 밥을 먹**는다**.

동사, 형용사 판별 오류가 많은 경우: 어울리다, 맞다, 중요하다, 편리하다, 좋다, 좋아하다 등

> 제 남자 친구는 나와 잘 **어울린** 사람이에요.   (×)
> 내일 **중요하는** 일이 있어요.   (×)
> 백화점에 **좋는** 물건이 많아요.   (×)

형태론적 정보를 제시할 때 목표 문법의 형태 교체가 어떤 유형이냐에 따라 예문의 순서나 연습 문제의 순서를 조정해야 한다.

동사 '가다, 오다, 먹다, 살다, 듣다, 쓰다, 입다, 만들다'의 제시 순서 비교

'V-(으)려고'	가려고, 오려고, 쓰려고 → 먹으려고, 입으려고 → 살려고, 만들려고 → 들으려고
'V-아요/어요'	살아요, 가요, 와요 → 먹어요, 만들어요, 입어요 → 써요, 들어요

받침 유무에 따라 형태 교체가 일어나는 경우
받침 없는 동사 → 받침 있는 동사 → 'ㄹ' 받침 동사 → 불규칙 활용 동사
(받침 없는 동사와 'ㄹ' 받침 동사를 함께 묶어서 제시할 수도 있다.)

모음 조화에 따른 형태 교체가 일어나는 경우
어간의 마지막 모음이 양성인 경우 → 어간의 마지막 모음이 음성인 경우 → 불규칙 활용 동사

형태론적 정보를 제시할 때 학습자들이 정확한 형태로 말할 수 있도록 하기 위해 불규칙 활용에 대한 정보도 알려준다. 불규칙 활용에 대한 정보를 제시할 때 특히 '무엇이 어떻게 바뀌는지', '어떤 조건에서 바뀌는지'에 대한 정보에 초점을 두고 간략하게 제시한다.

교사: 그럼 '–아요' 예요? '–어요' 예요?

학생: '–어요'예요. '들어요'

교사: 네, 그런데 '듣어요' 아니고 '들어요'예요. '듣' 뒤에 모음이 있으면 받침이 'ㄹ'로 돼요. 그래서 '들어요'라고 말해요.

(반드시 판서를 하거나 시각 자료를 준비하여 학생들이 시각적으로 확인할 수 있도록 한다.)

② 통사론적 정보

- 시제 제약

  'V–(으)려면': 한국어를 공부하려면 서울대에 갔어요. (X)

- 주어 제약

  'V–다가': 학교에 오다가 친구가 왔어요. (X)

- 품사 제약

  'V–다가': 비싸다가 싸요.(X)

- 서법 제약

  'V–아서/어서': 내일 날씨가 좋아서 산에 갑시다.(X)

- 부정문 제약

  'V–(으)ㅂ시다': 내일 학교에 안 갑시다.(X)

3.1.3. 통제 연습

통제 연습 단계에서는 형태 적응 훈련을 한다. 유형은 반복, 대체, 확장, 변화, 완성 등이 있으며, 학습자의 반응을 통제해 놓은 단순 반복 연습이 주를 이룬다. 교재에서 가장 많이 볼 수 있는 연습 유형이다. 그러나 이런 연습을 할 때 지나치게 기계적인 연습은 피하는 것이 좋다. 통제 연습을 할 때도 학습 과정이 의사소통 기능으로의 전환을 목표로 해야 하며 학습자가 상황을 고려하여 목표 항목을 적용할 수 있도록 활동을 구성하는 것이 좋다.

'V-(으)ㄴ N'의 통제 연습

변환

책이 재미있었어요.
↑
어제 읽었어요.

어제 _____ 책이 재미있었어요.

(수식 내용을 변경하여)
지난주에 서점에서 _____ 책이 재미있었어요.

대화 완성

가: 어제 _____ 이/가 어땠어요.
나: _____

보다, 영화/재미있다
가다, 책방/아주 크다
먹다, 불고기/맛있다
읽다, 책/어렵다
사다, 옷/예쁘다
듣다, 한국 노래/슬프다

'V-아야/어야 돼요' 통제 연습

언제까지 (숙제를 내다)?
금요일까지 (내다).

시험에서 몇 점 (받다)?

70점 (받다).

이 책을 (배우다)?

네, 좋은 책이니까 (배우다)

3.1.4. 유의미 연습

통제 연습을 통해 목표 문법에 대해 적응을 했다면 유의미 연습 단계에서는 학습자 스스로 적용해 보도록 하는 과정이라고 할 수 있다. 즉, 학습자 스스로 의미를 생성하도록 하는 것이다. 이런 점에서 다음 단계인 생성 단계하고 겹치는 부분이 있지만 생성 단위면에서 큰 차이가 있다. 생성 단계는 담화 구조 전체에 대한 생성을 목표로 한다면 유의미 단계의 생성은 문장 수준이나 아주 짧은 대화 정도면 충분하다. 중요한 것은 학습자가 상황에 맞게 목표 항목을 스스로 활용해 보도록 하는 것이다. 가장 쉽게 접근할 수 있는 방법은 학습자의 경험이나 지식을 표현해 보도록 유도하는 것이다. 학습자 자신의 경험 혹은 지식이기 때문에 교사의 간섭 없이 온전히 스스로의 힘으로 의미를 구성하는 것이다.

'V-(으)ㄴ N'의 유의미 연습

* 질문하고 대답하세요.

어제 만난 한국 사람은 몇 사람입니까?

오늘 아침에 먹은 음식은 무엇입니까?

_____ 씨가 입은 옷이 어때요?

어제 배운 문법이 재미있었어요?

어제 가르치신 선생님이 여자 선생님이었어요?

어제 탄 버스/지하철에 자리가 있었어요?

3.1.5. 생성

생성 단계는 의사소통 목적이 있는 상황 속에서의 의사소통활동으로 '활용' 혹은 '과제 활동'이라고도 한다. 이 단계에서 가장 유념해야 할 것은 교사의 통제나 유도를 최소화하는 것이다. 교사는 사전에 학습자들이 스스로 활동할 수 있도록 장치를 세세하게 한 후에는 학생들이 자유롭게 의미 구성 활동을 할 수 있도록 전면에 나서지 않도록 해야 한다. 무엇보다 학습자 스스로의 힘으로 의미를 구성하고 생성하는 것이 중요하기 때문이다. 또한 생성 단계의 활동은 학습자의 일상생활과 밀접할수록 학습 동기를 높일 수 있다. 따라서 과제 성격의 활동으로 일상생활의 문제를 해결할 수 있는 실력을 기를 수 있는 성격의 활동이 좋다. 일반적으로 말하기, 듣기, 읽기, 쓰기 기능을 통합한 활동이 좋으며 주제 및 상황을 설정할 때 목표 항목이 속해 있는 목표 단원의 주제를 고려하는 것이 좋다.

생성 활동 예: 피자 주문하기

① 팀을 나눕시다. (1팀 3명-4명)
② 무슨 피자를 먹고 싶은지 생각하세요.

③ 피자 주인, 손님 역할을 맡아 주문 연습을 해보세요.

　〈주문할 때 필요한 것〉

　주소, 전화번호

　피자 종류, 크기, 수량

　음료수 종류, 크기, 수량

④ 누가 피자 집에 전화할까요?

⑤ 피자 집에 전화합시다.

학습자에게 보다 쉽게, 효과적으로 이해시키기 위해 과제는 단계별로 제시하는 것이 좋다.

자기 방 묘사하기(N-에 있어요)

① 자신의 방을 간단하게 그립니다.

② 서로 자신의 방을 설명합니다.

③ 상대방의 방에 대해 더 알고 싶은 것을 질문합니다.

　시계는 어디에 있어요?

　가족사진이 있어요? 어디에 있어요?

④ 대답을 듣고 질문하면서 친구의 방 그림을 완성합니다.

⑤ 그림을 비교합니다.

금기에 대해 이야기하기(V-(으)면 안 돼요)

친구가 우리나라에 여행을 갑니다.

친구가 나에게 물어 봤습니다.

"(나라)에서 무엇을 조심해야 해요?"

친구에게 메모해 주세요.

조언하기 (반말)

아이의 질문에 답을 해주세요.
그런데 이 아이는 10살입니다. 반말을 써야 합니다.

> 안녕하세요? 저는 선호예요.
> 어떻게 하면 외국어를 즐겁게 배울 수 있어요?

(아이에게 편지를 써서 답을 해주도록 한다.)

3.2. PPP 문법 교수 모형의 예: 'V–(으)려고'

아래 교안은 한 과를 가르칠 때 필요한 여러 언어 항목 중 하나의 문법 항목에 대한 제시, 연습, 활용의 계획을 나타낸 것이다. 이와 같은 계획이 여러 개 묶여서 전체 수업이 구성된다.

(1) 의미 제시

교　사: (사진 보여주며) 여러분, 여기가 어디예요?

학생들이 대답할 수 있을 만하면 무엇이든지 물어보는 것이 좋음. 교사가 제시, 설명하기보다는 대화하는 것이 좋다는 의미.

공부해요
공부해요
공부해요

학습자: 도서관이에요.

교　사: 이 사람들 뭐 해요?

학습자: 공부해요.

교　사: 네, 그래요. 공부해요.

> 이 사람들은 공부하려고 도서관에 왔어요.
>
> 이 사람들은 공부하려고 도서관에 왔어요.

목표 문법이 처음 나왔으므로
반복하여 주의를 끈다.

교　사: 이 사람들이 도서관에 왜 왔어요?

　　　왜 왔어요?

　　　(낱밑/문형 카드를 보여준다)

왜?	V-(으)려고

학습자: 공부하려고 왔어요.

교　사: (아래 사진 보여주고 각 사람 가리키며)

　　　이 사람은 도서관에 왜 왔어요?

　　　(카드는 계속 들고 있거나 학생들이 볼 수 있도록 붙여 놓는다)

학습자: 쉬려고 왔어요.

　　　숙제하려고 왔어요.

　　　소설책 읽으려고 왔어요.

교　사: 네, 잘 했습니다. 좋습니다.

(2) 형태 제시

1) 규칙 보여주기

교 사: 이 사람은 도서관에 왜 왔어요?

교사와 학습자: 숙제하려고 도서관에 왔어요.

교 사: 이 사람은 왜 왔어요?

교사와 학습자: 책을 읽으려고 도서관에 왔어요.

교 사: 이것 좀 보세요.(카드를 보여주며) 무엇이 달라요? 왜요?

왜? 숙제하려고	읽으려고

학습자: 이건 받침이 있고 저건 받침이 없어요.

교 사: 네, 좋습니다. 받침이 없으면 '-려고'

　　　　있으면 '-으려고'를 붙입니다.

교 사: 바꿔 보세요.

　　　　(문형 카드는 붙여 놓고 동사 카드를 차례대로 보여 준다)

		V-(으)려고	
가다	배우다	부치다	만나다
	먹다	읽다	

교 사: 자, 대답해 보세요.

　　　　한국에 왜 왔어요?

　　　　　　(그림이나 카드로 준비)　　→　카드와 그림을 학생들에게 주고
　　　　　　　　　　　　　　　　　　　　짝 활동으로 반복

　　　　　－ 대학교에 가다

　　　　　－ 한국어를 배우다

　　　　　－ 친구를 만나다

　　　　　－ 우체국에 왜 갔어요?

　　　　식당에 왜 갔어요?

　　　　　－ 점심을 먹으려고 갔어요.

도서관에 왜 갔어요?

　－ 책을 읽으려고 갔어요.

| 만들다 | 놀다 | 듣다 | 걷다 |

교　사: (여권 만들려고 온 상황의 카드나 그림을 보여주며)

　　　　이 사람은 왜 왔어요?

학습자: 여권을 만들려고 왔어요./만들으려고 왔어요.

교　사: 이 사람은 여권을 만들려고 왔어요. 만들으려고 아니에요. 안 돼요.

학습자: 왜요?

교　사: 받침이 있지만 'ㄹ'받침은 소리가 비슷해서 '려고'와 같이 말할 수 있어요.

교　사: 그럼 다시 해봅시다. 이 사람은 왜 왔어요?

학습자: 여권을 만들려고 왔어요.

교　사: 이 아이들은 왜 왔어요?

　　　　(공원에서 노는 아이들의 그림과 '놀다' 카드)

학습자: 공원에서 놀려고 왔어요.

　　　　(음악 플레이어 '사'는 그림과 '듣다' 카드)

교　사: 이 사람은 이것을 왜 사요?

학습자: 음악을 들으려고/들려고 사요.

교　사: 네, 음악을 들으려고 사요. 들으려고 사요.

　　　　'듣으려고'는 아니에요. '듣다'는 '으'처럼 모음이 있으면 받침이 'ㄹ'로 돼요.

(3) 통제 연습

교　사: 옆 사람과 같이 대화를 만들어 보세요.

（보기 대화와 제시어를 준다）

> 〈보기〉
>
> 저는 어제 시장에 갔어요.
> 시장에 왜 갔어요?
> 과일을 사려고 갔어요.

도서관/책을 빌리다
우체국/소포를 보내다
카페/친구를 만나다
사무실/등록하다

친구 집/음악을 듣다
산/많이 걷다

(4) 유의미적 연습

교　사: 여러분의 이야기를 해 보세요.

여러분 한국에 왜 왔어요? 어제 어디에 갔어요? 왜 갔어요?

> 저는 한국에 (　　　　　　)려고 왔어요.
> 저는 어제 (　　　)에 (　　　)려고 갔습니다.

（아래 표현 구문을 학생들에게 제시한다）

교　사: 이번에는 여러분이 '-으려고'를 써서 퀴즈를 만들어 보세요. 퀴즈의 답은 장소여야
　　　　합니다.

〈보기〉 사람들은 여기에 책을 읽으려고 옵니다. 여기는 어디입니까? （답: 도서관）

(5) 생성 : 의사소통 활동(관공서 이용하기)

❶ 다음의 역할을 맡고 이름표를 붙인다.
　　우체국 직원, 사무실 직원, 114 전화 교환원, 손님
❷ 각 직원 앞에 종이 쪽지가 든 상자를 준비한다.
❸ 쪽지에는 '소포를 보내다' '편지를 부치다' '다음 학기에 등록하다' '서울 극장 전화번호
　　를 물어보다' 등이 적혀 있다.

❹ 손님 역할을 맡은 학생들은 직원 앞에 오면 상자에서 쪽지를 꺼내 보고 직원과 대화를 한다.

　　〈예〉 직원: 어떻게 오셨어요? 무엇을 도와 드릴까요? 등

　　　　　손님: 소포를 보내려고 왔는데요.

❺ 손님은 여러 장소를 돌아다닌다. 역할도 바꿔본다.

4장

교안 작성의 실제

4.1. 교안의 형식

교안의 형식은 교수·학습 내용을 잘 기록할 수 있는 형태면 된다. 교수·학습 내용 외에 들어갈 요소로는 단원명, 수업 목표, 차시, 단계, 학습 자료, 유의점 등이 있다. 다음 예와 같은 형식의 교안이 일반적이다.

교안 형식

〈예 1〉

단원명		차시	
수업 목표			
단계	교수 · 학습 활동		

〈예 2〉

단원명			차시		
수업 목표					
단계	교수 · 학습 활동		유의점	학습 자료	시간

예시한 교안 형식 가운데 〈예 1〉은 〈예 2〉에 비해 교수·학습 활동을 기입하는 공간이 넓고 다른 부차적인 정보를 자유롭게 배치할 수 있다는 특징이 있다. 〈예 2〉의 형식은 유의점, 학습 자료, 할당 시간 등을 일목요연하게 정리해서 확인할 수 있다는 특징이 있다.

교안은 한 과에 대한 계획을 모두 작성해 놓은 것도 있고 각 문법 항목별로 작성해 놓은 문법 교안도 있다. 문법 교안의 경우 PPP 모형으로 수업을 계획한다면 교안의 단계는 〈예 3〉과 같이 표시될 수 있을 것이다.

〈예 3〉

단원명		차시	
수업 목표			
단계	교수 · 학습 활동		
도입			
제시	〈의미 제시〉 〈형태 제시〉		
연습	〈통제 연습〉 〈유의미적 연습〉		
생성			
마무리			

〈예 3〉의 문법 교안에서는 각 문법마다 학습자들의 오류 중 빈번한 것, 대표적인 것, 언어권별로 특징적인 것 등에 대해 추가로 정리해 놓는 것도 나중에 수업을 할 때 큰 도움이 된다.

4.2. PPP 모형 문법 교안 예시: 'V-다가'

단원명	7과 한옥 마을이 어디에 있는지 아세요?	차시	4 / 8
수업 목표	(1) 'V-다가'로 행동이나 상태의 전환(중단과 바뀜)에 대해 표현할 수 있다. (2) 'V-다가'를 써서 길을 안내할 수 있다.		
단계	교수 · 학습 활동		
도입	교사: 여러분, 선생님이 아까 친구를 만났어요. 여기 보세요. (칠판에 그림을 그린다.) 여기에서 친구를 만났어요. 선생님이 어디에서 친구를 만났어요? 학생: 길에서 만났어요. 교사: 네, 길에서 친구를 만났어요. 선생님이 어디에 가요? 학생: 학교에 가요. 교사: 네, 학교에 가요. (아직 학교에 도착하지 않았어요.) 선생님이 학교에 가다가 친구를 만났어요. 학교에 가다가 친구를 만났어요. 오늘은 'V-다가'를 배웁니다. (문형 카드를 학생들이 잘 볼 수 있는 곳에 붙인다.) V-다가 〈문형 카드〉		

<의미 제시>
(그림을 다음과 같이 보충한다. 다음 대화를 하면서 해당 그림을 가리킨다.)

교사→학생
여러분, 여기 어디예요? – 집이에요.
어디에 가야 해요? – 학교에 가야 해요.
학교에 가서 누구를 만나요? – 선생님을 만나요.
네, 학교에 가서 선생님을 만나요. 학교에 가서 선생님을 만나요.
('가서'를 강조한다.)
그런데 여기 보세요. (그림의 친구를 가리키며)
누구예요? – 친구예요.

교사
내가 가요. (손가락을 이용하거나 오려 둔 '나' 그림을 이용하여 행동 진행을 보여준다. 또한 아래 밑줄 친 부분은 천천히 강세를 주며 말한다.)

친구를 만났어요.
가**다가** 친구를 만났어요.
학교에 가**다가** 친구를 만났어요.
(선생님을 가리키며) 학교에 가<u>서</u> 선생님을 만났어요
(친구를 가리키며) 학교에 가**다가** 친구를 만났어요.

(위의 예문을 따라하게 할 때 '가서'와 '가다가'에 강세를 두고 천천히 말해 준다.)

여러분, 따라 하세요.
(선생님을 가리키며) 학교에 가<u>서</u> 선생님을 만났어요.
(친구를 가리키며) 학교에 가**다가** 친구를 만났어요.
(문형 카드를 가리키며)
'V-다가'를 쓰면 '앞의 일이 끝나지 않았는데 다른 일을 해야 합니다. 다른 일이 생겼습니다.' 뜻이에요.

(그림의 해당 부분을 가리키며) 다시 여기 보세요.
학교에 갔어요. 가<u>서</u> 선생님을 만났어요., 아직 학교에 못 갔어요. 가**다가** 친구를 만났어요.
그럼 이번에는 '학교에 가요. 길에서 커피를 샀어요.'

같이 해봅시다. '학교에 **가다가** 커피를 샀어요.' 한 번 더 '학교에 **가다가** 커피를 샀어요.'

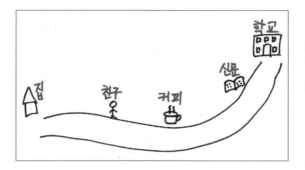

교사─학생
이번에는 '길에서 신문을 샀어요.' ─ '학교에 가다가 신문을 샀어요.'
네, 좋습니다.
선생님이 학교에 가다가 뭘 했어요? 무슨 일이 있었어요? 다 말해 보세요.
─ 학교에 가다가 친구를 만났어요. 학교에 가다가 커피를 샀어요. 학교에 가다가 신문을 샀어요.
네, 잘했습니다.

<형태 제시>
(제시어를 보여 주면서 문장을 만들어 보게 한다.)
영화를 보다/자다
공부하다/텔레비전을 보다
밥을 먹다/전화를 받다
책을 읽다/자다
부산에서 살다/서울로 이사 오다
이야기를 듣다/울다

교사
그런데 여러분, 조심하세요. 'V─다가' 앞에는 동사만 옵니다. '예쁘다', '바쁘다' 이런 형용사는 'V─
다가'로 말할 수 없습니다.

가다가   예쁘다가
먹다가   바쁘다가

(판서)

또 하나 더 조심하세요. 'V─다가' 문장에서는 그 일을 하는 사람이 같은 사람이어야 해요. 다시 말
해서 앞에서 행동을 하는 사람과 뒤에서 행동을 하는 사람이 같이 사람이어야 해요.

(판서)
선생님이 학교에 가다가 친구를 만났어요.

제시

교사—학생

누가 학교에 가요? – 선생님이요.

누가 친구를 만나요? – 선생님이요.

'선생님', '선생님' 같은 사람이에요.

(판서)

선생님이 학교에 가다가 친구가 왔어요.

교사—학생

누가 학교에 가요? – 선생님이요.

누가 와요? – 친구요.

네, 여기는 '선생님', 여기는 '친구' 다른 사람이에요. 이 문장은 틀린 문장입니다.

(판서)

○ 선생님이 학교에 가다가 친구를 만났어요.

✕ 선생님이 학교에 가다가 친구가 왔어요.

<통제 연습>

(1) 그림 보고 'V–다가' 문장 만들기

　① 밥을 먹다가 전화를 받았어요.

　② 편지를 쓰다가 울었어요.

　③ 책을 읽다가 잤어요.

　④ 숙제하다가 텔레비전을 봤어요.

　⑤ 서울에서 살다가 부산으로 갔어요.

　⑥ 비가 오다가 그쳤어요.

(2) 그림 보고 질문에 'V–다가' 문장으로 대답하기

　① 책 다 읽었어요?

　② 밥 다 먹었어요?

　③ 학교에 혼자 왔어요?

　④ 지금도 서울에 살아요?

　⑤ 지금도 비가 와요?

연습

연습	**<유의미적 연습>** (1) '다 했어요?' 질문에 '아니요'로 답하면서 상황 만들기. (짝 활동 후 발표) * 밑줄 친 곳을 바꿔서 보기처럼 대화를 만드세요. 〈보기〉 A: 어제 <u>시험 공부 많이</u> 했어요? B: 아뇨, <u>많이 못 했어요.</u> A: 왜요? B: <u>공부하</u>**다가** <u>너무 피곤해서 잤어요.</u> (2) 'V–다가'를 써서 간단하게 경험 이야기하기 * 어제 학교에 오다가, 집에 가다가 본 것, 들은 것 이야기하기. 　어제 학교에 오다가 ＿＿＿＿＿＿＿＿＿＿＿＿＿＿＿＿ 　어제 집에 가다가 ＿＿＿＿＿＿＿＿＿＿＿＿＿＿＿＿＿ * 자기 전에 한 일 이야기하기 　어제 ＿＿＿＿＿＿＿＿＿＿＿＿ 다가 잤어요. (3) 약도 보고 길 설명하기 (약도 내용: 지하철역을 중심에 두고 집을 여기 저기 배치한다. 집에 학생들 이름을 쓰게 한다. 집 외에 길 모퉁이마다 빵집, 꽃집, 슈퍼마켓, 도서관, 은행 등을 배치한다.) 〈보기〉 A: 수미 씨, 저 지하철역 6번 출구에 있어요. 수미 씨 집에 어떻게 가요? B: 똑바로 가다가 빵집 앞에서 오른쪽으로 가세요. 100미터쯤 더 가면 우리 집이에요. A: 고마워요.
생성	(1) 지하철역에서 학교까지 오는 방법 묻고 답하기 의사소통활동 　① 다음 역할을 나눠 맡는다. 　　학교 사무실 직원/학교에 처음 오는 학생 　　본인/학교에 처음 찾아오는 친구 　② 두 사람씩 전화 대화 연습을 한다. 　③ 역할극을 발표한다. 　④ 지하철역에서 학교까지 오는 방법에 대한 안내문 혹은 메모를 만든다.

	〈예〉 직원: 여보세요. 언어교육원입니다. 학생: 네, 지금 거기 가려고 하는데요. 어떻게 가는지 몰라서요. 직원: 네, 4번 출구로 나와서 똑바로 가다가 은행 앞에서 길을 건너세요. 길을 건너면 은행이 있는데 은행 앞에서 오른쪽으로 200미터쯤 더 가면 학교가 보여요. * 아래의 상황으로 바꿔 활동을 더 해본다. − 학생 식당, 학교 도서관, 화장실, 컴퓨터실 등에 가는 방법 묻고 답하기 * 집 찾아오는 길 설명을 포함한 초대장 써서 친구들에게 주기 교사: 집에 친구들을 초대하려고 해요. 초대장을 만듭시다. 여기 먼저 선생님이 만든 초대장을 한 번 보세요. ① 초대장에 어떤 내용이 있어요? (초대 이유, 날짜, 장소 등) ② 여기 약도가 있어요. 지하철에서 내려서 선생님 집에 이렇게 오면 돼요. 　　여러분도 초대장에 약도를 그리고 집에 찾아가는 방법을 설명하세요.
마무리	**교사−학생** 오늘 'V−다가'를 배웠어요. 여러분 오늘 몇 시쯤 잘 거예요? 뭐 하다가 잘 거예요? − 텔레비전 보다가 잘 거예요./ 책 읽다가 잘 거예요. 등

참고문헌

이미혜(2007), "한국어 문법 교수 방법론의 재고찰 − 제2언어 교수 이론에 바탕을 둔 교수 모형의 보완 −", 국제한국어 교육학회, 《한국어 교육》 18권 2호, pp.285-310.

부록

수업 참관 (초급 교재) | 김수영·서울대 언어교육원 한국어교육센터
수업 참관 (중급 교재) | 신혜원·서울대 언어교육원 한국어교육센터

수업 참관 (초급 교재)

---
10. 택시

학습 목표

어휘	택시 관련 어휘
대화 연습 1	소요 시간 말하기
문법 1	V-(으)ㄹ 거예요
말하기 1	택시 기사와 소요시간에 대해 대화하기
대화 연습 2	하차 장소 말하기
문법 2	V-아/어도 돼요
말하기 2	택시 기사와 하차 장소에 대해 대화하기
듣기	문법과 표현 관련 듣기
발음	경음화 현상

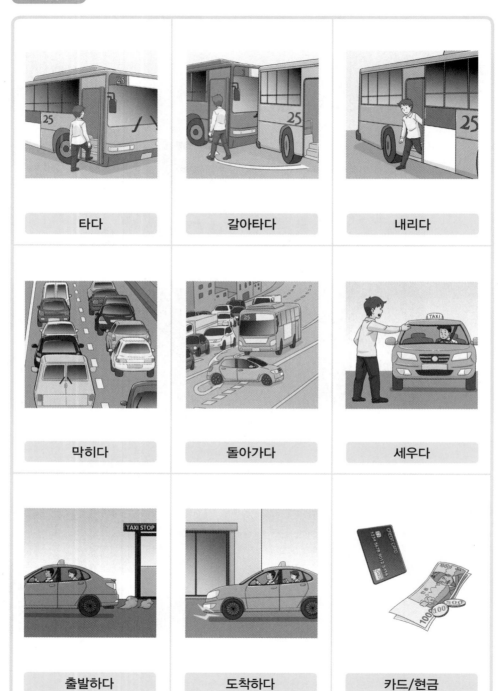

타다	갈아타다	내리다
막히다	돌아가다	세우다
출발하다	도착하다	카드/현금

가　시간이 얼마나 걸려요?

나　글쎄요, 10분쯤 걸릴 거예요.

문법 1

V-(으)ㄹ 거예요

연습 1　다음 문장을 완성하세요.

글쎄요,　　10분쯤 / 30분쯤 / 2시간쯤 / 1년쯤　　걸릴 거예요.

연습 2　이야기해 보세요.

보기

가　여기에서 서울대학교까지 얼마나 걸려요? (30분)

나　글쎄요, 30분쯤 걸릴 거예요.

1)　가　영화가 언제 끝나요? (1시쯤)

　　나　_____.

2)　가　애니 씨가 몇 시에 도착해요? (3시 30분)

　　나　_____.

3)　가　민수 씨가 사무실에 언제까지 있을까요? (10시)

　　나　_____.

보기

가 수지 씨가 이 선물을 좋아할까요?

나 네, 아주 **좋아할 거예요.**

---

1) 가 아이가 이 야채를 먹을까요?

    나 네, _____.

2) 가 마이클 씨가 아직도 기다릴까요?

    나 네, _____.

3) 가 선생님이 사무실에 계실까요?

    나 아니요, _____.

보기

가　지금 집에 누가 있을까요?

나　(동생) 동생이 있을 거예요.

1)　가　애니 씨가 뭘 좋아할까요?

　　나　(케이크) _____.

2)　가　언제 그 가수의 콘서트를 할까요?

　　나　(내년) _____.

3)　가　지연 씨가 어디에 살까요?

　　나　(기숙사) _____.

말하기 1

택시 기사	어서 오세요.
승객	안녕하세요? 명동으로 가 주세요.
택시 기사	네, 알겠습니다.
승객	여기에서 명동까지 얼마나 걸려요?
택시 기사	글쎄요, 1시간쯤 걸릴 거예요.

연습 1 그림을 보고 이야기해 보세요.

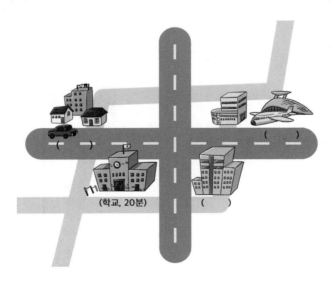

(학교, 20분) ( )

대화 연습 2

가 그럼 죄송하지만 여기에서 내려도 돼요?

나 조금만 더 가면 지하철역이 나올 거예요. 거기에서 내려 드릴게요.

문법 2

V-아/어도 돼요

연습 1 다음 문장을 완성하세요.

연습 2 이야기해 보세요.

보기 여기/사진을 찍다

가 여기에서 사진을 찍어도 돼요?

나 네, 괜찮아요.

1) 극장/음식을 먹다

2) 병원/전화하다

3) 기숙사/음악을 듣다

그림을 보고 [보기]와 같이 대화를 완성하세요.

승객	기사님, 길이 많이 막히네요. 얼마나 더 걸릴까요?
택시 기사	글쎄요.
승객	그럼 죄송하지만 여기에서 내려도 돼요?
택시 기사	조금만 더 가면 지하철역이 나올 거예요. 거기에서 내려 드릴게요.
승객	네, 고맙습니다.

그림을 보고 이야기해 보세요.

손님, 길이 많이 막히네요. 다른 길로 가도 돼요?

네/아니요, _____.

손님, 다 왔습니다.

감사합니다. 얼마예요?

_____ 원입니다.

_____ .

네, 물론이지요.

여기 있어요.

1. 다음을 듣고 [보기]와 같이 맞는 그림을 찾아서 연결하세요.

보기

진아 ●

1) 민수 ●

2) 애니 ●

3) 수지 ●

2. 여기는 도서관입니다. 도서관에서 해도 되는 일을 찾아서 [보기]와 같이 표시하세요.

		○	×
보기		√	
1			
2			
3			

[보기]와 같이 조사할 문장을 만들고, 친구들에게 물어 보세요.

애니 씨가 학교에 안 왔어요. 애니 씨는 지금 어디에 있을까요?	
	제니 집에서 공부하고 있을 거예요.

[활동지]

선물을 사려고 해요. 무슨 선물이 좋을까요?	친구 이름	대답

쇼핑을 하려고 해요. 어디에 가면 싸게 살 수 있을까요?	친구 이름	대답

_____	친구 이름	대답

_____	친구 이름	대답

■ 들어 보세요.

> 1. 1시간쯤 걸릴 거예요.
> 2. 거기에서 내려 드릴게요.

■ 규칙을 공부해 봅시다.

$$-을/ㄹ + ㄱ \rightarrow -을/ㄹ + [ㄲ]$$

$$-을/ㄹ + ㄱ \rightarrow -을/ㄹ + [ㄲ]$$

■ 듣고 따라해 보세요.

> 1. 마이클 씨가 기다릴 거예요.
> 2. 수지 씨가 이 선물을 좋아할 거예요.
> 3. 제가 전화할게요.
> 4. 제가 사진을 찍을게요.

1. 다음을 듣고 [보기]와 같이 맞는 그림을 찾아서 연결하세요.

보기

A 누가 노래를 잘할까요?

B 진아 씨가 노래를 잘할 거예요.

1) A 누가 피아노를 잘 칠까요?

   B 민수 씨가 피아노를 잘 칠 거예요.

2) A 누가 사진을 잘 찍을까요?

   B 애니 씨가 사진을 잘 찍을 거예요.

3) A 누가 춤을 잘 출까요?

   B 수지 씨가 춤을 잘 출 거예요.

2. 여기는 도서관입니다. 도서관에서 해도 되는 일을 찾아서 [보기]와 같이 표시하세요.

보기

A 여기서 물 마셔도 돼요?

B 네, 마셔도 돼요.

1) A 실례합니다. 여기에서 전화해도 돼요?

   B 아니요, 밖에서 전화하세요.

2) A 이 컴퓨터를 사용해도 돼요?

   B 네, 괜찮아요.

3) A 음식을 먹어도 돼요?

   B 죄송하지만 저기로 가세요.

10. 택배

이야기하기

1. 여러분은 택배를 자주 이용합니까? 한 달에 몇 번 이용합니까?

2. 택배 때문에 문제가 생긴 일이 있습니까?

어휘	택배 관련 어휘
말하기 1	택배 회사에 문의하기
문법 1	A/V-(으)ㄹ지도 모르다
말하기 2	택배 기사와 전화하기
문법 2	V-는 사이에
듣기	택배 관련 전화 듣기
읽기	편의점 택배 광고 읽기
쓰기	택배 기사에게 요청하는 문자 쓰기
발음	경음화 현상

어휘

택배	예매	입장권
배송되다	부재중	택배 기사
경비	생활비	기운
우편물	본인	반송되다
산타클로스	운영	평일
이외	자동 음성	가능하다
상담원	연결	환불
관련	접수	매장
가입하다	쇼핑몰	선택하다
비회원	할인권	예정일

가 여보세요? 거기 해피24지요?

나 네, 그렇습니다.

가 제가 K콘서트 표를 예매했는데 표가 아직
   안 와서 확인하려고 하는데요.

나 네, 예약 번호를 알려 주시겠습니까?

가 T16733160이에요.

나 성함이 어떻게 되십니까?

가 김진호예요.

나 네, K콘서트 공연 입장권은 12월 20일에 배송된 것으로 나옵니다.

가 20일에는 제가 집에 없었는데요.

나 그럼 부재중에 택배 기사가 방문했을지도 모르겠네요. 고객님, 죄송하지만 배송에
   대해서는 택배 회사로 연락해 보세요.

가 네, 알겠습니다.

문법 1

A/V-(으)ㄹ지도 모르다

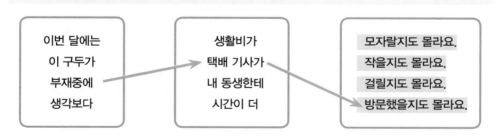

이번 달에는
이 구두가
부재중에
생각보다

생활비가
택배 기사가
내 동생한테
시간이 더

모자랄지도 몰라요.
작을지도 몰라요.
걸릴지도 몰라요.
방문했을지도 몰라요.

보기

가 오늘 놀이공원에 사람이 많을까요?

나 방학 중이라서 사람이 <u>많을지도 몰라요</u>.

1) 가 어디에서 택시를 탈 수 있을까요?

    나 지하철역 근처에 택시가 ＿＿＿＿＿＿.

2) 가 이번에는 여행 경비가 많이 들었지요?

    나 네, 그래서 이번 달에는 생활비가

      ＿＿＿＿＿＿＿＿＿＿.

3) 가 마이클 씨 전화번호를 누가 알아요?

    나 지연 씨가 ＿＿＿＿＿＿＿.

보기

가 왜 두 사람이 말을 안 해요?

나 두 사람이 싸웠을지도 몰라요.

가 어떻게 알아요?

나 . . .

---

1) 가 민수 씨가 기운이 없는 것 같아요.

　　나 시험에 _____.

2) 가 재민 씨가 우리를 기다리고 있을까요?

　　나 _____.

3) 가 새로 오신 선생님은 결혼하셨을까요?

　　나 _____.

말하기 2

가 여보세요? 안녕하세요? 한국택배입니다. 김진호 씨 맞습니까?

나 네, 맞습니다.

가 오늘 오전 중에 우편물을 배송하려고 하는데 댁에 계세요?

나 아니요, 제가 집에 없는데 옆집에 맡겨 주시겠어요?

가 이 우편물은 공연 입장권이라서 본인이 받으셔야 합니다. 지난번에도 안 계셔서 반송되었거든요.

나 그때는 제가 없는 사이에 오셨을 거예요. 오늘은 오후 3시 이후에 집에 있을 거예요.

가 그럼 그때 다시 전화 드리겠습니다. 감사합니다.

문법 2

V-는 사이(에)

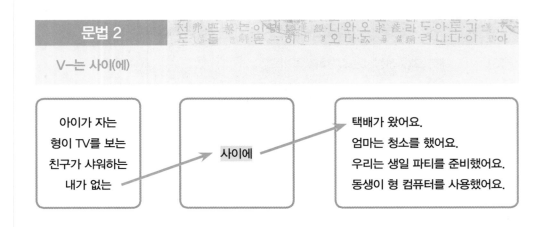

아이가 자는
형이 TV를 보는
친구가 샤워하는
내가 없는

사이에

택배가 왔어요.
엄마는 청소를 했어요.
우리는 생일 파티를 준비했어요.
동생이 형 컴퓨터를 사용했어요.

보기

내가 전화를 받는 사이에 <u>친구가 밥값을 냈다.</u>

1) 형이 공부하는 사이에

   _____.

2) 선생님이 안 보는 사이에

   _____.

3) 나도 모르는 사이에

   _____.

보기

가   저 가게에 도둑이 들었대요.

나   도둑이 언제 들었어요?

가   <u>가게 주인이 없는 사이에</u> 들어왔나 봐요.

1)   가   아빠, 산타클로스 할아버지가 언제 오셨어요?

　　　나   그게 말이야 …

2)   가   방이 왜 엉망이 됐어요?

　　　나   말도 마세요 …

3)   가   아이가 왜 다쳤어요?

　　　나   …

[듣기 1] 다음은 두 사람의 대화입니다. 잘 듣고 질문에 답하세요.

(1) 다음 설명 중 맞는 것은 ○, 틀린 것은 × 하세요.

① 진호는 공연표를 사지 못 했다.   (   )

② 진호는 택배 회사에 전화해 봤다.   (   )

③ 진호는 공연표를 택배로 받지 못 했다. (   )

④ 진호는 택배 회사에 전화할 것이다.   (   )

[듣기 2] 다음은 택배 회사의 음성 안내 전화 내용입니다. 잘 듣고 질문에 답하세요.

(1) 일요일에는 언제 상담원에게 문의할 수 있습니까?

(2) 평일 고객 센터 운영 시간은 어떻게 됩니까?

(3) 자동 음성 안내 서비스는 언제 이용할 수 있습니까?

[듣기 3] 진호는 택배 회사에 전화를 걸었습니다. 잘 듣고 질문에 답하세요.

(1) 진호는 공연표 배송 관련 문의를 하려고 합니다. 몇 번을 눌러야 하는지 차례대로 쓰세요.

(   )번 → (   )번

(2) 들은 내용에 맞게 다음을 연결하세요.

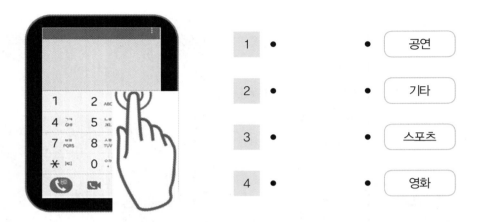

1 •   • 공연

2 •   • 기타

3 •   • 스포츠

4 •   • 영화

(3) 다음 번호에 알맞은 내용을 쓰세요.

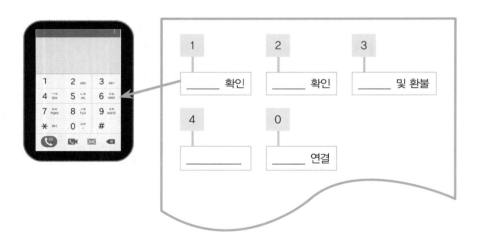

1	2	3
_____ 확인	_____ 확인	_____ 및 환불

4	0
_____	_____ 연결

다음은 편의점 택배에 대한 글입니다. 글을 읽고 질문에 답하세요.

편의점 택배를 이용해 보세요!

택배 서비스 안내

저희 OK에서는 10월 1일부터 택배 업무를 시작합니다. 택배 접수는 물론이고 택배 물건도 받을 수 있습니다. 택배 기기가 설치되어 있는 OK 매장을 방문하셔서 편리한 택배 서비스를 이용해 보세요.

질문 모든 OK 편의점에서 택배를 보낼 수 있나요?

답변 전국 OK 매장에서 택배를 보낼 수 있으나 택배 기기가 설치되어 있는 매장만 가능합니다. **매장 찾기**에서 확인해 보세요.

질문 회원에 가입해야 하나요?

답변 비회원도 이용하실 수 있으나 회원에 가입하시면 편의점 상품 할인권 및 택배 할인을 받으실 수 있습니다.

질문 어떤 택배 상품이든지 다 받을 수 있어요?

답변 인터넷 쇼핑몰 상품만 가능합니다. OK 택배 받기 서비스가 있는 인터넷 쇼핑은 **쇼핑몰 찾기**에서 확인해 보세요.

(1) 다음 설명 중 맞는 것은 ○, 틀린 것은 × 하세요.

① 모든 편의점에서 택배 업무를 취급하고 있다. (   )

② 회원에 가입하지 않아도 택배 서비스를 이용할 수 있다. (   )

③ 택배 기기가 설치되어 있는 OK 편의점에서만 택배를 보낼 수 있다. (   )

④ 모든 인터넷 쇼핑몰에서 주문한 상품을 OK 매장에서 받을 수 있다. (   )

쓰기

다음은 택배 기사가 보낸 문자입니다. 이수미 씨는 택배 배송 예정일에 집에 없어서 택배를 받을 수 없습니다. 어떤 방법으로 택배를 받을 수 있을까요? 이수미 씨의 답장을 써 보세요.

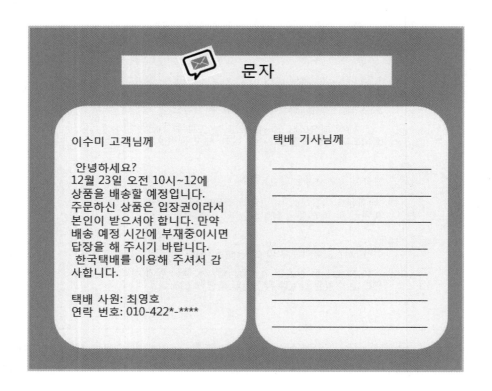

[들어 보세요.]

공연 입장권이라서 본인이 받으셔야 합니다.

친구에게 줄 생일 초대장을 만들고 있었어요.

눈이 아파서 안과에 갔다 왔어요.

[규칙을 알아봅시다.]

'권' '장' '과'는 한자어 단어 뒤에서 언제나 경음으로 발음됩니다.

입장 + 권[꿘]

초대 + 장[짱]

안 + 과[꽈]

[듣고 따라해 보세요.]

잃어버리지 않도록 여권을 잘 보관하세요.

이것은 고등학교 때 미술대회에서 받은 상장이에요.

앞으로 역사학과에 진학해서 한국 역사를 공부하고 싶어요.

[듣기 1]

> 여 진호야, 공연표 아직도 도착 안 했어?
>
> 남 응. 해피24에 문의해 봤는데 회사에서는 이미 공연표가 배송되었대.
>
> 여 뭐라고? 그럼 어떻게 된 거야? 택배 회사에 빨리 전화해 봐. 공연이 얼마 안 남았잖아.
>
> 남 안 그래도 그러려고 해.

[듣기 2]

> 안녕하십니까? 지금은 고객 센터 운영 시간이 아닙니다. 고객 센터는 평일 오전 9시부터 저녁 8시까지, 주말과 공휴일은 오전 9시부터 오후 6시까지 운영됩니다. 서비스 시간 이외에는 ARS 자동 음성 안내 서비스만 가능합니다. 상담원 연결을 원하시면 운영 시간을 이용해 주시기 바랍니다. 감사합니다.

[듣기 3]

> 안녕하십니까? 해피24입니다. 공연 문의는 1번, 영화 문의는 2번, 스포츠 문의는 3번, 기타 문의는 4번을 눌러 주십시오. 예매 확인은 1번, 입금 확인은 2번, 취소 및 환불 관련 문의는 3번, 배송 관련 문의는 4번, 상담원 연결을 원하시면 0번을 눌러 주십시오.

한국어 교육의 이론과 실제 2

1판 1쇄 펴냄 │ 2012년 1월 3일
1판 3쇄 펴냄 │ 2013년 5월 20일
개정판 1쇄 펴냄 │ 2014년 2월 17일
개정판 5쇄 펴냄 │ 2016년 10월 14일
3판 1쇄 펴냄 │ 2017년 1월 20일
3판 7쇄 펴냄 │ 2022년 3월 29일

편자 │ 서울대학교 한국어문학연구소·국어교육연구소·언어교육원 공편
펴낸이 │ 김정호
펴낸곳 │ 아카넷

출판등록 2000년 1월 24일(제406-2000-000012호)
10881 경기도 파주시 회동길 445-3
대표전화 031-955-9511(편집)·031-955-9514(주문) │ 팩시밀리 031-955-9519
www.acanet.co.kr / www.phildam.net

ⓒ 서울대학교 평생교육원·언어교육원, 2017

Printed in Seoul, Korea.

ISBN 978-89-5733-540-6 94710
ISBN 978-89-5733-538-3 (세트)

이 도서의 국립중앙도서관 출판시도서목록(CIP)은
서지정보유통지원시스템 홈페이지(http://seoji.nl.go.kr)와
국가자료공동목록시스템(http://www.nl.go.kr/kolisnet)에서 이용하실 수 있습니다.
(CIP제어번호: CIP2017000839)